Notwehrrecht und kollektive Verantwortung

# Europäische Hochschulschriften

Publications Universitaires Européennes
European University Studies

**Reihe II**
**Rechtswissenschaft**

Série II Series II
Droit
Law

**Bd./Vol. 3147**

PETER LANG
Frankfurt am Main · Berlin · Bern · Bruxelles · New York · Oxford · Wien

René Voigtländer

# Notwehrrecht und kollektive Verantwortung

## Die zeitliche Begrenzung des Rechts zur Selbstverteidigung nach Art. 51 UN-Charta im Licht von Handlungsinstrumenten des UN-Sicherheitsrats

PETER LANG
Europäischer Verlag der Wissenschaften

Die Deutsche Bibliothek - CIP-Einheitsaufnahme

Voigtländer, René:

Notwehrrecht und kollektive Verantwortung : die zeitliche Begrenzung des Rechts zur Selbstverteidigung nach Art. 51 UN-Charta im Licht von Handlungsinstrumenten des UN-Sicherheitsrats / René Voigtländer. - Frankfurt am Main ; Berlin ; Bern ; Bruxelles ; New York ; Oxford ; Wien : Lang, 2001
(Europäische Hochschulschriften : Reihe 2, Rechtswissenschaft ; Bd. 3147)
Zugl.: Trier, Univ., Diss., 2001
ISBN 3-631-37910-2

D 385
ISSN 0531-7312
ISBN 3-631-37910-2



www.peterlang.de

**Meinen Eltern**
**in Dankbarkeit gewidmet**

# Vorwort

Die vorliegende Arbeit wurde im Wintersemester 2000/2001 vom Fachbereich Rechtswissenschaft der Universität Trier als Dissertation angenommen.

Mein besonderer Dank gilt meinem hochgeschätzten Lehrer, Herrn Professor Dr. Meinhard Schröder, der mich nicht nur bei der Wahl und Bearbeitung des Themas der Arbeit als deren Betreuer, sondern darüber hinaus als Arbeitgeber im internationalrechtlichen Bereich des Instituts für Umwelt- und Technikrecht (IUTR) der Universität Trier auf vielfältige Art sowohl während meines Studiums als auch im Anschluß unterstützt hat. Die intensiven fachlichen Gespräche zu den modernen Aufgabenstellungen des Völker- und Europarechts werden ebenso unvergessen bleiben wie sein in mich gesetztes Vertrauen, das mich erfreut und für neue Herausforderungen gestärkt hat.

Überdies bin ich Herrn Professor Dr. Gerhard Robbers für die zügige Erstellung des Zweitgutachtens verbunden.

Dem Institut für Begabtenförderung der Konrad-Adenauer-Stiftung (IBK) schulde ich Dank für die Gewährung eines Studien- sowie eines Auslandsstipendiums und anschließend eines Promotionsstipendiums, das dieses Projekt erst ermöglicht hat.

Meine besondere Verpflichtung gilt auch Frau Dr. Stefanie Peters für ihre Geduld und Unterstützung sowie die anregenden Diskussionen zum Spannungsfeld zwischen international Wünschenswertem und national Erforderlichen.

Mehr als Dank gebührt meinen Eltern. Sie haben mir auf vielfältige Weise andere Länder und Kulturen sowie deren Geschichte und Sprachen nachhaltig nähergebracht und mir damit mehr Kenntnisse und Erkenntnisse auf den Weg gegeben, als Schulen und Universitäten es vermocht hätten. Sie haben dadurch vor langer Zeit den Grundstein für diese Arbeit gelegt, die ihnen gewidmet ist.

Köln, im Februar 2001

*René Voigtländer*

# Inhaltsverzeichnis

# Erster Teil
# Einleitung

## A. Gegenstand der Arbeit

Mit den Ereignissen am und nach dem 2. August 1990, als irakische Truppenverbände die Grenze zum Nachbarstaat Kuwait überschritten, das Scheichtum am Persischen Golf binnen weniger Stunden militärisch besetzten[1] und damit nach dem vom 22. September 1980 bis 20. August 1988[2] fast acht Jahre dauernden Krieg zwischen Iran und Irak die zweite internationale Krise am Persischen Golf binnen eines Jahrzehnts auslösten, hat sich der Horizont des Völkerrechts gewandelt. Nicht nur, daß die schnelle und entschiedene Reaktion der internationalen Staatengemeinschaft allseits als äußerst bemerkenswert eingeschätzt wurde[3]; nicht nur, daß sowohl militärische als auch diplomatische und politische Strategien teilweise neu überdacht werden mußten.[4] Vielmehr weckten die Konsequenzen der irakischen Invasion mit der militärischen Eskalation des Golfkonflikts ab dem 17. Januar 1991 bei manchen den Glauben an den Anbruch einer neuen Ära[5] und bei anderen Befürchtungen eines Rückfalls in

---

1 zu einer detaillierten Darstellung dieser Geschehenisse siehe Moore, J.N., Crisis in the Gulf, S. 1-144; zu einer bis zum Beginn des 19. Jahrhunderts zurückreichenden historischen Vorgeschichte der Auseinandersetzung zwischen Irak und Kuwait vgl. Malanczuk, EJIL 2 (1990), S. 115 ff..

2 am 20. August 1988 trat lediglich der in der Folge der Sicherheitsratsresolution 598 verhandelte Waffenstillstand in Kraft, ohne daß damit ein formeller Friedenszustand zwischen den beiden Staaten bestand. Siehe zum sogenannten "Ersten Golfkrieg" ausführlich Steinbach, Der Golfkrieg; Hottinger, EA 43 (1988), S. 141-150; David, RBDI 20 (1987), S. 153-183; Eibach, Konflikte, Iran/Irak, in: Wolfrum (Hrsg.), Handbuch Vereinte Nationen, S. 444-449.

3 vgl. nur Greenwood, Neue ZWehrR 33 (1991), S. 50.

4 zu den im Golfkrieg erstmalig gemachten und dann in der Kosovo-Krise von 1999 fortgesetzten Erfahrungen ultramoderner, videoübertragener High-Tech-Kriegsführung siehe Kaestner/Neuneck, Vjschrift für Sicherheit und Frieden 1991, S. 127 ff., die den Krieg um Kuwait auf Jahre hinaus als vieldiskutierten Präzedenzfall bewerten, auch unter Hinweis auf die in der Öffentlichkeit wenig beachtete Tatsache, daß die USA im Zeitraum von August 1990 bis Januar 1991 mehrere hundert einsatzbereite Nuklearwaffen in die Krisenregion gebracht hatten; vgl. auch Braun, Außenpolitik 41 (1991), S. 59 ff., die die Golfkrise als "Epizentrum" eines Konflikts mit "weltpolitischer Dimension" bewertet.

5 Lutz/Müller, Vjschrift für Sicherheit und Frieden 1991, S. 124 sprechen von einer bislang ungekannten Einmütigkeit der internationalen Gemeinschaft und von einer in dieser Form noch niemals dagewesenen Handlungs- und Entscheidungsfähigkeit, die nach Dominicé, EJIL 2 (1991), S. 85, ein "chapitre nouveau, et inédit, de l'histoire des Nations Unies, qui a été écrit, et qui d'ailleurs n'est pas encore achevé" aufschlug.

längst vergangen gehoffte Zeiten kriegerischer Auseinandersetzungen.[6] Die rasanten Entwicklungen veranlaßten nicht nur den damaligen Präsidenten der Vereinigten Staaten, Georg H.W. Bush, zur Proklamation einer New World Order, in der "the rule of law supplants the rule of the djungle".[7] Vielmehr schob die unerwartet schnelle Reaktion des Sicherheitsrats auf die Ereignisse im Mittleren Osten vom 2. August 1990 vielmehr auch und gerade die Vereinten Nationen nach Jahrzehnten der Nichtbeachtung[8] in Sachen internationaler Frieden und Sicherheit in einem kaum jemals dagewesenen und über Sphären der Politik und Diplomatie hinausgehenden, breite Kreise der Bevölkerung erfassenden Maße in den Brennpunkt internationaler Aufmerksamkeit.[9] Neuland wurde in der Tat wenigstens insoweit betreten, als daß "with unprecedented speed and determination, the Security Council put the collective security train in motion immediately following the Iraqi invasion of Kuwait in early August 1990".[10] Gleichzeitig wurden die Vereinten Nationen und ihr gesamtes System mit ihrer Handhabung der Krise wie noch niemals zuvor auf die Probe gestellt.[11] Seitdem hat die UN auch in wissenschaftlicher Hinsicht bei Politologen und Völkerrechtlern gleichermaßen Konjunktur.

---

6 man denke nur an die gegen die militärischen Ereignisse am Golf vorgetragenen Proteste, die gerade auch in bundesdeutschen Städten unter dem Schlagwort "no blood for oil" stattfanden; jede denkbare Rechtfertigung des Vorgehens der Alliierten am Golf wird, auch aus juristischer Sicht, umfassend verneint von Hahnfeld, Betrifft Justiz 1991, S. 13, 15.

7 aus einer Ansprache des U.S. Präsidenten während einer gemeinsamen Sitzung der beiden Kammern des U.S. Kongresses über die Krise am Persischen Golf und das Haushaltsdefizit des Bundes am 11. September 1990, abgedruckt in The New York Times vom 12. September 1990, S. A 10, 1. Spalte; zu einer optimistischen Einschätzung der Realisierungschancen dieses Konzepts einer neuen Weltordnung in der Folgezeit des Golfkonflikts siehe Mariaschin, Die politische Meinung, Nr. 257, April 1991, S. 12-20.

8 so kritisch bilanzierend Zemanek, Austrian Journal of Public and International Law 42 (1991), S. 277.

9 Chande, Revue de droit international 71 (1993), S. 21.

10 Scheffer, Commentary on Collective Security, in: derselbe/Damrosch (Hrsg.), Law and Force in the New International Order, S. 102. Beachtenswert ist hierbei, daß der UN Sicherheitsrat die erste Resolution, die sich mit der Golfkrise auseinandersetzte, die irakische Invasion verurteilte und einen sofortigen Rückzug der irakischen Truppen forderte, tatsächlich bereits am Tag des irakischen Angriffs selbst, d.h. schon am 2. August 1990, verabschiedete; siehe SC/Res 660 (2.8.1990), abgedruckt bei Moore, J.N., Crisis in the Gulf, S. 403.

11 Pérez de Cuéllar, EA 46 (1991), S. 420.

Inspiriert durch Präsident Saddam Husseins "zweites Abenteuer am Golf"[12] und eine Reihe von weiteren, seit 1990 in verschiedenen Regionen der Welt und sogar Europas akut gewordenen Krisenherden geht damit einher eine ungeahnte Rennaissance des Völkersicherheitsrechts.[13] Dieses ist zu wesentlichen Teilen[14] in der Satzung der Organisation der Vereinten Nationen vom 26. Juni 1945[15] und dort insbesondere in Kapitel VII unter dem Titel "Maßnahmen bei Bedrohung oder Bruch des Friedens und bei Angriffshandlungen" geregelt und umfaßt die Art. 39-51.[16] Die vorliegende Arbeit möchte einen Beitrag leisten zur Klärung einiger ausgewählter spezieller Probleme dieses in der Charta kodifizierten völkervertraglichen Sicherheitsrechts.

Zum einen geht es dabei um eine Analyse bestimmter Fragen im Kontext der Notwehr im Völkerrecht, die bis zum Sommer 1990 vielfach entweder als hinreichend geklärt oder mangels praktischer Relevanz als nicht klärungsbedürftig angesehen[17] oder aber gar nicht als problematisch erkannt wurden.[18] Die völkerrechtliche Notwehr wird in Art. 51 am Ende des

---

12 so betitelt von Gorgé, VN 38 (1990), S. 197.

13 zu diesem in der Literatur noch recht jungen Oberbegriff für die Regelungsbereiche des Konfliktverhütungs- und Friedenssicherungssystems der UN-Charta vgl. ausführlich Menk, Gewalt für den Frieden, S. 146, 188 ff. mit einem Überblick über Reichweite und Abgrenzung des Völkersicherheitsrechts im Unterschied zum allgemeinen Völkerrecht, dessen Teilmenge das Sicherheitsrecht ist.

14 nicht hierzu ist beispielsweise die völkergewohnheitsrechtliche Regelung der Selbstverteidigung zu zählen, vgl. dazu im einzelnen Military and Paramilitary Activities in and against Nicaragua (Nicaragua v. United States of America), Judgement on the Merits, ICJ Rep. 1986, S. 14 ff., §§ 172-182, 187-201.

15 in der Folge hier UN-Charta genannt; im Original abgedruckt in United Nations Conference on International Organization (UNCIO), Band XV, S. 335 ff.; deutsche Übersetzung mit einer Gegenüberstellung der chinesischen, französischen, russischen, englischen und spanischen Versionen in BGBl. 1973 II S. 431-503 sowie in Sartorius II, Internationale Verträge, Europarecht, Nr. 1.

16 Vertragsartikel ohne nähere Bezeichnung sind solche der UN-Charta.

17 siehe Stone, Legal Controls, S. 245, der zwar eine mögliche zeitliche Begrenzung der Selbstverteidigung klar erkennt, dieser Problemerkenntnis inhaltlich jedoch aufgrund jahrzehntelanger historischer Erfahrung nicht weiter nachgeht, da "in any major conflict thus arising at least one permanent Member would be interested in preventing the Council taking such measures: and since such a Member would certainly use its veto, there would be no means of impugning or ending the measures of self-defence".

18 vgl. etwa Kadelbach, Zwingendes Völkerrecht, S. 61, der zwar zu Recht unterstreicht, daß die Befugnis zur Selbstverteidigung nicht schrankenlos sei, dann jedoch als Beispiele für Fälle einer Überschreitung der Verteidigungsbefugnisse lediglich die Verletzung humanitärer Regeln in der Ausübung der Verteidigungshandlung oder die völkerrechtswidrige Annexion fremden Staatsgebiets durch den Verteidiger anführt.

Kapitels VII der UN-Charta als "naturgegebenes Recht zur individuellen oder kollektiven Selbstverteidigung" erwähnt und dort von der Charta für den Fall eines bewaffneten Angriffs gegen ein Mitglied der Vereinten Nationen unbeeinträchtigt gelassen. Unter dem Gesichtspunkt des rein chronologischen Ablaufs der Geschehenisse läßt sich die Analyse der Legalität jeder völkerrechtlich relevanten militärischen Maßnahme unter Inanspruchnahme des Rechts zur Selbstverteidigung in drei verschiedene zeitliche Phasen einteilen. Zunächst sind während der ersten Phase die juristischen Voraussetzungen zur Geltendmachung des Selbstverteidigungsrechts noch nicht gegeben. Dazu muß nämlich zuerst eine aufschiebende Bedingung dergestalt eintreten, daß der sich verteidigende Staat Opfer eines bewaffneten Angriffs wird. Denn das Recht zur Selbstverteidigung darf erst mit dem Eintritt der Bedingung und vorher gerade (noch) nicht ausgeübt werden. Das Vorliegen eines bewaffneten Angriffs ist in diesem Fall das die Bedingung charakterisierende Ereignis.[19] Ist die aufschiebende Bedingung erst einmal eingetreten, d.h. liegt ein solcher von Art. 51 geforderter Angriff gegen ein Mitglied der Vereinten Nationen vor, kann die Notwehr seitens des angegriffenen Staates völkerrechtskonform ausgeübt werden. Damit ist die zweite Untersuchungsphase eröffnet, während deren gesamter Dauer der sich verteidigende Staat jedoch an die Vorgaben der Erforderlichkeit (necessity) und Angemessenheit (proportionality) gebunden ist[20] und demzufolge im Rahmen der ihm zustehenden Rechtsausübung das *ius in bello* und damit die Gesamtheit der Rechtsnormen des internationalen humanitären Rechts[21] zu beachten hat. Ein

---

[19] dazu näher Cassese, Art. 51, in: Cot/Pellet (Hrsg.), Charte des Nations Unies, S. 774-786.

[20] vgl. dazu Greenwood, Self-Defence and the Conduct of International Armed Conflict, in: Dinstein (Hrsg.), International Law at a Time of Perplexity, S. 273-288, der betont, daß die "limitations of necessity and proportionality have long been an established feature of self-defence", der aber weitergehend als andere Autoren und die wohl überwiegende Völkerrechtslehre die beiden Rechtsgebiete *ius ad bellum* und *ius in bello* nicht als voneinander getrennt, sondern dergestalt als miteinander verwoben ansieht, daß die "prohibition on the use of force in Article 2 (4) of the Charter and the restrictions on the grounds of which States are permitted to use force are such that they impose substantial limitations upon the way in which force may be used even in cases where some resort to force is justified", ibid. S. 273; zu dem Verhältnis der beiden Rechtsgebiete *ius ad bellum* und *ius in bello* zueinander ausführlich Greenwood, Review of International Studies 9 (1983), S. 221 ff..

[21] siehe dazu beispielshaft das Abkommen betreffend die Gesetze und Gebräuche des Landkrieges vom 18. Oktober 1907, abgedruckt in RBGl. 1010, S. 107, in Kraft getreten für das Deutsche Reich am 26. Januar 1910 sowie als Anlage zu diesem Abkommen die Ordnung der Gesetze und Gebräuche des Landkrieges (Haager Landkriegsordnung); ferner das Genfer Abkommen über die Behandlung der Kriegsgefangenen (sog. III.

zusätzliches und umstrittenes Problem stellt dabei der mögliche Einsatz von Nuklearwaffen dar.[22] Vor allem aber ist diese zweite Phase aus dem Blickwinkel der hiesigen Untersuchung dadurch geprägt, daß wenigstens nach bisherigem Verständnis[23] das *ius ad bellum* während ihrer Dauer keine Rolle spielt, da mit dem Eintritt der beschriebenen aufschiebenden Bedingung die Frage, ob überhaupt Gewalt zu Verteidigungszwecken angewandt werden darf, zunächst erschöpfend im positiven Sinn beantwortet ist.

Diese Rechtslage ändert sich indessen erneut mit dem Eintritt in die dritte zeitliche Phase der Analyse. Die Charta gewährleistet das Recht zur Selbstverteidigung nämlich zumindest ihrem Wortlaut nach, "bis der Sicherheitsrat die zur Wahrung des Weltfriedens und der internationalen Sicherheit erforderlichen Maßnahmen getroffen hat". Diese Klausel des Art. 51 Satz 1 am Ende läßt sich als eine auflösende Bedingung derart begreifen, daß mit ihrem Eintritt das Notwehrrecht erlischt, suspendiert ist oder "dormant" wird und mithin ab diesem Zeitpunkt nicht mehr ohne völkerrechtliche Beanstandung ausgeübt werden kann, da dieses Recht von Art. 51 eben nur bis zum Eintritt der auflösenden Bedingung unbeeinträchtigt gelassen wird und gerade nicht darüber hinaus. Mit diesem Ende der zweiten Untersuchungsphase wird demzufolge die Frage des *ius ad bellum* erneut relevant: es geht nun nämlich nicht mehr darum, "wie" die Notwehr inhaltlich auszuüben ist, d.h. unter Beachtung welcher Normen des humanitären Völkerrechts, sondern wieder um das Problem, "ob" das Recht auf Selbstverteidigung überhaupt noch in Anspruch genommen werden kann und darf.

---

Rotkreuzabkommen) vom 12. August 1949, abgedruckt in United Nations Treaty Series (UNTS), Band 75, S. 135 sowie in BGBl. 1954 II S. 838 und das Genfer Abkommen zum Schutz von Zivilpersonen in Kriegszeiten (sog. IV. Rotkreuzabkommen) vom 12. August 1949, abgedruckt in UNTS 75, S. 287 sowie BGBl. 1954 II S. 917, beide in Kraft seit dem 21. Oktober 1950; ferner die beiden Zusatzprotokolle I und II zu den Genfer Abkommen vom 12. August 1949 über den Schutz der Opfer bewaffneter Konflikte vom 8. Juni 1977, abgedruckt in BGBl. 1990 II S. 1551 ff., 1637 ff., die beide auch für die Bundesrepublik Deutschland am 14. August 1991 in Kraft getreten sind; allgemein zum internationalen humanitären Recht siehe Partsch, Humanitarian Law, in: Bernhardt (Hrsg.), EPIL, Vol. II (1995), S. 933-936.

[22] dazu detailliert Genoni, Die Notwehr im Völkerrecht, S. 161-173.

[23] so nachdrücklich Ipsen, Völkerrecht, § 65, Rz. 9 unter Hinweis darauf, daß das Recht des internationalen bewaffneten Konflikts eine Regelungsmaterie ist, der eine völlig andere Funktion als dem Konfliktverhütungsrecht zukommt.

Die hier zuletzt erwähnte auflösende Bedingung ist Gegenstand dieser Arbeit. Die Ereignisse des Golfkonflikts von 1990/91 haben Fragen des individuellen und kollektiven Selbstverteidigungsrechts und dessen Ausübung im Verhältnis zu Maßnahmen des UN-Sicherheitsrats in neuem und klärungsbedürftigen Licht erscheinen lassen. Im Zentrum der Untersuchung steht dabei das Zusammenspiel von Selbstverteidigungsrecht und dem System kollektiver Sicherheit der Völkergemeinschaft, wie es in der UN-Charta seinen Ausdruck gefunden hat. Geprüft werden soll, wann das einzelstaatliche Notwehrrecht im Hinblick auf die Zuständigkeit des Sicherheitsrats endet, wann es folglich nicht mehr und danach eventuell wieder ausübbar ist. Es geht dabei im Kern um die Frage, unter welchen präzisen rechtlichen Voraussetzungen die auflösende Bedingung des Art. 51 Satz 1 am Ende als eingetreten anzusehen ist sowie welche Rechtsfolgen bezüglich des Notwehrrechts des angegriffenen Staates sich daraus ergeben. Untersucht wird mithin das den Bedingungseintritt auslösende Ereignis, nämlich welche Handlungsformen des Sicherheitsrats hier zutreffend unter den Rechtsbegriff "Maßnahmen" subsumiert werden können, inwieweit diese als im Sinn von Art. 51 "erforderlich" anzusehen sowie wann sie "getroffen" sind. Neu und bislang ungeklärt geblieben sind diese Fragestellungen aufgrund der Tatsache, daß der Sicherheitsrat wegen des bis kurz vor dem Golfkonflikt von 1990/91 seine Arbeit prägenden Ost-West-Antagonismus ("Kalter Krieg") offensichtlich nicht in der Lage war, seine ihm von der Charta zugewiesene Funktion effektiv wahrzunehmen, sondern er vielmehr regelmäßig durch ein "Veto" eines seiner fünf Ständigen Mitglieder in der Beschlußfassung blockiert war und es mithin in der Mehrzahl der relevanten Fälle erst gar nicht zu "Maßnahmen des Sicherheitsrats" gleichgültig welcher Art und rechtlicher Qualität kommen konnte.

Dabei kann indessen das Notwehrrecht aus Art. 51 nicht isoliert, sondern muß im Zusammenhang der Charta insgesamt und ihres Kapitels VII im besonderen betrachtet werden. In der Praxis des Sicherheitsrats in und nach dem Golfkonflikt von 1990/91 sowie in den folgenden Jahren hat die Handhabung des Instrumentariums der Art. 39 ff. im Verhältnis zu einzelstaatlichen Maßnahmen verschiedene bislang unbeantwortete Rechtsfragen aufgeworfen. Es ist zu klären, über welche Instrumente der Sicherheitsrat verfügt, die auf das Verhalten der Mitgliedstaaten sowie auf eine Bewertung ihres Vorgehens in diesem Zusammenhang einwirken. Schon der Terminus "Maßnahmen des Sicherheitsrats" verlangt eine Antwort auf das Problem, welche chartakonformen Handlungsmöglichkeiten dem Sicherheitsrat überhaupt zur Verfügung stehen, soweit sie Art. 51 und die Ausübung oder Einschränkung des dort normierten Notwehrrechts betreffen.

Ferner ist zu klären, welchen rechtlichen Voraussetzungen diese Handlungsmöglichkeiten im einzelnen unterliegen und in welchen Alternativen jene erfüllt werden können. Überdies wird es erforderlich sein, die juristische Beziehung zwischen den dem Sicherheitsrat zustehenden hier relevanten Handlungsinstrumenten im Rahmen von Kapitel VII einerseits und dem Recht zur Selbstverteidigung im Völkerrecht andererseits detailliert zu charakterisieren, um daraus Hinweise auf das Schicksal des Notwehrrechts nach dem Eintritt der dann näher definierten auflösenden Bedingung des Art. 51 Satz 1 gewinnen zu können. Problematisch ist zudem die Bestimmung der Zuständigkeit zur Beurteilung des keineswegs unwesentlichen Zeitpunkts, zu dem die Bedingung als eingetreten anzusehen und das Notwehrrecht demzufolge den noch herauszuarbeitenden Konsequenzen unterworfen ist. Auch bei diesem Aspekt geht es letztlich um eine nur vor dem Hintergrund der Ziele der Charta sowie des Sinns und Zwecks insbesondere ihrer Vorschriften im Kapitel VII vorzunehmende Abgrenzung zwischen den einzelstaatlichen Befugnissen der Mitgliedstaaten auf der einen und der von ihnen geschaffenen internationalen Organisation als ein auf dem Gebiet des einschlägigen Völkersicherheitsrechts[24] mit eigenen Rechten und Pflichten ausgestattetem Rechtssubjekt auf der anderen Seite.

Handlungsinstrumente des UN-Sicherheitsrats nach Art. 39 ff. sind während und in der Folge des zweiten Golfkonflikts und anderer Sicherheitskrisen in den verschiedensten Teilen der Welt[25] nach 1990 vor allem unter dem Topos diskutiert worden, bis zu welchem Grad die im Rahmen der UN zuständigen Organe selber in enger Anlehnung an den Wortlaut der Normen des Kapitels VII nicht nur bei der Vorbereitung von und der Beschlußfassung über durchzuführende Maßnahmen zur Wahrung oder Wiederherstellung des Weltfriedens und der internationalen Sicherheit federführend oder zumindest aktiv tätig werden müssen. Vielmehr ging und geht es jedoch gerade auch im Licht einer sich wandelnden Auslegung der Rechtsbegriffe des das Kapitel über die kollektive Sicherheit einleitenden und dieses auch materiell eröffnenden Art. 39 vor allem darum, ob und inwieweit der Sicherheitsrat befugt ist, im Bereich von Sanktionen, die nach der Charta eigentlich von ihm selbst zu verhängen sind, je nach Sachlage die UN-Mitgliedstaaten entweder als Vollzugsorgane des Rats einzusetzen, sie

---

24 zu diesem noch recht neuen Begriff siehe bereits oben den Hinweis in Anmerkung 12.

25 beispielhaft seien hier vorerst lediglich Somalia, Kambodscha, Bosnien, Haiti, Ruanda und der Kosovo genannt als nur einige der Krisenszenarien, mit denen sich der Sicherheitsrat in der Folgezeit des Konflikts um das Scheichtum Kuwait zu befassen hatte.

mit der Durchführung seiner Beschlüsse zu beauftragen und sie zur Umsetzung seiner Resolutionen zu ermächtigen oder ihnen die Ergreifung bestimmter Maßnahmen lediglich zu empfehlen. Diese Fragestellungen betreffen insbesondere den Bereich bestimmter militärischer Operationen nach Art. 42, auf den sie sich hier konzentrieren möchten.

Stellt sich auf Seiten des Sicherheitsrats das Problem einer solchen Delegationsbefugnis und ihrer Vereinbarkeit mit der Charta, so ist auf Seiten der im Rahmen dieser Delegation tätig werdenden Mitgliedstaaten die Frage nach Entstehungsgrund und Reichweite einer möglichen Legalisierungwirkung dieser Delegationsbeschlüsse des Sicherheitsrats unausweichlich. Gerade im Kontext des nach wie vor in vielen Einzelfragen umstrittenen Art. 2 Ziff. 4[26] bedarf es jedenfalls bei den diesem Gewaltverbot unzweifelhaft unterfallenden grenzüberschreitenden militärischen Aktionen einzelner oder auch zu einer Gruppe[27] zusammengeschlossener Mitgliedstaaten der UN einer durchschlagenden juristischen Rechtfertigung. Eine hinter einer solchen Legalisierung zurückbleibende bloße moralische Legitimierung des Einsatzes von Waffengewalt in zwischenstaatlichen Beziehungen, wie sie verschiedentlich bei diversen zweiseitigen Konflikten oder einzelstaatlichen Kampfoperationen bemüht wurde[28], vermag angesichts sowohl der betroffenen Menschenleben als auch des Rangs und der grundsätzlichen Bedeutung des in der Charta verankerten Gewaltverbots[29] nicht zu verhindern, daß in einem solchen Fall der Einsatz militärischer Mittel vor dem modernen Völkerrecht, wie es in der UN-Charta als

---

26 vgl. dazu den Überblick über die wichtigsten in diesem Zusammenhang unter den Kommentatoren diskutierten Kontroversen bei Asrat, Prohibition of Force under the UN Charter, S. 14-20.

27 zu diesem gemeinschaftlichen Handeln als Gruppe bei Vorliegen eines Angriffs gegen ein oder mehrere oder alle Mitglieder dieser Gruppe vgl. Murphy, J.F., Force and Arms, in: Schachter/Joyner (Hrsg.), United Nations Legal Order, Vol. I, S. 261.

28 man denke beispielsweise nur an den militärischen Eingriff der NATO im Kosovo-Konflikt von 1999, bei dem mangels einer überzeugenden juristischen Rechtfertigung für den Einsatz von Gewalt von den meisten Kommentatoren auf als zwingend empfundene moralische Erwägungen zurückgegriffen werden mußte; dazu ausführlich Simma, EJIL 10 (1999), S. 1 ff..

29 zu dieser besonderen Rangstellung des Gewaltverbots auch und gerade im heutigen Völkerrecht siehe Mullerson, The Principle of Non-Threat and Non-Use of Force, in: Butler (Hrsg.), The Non-Use of Force in International Law, S. 29, der zwar den grundsätzlich gleichrangigen Gültigkeitsanspruch völkerrechtlicher Prinzipien anerkennt, die ohne Hierarchie nebeneinander stehen, dennoch aber gerade dem Gewaltverbot einen speziellen Status zuweist, da es eine fundamentale Veränderung des modernen Völkerrechts bewirkt habe und daher heute als sein Schlüsselprinzip schlechthin anzusehen sei.

Grundordnung des gegenwärtigen universellen Völkerrechts[30] und damit als Verfassung der weltweiten Staatengemeinschaft[31] seinen Ausdruck gefunden hat, keinen Bestand haben kann.

Dabei möchte die Arbeit im Interesse einer Konzentration auf die wesentlichen Aspekte der von ihr untersuchten spezifischen Rechtsfragen die mit den hier skizzierten Inhalten zwar zusammenhängenden, in der Mehrzahl seit langem umstrittenen, diese indessen nur periphär oder jedenfalls in nicht entscheidungserheblicher Weise berührenden Probleme lediglich insoweit erörtern, als daß sie zur Klärung der zum Gegenstand der Arbeit gemachten Aspekte tatsächlich beizutragen vermögen. Dies betrifft beispielsweise die präzise Charakterisierung der im einzelnen von Art. 2 Ziff. 4 verbotenen Arten von Gewalt oder des von Art. 51 Satz 1 vorausgesetzten bewaffneten Angriffs als oben bereits erwähnte aufschiebende Bedingung, die vielfältigen Definitionsbemühungen um Reichweite und Tiefe des Aggressionsbegriffs sowie zur Angriffshandlung, den Tatbestand einer Bedrohung oder eines Bruchs des Friedens, sowie schließlich das Sonderproblem der präventiven Selbstverteidigung. Nicht weiter behandelt werden soll auch der Problemkomplex der humanitären Intervention in ihren zwei Erscheinungsformen zugunsten eigener und fremder Staatsangehöriger[32], der sich seit der Kosovo-Krise in teilweise verändertem Licht darstellt.[33]

## B. Gang der Untersuchung

Die vorliegende Arbeit wird die von ihr verfolgten Fragestellungen in drei grundsätzlichen Blöcken abarbeiten: Ansetzend bei dem völkervertraglich in Art. 2 Ziff. 4 geregelten und an die Staaten gerichteten Verbot, in ihren internationalen Beziehungen gegen die territoriale Unversehrtheit oder die politische Unabhängigkeit eines Staates oder sonst mit den Zielen der Vereinten Nationen in unvereinbarer Weise Gewalt anzudrohen oder anzuwenden, soll zunächst der Rechtscharakter dieser völkerrechtlichen Verbotsnorm nachgezeichnet und ihr nicht immer zweifelsfreier Geltungsgrad im heutigen Völkerrecht präzisiert werden. Denn erst aus der Klärung

---

30 so charakterisiert von Verdross/Simma, Universelles Völkerrecht, S. 72, § 91.

31 ibidem, Vorwort zur dritten Auflage, S. VII.

32 siehe dazu ausführlich und in seinen Bewertungen zugleich überwiegend kritisch Kimminich, AVR 33 (1995), S. 430-458.

33 zu den denkbaren rechtlichen Neubewertungen in der Folge der Kosovo-Krise und des militärischen Vorgehens der NATO gegen Belgrad im Frühling 1999 vgl. Cassese, EJIL 10 (1999), S. 23-30 mit der vorsichtigen These, daß unter bestimmten Voraussetzungen aus der Verletzung des überkommenen völkerrechtlichen Normenbestandes heraus neues Recht entstehen kann, welches allerdings nur für die Zukunft zu wirken vermag.

dieser Frage wird sich ergeben, ob sinnvoll überhaupt von Einschränkungen oder Ausnahmen vom Gewaltverbot gesprochen werden kann: ein nicht (mehr) gültiges Verbot benötigt keine Ausnahmen, eine Analyse ihrer Anzahl, Rechtsnatur, Reichweite und Tiefe wäre von vornherein obsolet. Soweit indessen der Geltungsanspruch des Gewaltverbots zu bestätigten ist, soll alsdann ferner das Problem überprüft werden, inwieweit das Gewaltverbot Ausnahmen zuläßt, ob es sich dabei wirklich um als Ausnahmetatbestände zu verstehende Einschränkungen handelt oder ob es sich nicht vielmehr um dem Gewaltverbot selbst innewohnende und dieses erst mitprägende Charakteristika handelt. Sofern dabei "echte" Ausnahmen herausgearbeitet werden können, sollen diese benannt, in den Rahmen der Charta eingeordnet und vor allem in ihrem Verhältnis zueinander dargestellt werden. Dabei geht es insbesondere um die Frage, ob es zwischen diesen als solche herauszustellenden Ausnahmen vom Gewaltverbot ein Rangverhältnis gibt oder ob die Ausnahmen unabhängig voneinander inner- oder gar außerhalb der Charta existieren.

Der nachfolgende Teil der Untersuchung ist als zweiter Block einer ausführlichen Analyse des Rechts zur Selbstverteidigung nach Art. 51 gewidmet. Dieser Standort erklärt sich aus zwei prinzipiellen Erwägungen heraus: Die erste Überlegung ist rein zeitlicher, ablauftheoretischer Natur. Wie bereits der Wortlaut des Art. 51 andeutet, kommt in der Chronologie der Geschehenisse eines die internationale Völkergemeinschaft betreffenden bewaffneten Konflikts das individuelle oder kollektive Selbstverteidigungsrecht zeitlich vorrangig zur Anwendung, nämlich zumindest bis der Sicherheitsrat seinerseits bestimmte erforderliche Maßnahmen getroffen hat, die dann die Phase der legal möglichen Selbstverteidigung beenden. Unter chronologischen Gesichtspunkten geht das Recht zur Selbstverteidigung daher den Maßnahmen kollektiver Sicherheit nach der UN-Charta voraus und soll mithin hier auch vor diesen beleuchtet werden. Zweitens hat die Praxis der Beschlußfassung des UN-Sicherheitsrats in der historischen Entwicklung seit dem Golfkonflikt von 1990/91 gezeigt, daß zwar während jenes Konflikts die Problematik des Rechts zur Selbstverteidigung im Völkerrecht maßgeblich involviert war, spätere Fälle sich indessen von Fragen im Kontext des Art. 51 vollkommen gelöst haben, weil bei ihnen unstreitig kein bewaffneter Angriff auf einen UN-Mitgliedstaat und damit noch nicht einmal die Grundvoraussetzung für ein Selbstverteidigungsszenario gegeben war.

Hier wird bei der Untersuchung des Rechts zur Selbstverteidigung von einer Aufteilung des Problems in zwei grundsätzliche Fragen ansprechende

Abschnitte ausgegangen. Zunächst soll eine Auslegung des Art. 51 eine Antwort auf die prinzipielle Frage nach dem Ereignis geben, das die auflösende Bedingung[34] des Art. 51 darstellt. Dabei werden die einschlägige Völkerrechtspraxis und die im Rahmen der Konfliktbewältigung durch die Vereinten Nationen gemachten Erfahrungen ebenso zu berücksichtigen sein wie die bislang in der Völkerrechtslehre nur vereinzelt angebotenen knappen Lösungsansätze. Das Ergebnis wird schließlich durch eine Interpretation des Art. 51 unter Konzentration auf seine systematische Stellung innerhalb der Charta sowie insbesondere seine zweckgerichtete Funktion im Rahmen ihres Kapitels VII als einzelstaatliche Maßnahme[35] zu Verteidigungszwecken zu gewinnen sein.

Anschließend soll der zweite Abschnitt der Frage nachgehen, wem im Verhältnis zwischen den Mitgliedstaaten und den dafür möglicherweise in Frage kommenden Organen der UN die Kompetenz zur Beurteilung zusteht, wann der Sicherheitsrat die nach Art. 51 Satz 1 "erforderlichen Maßnahmen" getroffen hat und damit für das Recht zur Selbstverteidigung die oben beschriebenen Rechtsfolgen eintreten. Ferner soll dargelegt werden, ob in einer solchen Situation nach Eintritt der auflösenden Bedingung eventuell an ein Wiederaufleben des Notwehrrechts unter bestimmten Voraussetzungen dann zu denken ist, wenn der Sicherheitsrat die vom ihm getroffenen Beschlüsse nicht um- und durchsetzt, die weiterhin erforderlichen (Folge-) Maßnahmen nicht trifft oder sich dazu aus rechtlichen Gründen nicht in der Lage sieht.

Die dem Sicherheitsrat zur Verfügung stehenden Handlungsinstrumente zur Implementierung des Systems kollektiver Sicherheit nach Kapitel VII der

---

34 zu einer Beschreibung der aufschiebenden und auflösenden Bedingungen des Art. 51 Satz 1 siehe oben A..

35 wobei "einzelstaatlich" hier nicht etwa heißen soll, daß nicht auch das Recht zur kollektiven Selbstverteidigung von Art. 51 expressis verbis mitumfaßt wird. Das Wesen der kollektiven Selbstverteidigung ist es gerade, daß auf der Verteidigerseite mehr als nur ein - nämlich der angegriffene - Staat das Notwehrrecht wahrnimmt, vgl. Asrat, Prohibition of Force under the UN-Charter, S. 211-219, und zu den einschränkenden Voraussetzungen der Ausübung dieses kollektiven Notwehrrechts nach der neueren internationalen Rechtsprechung des IGH siehe das Urteil im Fall Nicaragua v. United States, Judgement on the Merits, ICJ Rep. 1986, S. 14 ff., § 199. Vielmehr dient die Einordnung als einzelstaatliches (oder einseitiges) Vorgehen der Abgrenzung gegenüber Maßnahmen der kollektiven Sicherheit nach Art. 39 ff.. Siehe dazu auch Scheffer, Commentary on Collective Security, in: derselbe/Damrosch (Hrsg.), Law and Force in the New International Order, S. 101, der hier von einer "unilateral exercise of collective self-defence" spricht.

Charta sind Gegenstand der dritten Säule der Arbeit in ihrem Vierten Teil. Denn unter diesen ihm zur Verfügung stehenden Handlungsinstrumenten wird der Sicherheitsrat auszuwählen haben, wenn er bestimmte Maßnahmen trifft, deren Um- und Durchsetzung einzelstaatliches Vorgehen im Rahmen der Ausübung des Notwehrrechts zugunsten kollektiver Reaktionen der Völkergemeinschaft auf einen bewaffneten Angriff auf eines ihrer Mitgliedstaaten ablösen soll. In diesem Zusammenhang ist auf die traditionell so interpretierten und von den Autoren der Charta als solche intendierten juristischen Voraussetzungen für eine Aktivierung des abgestuften Sicherheitsmechanismus des Kapitels VII ebenso einzugehen wie diese aber auch in den Rahmen der heutigen faktischen und rechtlichen Gegebenheiten einzuordnen sind, die die Optionen der Vereinten Nationen zur Implementierung des Kapitels VII und damit letztlich auch zur Befolgung des historischen Willens der Gründer der UN determinieren. Offensichtlich bedeutsam und problematisch wird hierbei die Tatsache sein, daß bislang kein einziges von den in Art. 43 Abs. 1 vorgesehenen Sonderabkommen abgeschlossen worden ist, durch die dem Sicherheitsrat auf sein Ersuchen von den Mitgliedstaaten Streitkräfte für militärische UN-Operationen zur Verfügung gestellt werden sollten.[36] Zu untersuchen wird insbesondere sein, ob und wie sich dieser Umstand nicht nur auf eine Aktivierung, sondern auch auf eine mögliche Implementierung des Mechanismus der kollektiven Sicherheit auswirkt.

Damit ist das Problem eröffnet, ob und inwieweit von den von der Charta ursprünglich als "Idealfall" intendierten Handlungsalternativen des Sicherheitsrats abgewichen werden darf, ohne den Grundsatz der Charta-konformität aus den Augen zu verlieren, sowie welche der die gegenwärtigen Realitäten bestimmenden nicht zuletzt auch politischen Umstände als Rechtfertigung für eine solche Abweichung herangezogen werden können. Besondern virulent wird diese Frage dann werden, wenn es darum geht, ob dem Sicherheitsrat mangels eigener UN-Streitkräfte in Abwesenheit der oben bereits erwähnten Sonderabkommen nach Art. 43 die neue, in der Charta selbst nicht vorgesehene Option zugestanden werden kann, Mitgliedstaaten der UN qua Empfehlung oder Ermächtigung zur Umsetzung oder Durchführung derjenigen Maßnahmen heranzuziehen, die er im von der Charta idealiter gedachten Fall selbst durchführen könnte und sollte.

---

[36] vgl. Niewerth/Zimmermann, Humanitäres Völkerrecht 1994, S. 193; Jiménez de Aréchaga, UN Security Council, in: Bernhardt (Hrsg.), EPIL 5 (1982), S. 346; Suy, UN Peacekeeping System, in: Bernhardt (Hrsg.), EPIL 4 (1982), S. 258, 259.

Dabei möchte sich die Arbeit auf den Bereich militärischer Zwangsmaßnahmen nach Art. 42 insoweit konzentrieren, als daß diese als einer der denkbaren Ausnahmefälle zum Gewaltverbot des Art. 2 Ziff. 4 in Betracht zu ziehen sind. Denn diese stehen als mögliche "erforderliche Maßnahmen" im Sinne von Art. 51 Satz 1 im untrennbaren Zusammenhang mit der vorher im Dritten Teil eingehend untersuchten zeitlichen Begrenzung des völkerrechtlichen Notwehrrechts als weiterer potentieller Ausnahmefall von dem Verbot der Anwendung von Gewalt. Soweit dem Sicherheitsrat ein solches Handlungsinstrument, nämlich anstatt einer Selbstvornahme nach Art. 39, 42 ff. auf die Mitgliedstaaten qua Empfehlung oder Ermächtigung zurückzugreifen, im Grundsatz zuzugestehen sein sollte, stellt sich dann die weitergehende Frage nach den Modalitäten der Anwendung eines solches Instruments. Bei der Verfolgung dieser Frage muß es insbesondere darum gehen, ob und inwieweit die Mitgliedstaaten allein nach der Charta zu einer Umsetzung einer entsprechenden Resolution des Sicherheitsrats verpflichtet sind, welche Rolle dabei denkbare völkervertragliche Verpflichtungen aus Art. 25, 48 spielen sowie bis zu welchem Intensitätsgrad der Sicherheitsrat sich die Kontrolle über die von den Mitgliedstaaten aufgrund seiner Empfehlung oder Ermächtigung durchgeführten Maßnahmen zu sichern hat.

Der fünfte Teil der Arbeit schließlich faßt die Ergebnisse der Untersuchung und die daraus gezogenen Schlußfolgerungen thesenartig im Überblick zusammen.

## C. Anmerkungen zum methodischen Vorgehen

Originaldokumente, insbesondere Resolutionen des UN-Sicherheitsrats, werden hier nur dann in die deutsche Sprache übersetzt, wenn dies zur Diskussion oder Verdeutlichung eines bestimmtes Aspekts erforderlich ist, ansonsten werden sie ebenso wie englische, französische und spanische Wortlautzitate in der Originalsprache wiedergegeben. Für die Resolutionstexte wird überdies nach Möglichkeit die Fundstelle einer deutschen Übersetzung aufgezeigt. Die nicht immer nachvollziehbare Anwendung der Regeln über die Groß- und Kleinschreibung sowie die Zeichensetzung wurde aus den zitierten Vorlagen exakt und ohne Verbesserung oder Veränderung übernommen. Widersprüchlichkeiten und Kuriositäten wurden dabei in Kauf genommen.

Die dargestellten Fakten der relevanten historischen Sachverhalte wie beispielsweise zu den internationalen Krisen in Rhodesien, Kuwait, Irak, Jugoslawien, Somalia, Haiti und Ruanda sowie auf des Islas Malvinas (Falkland Islands) entstammen zu einem großen Teil der deutschen und amerikanischen Tagespresse. Soweit sie keine juristischen Wertungen oder Analysen enthalten und es vorliegend lediglich um die thematische Einführung in den historischen Kontext ging, wurde aus Gründen der Übersichtlichkeit darauf verzichtet, alle Faktenschilderungen einzeln zu belegen, da ansonsten das Fußnotenmaterial außerordentlich angewachsen wäre, ohne daß dies die rechtlichen Analysen der Arbeit unterstützt hätte. Statt dessen werden, im Regelfall am Ende der Sachverhaltsschilderung, ein oder zwei weiterführende ausführliche Quellen genannt, die zur vertiefenden Lektüre herangezogen werden mögen. Juristisch relevante Zitate werden selbstverständlich präzise belegt. Hintergrundfakten und die Travaux Préparatoires zu der Vielzahl der hier erörterten Resolutionen des UN-Sicherheitsrats werden zitiert und genau belegt, soweit diese Belege aus allgemein zugänglichen oder wenigstens heute noch existierenden nachvollziehbaren Quellen stammen. Soweit sie jedoch lediglich auf inoffiziellen Dokumenten, bloßen Entwürfen (draft proposals), Diskussionsvorschlägen (discussion papers) oder - gelegentlich - auf diplomatischem Korridorgewisper beruhen, mußte auf die Angabe einer nachvollziehbaren Fundstelle verzichtet werden. Es wurde allerdings darauf geachtet, daß die aus solchen Quellen gezogenen Schlußfolgerungen anderweitig untermauert wurden. Soweit frühere oder gegenwärtige Mitarbeiter des United Nations Legal Office of the United Nations Office in Geneva (UNOG), des United Nations Document Center sowie des Office of The Legal Counsel of the United Nations am Hauptsitz der Vereinten Nationen in New York City, die den Verfasser tatkräftig und zum Teil selbstlos bei seinen Recherchen unterstützten, sich Vertraulichkeit ausgebeten haben, wird diese gewahrt. Ihre Angaben, die größtenteils auf das politische Verhältnis zwischen den Ständigen Mitgliedern des UN-Sicherheitsrats reflektieren, welches oft einen nicht unwesentlichen Einfluß auf die aus einem tatsächlichen Geschehen gezogenen rechtlichen Schlußfolgerungen hat, dürften einer informierten Fachöffentlichkeit aber ohnehin seit langem bekannt sein. Ehemals vertrauliche oder geheime Angaben aus mittlerweile geöffneten Archiven, beispielsweise zur Entstehungsgeschichte der UN-Charta, werden im einzelnen nachgewiesen. Zitate aus offiziellen Regierungsorganen werden als solche genannt und, wenn sie sich in Übereinstimmung mit einem tatsächlichen Geschehen befinden, ohne weiteres als Nachweis einer bestimmten Staatenpraxis herangezogen. Angesichts der Vielzahl der noch verschlossenen Archive, beispielsweise zum Falkland Krieg im Jahr 1982, ist eine andere Vorgehensweise nicht praktikabel, wenn man überhaupt zu fundierten Schlußfolgerungen kommen möchte.

## Zweiter Teil
## Das Verbot des Einsatzes von Gewalt im Völkerrecht und seine Ausnahmen

### A. Einführung in das Problem

"Die United Nations sind der bestmögliche Platz, das Allerschlimmste zu verhindern."[1] Was das "Allerschlimmste" ist, geht aus der Charta der Vereinten Nationen vom 16. Juni 1945 hervor: Fest entschlossen waren die Mitglieder der Völkergemeinschaft, künftige Generationen vor der Geißel des Krieges zu bewahren, die bereits zweimal zu Lebzeiten der Gründer der UN unsagbares Leid über die Menschheit gebracht hatte.[2] Folgerichtig setzten sich die Vereinten Nationen in Art. 1 Abs. 1 das erste und oberste Ziel, den Weltfrieden und die internationale Sicherheit zu bewahren und zu diesem Zweck wirksame Kollektivmaßnahmen zu treffen, um Bedrohungen des Friedens zu verhindern und zu beseitigen und Angriffshandlungen und andere Friedensbrüche zu unterdrücken.

I. Diese lediglich mit "Zielsetzung der Vereinten Nationen" eingeleitete Vertragsnorm besteht in Wirklichkeit aus zwei Teilen, wobei der erste von beiden die Ziele im eigentlichen Sinn, d.h. die Erhaltung des Weltfriedens und der internationalen Sicherheit umschreibt, während der zweite die Mittel nennt, mit denen diese Ziele erreicht werden sollen[3], nämlich die Ergreifung wirksamer Kollektivmaßnahmen. Beide Teile, Zielsetzung und Mittel zur Zielerreichung, reflektieren dabei auf ein Kernproblem, das bereits nach dem Ersten, insbesondere aber nach dem Zweiten Weltkrieg im Mittelpunkt der Überlegungen stand: Bedrohungen des Friedens und Angriffshandlungen als Tatbestände der Beeinträchtigung der internationalen Sicherheit entstanden wenigstens nach damaligem Völkerrechtsverständnis regelmäßig daraus, daß der einzelne Mitgliedstaat die ihm durch die Gesamtheit der Regeln der Völkerrechtsgemeinschaft gezogene Linie des (noch) erlaubten Verhaltens überschritt.[4] War aber eine solche Situation einmal objektiv eingetreten, sollte in erster Linie nicht nur und allein das Opfer der Angriffshandlung, d.h. der angegriffene Staat, zuständig und berechtigt sein, sich gegen den Angriff und damit die Normverletzung durch den Angreifer zu wehren,

---

1 so der ehemalige UN Generalsekretär Javier Pérez de Cuéllar, zitiert bei Thürer, AVR 30 (1992), S. 66.

2 vgl. Abs. 1 der Präambel der UN-Charta.

3 Simma/Wolfrum, Charta, Art. 1, Rdnr. 3.

4 nicht mehr relevant ist heute eine Differenzierung nach Angriffen, je nachdem, ob sie von innerhalb oder von außerhalb des Kreises der Mitgliedstaaten der UN stammen, da die Mitgliedschaft in der UN heute fast die Universalität erreicht hat, siehe dazu Simma/Wolfrum, Charter, Art. 1, Rdnr. 7.

sondern auch und gerade jene Gemeinschaft insgesamt, deren Regeln durch den Angriff verletzt und deren Sicherheit dadurch beeinträchtigt wurde.

II. Hier setzt das Mittel zur Zielerreichung mit dem Konzept der kollektiven Sicherheit an, dessen besondere Eigenart darin liegt, daß die Mitglieder dieses Systems gegen einen möglichen Angriff von seiten eines oder mehrerer Mitglieder des gleichen Systems geschützt werden. Kollektive Sicherheit richtet sich daher, anders als das System der kollektiven Verteidigung, primär gegen den rechtswidrigen Einsatz von Waffengewalt durch die Mitgliedstaaten des betreffenden Systems und nicht gegen eine Drohung von außerhalb.[5] Der Erfolg dieser Konzeption der kollektiven Sicherheit steht und fällt indessen nicht nur mit der Beachtung und Einhaltung ihrer Grundregeln durch ihre Mitglieder im allgemeinen, sondern gerade auch durch das oder die Opfer der Friedensbedrohung oder Angriffshandlung in der Situation der Normverletzung. Nur wenn und soweit diese die Zuständigkeit der durch das System der kollektiven Sicherheit für genau diesen Fall geschaffenen Organe anerkennen und ihnen den erforderlichen Handlungsspielraum zubilligen[6], werden jene in die Lage versetzt, die ihnen zugewiesenen Aufgaben und Kompetenzen überhaupt wahrnehmen zu können und dadurch die Verteidigung der beeinträchtigten Interessen des Angriffsopfers mit der Verteidigung der allgemeinen Interessen der Völkergemeinschaft in Einklang zu bringen.[7] Die objektive Tatsache eines Regelbruchs durch den Angreifer auf der einen und die Art und Weise der Reaktion auf diesen Verstoß durch den Angegriffenen auf der anderen Seite haben somit einen Interessen- und Handlungskonflikt

---

5 Delbrück, Collective Security, in: Bernhardt (Hrsg.), EPIL, Vol. I (1992), S. 647; vgl. in Abgrenzung dazu den Grundgedanken der kollektiven Verteidigung, wie er in den militärischen Verteidigungsbündnissen des Kalten Krieges in der NATO auf westlicher sowie im Warschauer Pakt auf östlicher Seite seinen Ausdruck gefunden hat, die Abwehr- und gegenseitige Beistandsmaßnahmen gegen einen Angriff seitens eines außerhalb ihres Mitgliederkreises stehenden Aggressors vorsehen.

6 genau dies aber werden souveräne Staaten in echten und sie selbst betreffenden Krisensituationen nach Auffassung mancher Skeptiker nicht bereit sein zu tun; siehe dazu Wolf, EA B 47, S. 365 und S. 371, der kritisch anmerkt, bei der während der ersten Hälfte der neunziger Jahre stattgefundenen Phase internationaler Sicherheitskooperation handele es sich lediglich um ein Übergangsphänomen, da die Logik des Konzepts der kollektiven Sicherheit auf Prämissen beruhe, die in einer Welt souveräner Staaten unrealistisch seien. Weiterführend zu diesem Problem der kollektiven Sicherheit zwischen Mythos und Möglichkeit siehe Czempiel, Merkur 48 (1994), S. 790-803.

7 vgl. dazu Hazard, Yale Law Journal 55 (1945/46), S. 1023, der die Gründung der Vereinten Nationen bewertet als "the creation of a system in which states joining the organization and defending their own interests would also defend the general international interests of securing peace and preventing aggression".

zwischen dem individuellen Mitglied der Völkerrechtsgemeinschaft und dem Kollektiv der in dieser Gemeinschaft zusammengefundenen Staaten zum selben Bezugspunkt, dessen Brisanz dadurch verdeutlicht wird, daß er sich im Fokus der Wahrung des Weltfriedens und der internationalen Sicherheit als erstes und oberstes Ziel der Vereinten Nationen wiederfindet.[8]

III. Ausgangspunkt dieses grundsätzlichen und die Zielerreichung, wenn nicht sogar die Existenzberechtigung der Vereinten Nationen insgesamt determinierenden Konflikts ist ein Normsatz des Völkerrechts, der sich zwar in der Charta wiederfindet, dessen Geltungsanspruch jedoch noch in die Zeit vor der Gründung der Vereinten Nationen zurückreicht. Es handelt sich dabei um das völkerrechtliche Gewaltverbot, das als einer der Grundsätze, nach denen die Organisation und ihre Mitglieder in Verfolgung der in Art. 1 dargelegten Ziele handeln, in Art. 2 Ziff. 4 ausdrücklich festgeschrieben wurde.[9] Danach sind alle Mitglieder der UN verpflichtet, in ihren internationalen Beziehungen jede gegen die territoriale Unversehrtheit oder die politische Unabhängigkeit eines Staates gerichtete oder sonst mit den Zielen der Vereinten Nationen unvereinbare Androhung oder Anwendung von Gewalt zu unterlassen. Dieses Gewaltverbot gilt es nun im Hinblick auf mögliche Ausnahmen, deren Herleitung und Begründung sowie insbesondere deren Verhältnis zueinander im Spiegel einzelstaatlicher oder kollektiver Zuständigkeiten[10] und Verantwortlichkeiten näher zu beleuchten.

---

8 zu einer frühen Darstellung der daraus resultierenden Probleme siehe Fox, The American Political Sciences Review 39 (1945), S. 970-981, der dabei eine großzügige Interpretation der Befugnisse des Sicherheitsrats zugrunde legt und die Charta als flexibles und der Fortentwicklung durch Praxis zugängliches Instrument auffaßt.

9 Das Gewaltverbot wird im modernen Völkerrecht von vielen als eine ganz wesentliche Einschränkung der Souveränität der Staaten angesehen, was angesichts der gebotenen Rechtslage gar nicht hoch genug eingeschätzt werden könne. Denn dem Gewaltverbot stehe die Souveränität der Staaten nicht im Weg, sondern sie sei schlicht ausgeräumt; vgl. dazu Heintze, Brauchen wir ein neues Völkerrecht? in: Lutz (Hrsg.), Völkerrecht und Friedensordnung, S. 60. Allgemein und umfassend zum Gewaltverbot, seiner Herkunft, Reichweite und Hintergründe siehe Wehberg, RdC 78 (1951-I), S. 7 ff., Oppermann, Das Verbot der Gewaltanwendung, in: Schaumann (Hrsg.), Völkerrechtliches Gewaltverbot, S. 119-145 sowie Przetacznik, Revue de droit international 67 (1989), S. 183 ff.; zur Ablehnungwürdigkeit des Krieges als eine "juristische Institution" schon aus philosophischer Sicht mit einem umfassenden Überblick über die Beiträge der verschiedenen rechtsphilosophischen Richtungen zu diesem Thema und ihren jeweiligen Begründungen vgl. instruktiv derselbe, Revue de droit international 69 (1991), S. 197 ff.; zu den gerade während des Golfkonflikts wieder deutlich gewordenen speziellen Problemen von Neutralität und Gewaltverbot siehe Doehring, AVR 31 (1993), S. 193-205.

10 daß es bei dieser Frage im Kern um ein schwieriges Problem der Kompetenzzuweisung geht, unterstreicht auch Reisman, Allocating Competences to Use Coercion in

## B. Grundlage, Herkunft und Rechtscharakter des universellen Gewaltverbots

Das Verbot der Anwendung von Gewalt zur Lösung internationaler Konflikte scheint aufgrund seiner Niederlegung in Art. 2 Ziff. 4 der Charta zwar in erster Linie eine Norm des Völkervertragsrechts zu sein und demgemäß nur die an dem Vertrag beteiligten Staaten zu binden, und zwar lediglich in der dort formulierten und, wie noch zu erläutern sein wird, gegebenenfalls auch eingeschränkten Weise. Es wäre jedoch zu kurz gegriffen, dem Gewaltverbot als Regel der Charta lediglich völkervertragliche Bedeutung beimessen zu wollen. Vielmehr ist es bereits seit langem als zwingender Grundsatz auch des Völkergewohnheitsrechts anerkannt[11] und markiert entscheidend die Wende vom überkommenen, jedoch noch bis in das 20. Jahrhundert hinein geltenden Prinzip uneingeschränkter staatlicher Souveränität hin zu einer internationalen Friedensordnung[12] basierend auf dem Gedanken der Kooperation. Der Wegfall der Option, den Krieg als Fortsetzung der Politik mit anderen Mitteln einzusetzen, also Ziele mit Gewalt zu verfolgen und Interessen mit ebensolcher zu verteidigen, ist die Geburtsstunde der Notwendigkeit einer neuen Charakterisierung des vormals als Recht der Macht angesehenen Völkerrechts als nunmehr ein Recht der Koordination und der Gegenseitigkeit als zukunftsweisendes Ordnungsprinzip der Weltgemeinschaft.[13]

I. Bereits die Satzung des Völkerbundes etablierte in ihren Art. 10 ff. ein System zur Aufrechterhaltung des territorialen status quo zwischen den Signatarstaaten, indem sie jeden Krieg zur Angelegenheit des gesamten Bundes machte. Jedoch stand dabei weniger das Postulat eines materiellen Gewaltverbots als vielmehr die Festschreibung eines geregelten Verfahrens zur Streitbeilegung im Vordergrund.[14] Damit etablierte die Völkerbundsatzung nicht etwa ein Verbot des Einsatzes militärischer Gewalt, sondern sah lediglich einen zeitlichen Aufschub vor, nach dessen Ablauf den Bundesmitgliedern die Freiheit, zur Anwendung kriegerischer Schritte überzugehen, keineswegs genommen war. Eine nahezu universelle Ächtung des Krieges als Mittel zur Lösung zwischenstaatlicher Konflikte bewirkte erst der Briand-Kellogg-Pakt vom 27. August 1928, nach dessen

---

the Post Cold-War World, Practices, Conditions and Prospects, in: Damrosch/ Scheffer (Hrsg.), Law and Force in the New International Order, S. 26-48.

11 Malanczuk, EJIL 2 (1991), S. 123.

12 Dahm/Delbrück/Wolfrum, Völkerrecht, S. 46.

13 Doeker, Das Gewaltverbot in der Satzung der Vereinten Nationen, in: derselbe (Hrsg.), Die Vereinten Nationen, S. 111.

14 Heintze, AVR 29 (1991), S. 437.

Art. 1 die Hohen Vertragsschließenden Parteien feierlich im Namen ihrer Völker erklärten, daß sie den Krieg als Mittel zur Lösung internationaler Streitfälle verurteilen und auf ihn als Werkzeug nationaler Politik in ihren gegenseitigen Beziehungen verzichten. Erst diese Vereinbarung stellt den maßgeblichen Meilenstein in der Entwicklung von der Freiheit, Krieg zu führen, hin zu einem universalen und allgemeinen Kriegsverbot dar.[15] Die Regelungen des Kellogg-Paktes und damit auch der Verzicht auf den Einsatz militärischer Gewalt nahmen in der Folge sehr bald wegen der Unkündbarkeit des Vertrages den Charakter von Völkergewohnheitsrecht an.[16]

II. Das heute in Art. 2 Ziff. 4 normierte Gewaltverbot ist im Zusammenhang mit der Präambel und Art. 1 Abs. 1 der Charta zu lesen und ist daher in seinem Tatbestand wesentlich weiter gefaßt als die Regelungen des Kellogg-Paktes[17]; erfaßt werden von Art. 2 Ziff. 4 zumindest alle Formen militärischer Intervention.[18] Eine früher vereinzelt vorgetragene Rechtsauffassung, die aus dem Recht zum Austritt aus der UN folgern wollte, daß Art. 2 Ziff. 4 allein vertraglichen Charakter haben könne[19], wird inzwischen nicht mehr vertreten. Vielmehr bindet diese Vorschrift als das in einer völkervertraglichen Regel niedergelegte, jedoch darüberhinaus gewohnheitsrechtlich anerkannte Gewaltverbot heute die gesamte Staatengemeinschaft.[20] Es bildet die fundamentalste Umgestaltung im Bereich des nach dem Ende des Zweiten Weltkriegs neu entstandenen zwischenstaatlichen Pflichtenkatalogs, da es weit über die Grundsätze der Völkerbundsatzung und des Briand-Kellogg-Paktes hinausgeht.[21] Denn mit dem an alle UN-Mitglieder gerichteten Verbot, sich in ihren internationalen Beziehungen jeder Drohung mit Gewalt oder Gewaltanwendung zu enthalten, schützt Art. 2 Ziff. 4 nicht nur die Mitglieder der UN, sondern auch die Nichtmitglieder.[22] Weiterhin ist das allgemeine Gewaltverbot nicht

---

15 Simma/Randelzhofer, Charta, Art. 2 Ziff. 4, Rdnr. 10.

16 Berber, Völkerrecht, Bd. II., S. 35; MDHS/Maunz, Art. 25 GG, Rdnr. 15.

17 Fink, AVR 29 (1991), S. 458.

18 Randelzhofer, EPIL, Vol. 4, S. 267.

19 vgl. zu dieser alten Meinung nur Berber, Völkerrecht, Bd. II, S. 40.

20 vgl. IGH im Urteil Military and Paramilitary Activities In and Against Nicaragua, Nicaragua v. United States of America, ICJ Reports 1986, S. 14, 27; allgemein zur Befassung des IGH mit den Rechtsproblemen im Zusammenhang des Gewaltverbots, der Selbstverteidigung und des Interventionsverbots siehe Sohn, The International Court of Justice and the Scope of the Right of Self-Defence and the Duty of Non-Intervention, in: Dinstein (Hrsg.), International Law at a Time of Perplexity, S. 869-878.

21 Verdross/Simma, Universelles Völkerrecht, § 467.

22 dieselben, a.a.O., § 468.

nur Bestandteil des Völkergewohnheitsrechts[23], sondern es ist ferner zum Bestand des *ius cogens* zu zählen.[24] Diese Sonderkategorie des sogenannten "zwingenden Rechts" ist im Völkerrecht für solche Normen anerkannt, die von der internationalen Staatengemeinschaft als ganzes akzeptiert und als solche Vorschriften angesehen werden, von denen keine Abweichung zulässig ist und die ihrerseits nur durch solche nachfolgenden Rechtssätze des allgemeinen Völkerrechts Modifikationen unterworfen werden können, die ihrerseits denselben zwingenden Charakter haben.[25] Diese Anerkennung der Kategorie des *ius cogens* findet sich auch in Art. 53 der Wiener Vertragsrechtskonvention (WVRK), wird dort jedoch nicht konstitutiv formuliert, sondern lediglich kodifikatorisch zum Ausdruck gebracht.[26] Schließlich hat auch der IGH im Nicaragua-Fall den zwingenden Charakter des Gewaltverbots deutlich anklingen lassen.[27]

Doch selbst damit ist der Rechtscharakter des völkerrechtlichen Gewaltverbots noch nicht erschöpfend beschrieben. Das Prinzip des Verzichts auf den Einsatz militärischer Gewalt in zwischenstaatlichen Beziehungen, dem im modernen Völkerrecht nach verbreiteter Auffassung *die* entscheidende Schlüsselrolle schlechthin zukommt[28], und in dem nach Meinung eines früheren IGH-Präsidenten das Rückgrat aller menschlichen Bemühungen zur Erhaltung des Friedens auf einer von Konflikten zerrütteten Erde zu sehen ist[29], ist überdies eine *erga omnes* wirkende Völker-

---

23 Bothe, Das Gewaltverbot im allgemeinen, in: Schaumann (Hrsg.), Völkerrechtliches Gewaltverbot, S. 11, 16; Wildhaber, Gewaltverbot und Selbstverteidigung, ebendort, S. 147.

24 Kadelbach, Zwingendes Völkerrecht, S. 234-236, mit der vorsichtigen Einschränkung, daß allein das Verbot des bewaffneten Angriffs als einer der Hauptfälle - wenn nicht gar der Hauptfall schlechthin - des Gewaltverbots als Norm des zwingenden Rechts positiv nachweisbar sei, auch wenn andere Formen der Gewaltanwendung von Art. 2 Ziff. 4 durchaus mit umfaßt sein mögen. Damit sei das aus der UN-Charta und aus dem Gewohnheitsrecht ermittelte Geltungspotential des Gewaltverbots nicht in jeder seiner Facetten zwingendes Recht.

25 Verdross/Simma, Universelles Völkerrecht, § 525.

26 Kunig, Völkerrecht und staatliches Recht, in: Graf Vitzthum (Hrsg.), Völkerrecht, 2. Abschnitt, Rdnr. 152.

27 IGH, Nicaragua v. United States of America, ICJ Reports 1986, S. 100-101; zu den Hintergründen der Rechtsprechung des IGH im Spannungsfeld des Gewaltverbots siehe Danilenko, The Principle of Non-Use of Force in the Practice of the International Court of Justice, in: Butler (Hrsg.), The Non-Use of Force in International Law, S. 101-110.

28 vgl. statt vieler nur Mullerson, The Principle of Non-Threat and Non-Use of Force in the Modern World, in: Butler (Hrsg.), The Non-Use of Force in International Law, S. 29.

29 IGH-Präsident N. Singh im Urteil Nicaragua v. United States of America, ICJ Reports 1986, S. 153.

rechtsnorm.[30] Diese auf den vom IGH im Jahr 1970 entschiedenen Barcelona-Traction-Fall zurückgehende Differenzierung trennt maßgeblich zwischen den völkerrechtlichen Pflichten, die gegenüber einem einzelnen Staat bestehen, und solchen, die dem Adressaten gegenüber der internationalen Gemeinschaft als ganzer obliegen; letztere sind die sogenannten *erga-omnes-Verpflichtungen.*[31] An der Beachtung und Durchsetzung der *erga-omnes-Pflichten* haben alle Staaten ein rechtliches Interesse und ihre Existenz ist heute grundsätzlich anerkannt, wobei allerdings ihr Umfang und die besonderen Rechtsfolgen umstritten geblieben sind.[32] Zu ihnen zählt mithin auch die Beachtung des in Art. 2 Ziff. 4 kodifizierten Gewaltverbots, das der einzelne Staat demnach der gesamten Völkerrechtsgemeinschaft gegenüber einzuhalten verpflichtet ist.

Zusammenfassend kann daher unterstrichen werden, daß die Rechtsquellen für das völkerrechtliche Gewaltverbot sowohl im Völkergewohnheitsrecht als auch in dem dieses kodifizierende und konturierende Vertragsrecht des Art. 2 Ziff. 4 der Charta zu sehen sind, wobei das Gewaltverbot als *ius cogens* zum Bestand des zwingenden Völkerrechts zu zählen ist und es zudem eine Verpflichtung mit Wirkung *erga omnes* darstellt, d.h. jedem Adressaten gegenüber der internationalen Gemeinschaft als ganzer obliegt.

## C. Der fortdauernde Gültigkeitsanspruch des Gewaltverbots

Aufgrund der dargelegten überragenden rechtlichen wie auch politischen Bedeutung des Verbots des Gebrauchs militärischer Gewalt in zwischenstaatlichen Beziehungen liegt es auf der Hand, weshalb das Gewaltverbot in Völkerrechtspraxis und -lehre als das Herzstück der UN-Charta[33] und als der Grundstein des Friedens in der Charta schlechthin[34] angesehen wird. Jedoch sind weit mehr als 120 lokale oder regionale Kriege und Konflikte mit über 20 Millionen Todesopfern seit der Gründung der Vereinten Nationen ein erschütterndes Zeugnis dafür, daß die Staaten scheinbar keine wirklichen Konsequenzen aus der Katastrophe zweier Weltkriege gezogen haben. Daran haben offenbar weder die UN noch das kollektive Sicherheitssystem der Charta im Kern etwas zu ändern

---

30 Klein, Die Internationalen und Supranationalen Organisationen als Völkerrechtssubjekte, in: Graf Vitzthum (Hrsg.), Völkerrecht, 4. Abschnitt, Rdnr. 92.

31 Schröder, Verantwortlichkeit, Völkerstrafrecht, Streitbeilegung und Sanktionen, in: Graf Vitzthum (Hrsg.), Völkerrecht, 6. Abschnitt, Rdnr. 16.

32 Schröder, a.a.O..

33 Henkin, AJIL 65 (1971), S. 544.

34 Waldock, RdC 81 (1952-II), S. 492.

vermocht.[35] Ohne faktischen Einfluß geblieben ist dabei die sehr wohl vorhandene theoretische Erkenntnis, daß der strikten Einhaltung des Prinzips des Nichtgebrauchs von Gewalt die größte Bedeutung bei der Schaffung und anschließenden Absicherung von Frieden und internationaler Sicherheit zukommt.[36] Statt einer Einhaltung des zumindest auf dem Papier anerkannten und offiziell auch nicht mehr hinterfragten Gewaltverbots verfielen Konfliktparteien und Kriegführende auf ein anderes, beinahe monoton anmutendes Erklärungsmuster: in nahezu jedem Fall, in dem ein Staat seit 1945 von militärischer Gewalt Gebrauch gemacht hat, stützte er sich dabei auf ein ihm angeblich zustehendes Recht zur Selbstverteidigung in mutmaßlich berechtigter Reaktion auf einen gegen ihn gerichteten vorherigen unrechtmäßigen Angriff.[37] In wenig überraschender Weise wurde dabei das Selbstverteidigungsrecht des öfteren so außerordentlich extensiv ausgelegt, daß die in Art. 51 enthaltene Ausnahme vom Gewaltverbot den Staaten nach ihrer Darlegung mehr Handlungsspielraum zuzugestehen schien als das fundamentale Prinzip des Art. 2 Ziff. 4 ihnen vorher überhaupt genommen hatte.[38] Danach wäre die Regel von ihrer eigenen Ausnahme 'geschluckt' worden. Denn von seltenen Einzelfällen einmal abgesehen, waren die Vereinten Nationen nicht in der Lage, die ihnen von den Gründern der Charta im Rahmen des kollektiven Sicherheitsmechanismus des Kapitels VII zugedachte Rolle zu spielen.[39]

I. Bevor sich daher der nun anstehenden Diskussion über Anzahl und Reichweite möglicher Ausnahmen vom völkerrechtlichen Gewaltverbot zugewandt werden kann, ist vorrangig zu klären, ob dieses Verbot überhaupt noch einen Sinn hat oder ob es gar inzwischen aus tatsächlichen Gründen außer Kraft getreten ist. Denn Ausnahmen von einem Handlungsverbot führen zu erlaubten Handlungen, die nur deswegen gestattet sind, weil sie von der Verbotswirkung des zugrundeliegenden Prinzips kraft Ausnahme nicht erfaßt werden. Dazu ist indessen erforderlich, daß die Verbotswirkung im Prinzip Bestand hat. Wenn und soweit dies nämlich nicht der Fall ist, wären Ausnahmen und ihre Diskussion schlicht überflüssig, da bereits mangels Verbots ein erlaubtes Verhalten vorliegt, das einer weitergehenden

---

[35] Schaefer, Die Rolle der Vereinten Nationen im Rahmen der Friedenssicherung, in: Doeker/Volger (Hrsg.), Die Wiederentdeckung der Vereinten Nationen, S. 156.

[36] Kolesnik, The Development of the Right to Self-Defence, in: Butler (Hrsg.), The Non-Use of Force in International Law, S. 153.

[37] Schachter, International Law in Theory and Practice, S. 401.

[38] Tuzmukhamedov, The Principle of Non-Use of Force and Security at Sea, in: Butler (Hrsg.), The Non-Use of Force in International Law, S. 175.

[39] Murphy, J.F., Force and Arms, in: Schachter/Joyner (Hrsg.), United Nations Legal Order, S. 270.

juristischen Rechtfertigung durch einen Ausnahmesatz im Sinne eines Erlaubnistatbestandes von vornherein nicht bedarf.

1. In der Tat hat eine ganze Anzahl vom Kommentatoren eine düstere Bilanz der Arbeit der Vereinten Nationen im Bereich des Völkersicherheitsrechts dahingehend gezogen, daß das Versagen der UN, die ihr von der Charta zugedachten Verantwortlichkeiten auch wahrzunehmen und effektiv umzusetzen, die Mitgliedstaaten von den Beschränkungen des Gewaltverbots des Art. 2 Ziff. 4 entbunden habe.[40] Dies habe dazu geführt, daß ein Gewaltverbot im modernen Völkerrecht entweder gar nicht mehr existiere oder aber lediglich in Form von solchen Ausnahmen, die allumfassend jeglichen Gebrauch militärischer Mittel rechtfertigen würden.[41] Damit stünde das Gewaltverbot "so arm da wie ein Herrscher ohne Kleider": Der von der Charta vorgesehene Mechanismus kollektiver Sicherheit, der einseitige Gewaltanwendung ausdrücklich ersetzen sollte, habe sich in der Praxis als vollkommen ineffektiv erwiesen, und damit sei der juristische Bann des Einsatzes von Gewalt ebenfalls ohne Effekt.[42] Nach dieser Auffassung wird das Ergebnis der Ineffektivität des rechtlichen Régimes der Charta zur Durchsetzung von Gemeinschaftsmaßnahmen im Krisenfall am zutreffendsten charakterisiert als eine teilweise Wiederbelebung des uneingeschränkten unilateralen Rechts, vom Krieg allein aufgrund einzelstaatlicher Entscheidung Gebrauch zu machen.[43] Denn erst durch den dauernden Verzicht auf Gewalt und nicht schon aus dem Bedürfnis der Staaten, die eigene Gewaltanwendung zu legitimieren, ergebe sich die Effektivität des Art. 2 Ziff. 4 im Sinne einer stetigen Normbeachtung, die gerade im Völkerrecht wirkliche Anerkennung durch die Völkerrechtssubjekte indiziere.[44]

Das Gewaltverbot sei heute folglich nicht mehr als ein toter Buchstabe auf dem Papier, durch Mißbrauch und Ausnahmen demontiert bis zur Unkenntlichkeit, und zwar hauptsächlich aufgrund dreier Faktoren: das Aufkommen sogenannter "nationaler Befreiungskriege", die zunehmende Bedrohung durch mögliche Kriege mit dem Potential einer totalen Zerstörung sowie schließlich die wachsende Autorität regionaler Sicherheitssysteme, die von den Supermächten dominiert würden. Diese drei

---

40 so zusammengefaßt von Murphy, J.F., Force and Arms, a.a.O., S. 271.

41 Mullerson, The Principle of Non-Threat and Non-Use of Force in the Modern World , in: Butler (Hrsg.), The Non-Use of Force in International Law, S. 31.

42 Reismann, The Emperor Has No Clothes: Article 2 (4) and the Use of Force in Contemporary International Law, in: United Nations for a Better World, S. 10.

43 Reismann, ibidem.

44 Menk, Gewalt für den Frieden, S. 85, dort Anmerkung 7.

Faktoren ließen sich jedoch auf eine einzigen entscheidenden Umstand zurückführen, nämlich die fehlende Kongruenz zwischen der völkerrechtlichen Norm des Art. 2 Ziff. 4 und den selbstempfundenen nationalen Interessen von Staaten, insbesondere den Supermächten.[45] Denn gerade diese Interessen, kombiniert mit den Abstimmungserfordernissen im Sicherheitsrat nach den Bestimmungen des Art. 27, hätten ein chartakonformes Funktionieren des Systems der Zwangsmaßnahmen nach Kapitel VII vereitelt. Von der Funktionstüchtigkeit dieses Systems hänge das Gewaltverbot aber ab. Denn dem einzelnen Staat sei der Verzicht auf Gewaltanwendung nur zumutbar, wenn gesichert sei, daß der Sicherheitsrat auch in der Lage sein wird, die für die Durchsetzung des Gewaltverbots erforderlichen Schritte vor allem auch in der Situation eines Verstoßes gegen das Verbot effektiv einzuleiten und durchzusetzen. Da dieses System nicht funktioniere, habe Art. 2 Ziff. 4 seine Gültigkeit verloren.[46]

2. Obwohl niemand die Bedeutung der Funktionstüchtigkeit des Mechanismus des Kapitels VII für die Bereitschaft der Staaten, das Gewaltverbot einzuhalten, ernsthaft in Zweifel zieht, so hat die oben erläuterte Auffassung vom Außerkrafttreten des Art. 2 Ziff. 4 dennoch vielfachen und zum Teil nachdrücklichen Widerspruch hervorgerufen. Die "Berichte vom Tod" des Art. 2 Ziff. 4 seien nicht nur weit übertrieben, sondern sie hätten zudem den schon methodisch unzutreffenden Ansatz gewählt, den fortdauernden Geltungsanspruch einer Rechtsnorm lediglich aufgrund der zweifellos vorhandenen Schwachstellen bei ihrer Um- und Durchsetzung zu verneinen, ohne gleichzeitig aber jene zahllosen Fälle in Betracht zu ziehen, in denen das Gewaltverbot tatsächlich das Verhalten von Staaten maßgeblich dahingehend bestimmt habe, vom Einsatz militärischer Mittel abzusehen, mithin Kriege verhindert habe. Trotz zahlreicher Verstöße habe Art. 2 Ziff. 4 als Verhaltensnorm gewirkt und Aggressoren sowie Aggressionen abgeschreckt. Die Verstöße gegen das Gewaltverbot allein könnten ihm seinen Geltungsanspruch nicht nehmen, denn es sei gerade eine der Aufgaben von Rechtsnormen, ein gewünschtes Verhalten erst als Ziel zu formulieren, ohne daß sie deswegen ihren Normcharakter verlieren, solange das Ziel noch nicht erreicht sei.[47] Zudem könne von einem fundamentalen Prinzip wie dem des Art. 2 Ziff. 4, dessen Inhalt sensibel auf selbst

---

45 Franck, AJIL 64 (1970), S. 835.

46 Franck, a.a.O., S. 809-810.

47 Henkin, AJIL 65 (1971), S. 544-545, vgl. in diesem Zusammenhang auch Seidel, Wissenschaftliche Zeitschrift der Humboldt-Universität 39 (1990), S. 173, nach dem zu einer Unterschätzung des Völkerrechts in der Tat keinerlei Anlaß besteht, insbesondere wenn es um die Bestimmung des völkerrechtlichen Anteils an der Einschränkung der Gewalt in diesem Jahrhundert gehe.

geringfügige Veränderungen in den internationalen Beziehungen zwischen Staaten reagiere, kaum erwartet werden, daß es unverändert in seiner ursprünglichen Form erkennbar bleibe. Da es in einem konstitutionellen Instrument wie dem der UN-Charta eingebettet sei, müsse der Artikel Modifikationen in Inhalt und Reichweite hinnehmen, die für seine fortdauernde Anwendbarkeit im Rahmen der Ziele der Charta und des dort vorgesehenen Systems der kollektiven Sicherheit erforderlich seien.[48] Den Befürwortern der These vom Geltungsverlust des Art. 2 Ziff. 4 ist mit Recht entgegengehalten worden, daß auf der Gründungskonferenz von San Francisco nicht ernsthaft angenommen werden konnte, mit den Vereinten Nationen und deren Sicherheitsrat sei ein stets und auf Dauer verläßliches Instrument zur umfassenden kollektiven Rechtsverteidigung und -durchsetzung in die Völkerrechtsordnung eingeführt worden.[49] Selbst wenn die Vereinten Nationen nicht nach dem ursprünglichen Paradigma funktioniert haben, so haben sie doch in der Praxis eine Vielzahl von Schritten unternommen, das Recht und juristische Prozesse an die veränderten Realitäten der Jahrzehnte nach dem Ende des Zweiten Weltkrieges anzupassen, und ihre Bilanz bei der Erhaltung des Friedens und dem Schutz der internationalen Sicherheit ist besser als mancher ihrer Kritiker einzugestehen bereit ist.[50] Denn zwar führen bestehende und auch nicht zu bestreitende Probleme bei der Effektivität, mit der Beschlüsse im Bereich des Kapitels VII der Charta gefaßt und ausgeführt werden, stets immer auch zu neuen Fragen nach der fortdauernden Gültigkeit des Gewaltverbots[51], bei deren Beantwortung jedoch die Staatenpraxis und die darin zum Ausdruck kommende *opinio iuris* maßgeblich heranzuziehen sind. Gerade hier ist mit Nachdruck zu berichten, daß seit Inkrafttreten der Charta in keinem einzigen Fall mehr ein Staat in einen anderen einmarschiert ist oder sonst militärische Gewalt gegen ihn angewandt hat, ohne eine juristische Rechtfertigung für sein unbestrittenermaßen das Gewaltverbot tangierendes Verhalten vorzubringen[52], selbst wenn dieser Rechtfertigungsversuch möglicherweise schon bei oberflächlicher Betrachtung ohne Erfolg bleiben mußte. Darauf kommt es indessen nicht an. Allein das

---

48 Asrat, Prohibition of Force under the UN-Charter, S. 57-58.

49 so unterstrichen von Kreß, Gewaltverbot und Selbstverteidigungsrecht nach der Satzung der Vereinten Nationen bei staatlicher Verwicklung in Gewaltakte Privater, S. 31, dort Anmerkung 30.

50 so im Ergebnis nachdrücklich Murphy, J.F., Force and Arms, in: Schachter/ Joyner (Hrsg.), United Nations Legal Order, S. 271.

51 dies einräumen muß auch Mullerson, The Principle of Non-Threat and Non-Use of Force in the Modern World, in: Butler (Hrsg.), The Non-Use of Force in International Law, S. 31.

52 Schachter, International Law in Theory and Practice, S. 401.

Bemühen der Staaten, eine Rechtfertigung vorzutragen, dokumentiert hinreichend nicht nur ihren Respekt vor dem Völkerrecht im allgemeinen, sondern vor allem ihre Überzeugung von der als fortgeltend und daher verbindlich hinzunehmenden Norm des Art. 2 Ziff. 4 (*opinio iuris*).[53] Dieser nach außen hin kundgetanen Rechtsüberzeugung wird es indessen nicht gerecht, wenn man den geschilderten Vorgang lediglich als das Ergebnis eines gewissen völkerrechtspsychologischen Drucks auf die staatlichen Entscheidungsträger bewertet, der durch den zumindest formell vorliegenden Konsens über die anzustrebende Zielprojektion des Art. 2 Ziff. 4, also Abwesenheit von Gewaltanwendung in zwischenstaatlichen Beziehungen, ausgelöst worden sei.[54]

Ferner ist zu unterstreichen, daß zwischen Art. 2 Ziff. 4 und dem Kapitel VII der Charta kein rechtliches Verhältnis dergestalt besteht, daß die Rechtsgültigkeit des Gewaltverbots von der Effektivität des Systems der kollektiven Zwangsmaßnahmen abhängig ist[55], sondern ersteres zumindest rechtlich unabhängig vom letzterer besteht und von ihr unberührt seinen vollen Geltungsanspruch zu Recht erhebt.

II. Resümierend ist daher im Anschluß an die auch in der Völkerrechtslehre weit überwiegende Ansicht festzuhalten, daß das völkerrechtliche Gewaltverbot trotz zahlreicher Niederlagen und Rückschläge in der Praxis nicht nur Erfolge bei seinem Einfluß auf das Verhalten der Staaten und deren rechtliche Begründungen oder wenigstens Begründungsversuche ihres Vorgehens verbuchen konnte, sondern auf juristischer Ebene als zwingender Normsatz sowohl des Völkergewohnheits- als auch des Völkervertragsrechts mit Wirkung *erga omnes* nach wie vor umfassende Gültigkeit beanspruchen darf.

## D. Die Ausnahmen vom Gewaltverbot des Art. 2 Ziff. 4

Das Verbot der Anwendung von Gewalt in zwischenstaatlichen Beziehungen gilt indessen trotz seiner überragenden Bedeutung für das moderne Völkerrecht und dessen Entwicklung seit dem Zweiten Weltkrieg nicht absolut und uneingeschränkt. Bei allen Streitkeiten über seinen

---

53 Mullerson, a.a.O..

54 so aber Menk, a.a.O., der aber trotz dieser Argumentation zum gegenteiligen, d.h. dem auch hier vertretenen Resultat von der Fortgeltung des Gewaltverbots gelangt, da selbst angesichts einer ungenügenden Sicherheitspraxis in der Staatenwelt nicht davon ausgegangen werden könne, daß der subjektive Wille zu einem Festhalten am Ziel des Gewaltverbots nicht mehr bestehe, vgl. S. 85, womit auch er sich letztlich der These von der Zielvorgabe als einer der Geltungsgründe eines Normsatzes anschließt.

55 Schindler, Berichte DGVR 26 (1986), S. 18 f..

genauen Inhalt und den Kreis der von ihm geschützten Werte konzentriert sich die Überzahl aller Uneinigkeiten auf die Grenzen des Verbots. Kaum jemand würde es heute mehr wagen, diese Grenzen nur aufgrund einer wörtlichen Auslegung[56] oder rein dogmatischen Interpretation der Charta zu bestimmen.[57] Insofern hat sich das Recht des internationalen Gewaltverbots vom kodifizierten Vertragsrecht zum Case Law gewandelt.[58] In diesem Prozeß stellt sich als eine der bedeutendsten, wenn nicht die wichtigste Errungenschaft der Charta die Möglichkeit dar, den Einsatz von oder die Drohung mit Gewalt entweder als kollektive militärische Zwangsmaßnahme im Sinn einer Gemeinschaftssanktion oder als Selbstverteidigungshandlung oder aber als völkerrechtliches Delikt zu qualifizieren.[59] Die heftig umstrittenen Grenzen des Gewaltverbots, die über die Charakterisierung staatlichen Handelns als den Art. 2 Ziff. 4 verletzendes Delikt zu entscheiden vermögen, bedürfen daher einer näheren Betrachtung.

## I. Die völkerrechtliche Notwehr und Nothilfe

Der erste Erlaubnissatz, der die Anwendung von Gewalt in zwischenstaatlichen Beziehungen trotz des Verbots des Art. 2 Ziff. 4 gestattet, ist das Recht zur Selbstverteidigung, das in Art. 51 Satz 1 ausdrücklich erwähnt wird: "Diese Charta beeinträchtigt im Falle eines bewaffneten Angriffs gegen ein Mitglied der Vereinten Nationen keineswegs das naturgegebene Recht zur individuellen oder kollektiven Selbstverteidigung, bis der Sicherheitsrat die zur Wahrung des Weltfriedens und der internationalen Sicherheit erforderlichen Maßnahmen getroffen hat." Art 51 Satz 2 statuiert sodann die Pflicht eines jeden in Ausübung dieses Selbstverteidigungsrechts handelnden Mitgliedstaates, alle von ihm getroffenen Maßnahmen dem Sicherheitsrat sofort anzuzeigen, wobei diese Maßnahmen auch nach oder trotz der pflichtgemäßen Anzeige in keiner Weise dessen auf der Charta beruhende Befugnis und Pflicht berühren, jederzeit diejenigen Maßnahmen zu treffen, die er zur Wahrung oder Wiederherstellung des Weltfriedens für erforderlich hält.

---

[56] siehe dazu Ruiz, Pazifismus, gerechter Krieg und Notwehr, in: Krawietz/ Wright (Hrsg.), Öffentliche oder private Moral, S. 433, nach dem die Verwendung des Begriffs "Selbstverteidigung" im allgemeinen Sprachgebrauch nur als vage zu bezeichnen ist, während auf der Ebene des Völkerrechts sich die rechtliche Regelung der Gewaltanwendung in den internationalen Beziehungen um die Doktrin der Notwehr drehe und diese damit zu ihrem Mittelpunkt mache (S. 432).

[57] Bruha, Use of Force, Prohibition of, in: Wolfrum (Hrsg.), United Nations: Law, Policies and Practice, Vol. 2, S. 1393.

[58] ibidem.

[59] Bowett, Self-Defence in International Law, S. 155.

1. Die Frage, ob überhaupt und bejahendenfalls wie inhaltlich das Recht zur Selbstverteidigung ausgeübt werden darf, berührt eine Vielzahl von teils traditionellen, teils modernen Streitfragen[60], die hier nicht weiter vertieft werden sollen. Lediglich einige grundsätzliche Erfordernisse, die als Bedingung gegeben sein müssen, damit Gewaltanwendung nach Art. 51 gerechtfertigt ist, seien hier erläutert.

a.) Grundvoraussetzung für eine Selbstverteidigungssituation ist das Vorliegen eines bewaffneten Angriffs[61] gegen den Verteidiger als Schlüsselbegriff des Selbstverteidigungsrechts nach Art. 51 schlechthin.[62] Ohne einen bewaffneten Angriff, wie immer dieser terminus zu interpretieren sein mag[63], kann es keine legale Selbstverteidigung geben, er ist die *condicio sine qua non* für den gerechtfertigten Gebrauch von staatlicher Gewalt.[64] Bei allen Abweichungen zwischen den vertretenen Auffassungen kann doch zusammenfassend festgestellt werden, daß die "klassischen" Aggressionsformen der Invasion und des Angriffs ausländischer Streitkräfte auf fremdes Territorium wenig problematisch unter den Begriff des "bewaffneten Angriffs" zu fassen sind, während die von manchen vorgeschlagene Einbeziehung von Okkupation und Annexion in den Angriffsbegriff erheblich mehr Schwierigkeiten bereitet.[65] Die "Definition of

---

60 vgl. dazu Kelsen, AJIL 42 (1948), S. 783-796 und Kunz, AJIL 41 (1947), S. 872-879 zu den traditionellen Problemen einerseits sowie Genoni, Die Notwehr im Völkerrecht, S. 159 ff. und Asrat, Prohibition of Force under the UN Charter, S. 157 ff. zu neueren und aktuellen rechtlichen Herausforderungen wie beispielsweise Notwehr und der Einsatz von Nuklearwaffen oder das Selbstbestimmungsrecht der Völker im Spannungsfeld des Rechts zur Selbstverteidigung.

61 vgl. dazu den englischen Begriff "armed attack" sowie dessen französische Entsprechung "agression armée".

62 siehe Simma/Randelzhofer, Charta, Art. 51, Rdnr. 13.

63 vgl. dazu ausführlich Dinstein, War, Aggression and Self-Defence (1994), S. 187 ff. sowie Wittig, Der Aggressionsbegriff im internationalen Sprachgebrauch, in: Schaumann (Hrsg.), Völkerrechtliches Gewaltverbot, S. 33-73; zu einer Diskussion der modernen Frage, ob terroristische Gewaltakte als kriegerische Handlungen eingestuft werden können und damit möglichweise die Intensität eines bewaffneten Angriffs erreichen, siehe Levitt, Intervention to Combat Terrorism and Drug Trafficking, in: Damrosch/Scheffer(Hrsg.), Law and Force in the New International Order, S. 224-232.

64 zur weitergehenden Problematik der staatlichen Verstrickung in Gewaltakte, die ihren Ursprung in Handlungen Privater haben, vgl. eingehend Kreß, Gewaltverbot und Selbstverteidigungsrecht nach der Satzung der Vereinten Nationen bei staatlicher Verwicklung in Gewaltakte Privater, S. 143 ff..

65 ausführlich dazu Bruha, Die Definition der Aggression, S. 245 ff.; vgl. auch die überaus umstrittene Verknüpfung dieser unterschiedlichen Rechtsbegriffe in Art. 3 lit. a der Resolution der UN-Generalversammlung vom 14.12.1974 (GA/Res 3314/ XXIX), in der englischen Originalfassung abgedruckt bei Bruha (s.o.), S. 339-343.

Aggression"-Resolution der Generalversammlung definiert den Begriff des "bewaffneten Angriffs" selber nicht, jedoch lassen sich aus ihrem Art. 3 wertvolle Anhaltspunkte für die Auslegung und Anwendung des Terminus gewinnen.[66] Die Deklaration kann wegen ihres allein empfehlenden Charakters zwar nicht unmittelbar als Quelle des Völkerrechts herangezogen werden, sie dient indessen im Sinn des Art. 31 der Wiener Vertragsrechtskonvention als Anhaltspunkt bei der Auslegung des Art. 51.[67] Eine allgemein akzeptierte Begriffsbestimmung des "bewaffneten Angriffs" existiert damit trotz vielfältiger Bemühungen bis heute nicht. Der Terminus des "armed attack" ist gegenüber dem Begriffspaar "threat or use of force" im Sinn des Art. 2 Ziff. 4 enger, so daß ein bewaffneter Angriff einerseits nur im Fall eines Verstoßes gegen Art. 2 Ziff. 4 vorliegt, andererseits allerdings noch nicht jeder Verstoß gegen letztere Norm einen bewaffneten Angriff darstellt.[68]

b.) Nach heute in der Völkerrechtslehre und zumindest in der "verbalen Staatenpraxis" ganz herrschenden Meinung muß der bewaffnete Angriff dem Akt der Selbstverteidigung zudem zeitlich vorausgehen. Der Angriff muß bereits stattgefunden haben. Zwar ist in manchen nationalen Rechtsordnung die Notwehr gegen einen rechtswidrigen Angriff bereits dann zulässig, wenn dieser unmittelbar bevorsteht, d.h. es ist ausreichend, wenn die Angriffsgefahr nur imminent ist.[69] Dieser "imminente bewaffnete Angriff" reicht im Völkerrecht für Art. 51 nicht aus.[70] Er muß tatsächlich bereits stattgefunden haben, da Art. 51 den Präventivkrieg - auch als "Selbstverteidigung"- verbietet.[71] Manche führen diese Interpretation auf den

---

66 Schindler, Berichte DGVR 26 (1986), S. 16, 33.

67 Fink, AVR 29 (1991), S. 458.

68 Simma/Randelzhofer, Charta, Art. 51, Rdnr. 18-19. Dies erweist sich bei näherer Betrachtung als höchst bemerkenswert: Selbst wenn ein "Angreifer" das Gewaltverbot des Art. 2 Ziff. 4 verletzt, dabei aber in der Intensität seines Vorgehens unter der Schwelle des "bewaffneten Angriffs" zurückbleibt, steht dem Verletzten dagegen zumindest nach Art. 51 kein Selbstverteidigungsrecht zu, weil der bewaffnete Angriff eben Tatbestandsmerkmal der Rechtfertigungsnorm des Art. 51 ist. Er bleibt daher an das Gewaltverbot gebunden und muß nach anderen als militärischen Wegen suchen, das ihm durch den "Angreifer" angetane Unrecht geltend zu machen.

69 so beispielsweise im Common Law des U.S.-amerikanischen Strafrechts; zur deutschen Rechtslage, die Notwehr gegen einen rechtswidrigen Angriff gestattet, der "gegenwärtig" ist, vgl. § 32 StGB. Zur Auslegung des Begriffs der "Gegenwärtigkeit" siehe Tröndle/Fischer (Tröndle), Strafgesetzbuch, § 32, Rdnr. 6 ff..

70 Kunz, AJIL 41 (1947), S. 878.

71 ibidem.

Grundsatz *"canon exceptiones sunt strictissimae interpretationis"*[72] zurück, während andere auf Sinn und Zweck der Charta nach den Erfahrungen mit dem Mißbrauch des Instruments der präventiven Selbstverteidigung zu Beginn des Zweiten Weltkriegs abstellen: Der bewaffnete Angriff muß der Ausübung des Rechts zur Selbstverteidigung vorausgehen, und nur ein solcher Angriff, der sich nach außen hin sichtbar materialisiert hat, der damit tatsächlich bereits geschehen ist, kann einen Rückgriff auf Selbstverteidigung rechtfertigen, was klar und ausdrücklich die erlaubte Möglichkeit einer antizipierten Ausübung des Rechts zur Selbstverteidigung, d.h. in bloßer Antizipierung eines noch bevorstehenden bewaffneten Angriffs ausschließt.[73]

An diesem Standpunkt ist trotz aller mit der Gegenmeinung offensichtlich verbundenen (Mißbrauchs-)Gefahren bis in neuere Zeit vor allem von amerikanischer Seite Kritik geäußert worden. Es könne nicht richtig sein, daß eine Nation wie eine "sitting duck" dasitzen und abwarten müsse, bis Bomben auf ihr Staatsgebiet fielen. Wenn der Angriff initiiert und damit quasi "unterwegs" sei, obwohl der Angreifer noch nicht tatsächlich beim Staat des Angegriffenen angekommen sei, könnten dennoch bereits zu diesem frühen Zeitpunkt Maßnahmen der Selbstverteidigung ergriffen werden.[74] Diese nicht nur Mißbräuchen, sondern vor allem auch Mißverständnissen Tür und Tor öffnende Auffassung[75] erklärt sich historisch aus dem Stand der Diskussion zur präventiven Selbstverteidigung vor 1945, die auf die berühmte *Caroline Affair* zurückgeht.[76] In der Folge eines militärischen Zwischenfalls zwischen Engländern und Amerikanern von

---

72 McDougal/Feliciano, The International Law of War, Transnational Coercion and World Public Order, S. 233.

73 Nircic in Schwarzenberger, Report on some Aspects of the Principle of Self-Defence in the Charter of the United Nations and the Topics Covered by the Dubrovnik Resolution, S. 69, zitiert bei McDougal/Feliciano, a.a.O. (vgl. dazu die vorherige Anmerkung), dort S. 234.

74 Gardner, Commentary on the Law of Self-Defence, in: Damrosch/Scheffer (Hrsg.), Law and Force in the New International Order, S. 51 mit dem ausdrücklich angefügten Appell: "There should be agreement on that principle."

75 sehr schwierig und kaum allgemeingültig zu beantworten wäre beispielsweise die Frage, wann ein Angriff initiiert und wann er tatsächlich "unterwegs" ist, ob es sich nur um eine mangels "Angriffs" sicherlich kein Recht zur Selbstverteidigung auslösende bloße Drohgebärde zur Einschüchterung, eine Angriffsvorbereitung oder tatsächlich bereits um einen Angriff selbst handelt, wobei auch damit immer noch nicht geklärt wäre, wo genau der Angriff einschlagen soll und präzise gegen wen er sich überhaupt richtet.

76 dazu Kenny, Self-Defence, in: Wolfrum (Hrsg.), United Nations: Law, Policies and Practice, Vol. 2, S. 1167 sowie ausführlich Meng, The Caroline, in: Bernhardt (Hrsg.), EPIL, Vol. I (1992), S. 537-538.

1837, bei dem mehrere amerikanische Staatsbürger getötet worden waren, formulierte U.S. Außenminister Daniel Webster den amerikanischen Rechtsstandpunkt zur Selbstverteidigung zwischen Staaten, der für viele Jahrzehnte Gültigkeit behalten sollte: Der Verteidiger ist verpflichtet, "to show a necessity of self-defence, instant, overwhelming, leaving no choice of means, and no moment for deliberation"[77], aber er braucht danach keinen gegen ihn erfolgten bewaffneten Angriff nachzuweisen.

Die *Caroline Affair* schrieb nicht nur Völkerrechtsgeschichte, sondern sie hat die generelle Materie des Selbstverteidigungsrechts nachhaltig bis hin zu den Urteilen des internationalen Militärtribunals in Nürnberg mehr als ein Jahrhundert nach dieser Episode beeinflußt.[78] Sie wurde damit, weit über U.S.-Recht hinausgehend, zum "locus classicus of the law of self-defence".[79] Inwieweit ihre Maßstäbe innerhalb der unbestimmten Rechtsbegriffe der Charta zu deren Auslegung noch heranzuziehen sind, oder inwieweit dieses Völkergewohnheitsrecht gar neben der Charta und damit außerhalb von Art. 51 noch Bestand hat, bedarf einer separaten späteren Betrachtung.[80]

c.) Die Charta gewährleistet nicht nur das Recht zur individuellen Selbstverteidigung, nach dem der angegriffene Staat sich selbst in echter Notwehr gegen den Angreifer zur Wehr setzen kann, sondern auch das kollektive Selbstverteidigungsrecht[81], das befreundeten oder verbündeten oder irgendwelchen anderen Staaten erlaubt, dem Angegriffenen im Sinn einer Nothilfe zur Seite zu eilen und ihm bei seinen Bemühungen, den Aggressor zurückzuschlagen, beizustehen.[82]

Auf völlige Zustimmung trifft dieser Ansatz indessen nicht. Das kollektive Element der Selbstverteidigung wird von manchen nämlich dahingehend verstanden, daß es nur auf der Basis eines auf regionaler Ebene abgeschlossenen Vertrages ausübbar ist[83], die Kollektivität der Verteidigungshandlung demnach eine vorherige, für diesen Fall getroffene ver-

---

77 zitiert bei Dinstein, War, Aggression and Self-Defence (1988), S. 227.

78 Dinstein, a.a.O., S. 228.

79 Jennings, AJIL 32 (1938), S. 92.

80 siehe dazu unten Abschnitt D I 4 in diesem Teil; zum Verhältnis zwischen dem traditionellen Recht der *Caroline Affair* und modernen Fragen im Zusammenhang weitreichender Nuklearwaffen siehe Murphy, J.F., The United Nations and the Control of International Violence, S. 17-18.

81 dazu allgemein im Überblick Delbrück, Collective Self-Defence, in: Bernhardt (Hrsg.), EPIL, Vol. I (1992), S. 656-658.

82 Genoni, Die Notwehr im Völkerrecht, S. 151.

83 Dinh, RGDIP 52 (1948), S. 244-245.

tragliche Regel voraussetzt. Kollektive Selbstverteidigung wäre dann nur noch die Erfüllung einer außerhalb der Charta begründeten militärischen Beistandspflicht. Andere Stimmen gehen noch wesentlich weiter. In enger Anlehnung an den Wortlaut des Art. 51, der eine "Selbst-"Verteidigung verlange, sei das Recht zu kollektiven militärischen Abwehrmaßnahmen nur denjenigen Staaten vorbehalten, die allesamt Opfer desselben Angriffs geworden sind. Voraussetzungen des Rechts zur kollektiven Selbstverteidigung gebe es zweierlei: zum einen müsse jeder sich daran beteiligende Staat ein individuelles Selbstverteidigungsrecht haben, und zweitens müsse es zwischen den beteiligten Staaten ein Übereinkommen geben, ihre Rechte auch kollektiv auszuüben.[84] Die kollektive Komponente des Selbstverteidigungsrechts äußert sich damit dadurch, daß die Staaten ihr jeweils individuell bestehendes Recht kollektiv durchsetzen. Insofern könne von einer Kumulierung individueller Berechtigungen zur Selbstverteidigung gesprochen werden.[85]

In der Tat reflektieren diese Ansichten auf ein Verständnis des Art. 51 Satz 1, wie es in den frühen Jahren der UN verschiedentlich geäußert wurde und auch in Art. 5 des NATO-Vertrages sowie in Art. 5 des ehemaligen Vertrages über die Gründung des Warschauer Paktes von 1955 zum Ausdruck kam, nämlich daß die Idee der "Selbst-"Verteidigung auch bei ihrer kollektiven Ausübung ein reales Element der Selbstbetroffenheit auf seiten eines jeden Verteidigers erfordere.[86] Danach soll das kollektive Recht dann existieren, wenn der ausübende Staat die Verletzung eigener schützenswerter Interessen durch den bewaffneten Angriff geltend machen kann.[87]

Diese die Reichweite der kollektiven Selbstverteidigung stark einschränkende Analyse muß sich indessen vorhalten lassen, daß sie dem

---

84 Bowett, Self-Defence in International Law, S. 207.

85 Wildhaber, Gewaltverbot und Selbstverteidigung, in: Schaumann (Hrsg.), Völkerrechtliches Gewaltverbot, S. 166.

86 vgl. dazu die Ausführungen von Judge Jennings im Urteil Nicaragua v. United States of America, ICJ Reports 1986, S. 545.

87 insofern deutlich weniger weit gehend als bei der vorhin zitierten Textstelle Bowett, Self-Defence in International Law, S. 202, wo er in kaum mit der Notion des "bewaffneten Angriffs gegen jeden einzelnen Verteidiger" vereinbarer Weise ausführt: "For self-defence to apply there must be a violation of the intervener's own rights against which he may act in self-defence, but in those cases in which the law recognizes a proximate relationship between the intervenor or "protector" and the actual victim such that the attack violates the "protector's" legally recognized interests in the security of the victim the right of self-defence will be 'collective'."

kollektiven Element in Art. 51 Satz 1 keinerlei Raum mehr für eine wirklich eigenständige Funktion läßt. Wenn jeder der in Verteidigungshandlungen verwickelten Staaten wenigstens auch sich selbst verteidigt, weil auch er Opfer der vorherigen Aggression geworden war, so reicht dazu das ihm dann ohnehin zustehende Selbstverteidigungsrecht aus, ohne daß es daneben noch eines *expressis verbis* zu erwähnenden Rechts zur kollektiven Selbstverteidigung bedarf. Demgemäß setzte sich nach dem Zweiten Weltkrieg auch die Ansicht durch, daß Art. 51 das naturgegebene Selbstverteidigungsrecht insofern - aber nur insofern - trotz der prominenten Rolle des umfassenden Gewaltverbots und der in Art. 1 Abs. 1 ausdrücklich genannten Ziele einer Zentralisierung des Gewaltgebrauchs bei den für kollektive Maßnahmen zuständigen internationalen Organen derart ausdehne, daß jedes UN-Mitglied einem angegriffenen Staat zu Hilfe eilen und ihm gegen den Aggressor militärisch beistehen kann.[88] Dazu bedarf es keiner vertraglichen Verpflichtung zum Beistand.[89] Sie wird nicht nur durch die völkerrechtliche Praxis der UN gestützt[90], sondern stimmt vor allem mit den Bedürfnissen einer internationalen Gemeinschaft überein, der an einer effektiven Ächtung des Gebrauchs militärischer Gewalt zum Zweck der Aggression gelegen ist. Der kollektiven Selbstverteidigung sind demzufolge keine der diskutierten Schranken aufzuerlegen, um dem angreifenden Staat als dem Rechtsbrecher eine möglichst geschlossene Front rechtstreuer Staaten gegenüberzustellen[91].

2. Die bislang besprochenen Aspekte konzentrieren sich auf den Ausgangspunkt, ob ein Staat nach Art. 51 Satz 1 überhaupt zum Gebrauch militärischer Mittel gegenüber einem bewaffneten Angriff berechtigt ist, ohne dabei einen Verstoß gegen das Gewaltverbot und damit ein völkerrechtliches Delikt zu begehen. Sobald alle Voraussetzungen erfüllt sind, steht ihm das Selbstverteidigungsrecht zwar im Prinzip zu. In der Art und Weise seiner Ausübung jedoch ist der sich verteidigende Staat in zweierlei Hinsicht durch inhaltliche Beschränkungen des Selbstverteidigungsrechts gebunden:

a.) Zum einen unterliegt das "wie" der Ausübung der Selbstverteidigung den Schranken der Erforderlichkeit und Verhältnismäßigkeit[92], was bedeutet,

---

88 Kelsen, AJIL 42 (1948), S. 792.

89 Rostow, N., HILJ 32 (1991), S. 416.

90 siehe dazu Delbrück, Collective Self-Defence, in: Bernhardt (Hrsg.), EPIL 3 (1982), S. 114.

91 so im Ergebnis zutreffend resümierend auch Dahm, Völkerrecht, S. 413.

92 Heintschel von Heinegg, Seekriegsrecht und Neutralität im Seekrieg, S. 44; zu modernen Rechtsproblemen der Verhältnismäßigkeit bei Kriegsführung mit state-of-the-

daß sowohl der angegriffene Staat als auch seine Verbündeten nur zu solchen militärischen Maßnahmen greifen dürfen, die hinsichtlich seiner Verteidigung den Anforderungen der "necessity" und "proportionality" genügen.[93] Dabei wird Verhältnismäßigkeit in diesem Zusammenhang verstanden wie die aus dem deutschen Verfassungs- und Verwaltungsrecht bekannte Verhältnismäßigkeitsprüfung im engeren Sinn. Ein Verhältnismäßigkeitsbegriff im weiteren Sinn, der erst in die Wertungsstufen legitimes Ziel, Geeignetheit, Erforderlichkeit mit dem Gebot des geringstmöglichen Eingriffs sowie Angemessenheit als Verhältnismäßigkeit im engeren Sinn aufzusplitten ist, wird im Völkerrecht im allgemeinen nicht verwandt.[94] Die dort gebrauchte Verhältnismäßigkeitsbetrachtung ist vielmehr von der vorher zu erörternden Erforderlichkeit zu trennen und zu verstehen als Proportionalitätsprüfung.[95] Verteidigungsmaßnahmen müssen proportional zu Ernsthaftigkeit[96] und Ausmaß des Angriffs sein.[97] Die

---

art Waffen wie beispielsweise lasergelenkten kameraunterstützten "auto-targeting 'smart' bombs" siehe Lutz, Vierteljahresschrift für Sicherheit und Frieden, S. 134-138.

93 vgl. dazu ausführlich Schachter, International Law in Theory and Practice, S. 152-154; Ipsen, Völkerrecht, § 57, Rdnr. 39-40.

94 vgl. jedoch demgegenüber Fink, AVR 29 (1991), S. 464, der davon ausgeht, daß Art. 51 den Verteidiger an den Grundsatz der Verhältnismäßigkeit der Mittel bindet und nur solche Akte zuläßt, die geeignet, erforderlich und angemessen sind, um die Beeinträchtigung der Integrität des angegriffenen Staates zu beseitigen; weiterführend dazu Ipsen, Völkerrecht, § 57, Rdnr. 39-40, der allerdings ebenfalls nicht mit dem Begriff der Geeignetheit arbeitet, dabei aber unterstreicht, daß allgemeine Kriterien zur Ausfüllung des Verhältnismäßigkeitsprinzips im Völkerrecht schwer zu gewinnen sind und sodann eine ganze Anzahl von Fragen auflistet, die zur endgültigen Festlegung des Umfangs des Verhältnismäßigkeitsprinzips bei der Selbstverteidigung nach der UN-Charta noch der weiteren Bearbeitung bedürfen.

95 McDougal/Feliciano, The International Law of War - Transnational Coercion and World Public Order, S. 217-218, dort allerdings mit der Kritik, es fehlten praktikable Kriterien für solch eine Prüfung, weshalb man die Frage nach Erforderlichkeit und Proportionalität als das anerkennen solle, was sie in der Praxis längst sei, nämlich die Frage nach der Vernünftigkeit der Entscheidung in einem bestimmten Zusammenhang ("test of (...) reasonableness in a particular context"). Ob ein solcher Test indessen die kritisierten Praktikabilitätsprobleme zu lösen in der Lage ist, darf zumindest bezweifelt werden, weil ein allgemeiner "test of reasonableness" für staatliche Maßnahmen mit zwischenstaatlicher Relevanz, soweit ersichtlich, dem Völkerrecht bis heute nicht bekannt ist.

96 wobei manche als Maßstab nicht wie hier die Ernsthaftigkeit, sondern statt dessen die Intensität des Angriffs angeben, wobei dann aber fraglich bleibt, wie dieses Merkmal sinnvoll von dem zweiten Kriterium des Ausmaßes des Angriffs abzugrenzen sein soll, weil - arguendo - ein intensiverer bewaffneter Angriff immer auch ein größeres Ausmaß annehmen wird; vgl. Schachter, International Law in Theory and Practice, S. 152 ff..

essentielle Gültigkeit dieses Prinzips, das effektiv die Wahrscheinlichkeit einer Eskalation des Konflikts begrenzt, ist nahezu unbestritten. Eine kalkulierte Überreaktion des Angegriffenen kann nicht hingenommen werden, falls die inhaltlichen Grenzen der Selbstverteidigung überhaupt noch Gültigkeit behalten sollen.[98]

Erforderlichkeit bedeutet demgegenüber, daß die eingesetzten Verteidigungsmittel gerade zur Abwehr des Angriffs notwendig sein müssen[99]; die Ausübung des Selbstverteidigungsrechts ist auf das Ziel der Abwehr des bewaffneten Angriffs beschränkt und kann keine Vergeltungs- oder Bestrafungsaktionen rechtfertigen.[100] Es darf keine andere praktikable Alternative zu gerade dieser Art des Gewalteinsatzes zum Zweck der Verteidigung gegen den bewaffneten Angriff geben, wobei nicht übersehen werden sollte, daß in vielen Fällen bereits die Tatsache eines bewaffneten Angriffs eine starke Vermutung für die Erforderlichkeit einer Gegenattacke begründet.[101] Auf den Versuch friedlicher Mittel vor der Erteilung der Erlaubnis von Gegengewalt zu bestehen, würde das Recht zur Selbstverteidigung effektiv dadurch annullieren, daß einem cleveren Aggressor die Möglichkeit eingeräumt würde, illegal erlangte Vorteile durch Verzögerungstaktiken für sich zu bewahren.[102]

Zwar hat einerseits der IGH die Geltung des Verhältnismäßigkeitsprinzips auch für das gewohnheitsrechtliche Selbstverteidigungsrecht im Nicaragua-Urteil vom 27. Juni 1986 ausdrücklich bestätigt[103], andererseits jedoch sind im Schrifttum vereinzelt Zweifel laut geworden, ob es gerade für die Selbstverteidigung nach der UN-Charta noch Bestandteil des Völkerrechts ist. Denn der Grundsatz der Verhältnismäßigkeit wird im Notwehrartikel der Charta nicht *expressis verbis* genannt, woraus gefolgert wurde, die Verhältnismäßigkeit und sodann die Erforderlichkeit der Notwehrhandlung seien nicht zwingende Elemente desselben. Denn wenn auf der einen Seite der bewaffnete Angriff als "illegaler bewaffneter Angriff" zu verstehen sei, so sei damit auf der anderen Seite ausdrücklich jede Art von illegalem bewaffneten Angriff gemeint, was auch kleinere

---

97 Kenny, Self-Defence, in: Wolfrum (Hrsg.), United Nations: Law, Policies and Practice, Vol. 2, S. 1168.

98 ibidem.

99 Schindler, Berichte DGVR 26 (1986), S. 17.

100 Dahm, Völkerrecht, S. 417.

101 Kenny, Self-Defence, in: Wolfrum (Hrsg.), United Nations: Law, Policies and Practice, Vol. 2, S. 1168.

102 ibidem.

103 vgl. ICJ Reports 1986, S. 94.

Grenzzwischenfälle einschließe, so daß Erforderlichkeit und Proportionalität der Ausübung des Rechts zur Selbstverteidigung nach Art. 51 keine Grenzen setzen könnten.[104] Ausgangspunkt für diese Überlegung soll offensichtlich eine Schlußfolgerung nach der Regel *"inclusio uno exclusio alterior est"* sein. Wenn man nämlich davon ausgehe, so wird weiter argumentiert, daß die Autoren der Charta das klassische Notwehrrecht dahingehend modifizierten, daß sie das Recht auf Präventivnotwehr durch Beschränkung auf den Fall des bereits geschehenen bewaffneten Angriffs aufhoben, so müsse daraus zwangsläufig gefolgert werden, daß die Nichterwähnung des Verhältnismäßigkeitsgrundsatzes die Streichung desselben im Bereich der Notwehr bedeute, denn wenn man diesen nicht hätte streichen wollen, dann hätte man ihn ebenfalls ausdrücklich erwähnt.[105]

Diese Ansicht verkennt indessen, daß der Grundsatz der Verhältnismäßigkeit im Terminus der Notwehr selber als begriffsgebundenes Element enthalten ist, und diese begriffsgebundenen Elemente sind unverändert geblieben, was daraus abgeleitet werden kann, daß jene anderen Bestandteile, die dem modernen Rechtsempfinden und Zeitgeist nicht mehr entsprachen, ausdrücklich eliminiert wurden.[106] Erforderlichkeit und Proportionalität gehören damit als zwei Facetten der Verhältnismäßigkeit im Völkerrecht auch heute noch wesensnotwendig zur Selbstverteidigung[107] und begrenzen rechtlich deren Ausübung.

---

104 so mit Nachdruck Kunz, AJIL 41 (1947), S. 878.

105 ibidem; zu einer anschaulichen, hier jedoch im Detail zu weit führenden Diskussion der unterschiedlichen Ansichten der Staatenvertreter zum Verhältnismäßigkeitsprinzip als Ausübungsgrenze des Selbstverteidigungsrechts im Rahmen der Verhandlungen des zuständigen Ausschusses der UN-Generalversammlung zu Art. 6 der "Definition of Aggression"-Resolution siehe Bruha, Die Definition der Aggression, S. 172-175, dort auch mit dem bedauernden Hinweis, daß und warum das Verhältnismäßigkeitsprinzip zusammen mit dem Gesamtkomplex der Selbstverteidigungsproblematik dem Formelkompromiß des Art. 6 der Definition zum Opfer fiel, was der Hauptgrund dafür ist, daß aus dieser Definitionsresolution der UN-Generalversammlung bis heute nicht wesentlich weitgehendere Schlüsse auf sämtliche hier diskutierten Problemstellungen gezogen werden können. Art. 6 der Resolution statuiert ohne weitere Erläuterungen lediglich formelhaft, daß "nichts in dieser Definition soll so ausgelegt werden, daß es in irgendeiner Weise die Reichweite der Bestimmungen der Charta erweitert oder verringert, einschließlich ihrer Vorschriften, die diejenigen Fälle betreffen, in denen der Gebrauch von Gewalt rechtmäßig ist".

106 Genoni, Die Notwehr im Völkerrecht, S. 132.

107 Das Prinzip der Verhältnismäßigkeit "is of the essence of self-defence", siehe Brownlie, International Law and the Use of Force by States, S. 279.

b.) Eine weitere inhaltliche Schranke des Rechts zur Selbstverteidigung findet sich in der Gesamtheit der Regeln des internationalen humanitären Rechts[108]. Denn kann durch das *ius ad bellum* und das System kollektiver Sicherheit der Ausbruch internationaler bewaffneter Konflikte nicht wirksam verhindert werden, so ist entgegen einer vereinzelt geäußerten Ansicht sehr wohl noch Raum für das Kriegsvölkerrecht - das *ius in bello.*[109] Nicht zuletzt aus der Einsicht in die Notwendigkeit, für den Fall des Scheiterns des *ius ad bellum* einen Minimalbestand an Rechtsnormen vorzuhalten, die die Anwendung militärischer Gewalt, insbesondere die daraus resultierenden Folgen für die Opfer, auf ein erträgliches Maß zu reduzieren bestimmt sind, hat sich die überwiegende Mehrzahl der Staaten auch nach Inkrafttreten der UN-Charta auf mehrere kriegsvölkerrechtliche Abkommen zu einigen vermocht.[110] Anders als das *ius ad bellum,* das die Frage zu beantworten sucht, ob überhaupt Gewalt eingesetzt werden darf und unter welchen Voraussetzungen, ab wann und wie lange diese Erlaubnis gilt, wendet sich das *ius in bello* den rechtlichen Problemen zu, die sich im Rahmen eines bereits stattfindenden gewalttätigen Konflikts stellen, sei er nun unter Beachtung der Regeln über das *ius ad bellum* begonnen worden oder nicht.[111]

Das herkömmliche internationale humanitäre Recht, auch Kriegsrecht genannt, ist weitgehend, wenn auch keineswegs vollständig, in den Abkommen der Ersten und Zweiten Haager Friedenskonferenz von 1899 bzw. 1907 sowie in den vier Rotkreuzabkommen von 1949 enthalten, die die früheren Rotkreuzabkommen von 1929, 1906 und 1864 verbesserten.[112] Im Zentrum der Ziele des humanitären Völkerrechts steht dabei das Bemühen zur Wahrung von Menschenrechten auch im Krieg durch die UN-Generalversammlung einerseits und die Organe des Internationalen Roten

---

108 dazu allgemein Partsch, Armed Conflict, in: Bernhardt (Hrsg.), EPIL, Vol. I (1992), S. 249-253 sowie derselbe, Armed Conflict, Fundamental Rules, ebendort, S. 253-256; speziell zu den während des Golfkonflikts von 1990/91 anwendbaren Regeln des internationalen humanitären Rechts siehe Fischer, Humanitäres Völkerrecht 1991, S. 4-5.

109 so mit Entschiedenheit Heintschel von Heinegg, Seekriegsrecht und Neutralität im Seekrieg, S. 46-47.

110 ibidem m.w.N..

111 zu ausführlichen Einzelheiten des rechtlichen Verhältnisses des *ius ad bellum* zu den Regeln des *ius in bello* siehe Greenwood, Review of International Studies 9 (1983), S. 221 ff.; soweit es um die Anwendung des *ius in bello* gerade bei der Ausübung des Selbstverteidigungsrechts geht, siehe Greenwood, Self-Defence and the Conduct of International Armed Conflict, in: Dinstein (Hrsg.), International Law at a Time of Perplexity, S. 273-288.

112 Seidl-Hohenveldern, Völkerrecht, Rdnr. 1826.

Kreuzes andererseits.[113] Ein noch junges und bislang wenig diskutiertes Problem stellt der Komplex des nachträglichen Menschenrechtsschutzes nach dem Abschluß bewaffneter Konflikte während deren sogenannter Anschlußphase dar[114], mit dem der Sicherheitsrat sich bereits ebenfalls eingehend zu befassen hatte.[115]

3. Wenn alle oben erläuterten Bedingungen für die Inanspruchnahme des Rechts zur Selbstverteidigung erfüllt sind, erlaubt Art. 51 Satz 1 dem oder den Angegriffenen und seinen oder ihren Mitverteidigern ausdrücklich, sich des rechtswidrigen Angriffs mit Gewalt zu erwehren. Diese Befugnis wird allerdings nicht nur inhaltlich durch die soeben erwähnten Erfordernisse von Erforderlichkeit und Verhältnismäßigkeit sowie die Beachtung der Regeln des internationalen humanitären Rechts beschränkt, sondern sie ist auch in zeitlicher Hinsicht begrenzt: Nach dem Wortlaut des Art. 51 Satz 1 beeinträchtigt die Charta im Falle eines bewaffneten Angriffs gegen ein Mitglied der Vereinten Nationen das naturgegebene Recht zur individuellen oder kollektiven Selbstverteidigung nur solange nicht, **bis**[116] der Sicherheitsrat die zur Wahrung des Weltfriedens und der internationalen

---

113 ibidem; wobei zwecks klarer Differenzierung die beiden hierin genannten Rechtsgebiete trotz mancher Überschneidungen deutlich getrennt werden sollten, vgl. dazu deren englische Bezeichnungen "international law of human rights" und "international humanitarian law".

114 vgl. dazu eingehend am Beispielsfall der Kurden im Nordirak in der Anschlußphase des Zweiten Golfkonflikts von 1990/91 Ipsen, Vierteljahresschrift für Sicherheit und Frieden 1991, S. 119-123 sowie derselbe, Völkerrechtlicher Individualschutz in Konfliktgebieten, in: Lutz (Hrsg.), Völkerrecht und Friedensordnung, S. 25-38. Grundsätzlich zur kurdischen Frage aus völkerrechtlicher Perspektive Incesu, Humanitäres Völkerrecht 1994, S. 171-186 sowie den humanitären Militäreinsatz als Verstoß gegen das aktuelle Völkerrecht ablehnend Lutz, Friedensforschung und Völkerrecht, in: derselbe (Hrsg.), Völkerrecht und Friedensordnung, S. 8; demgegenüber weniger strikt unter der Voraussetzung, daß es sich bei den Interventionen um echte Kollektivaktionen zum Schutz der Menschenrechte und des Friedens handelt und nicht etwa um bloße Strafaktionen gegen Völkerrechtsbrecher Kimminich, ebendort, S. 14-15; hingegen aktuelle Änderungen des Völkerrechts trotz ihres scharfen Kontrastes zur vorherigen Rechtslage akzeptierend Roberts, Humanitäres Völkerrecht 1993, S. 147; siehe zum Ganzen auch im Hinblick auf die Krisen in Somalia, Haiti, Ruanda und im früheren Jugoslawien einen umfassenden Ausblick auf die traditionelle Rechtslage vor dieses Konflikten bietend Kewenig, Gewaltverbot und noch zulässige Machteinwirkung und Interventionsmittel, in: Schaumann (Hrsg.), Völkerrechtliches Gewaltverbot, S. 175 ff..

115 speziell zur thematisch einschlägigen und von manchen entweder als revolutionär gefeierten oder die Grenzen des rechtlich noch Zulässigen überschreitend bedauerten Resolution 688 (1991) des Sicherheitsrats vom April 1991 siehe Heintze, Humanitäres Völkerrecht 1991, S. 43-47.

116 Hervorhebung durch den Verfasser.

Sicherheit erforderlichen Maßnahmen getroffen hat.[117] Die Befugnis zur Selbstverteidigung hat demzufolge nach der Charta nicht nur einen Beginn, sondern auch ein ausdrückliches Ende. Es stellt sich deswegen die Frage, wann präzise der Zeitpunkt gekommen ist, zu dem der Sicherheitsrat die von Art. 51 Satz 1 am Ende verlangten "erforderlichen Maßnahmen" getroffen hat, sowie welche Auswirkungen diese Tatsache auf das weitere Schicksal des vorher zunächst wirksam entstandenen Selbstverteidigungsrechts hat. Die eingehende Analyse dieser Problematik ist Gegenstand des nächsten Kapitels im Dritten Teil dieser Untersuchung.

4. Soweit die Anwendung militärischer Gewalt nicht als Ausübung des Selbstverteidigungsrechts nach Art. 51 gerechtfertigt werden konnte, hat sich in der Staatenpraxis seit dem Zweiten Weltkrieg immer wieder die Frage gestellt, ob eine solche Rechtfertigung nicht aus einem allgemeinen völkergewohnheitsrechtlich begründeten Selbstverteidigungsrecht zu gewinnen ist, das neben oder außerhalb der Charta und damit unabhängig von den konkreten Anforderungen und Beschränkungen des Art. 51 besteht.

a.) Die Frage, ob und inwieweit neben Art. 51 noch ein allgemeines Selbstverteidigungsrecht besteht, ist überaus umstritten.[118] Dabei dreht sich der Streit aber in der Hauptsache um die im vorliegenden Fall nicht relevante Frage, ob Selbstverteidigung ausschließlich in casu eines bewaffneten Angriffs oder aber auch bei Verletzungen des Gewaltverbots, die unterhalb der Schwelle eines solchen Angriffs bleiben, ausgeübt werden darf. Die bloße Existenz eines auch neben der Charta fortbestehenden völkergewohnheitsrechtlichen Selbstverteidigungsrechts hat der IGH in seinem Nicaragua-Urteil ausdrücklich anerkannt.[119] Zur Begründung wurde dabei vor allem auf den Wortlaut des Art. 51 verwiesen, der von dem Recht zur Selbstverteidigung als ein "naturgegebenes Recht" spricht. Aus der Fassung des Art. 51 in den verschiedenen Amtssprachen der Vereinten Nationen ist dabei gefolgert worden, es handele sich um ein dem Völkerrecht immanentes Recht[120], ein dem Völkerrecht innewohnendes Recht[121] oder gar ein vom Naturrecht in das Völkerrecht übernommenes Recht.[122] Zudem wurde das Recht in der Friendly Relations Declaration der UN-

---

117 vgl. von Münch, Völkerrecht, S. 226.

118 Simma/Randelzhofer, Charta, Art. 51, Rdnr. 9.

119 IGH, Nicaragua v. United States of America, ICJ Reports 1986, S. 102.

120 vgl. die spanische Fassung des Art. 51, die von einem "derecho imanente" ausgeht.

121 die englische Version des Art. 51 spricht von einem "inherent right".

122 die französische Übersetzung der Charta normiert ein "droit naturel de légitime défense".

Generalversammlung von 1970 erwähnt.[123] Ein Großteil der Literatur hat sich dieser Schlußfolgerung angeschlossen.[124] Offen bleibt damit aber noch die Frage nach dem Verhältnis zwischen dem gewohnheitsrechtlichen Selbstverteidigungsrecht und dem des Art. 51.

b.) Die eine Meinung unterstreicht, daß das traditionelle Selbstverteidigungsrecht durch Art. 51 in keiner Weise geschmälert worden sei, so daß der Norm in der UN-Charta lediglich deklaratorische Wirkung zukommen könne.[125] Das Recht zur Selbstverteidigung sei von der Charta als naturgegeben anerkannt und daher von ihr gerade nicht begrenzt worden.[126] Wenn in einem gegebenen Fall sich die Kodifikation des Selbstverteidigungsrechts in Art. 51 als zu restriktiv erweise, könnten die dann erforderlichen Rechtfertigungselemente aus dem Völkergewohnheitsrecht oder sogar direkt aus dem Naturrecht abgeleitet werden.[127] Obwohl eingestanden wird, daß die Diskussion der Problematik, ob sich aus der völkergewohnheitsrechtlichen Parallelgeltung des Selbstverteidigungsrechts Modifikationen zu den der Charta zu entnehmenden Leitlinien ergeben, noch keineswegs zu einem Ergebnis geführt habe, zeige die Geschichte der Verhandlungen zu Art. 51, daß die Autoren der Charta die Intention hatten, das Recht zur Selbstverteidigung in der Form unbeeinträchtigt zu lassen, in der es vor der Charta bereits existierte.[128] Durch die Mitgliedschaft in der Organisation der Vereinten Nationen werde das Recht eines jeden Staates auf Selbstverteidigung weder aufgehoben noch auch nur eingeschränkt[129].

c.) Die Gegenansicht weist diesen Standpunkt nachdrücklich zurück und verweist auf die Zielsetzung der Charta, die individuelle Gewaltanwendung

---

[123] vgl. dazu die Friendly Relations Declaration der UN-Generalversammlung vom 24. Oktober 1970, GA/Res/2625 (XXV).

[124] vgl. Bowett, Self-Defence in International Law, S. 184-185.

[125] McDougal, AJIL 57 (1963), S. 600; Schwebel, RdC 136 (1972-II), S. 479 ff..

[126] siehe den Standpunkt des Vertreters von Ghana im Ausschuß der UN-Generalversammlung bei den Verhandlungen zur "Definition of Aggression"-Resolution, dargelegt von Bruha, Die Definition der Aggression, S. 167, dort Anmerkung 21 sowie S. 173, dort Anmerkungen 54, 55.

[127] siehe die Beschreibung des Meinungsstandes bei Bruha, Use of Force, Prohibition of, in: Wolfrum (Hrsg.), United Nations: Law, Policies and Practice, Vol. 2, S. 1394.

[128] Murphy, J.F., Force and Arms, in: Schachter/Joyner (Hrsg.), United Nations Legal Order, Vol. 1, S. 258.

[129] Kimminich, Einführung in das Völkerrecht, S. 298-299, der diese Aussage so aber wohl nicht als abschließend verstanden wissen möchte, da er auf S. 300 unten nunmehr etwas überraschend ausführt, Art. 51 bekräftige nicht nur das Recht der Selbstverteidigung, sondern zeige auch dessen Grenzen auf; Kimminich möchte sich der These von der "unimpaired validity" daher im Ergebnis wohl nicht anschließen.

durch einzelne Staaten weitmöglich zu beschränken. Sie geht davon aus, daß Artikel 51 jede andere Selbstverteidigung als unter den in ihm genannten konkreten rechtlichen Voraussetzungen und Beschränkungen ausschließt.[130] Inhalt und Umfang des traditionellen Selbstverteidigungsrechts seien so ungenügend klar umrissen und reichten so bedenklich weit in den Bereich der Selbsthilfe hinein, daß sein Fortbestehen die von der Charta erstrebte weitgehende Illegalisierung einzelstaatlicher Gewaltanwendung in erheblichem Maße wieder annullieren würde.[131] Denn wenn die Vorschriften der Charta über den Gebrauch von Gewalt eine wirkliche Bedeutung haben sollten, müsse eine Argumentation für ein Fortbestehen bestimmter völkergewohnheitsrechtlicher Regeln neben der Charta eine vorsichtige Artikulation des Verhältnisses zwischen der Charta und der jeweiligen externen Regel beinhalten. Insoweit sei es erforderlich, daß ein Prozeß der Assimilation oder Inkorporation stattfinde, weil andernfalls die gewohnheitsrechtliche Regel zu einer beliebigen frei verfügbaren "Entschuldigung" für den Gebrauch von Gewalt werde.[132] Selbst bei Anerkennung einer Verwurzelung des Selbstverteidigungsrechts im Völkergewohnheitsrecht seien die Grenzen des Erlaubten nach der UN-Charta selbst zu ermitteln.[133] Die juristische Bedeutung des Konzepts der Selbstverteidigung müsse letztlich auf der Charta basieren[134], und dies vor allem deshalb, da aufgrund ihrer "Supremacy Clause" in Art. 103 die Charta sich ohnehin gegenüber jeder mit ihr unvereinbaren völkergewohnheitsrechtlichen Regel durchsetze.[135] Hätte nämlich ein unbeteiligter Beobachter die Autoren der Charta im Jahr 1945 gefragt, ob sie beabsichtigten, die Charta zur einzigen Quelle der zwischen ihnen bestehenden Rechte und Pflichten zu machen, zumindest solange sie in Kraft sei, so hätten die Befragten dies zweifellos und offensichtlich bejaht.[136]

d.) Die internationale Rechtsprechung des IGH gelangt mit allerdings stark abweichender Begründung zu einem ähnlichen Ergebnis. Der Gerichtshof, der in seinem Nicaragua-Urteil aufgrund besonderer rechtlicher Umstände,

[130] vgl. Simma/Randelzhofer, Charta, Art. 51, Rdnr. 10; ebenso Akehurst, Introduction to International Law, S. 222-223.

[131] Simma/Randelzhofer, a.a.O., Rdnr. 12.

[132] Brownlie, The Principle of Non-Use of Force in Contemporary International Law, in: Butler (Hrsg.), The Non-Use of Force in International Law, S. 19.

[133] Kadelbach, Zwingendes Völkerrecht, S. 229.

[134] Kolesnik, The Development of the Right to Self-Defence, in: Butler (Hrsg.), The Non-Use of Force in International Law, S. 153.

[135] Mendelson, The Nicaragua Case and Customary International Law, in: Butler (Hrsg.), The Non-Use of Force in International Law, S. 86.

[136] Mendelson, a.a.O., S. 90.

die hier nicht weiter von Belang sind, nur völkergewohnheitsrechtliche Regeln, nicht aber die Normen der UN-Charta anzuwenden hatte, unterstrich zunächst, daß die Rechtsfragen des Einsatzes von Gewalt und Selbstverteidigung sowohl von Verträgen, insbesondere von der UN-Charta, als auch vom Völkergewohnheitsrecht geregelt würden.[137] Auf einer ganzen Anzahl von Gebieten überschneide sich der Inhalt der beiden Rechtsquellen nicht exakt, auch hätten die jeweiligen materiellen Regeln des Vertragsrechts und des Völkergewohnheitsrechts keineswegs notwendig denselben Inhalt.[138] Trotzdem zog der Gerichtshof die Schlußfolgerung, daß auf dem Gebiet des Nichtgebrauchs militärischer Gewalt die prinzipiellen Regeln der Charta und des Völkergewohnheitsrechts praktisch identisch seien. Das Gericht betonte, daß in den vier[139] Jahrzehnten seit der Annahme der Charta das Völkerrecht sich unter ihrem Einfluß dahingehend weiterentwickelt habe, daß heute eine ganze Anzahl von Regeln, die in der Charta enthalten seien, zusätzlich zu ihrem vertraglichen Charakter einen von ihr unabhängigen Status erworben hätten[140], mithin zum heutigen Bestand des Völkergewohnheitsrechts zu zählen seien. Der IGH hat im Ergebnis damit, daß er den essentiell identischen Inhalt von Völkervertrags- und -gewohnheitsrecht auf dem vorliegend relevanten Gebiet unterstrichen hat, alle weiteren Argumente dahingehend präkludiert, es könne ein Recht zur Selbstverteidigung aus völkergewohnheitsrechtlichen Regeln neben oder außerhalb der konkreten Anforderungen und Grenzen des Art. 51 geben.

Die Begründung des IGH für dieses Ergebnis, nämlich seine Gleichsetzung sowohl des Inhalts als auch des Umfangs des gewohnheitsrechtlichen Selbstverteidigungsrechts mit dem des Art. 51, ist indessen auf begründete Bedenken gestoßen. Eine Abänderung des vor Inkrafttreten der Charta bestehenden Völkergewohnheitsrechts könnte nämlich nur durch eine entsprechende Praxis und Rechtsüberzeugung (*opinio iuris*) der Staaten erfolgt sein, und gerade hier bestehen weitgehende Zweifel an der Einheitlichkeit der Praxis.[141] Über diese könnte man sich nur hinwegsetzen, wenn man mit dem IGH die Verankerung der Norm in einem multilateralen Vertrag wie der UN-Charta bereits als ausreichenden Beleg für ihre gewohnheitsrechtliche Geltung ansieht und damit eine Indizwirkung der

---

137 IGH, Nicaragua v. United States of America, ICJ Reports 1986, S. 27.

138 IGH, a.a.O., S. 94, 96.

139 Hinweis: das Urteil stammt aus dem Jahr 1986, wurde also 41 Jahre nach Gründung der Vereinten Nationen verfaßt.

140 IGH, a.a.O., S. 97.

141 Schulze, Selbstverteidigung, in: Wolfrum (Hrsg.), Handbuch Vereinte Nationen, S. 760.

*opinio iuris* für die Entstehung von Völkergewohnheitsrecht annimmt[142], was aber in dieser Form als eine zu starke Vereinfachung erscheint: Die Entstehung von Völkergewohnheitsrecht erfordert eben lang andauernde Staatenpraxis **und** eine diese tragende Überzeugung von entsprechender rechtlicher Verbindlichkeit (*opinio iuris*).

e.) Die Auffassung, die das vor der Charta bestehende völkergewohnheitsrechtliche Selbstverteidigungsrecht sogar für UN-Mitglieder unverändert neben Art. 51 anwenden möchte, ist abzulehnen, da sie sowohl den Intentionen als auch dem System des Kapitels VII der Charta widerspricht. Vor dem Inkrafttreten der Charta war die Selbstverteidigung nicht auf den Fall eines bewaffneten Angriffs gegen den oder die Verteidiger beschränkt, auch gab es naturgemäß keine völkergewohnheitsrechtliche Verpflichtung, in Ausübung des Selbstverteidigungsrechts getroffene Maßnahmen dem Sicherheitsrat sofort anzuzeigen, wie dies heute Art. 51 Satz 2 1. Halbsatz verlangt. Es ist daher davon auszugehen, daß die aus dem Völkergewohnheitsrecht her stammende Notion der Selbstverteidigung einerseits im Prinzip erhalten geblieben und in die Charta übernommen wurde, dabei jedoch gleichzeitig in ein Konzept transformiert wurde, das in das Régime der Charta nach ihrem Sinn und Zweck hineinpaßt.[143] Denn mit dem Wunsch nach Inkorporation und Konservierung des 1945 bestehenden Selbstverteidigungsrechts in der Charta einerseits und dem Entschluß, mit Kapitel VII der Charta einen neuen Mechanismus der kollektiven Sicherheit zu schaffen andererseits, befanden sich die Gründer der UN in einem Dilemma. Als Ausweg aus diesem Zwiespalt wählten sie den Weg, auf der einen Seite die Selbstverteidigung gegenüber dem Verbot des Art. 2 Ziff. 4 rechtmäßig sein zu lassen, gleichzeitig jedoch Garantien gegen einen Mißbrauch des Selbstverteidigungsrechts vorzusehen.[144] Diese Garantien sind bestimmte Voraussetzungen und Begrenzungen der Selbstverteidigung, die von der Charta angeordnet werden und die nun geltendes Recht sind, obwohl das vorherige Völkergewohnheitsrecht sie nicht kannte.[145]

---

[142] ibidem.

[143] so Brownlie, The Principle of Non-Use of Force in Contemporary International Law, in: Butler (Hrsg.), The Non-Use of Force in International Law, S. 23.

[144] Bentwich, Commentary on the Charter, Art. 51, S. 107.

[145] so mit Nachdruck Simma, EJIL 10 (1999), S. 2-3, dem nur beigepflichtet werden kann, wenn er zu Recht betont: "Against such attempts to turn a clearly defined exception to the comprehensive Charter ban on the threat or use of force into a convenient basis for all sorts of military activities, it should be emphasized once again *that Article 51 unequivocally limits whatever far-reaching right of self-defence might have existed in the pre-Charter customary international law...*" (Hervorhebungen durch den Verfasser); sehr kritisch gegenüber einer bis zur Verzerrung reichenden extensiven Auslegung des Rechts

Zumindest für die UN-Mitgliedstaaten gilt damit aber, daß der vertraglich bindende, wenn auch selber bis heute möglicherweise noch nicht zum Völkergewohnheitsrecht erstarkte[146] Art. 51 das traditionelle Recht zur Selbstverteidigung, soweit es noch über die Reichweite des Art. 51 hinausgeht, überlagert und verdrängt.[147]

Für praktische Anwendungszwecke stößt daher der pragmatische Vorschlag durchaus auf Verständnis, in Art. 51 den Terminus "naturgegeben" einfach zu ignorieren und die Norm so anzusehen, als ob sie selbst die dort beschriebenen Handlungsmöglichkeiten, d.h. das Recht zur Selbstverteidigung, gewähre.[148] Denn wenn man gezwungen ist, für die Rechtfertigung eines Einsatzes militärischer Gewalt auf Argumentationslinien außerhalb der Charta zurückzugreifen, dann beweist allein dies schon hinreichend, daß man gegen das geltende Recht der Charta verstoßen und mithin völkerrechtswidrig gehandelt hat.[149] Soll dieses Urteil aber vermieden werden, so muß sich das Vorgehen bei der Anwendung von Gewalt in zwischenstaatlichen Beziehungen in dem dafür speziell vorgesehenen Rahmen der Charta der Vereinten Nationen halten.[150]

f.) Im Ergebnis ist daher im modernen Völkerrecht das Recht zur Selbstverteidigung ein Recht, welches auf und durch Art. 51 und seine spezifischen Anforderungen und Begrenzungen beschränkt ist. Soweit Art. 51 jedoch bezüglich einzelner Fragen schweigt, wie beispielsweise im Hinblick auf die Voraussetzungen von Erforderlichkeit und Verhältnismäßigkeit der Notwehrhandlung, kommt ergänzend neben Art. 51, nicht

---

zur Selbstverteidigung auch Condorelli, EJIL 5 (1994), S. 134-144; großzügiger zugunsten unilateraler staatlicher Gewalteinsätze, in der Argumentation aber manchmal wohl doch künstlich überdehnt Reisman, EJIL 5 (1994), S. 120-133.

146 anderer Ansicht ist jedoch, wie oben erläutert, der IGH in seinem Urteil Nicaragua v. United States of America, ICJ Reports 1986, S. 97.

147 zustimmend Schulze, Selbstverteidigung, in: Wolfrum (Hrsg.), Handbuch Vereinte Nationen, S. 761.

148 Stone, Legal Controls of International Conflict, S. 245.

149 vgl. Cassese, EJIL 10 (1999), S. 23: "...recourse to force has taken place outside, and indeed against, the Charter framework...", der diese bedauerliche Bilanz bedenklicherweise zu dem erst im Frühling 1999 stattgefundenen Kosovo-Einsatz der NATO zieht.

150 Vergau, Globale Anforderungen an Deutschland, in: Souchon (Hrsg.), Völkerrecht und Sicherheit, S. 124.

jedoch diesen verdrängend, das einschlägige Völkergewohnheitsrecht zur Anwendung.[151]

II. Das Ziel der kollektiven Sicherheit nach Kapitel VII der UN- Charta

Das System der kollektiven Sicherheit[152] der Vereinten Nationen ist in Kapitel VII geregelt unter der Überschrift "Maßnahmen bei Bedrohung oder Bruch des Friedens und bei Angriffshandlungen". Kollektive Sicherheit bedeutet die Herstellung eines nach innen gerichteten Vertragssystems, in dem die Mitglieder sich verpflichten, gemeinsam gegen jedes andere Mitglied vorzugehen, das versuchen sollte, seine Ziele gegen die Partner des Systems gewaltsam durchzusetzen.[153] Es unterscheidet sich damit grundlegend von einem nach außen gerichteten Verteidigungsbündnis, in dem die Staaten vereinbaren, gemeinsam jeden zu bekämpfen, der als nicht ihrem Bündnis angehörend einen von ihnen angreift.[154] Zum System der kollektiven Sicherheit gehört zweierlei: einmal ein multilaterales Krisenmanagement, zum anderen die Möglichkeit, jedenfalls als letztes Mittel, einen Rechtsbrecher mit Gewalt auf die Einhaltung der Regeln der Gemeinschaft zu verpflichten.[155] Die Art. 39 ff. der Charta etablieren ein solches System kollektiver Sicherheit und sichern damit zumindest nach traditioneller Ansicht in erster Linie die Beachtung und Durchsetzung des Art. 2 Ziff. 4: Mit dem System der kollektiven Sicherheit soll der Weltfriede gewahrt werden. Ein Staat, der das Gewaltverbot verletzt, soll nicht nur der Abwehr des Angegriffenen gegenüber stehen, sondern mit dem Widerstand

---

151 so auch Bruha, Use of Force, Prohibition of, in: Wolfrum (Hrsg.), United Nations: Law, Policies and Practice, Vol. 2, S. 1394: "...the right of self-defence as a right limited to Article 51 and to supplementary, not derogatory, customary international law."

152 zu einer allgemeinen Einführung in die generellen Probleme und gemeinsamen Charakteristika von Systemen kollektiver Sicherheit siehe Doehring, Systeme kollektiver Sicherheit, in: Isensee/Kirchhof (Hrsg.), Handbuch des Staatsrechts, Band VII, S. 669-686.

153 Doehring, Kollektive Sicherheit, in: Wolfrum (Hrsg.), Handbuch Vereinte Nationen, S. 406; vgl. demgegenüber jedoch Ipsen, Gewaltverbot - Interventionsverbot - Nichteinmischung: Elemente der gemeinsamen Sicherheit, in: Heintze (Hrsg.), Von der Koexistenz zur Kooperation, S. 11-12, der den Begriff der kollektiven Sicherheit für völkerrechtlich nicht definierbar hält. Selbst politikwissenschaftlich dürfte noch keine klare Begriffsbestimmung möglich sein, so daß man sich gegenwärtig eher plakativer, aber deshalb auch sehr deutlich machender Formeln bediene. So werde davon gesprochen, daß man Sicherheit nicht mehr gegeneinander, sondern nur noch miteinander erreichen könne und das anzustrebende Ziel daher eine Sicherheitspartnerschaft sein müsse.

154 Doehring, a.a.O. (vgl. die vorige Anmerkung).

155 Bothe, Friedenssicherung und Kriegsrecht, in: Graf Vitzthum (Hrsg.), Völkerrecht, 7. Abschnitt, Rdnr. 28.

der Gesamtheit der Mitglieder der Vereinten Nationen rechnen.[156] Damit geht einher das in Art. 2 Ziff. 3 enthaltene an alle UN Mitgliedstaaten gerichtete Gebot, ihre internationalen Streitigkeiten durch friedliche Mittel so beizulegen, daß der Weltfriede, die internationale Sicherheit und die Gerechtigkeit nicht gefährdet werden. Um die Respektierung dieser Grundsätze des Gebots des Art. 2 Ziff. 3 und des dem korrespondierenden Gewaltverbots des Art. 2 Ziff. 4 zu gewährleisten, wurde der Sicherheitsrat geschaffen, den die Charta in Kapiteln VI und VII mit umfassenden Befugnissen ausstattet.[157]

1. Der Sicherheitsrat war von den Gründern der UN als Hauptorgan der Organisation gedacht. Demgemäß übertrugen die Mitgliedstaaten dem Sicherheitsrat nach Art. 24 Abs. 1 die Hauptverantwortung für die Wahrung des Weltfriedens und der internationalen Sicherheit, um ein schnelles und wirksames Handeln der Vereinten Nationen zu gewährleisten, und sie erkennen dabei an, daß der Sicherheitsrat bei der Wahrung der sich aus dieser Verantwortung ergebenden Pflichten in ihrem Namen handelt. Nach Art. 24 Abs. 2 hat der Sicherheitsrat bei der Erfüllung dieser Pflichten die Ziele und Grundsätze der UN zu beachten. Die ihm gerade für diesen Bereich eingeräumten besonderen Befugnisse sind nach Art. 24 Abs. 2 Satz 2 unter anderem in den Vorschriften des Kapitels VII aufgeführt.[158] Die UN-Mitgliedstaaten sind ferner nach Art. 25 übereingekommen, die Beschlüsse des Sicherheitsrats im Einklang mit der Charta anzunehmen und durchzuführen. Anders als die anderen prinzipiellen Organe der UN ist der Sicherheitsrat damit in der Lage, Beschlüsse zu treffen, die für die Mitgliedstaaten rechtlich verbindlich sind.[159] Eine Resolution oder formelle Entscheidung eines Organs der UN ist rechtlich dann verbindlich, wenn ihre Verletzung einen Bruch des Völkerrechts bedeuten würde.[160] Zwar werden Resolutionen und Beschlüsse der UN nicht als eine der Völkerrechtsquellen genannt, die Art. 38 Abs. 1 lit. a-c des Statuts des Internationalen Gerichtshofes aufzählt. Indessen ist diese Aufzählung des Art. 38 nicht

---

[156] Küng/Eckert, Repetitorium zum Völkerrecht, S. 212, Nr. 354; allgemein zum Begriff der Kollektivmaßnahmen siehe Delbrück, Collective Measures, in: Bernhardt (Hrsg.), EPIL, Vol. I (1992), S. 643-644.

[157] vgl. Tomuschat, Die politische Meinung, Nr. 311, Oktober 1995, S. 15.

[158] zu einem Überblick über Rolle und Funktion des Sicherheitsrats vgl. Buergenthal et. al., Grundzüge des Völkerrechts, S. 54 ff..

[159] Deiseroth, Betrifft Justiz 1991, S. 8; umfassend mit allen Hintergründen zur rechtlichen Verbindlichkeit von Sicherheitsratsbeschlüssen in all ihren Facetten siehe Krökel, Die Bindungswirkung von Resolutionen des Sicherheitsrats.

[160] vgl. Lagoni, Resolution, Declaration, Decision, in: Wolfrum (Hrsg.), United Nations: Law, Policies and Practice, Vol. 2, S. 1084.

abschließend: Resolutionen und Beschlüsse der UN können unter bestimmten Umständen rechtsverbindlich sein und damit eine eigenständige Völkerrechtsquelle darstellen, die letztendlich auf dem in Art. 25 ausgedrückten vertraglichen Übereinkommen der Mitgliedstaaten beruht.[161]

2. Die Beschlußmöglichkeiten des Sicherheitsrats nach Kapitel VII stellen ein abgestuftes, situationsgebundenes und -angemessenes Handlungsinstrumentarium dar, das Ausdruck des auch für den Sicherheitsrat geltenden Verhältnismäßigkeitsprinzips im Völkerrecht ist und dazu intendiert war, die erkannten Schwächen der Satzung des Völkerbundes zu vermeiden, der verfassungsmäßig nicht in der Lage gewesen war, Zwangsmaßnahmen gleich welcher Art gegen einen Aggressor einzusetzen.[162] Bevor jedoch das Handlungsspektrum des Kapitels VII aktiviert werden kann, bedarf es zunächst seiner materiellen Eröffnung durch eine formelle Feststellung des Sicherheitsrats gemäß Art. 39, daß eine Bedrohung oder ein Bruch des Friedens oder eine Angriffshandlung vorliegt. Eine solche Feststellung ist als rechtliche Voraussetzung konstitutiven Charakters erforderlich, wenn Maßnahmen getroffen werden sollen, die gegenüber den Konfliktparteien und gegebenenfalls auch gegenüber Drittstaaten bindende Wirkung haben sollen.[163] Ob der Sicherheitsrat vor dieser Feststellung bereits nach Art. 33 Abs. 2 mit der zwischen den Konfliktparteien bestehenden Streitigkeit befaßt war und dort eine Sachverhaltserforschung vorgenommen, Vergleichsvorschläge unterbreitet oder Empfehlungen dahingehend abgegeben hat, wie die Situation im Rahmen der den Parteien nach Art. 2 Ziff. 3 ohnehin obliegenden Verpflichtung zur friedlichen Beilegung von Streitigkeiten geklärt werden kann, ist situationsabhängig.[164] Eine vorherige Befassung des Sicherheitsrats mit der Angelegenheit nach Art. 33 Abs. 2, 37 Abs. 1 ist jedenfalls definitiv nicht Voraussetzung für die das Kapitel VII eröffnende Feststellung gemäß Art. 39, da Krisensituationen sich so schnell entwickeln oder überraschend entstehen können, daß für eine vorherige Involvierung des Sicherheitsrats nach Kapitel VI keine Zeit mehr bleibt.[165]

---

161 Lagoni, a.a.O., S. 1084, Rdnr. 11 sowie S. 1088, Rdnr. 20.

162 Kirk, 55 Yale Law Journal (1945/46), S. 1081.

163 Wolfrum, Vereinte Nationen: Agenda für die Weiterentwicklung des Völkerrechts, in: Souchon (Hrsg.), Völkerrecht und Sicherheit, S. 65.

164 vgl. zu diesen Bemühungen um eine friedliche Streitbeilegung Doehring, Collective Security, in: Wolfrum (Hrsg.), United Nations: Law, Policies and Practice, Vol. 1, S. 113.

165 als Beispiel sei hier der die Völkergemeinschaft vollkommen unerwartet und unvorbereitet treffende Einmarsch irakischer Truppen in das Scheichtum Kuwait am 2. August 1990 genannt, der dem Sicherheitsrat schon aus rein zeitlichen Gründen keinerlei Möglichkeit zu einem vorherigen Tätigwerden nach Kapitel VI ließ; anders in der Wertung

Die nach Art. 39 zu treffende Feststellung des Sicherheitsrats muß entweder einen Friedensbruch oder eine Friedensbedrohung oder aber das Vorliegen einer Angriffshandlung bejahen. Diese Begriffe unterliegen in den letzten Jahren einem immer rascheren Wandel, der ein sich veränderndes Verständnis des Sicherheitsrats von der Wahrnehmung seiner Aufgaben nach Kapitel VII reflektiert[166]. Nach der überkommenen Praxis des Sicherheitsrats hatte er nämlich nur dort Situationen förmlich oder beiläufig als Friedensbedrohung bezeichnet, in denen bereits eine physische und vor allem über die Grenzen eines Staates hinausgehende Gewaltanwendung stattgefunden hatte und erkennbar die akute Gefahr weiterer militärischer Auseinandersetzungen auf internationaler Ebene bestand.[167] Im Zuge seiner neuen praktischen Handlungsmöglichkeiten nach dem Ende des Ost-West-Konflikts[168] und seines neuen Selbstverständnisses ging der Sicherheitsrat dann jedoch dazu über, auch interne Vorgänge der Mitgliedstaaten als Friedensbedrohungen anzusehen und zum Anlaß für Zwangsmaßnahmen unter Kapitel VII der Charta zu nehmen.[169] Dagegen läßt sich insbesondere auch nicht, wie man auf den ersten Blick leicht denken könnte, einwenden, dieser Praxis stehe das in Art. 2 Ziff. 7 festgelegte Verbot einer Einmischung

---

des historischen Ablaufs der Ereignisse wohl Linde, Krieg um Kuwait, S. 9, der aufgrund zahlreicher Indizien in Iraks Verhalten vor dem Invasionstag durch eine ex-post-Betrachtung zu dem Schluß kommt, an vorherigen Warnsignalen habe es wahrlich nicht gefehlt; ähnlich Nassehi, Merkur 1991, Nr. 4, S. 356, für den der Golfkonflikt auf zwei vermeidbaren fundamentalen historischen und politischen Irrtümern beruht, während in der gesamten Region des Mittleren Ostens in Wahrheit niemals ein stabiles Verhältnis bestanden habe, bis "ein Wahnsinniger sich militärisch eines kleinen Staates bemächtigt und damit das Völkerrecht gebrochen" habe.

166 allgemein zum veränderten Selbstverständnis des Sicherheitsrats und der von ihm im Rahmen des Kapitels VII angenommenen neuen Rolle siehe Dupuy (Hrsg.), The development of the role of the Security Council, Colloque/Workshop in La Haye 21.-23. Juli 1992, Académie de Droit International de La Haye, mit zahlreichen Beiträgen zu Interpretationsgeschichte und Auslegungspotential des Art. 39.

167 ausführlich in diesem Sinn Arntz, Der Begriff der Friedensbedrohung in Satzung und Praxis der Vereinten Nationen, S. 110.

168 für eine instruktive Darstellung der einzelnen Stationen des Abbaus der Spannungen zwischen Ost und West und den damit graduell zunehmenden Handlungs- und Beschlußmöglichkeiten des Sicherheitsrats und der UN insgesamt siehe Falk/Kim/Mendlovitz (Hrsg.), The United Nations and a Just World Order, S. 213-219, die die Resolution SC/Res 598 (1987) vom 20. Juli 1987, mit der das Ende des Ersten Golfkrieges zwischen Iran und Irak eingeleitet werden konnte, als den ersten Durchbruch zu einem neuen Zeitalter der Kooperation bewerten.

169 Czarnecki, Humanitäres Völkerrecht 1994, S. 197 im Zusammenhang mit der Resolution 929 des Sicherheitsrats (SC/Res/929) vom 22. Juni 1994 zur Situation der Menschenrechte in Ruanda.

in die inneren Angelegenheiten eines Staates entgegen, wonach beispielsweise der Bürgerkrieg in Ruanda als innere Angelegenheit nicht zum Anlaß für eine Intervention[170] genommen werden könne. Denn Art. 2 Ziff. 7 statuiert in seinem 2. Halbsatz ausdrücklich, daß die Anwendung von Zwangsmaßnahmen nach Kapitel VII durch das Interventionsverbot nicht berührt wird und sieht damit eine ausdrückliche Ausnahme von diesem vor.[171]

Diese neue Tendenz, auch in anderen als grenzüberschreitenden kriegerischen Handlungen zwischen Staaten eine Friedensbedrohung zu sehen, ist nicht etwa auf gravierende und unerträgliche Menschenrechtsverletzungen, wie dies in Somalia, Ruanda und Haiti der Fall war[172], beschränkt. So beschloß der Sicherheitsrat in seiner Resolution 748 vom 31. März 1992 auf der Basis von Kapitel VII der Charta, daß die Weigerung der libyschen Regierung, in der Folge des Attentats von Lockerbie durch konkrete Handlungen ihre Verurteilung und Bekämpfung des Terrorismus zu demonstrieren, eine Bedrohung des internationalen Friedens und der Sicherheit darstellte. Der Sicherheitsrat zeigte damit zum ersten Mal die

---

170 allgemein zu dem Begriff, der Geschichte und der rechtlichen Bedeutung der Intervention siehe Oppermann, Intervention, in: Bernhardt (Hrsg.), EPIL, Vol. II (1995), S. 1436-1439.

171 vgl. Czarnecki a.a.O., der daraus folgert, daß deswegen die für Kapitel VII erforderliche Feststellung einer Friedensbedrohung nach Art. 39 auch in Situationen getroffen werden kann, in denen eben keine zwischenstaatliche Gewaltanwendung vorliegt, da andernfalls die ausdrückliche Ausnahme im zweiten Halbsatz des Art. 2 Ziff. 7 überflüssig wäre, weil Zwangsmaßnahmen dann nie die inneren Angelegenheiten eines Staates tangieren würden. Ausführlich zu Art. 2 Ziff. 7 und seiner historischen Einordnung im Vergleich zu den Regeln der Völkerbundsatzung unter Berücksichtigung der von Czarnecki beschriebenen Ausnahme Kelsen, Yale Law Journal 55 (1945/46), S. 997-1015.

172 Spätestens seit der Resolution über Somalia steht aber fest, daß gravierende und andauernde Menschenrechtsverletzungen sowie die Unmöglichkeit, der Bevölkerung humanitäre Hilfe zu bringen, von dem Sicherheitsrat als eine Friedensbedrohung eingestuft werden können; so Wolfrum, Vereinte Nationen: Agenda für die Weiterentwicklung des Völkerrechts, in: Souchon (Hrsg.), Völkerrecht und Sicherheit, der dies als eine wesentliche innovatorische Entwicklung in der jüngsten Praxis der Vereinten Nationen bewertet. Allgemein zu dem Problem der Intervention von außen nach Aufforderung durch eine mutmaßlich rechtmäßige Regierung eines Staates, wie es beispielsweise in Haiti der Fall war, siehe Mullerson, Intervention by Invitation, in: Damrosch/Scheffer (Hrsg.), Law and Force in the New International Order, S. 127-134 sowie Wetgwood, Commentary on Intervention by Invitation, ebendort, S. 135-139. Mit der umstrittenen und insbesondere in den Vereinigten Staaten höchst kontrovers diskutierten Frage, inwieweit es überhaupt Aufgabe der internationalen Gemeinschaft sein kann, von ihr als legitim eingestuften Regierungen zur innenpolitischen Macht zu verhelfen, siehe Nanda, International Intervention to promote the Legitimacy of Regimes, ebendort, S. 181-184.

Bereitschaft, seinerseits Maßnahmen zur Eliminierung von staatlich unterstütztem Terrorismus zu ergreifen[173], und hielt dieses Vorgehen dabei für wichtig genug, um eine Gefährdung dieses Ziels unter den Terminus der Friedensbedrohung des Art. 39 zu subsumieren.[174]

Demzufolge hat der Sicherheitsrat einen weiten Ermessensspielraum bei seiner Entscheidung darüber, ob eine Situation eine Friedensbedrohung nach Art. 39 darstellt, ohne daß sich eine allgemeingültige Aussage dazu treffen läßt, welches Ausmaß an Ernsthaftigkeit oder Bedrohungspotential eine Situation mindestens erreicht haben muß, ehe der Sicherheitsrat zu dieser Feststellung bereit sein wird.[175]

3. Nach Art. 39 trifft der Sicherheitsrat nicht nur die eben dargestellte Feststellung, sondern er gibt auch Empfehlungen ab, die zur Beilegung der Krise führen sollen. Schon vorher ist ihm jedoch der Weg eröffnet, die Parteien nach Art. 40 aufzufordern, den von ihm für notwendig oder erwünscht erachteten vorläufigen Maßnahmen Folge zu leisten, die jedoch nach Art. 40 Satz 2 die Rechte, die Ansprüche und die Stellung der beteiligten Parteien unberührt lassen. Dabei ist das rechtliche Verhältnis von Art. 40 zu Art. 39 unklar: Weder sagt Art. 40 ausdrücklich, ob der Sicherheitsrat zunächst die Feststellung nach Art. 39 treffen muß, noch, wie die "Aufforderung" nach Art. 40 in die in Art. 39 genannten Handlungskategorien (Empfehlungen/Entscheidungen) einzuordnen ist, wobei die systematische Stellung von Art. 40 in Kapitel VII aber eindeutig dafür spricht, daß die Vorschrift das Vorliegen der Anwendungsvoraussetzungen von Art. 39 impliziert.[176] Als vorläufige Maßnahmen im Rahmen von Art. 40 werden typischerweise die Einstellung von Kampfhandlungen, der Truppenrückzug, der Abschluß oder die Einhaltung eines Waffenstillstandes gefordert, die jedoch im Einklang mit einer im nationalen und internationalen Prozeßrecht allgemein anerkannten Begrenzung vorläufiger Maßnahmen nur provisorischen Charakter haben dürfen.[177] Der

---

173 eingehend zu den Rechtsproblemen im Kontext von Terrorismusbekämpfung und internationalem Drogenhandel siehe J.F. Murphy, Commentary on Intervention to Combat Terrorism and Drug Trafficking, in: Damrosch/Scheffer (Hrsg.), Law and Force in the New International Order, S. 241-243 sowie Stromseth, Commentary on the Use of Force Against Terrorism and Drug Trafficking, ebendort, S. 237-240.

174 vgl. zur Lockerbie-Resolution 748 des Sicherheitsrats vom 31. März 1992 Beyerlin, Sanctions, in: Wolfrum (Hrsg.), United Nations: Law, Policies and Practice, Vol. 2, S. 1126-1127.

175 so auch immerhin bereits Kirk, Yale Law Journal 55 (1945/46), S. 1088.

176 Simma/Frowein, Charta, Art. 40, Rdnr. 4.

177 Simma/Frowein, a.a.O., Rdnr. 9, 13.

Sicherheitsrat kann Staaten nach Art. 40 also nicht auffordern, einen bestimmten Status eines Territoriums oder eine Grenze endgültig als rechtmäßig anzuerkennen, weil dies ihre Rechtsposition nicht wie von Art. 40 Satz 2 unberührt lassen würde. Als neue Art einer vorläufigen Maßnahme wird in den vergangenen Jahren der Aufbau eines Peace-Enforcement Units diskutiert, bei dem es sich um dem Sicherheitsrat zur Verfügung gestellte nationale Truppenkontingente als Zwischenform zwischen Friedenstruppen und Einsatztruppen handelt, deren Aufgabe es sein soll, die Einhaltung von Waffenstillständen zu garantieren, wonach sich gerade im Yugoslawien-Konflikt ein besonderes Bedürfnis gezeigt hat.[178]

4. Die nach den oder auch ohne die gemäß Art. 40 zu treffenden vorläufigen, provisorischen Schritte zu beschließenden Zwangsmaßnahmen im engeren Sinn zerfallen in nichtmilitärische und militärische Maßnahmen, deren Anordnung nach den Intentionen der Charta für die Mitgliedstaaten in jedem Fall verbindlich ist.[179] Im Zusammenhang mit den Vereinten Nationen wird in der Völkerrechtslehre für solche kollektiven Zwangsmaßnahmen regelmäßig der Terminus "Sanktionen" verwendet, während die Charta deutlich vorsichtiger in Kapitel VII lediglich von "Maßnahmen" ("measures", "mesures") spricht.[180] Nach Art. 41 kann der Sicherheitsrat beschließen, welche wirtschaftlichen Sanktionen unter Ausschluß von

---

[178] eingehend zu dieser nach Art. 40 noch neuen Problematik Wolfrum, Vereinte Nationen: Agenda für die Weiterentwicklung des Völkerrechts, in: Souchon (Hrsg.), Völkerrecht und Sicherheit, S. 69.

[179] Verdross/Simma, Völkerrecht, § 237, S. 145.

[180] Beyerlin, Sanctions, in: Wolfrum (Hrsg.), United Nations: Law, Policies and Practice, Vol. 2, S. 1112. Vgl. umfassend zu dem Begriff der Sanktionen Schröder, Verantwortlichkeit, Völkerstrafrecht, Streitbeilegung und Sanktionen, in: Graf Vitzthum (Hrsg.), Völkerrecht, 6. Abschnitt, Rdnr. 97, 101, 104, der - allerdings nicht von dem spezifischen engeren Kontext der Vereinten Nationen ausgehend - einen weiteren Sanktionsbegriff verwendet, dem er aber keinen festgefügten oder unstreitigen Inhalt zumessen möchte, da sich in der Praxis das konkrete Erscheinungsbild der Sanktionen als variantenreich erwiesen habe. Aufgrund einer Typologie nach dem Urheber der Sanktionen könnten diese durchaus auch auf Beschlüsse einer Internationalen Organisation zurückgehen und richteten sich dabei nach deren Satzungsrecht, z.B. Art. 39 ff. UN-Charta. Bei abstrakter Betrachtung gehe es dabei jedoch stets um Maßnahmen, die auf eine Völkerrechtsverletzung reagierten und darauf gerichtet seien, den verantwortlichen Staat mittels Zufügung von (Rechts-)Nachteilen zur Einstellung seines völkerrechtswidrigen Verhaltens zu bewegen, wie etwa durch den Entzug von Rechten oder Vergünstigungen oder deren Vorenthaltung.

Waffengewalt[181] - und daher das hier im Mittelpunkt stehende Gewaltverbot des Art. 2 Ziff. 4 gar nicht berührend, falls man "Gewalt" in Art. 2 Ziff. 4 und "Waffengewalt" in Art. 41 gleichsetzen möchte, was von den Vertretern eines weiten Gewaltbegriffs indessen in Zweifel gezogen wird - zu ergreifen sind, um seinen Beschlüssen Wirksamkeit zu verleihen. Der Rat kann die Mitglieder der Vereinten Nationen nach Art. 41 Satz 2 auffordern, diese Maßnahmen durchzuführen. Dazu sind sie kraft Art. 48 Abs. 1 auch rechtlich verpflichtet, der die allgemeine Verpflichtung aus Art. 25 für die Zwecke der Anwendung des Kapitels VII bestätigt und bekräftigt[182], insoweit aber auch innerhalb des Kapitels VII als die gegenüber Art. 25 speziellere Norm angesehen werden kann, wenn man Art. 48 Abs. 1 mehr als bloß deklaratorische Funktion zuerkennen möchte.

Die Sanktionen können die vollständige oder teilweise Unterbrechung der Wirtschaftsbeziehungen, des Eisenbahn-, See- und Luftverkehrs, der Post-, Telegraphen- und Funkverbindungen sowie sonstiger Verkehrsmöglichkeiten sowie den Abbruch der diplomatischen Beziehungen einschließen, vgl. Art. 41 Satz 3. Dem liegt der Gedanke zugrunde, daß die meisten Staaten auf einen funktionierenden Handels- und Wirtschaftsverkehr angewiesen sind und die Staatengemeinschaft deshalb dazu neigt, auf das rechtswidrige Verhalten eines Völkerrechtssubjektes durch Eingriffe in bestehende Handels- und Wirtschaftsbeziehungen zu reagieren mit dem Ziel, den "Gegner" wirtschaftlich und sozial zu isolieren sowie an ökonomisch empfindlicher Stelle zu treffen in der Erwartung, daß er dies nicht lange durchhalten und deshalb sein Verhalten ändern werde.[183] Eine verbindliche Anordnung solcher Sanktionsmaßnahmen unter förmlicher Bezugnahme auf Art. 41 erfolgte erstmals in der Rhodesien-Resolution 232 des Sicherheitsrats im Jahr 1966.[184]

---

[181] zu wirtschaftlichen Sanktionen der UN im allgemeinen siehe Klein, AVR 30 (1992), S. 101-113 sowie Kausch, Embargo, in: Bernhardt (Hrsg.), EPIL, Vol. II (1995), S. 58-63 und Langenfeld, Embargo (Addendum 1992), ebendort, , S. 63-67.

[182] Eisemann, Art. 48, in: Cot/Pellet (Hrsg.), Charte des Nations Unies, S. 749.

[183] Schröder, a.a.O. (vgl. die vorvorige Anmerkung), Rdnr. 110, der dann weiter zwischen einzelstaatlichen Vorgehensweisen, Kollektivmaßnahmen mehrerer solidarischer Staaten und schließlich Sanktionen im Rahmen Internationaler Organisationen unterscheidet.

[184] Verdross/Simma, Völkerrecht, § 237, S. 145; zu der Rhodesien-Resolution 232 des Sicherheitsrats vom 16. Dezember 1966, in der der Sicherheitsrat in sehr allgemein gehaltenen Formulierungen beschloß, daß die Situation in Südrhodesien eine Bedrohung des Weltfriedens und der internationalen Sicherheit darstellte und alsdann ein Wirtschaftsembargo über in Rhodesien produzierte Güter verhängte, siehe Stoll, Conflicts,

5. Militärische Sanktionen kann der Sicherheitsrat schließlich nach Art. 42 beschließen, allerdings nur als das äußerste Mittel.[185] Voraussetzung dafür ist, daß dem Sicherheitsrat die nichtmilitärischen Mittel unzulänglich erscheinen oder sie sich nach seiner Ansicht bereits als unzulänglich erwiesen haben. Die Formulierung von Art. 42 der Charta belegt, daß es nicht notwendig ist, nichtmilitärische Maßnahmen zu ergreifen, bevor der Sicherheitsrat zu militärischen Sanktionen schreiten kann: Auch insoweit steht dem Rat eine weite, von der Charta nicht eingeschränkte Entscheidungs- und Bewertungsprärogative zu.[186] Der Sicherheitsrat ist nämlich rechtlich nicht verpflichtet, seine Maßnahmen nur graduell zu verschärfen, indem er zunächst mit weniger einschneidenden Vorgehensweisen beginnt und erst danach zu militärischen Schritten übergeht, falls die vorangegangenen nicht den gewünschten Effekt erzielt haben sollten, obwohl die vorrangige Inanspruchnahme nichtmilitärischer Mittel sich durchaus aus politischen und diplomatischen Gründen gebieten kann.[187]

Nach Art. 42 Satz 1 kann der Sicherheitsrat mit Luft-, See- oder Landstreitkräften die zur Wahrung oder Wiederherstellung des Weltfriedens und der internationalen Sicherheit erforderlichen militärischen Maßnahmen durchführen. Diese können nach Art. 42 Satz 2 Demonstrationen, Blockaden und sonstige Einsätze der Luft-, See- oder Landstreitkräfte von Mitgliedern der Vereinten Nationen einschließen. Dabei geht die Charta offensichtlich von einer bestimmten Vorstellung aus, mit welchen Mitteln die militärischen Sanktionen durchzuführen sind: nämlich durch den Sicherheitsrat selbst mit Luft-, See- und Landstreitkräften, die ihm in besonderen Abkommen von den Mitgliedstaaten zur Verfügung gestellt sind und über die der Rat daher selber verfügen kann.[188] Diese besonderen Abkommen, im allgemeinen schlicht als Sonderabkommen bezeichnet, werden unmittelbar darauf in Art. 43 Abs. 1 angesprochen, nach dem alle Mitglieder der Vereinten Nationen sich verpflichten, zur Wahrung des Weltfriedens und der internationalen Sicherheit dadurch beizutragen, daß sie nach Maßgabe eines oder mehrerer Sonderabkommen dem Sicherheitsrat auf sein Ersuchen Streitkräfte zur Verfügung stellen, Beistand leisten und Erleichterungen einschließlich des

---

Rhodesia/Zimbabwe, in: Wolfrum (Hrsg.), United Nations: Law, Policies and Practice, Vol. 1, S. 314.

185 Deiseroth, Betrifft Justiz 1991, S. 9.

186 Wolfrum, Vereinte Nationen: Agenda für die Weiterentwicklung des Völkerrechts, in: Souchon (Hrsg.), Völkerrecht und Sicherheit, S. 68.

187 Eisemann, Art. 41, in: Cot/Pellet (Hrsg.), Charte des Nations Unies, S. 696.

188 so ausdrücklich Partsch, EuGRZ 1991, S. 470.

Durchmarschrechts gewähren, soweit dies erforderlich ist, um die angestrebten Ziele zu erreichen. Bereits bei der Gründung der Vereinten Nationen im Jahr 1945 sah Art. 43 Abs. 3 folgerichtig vor, daß diese Abkommen sobald wie möglich auf Veranlassung des Sicherheitsrats im Verhandlungsweg ausgearbeitet werden sollten. Geplant war, sie zwischen dem Sicherheitsrat einerseits und Einzelmitgliedern der UN oder Mitgliedergruppen andererseits abzuschließen und von den Unterzeichnerstaaten nach Maßgabe ihres jeweiligen Verfassungsrechts ratifizieren zu lassen. Für eine Übergangszeit bis zum Abschluß dieser Abkommen sah Art. 106 vor, daß Maßnahmen gem. Art. 42 der Charta von den Unterzeichnern der Moskauer Viermächte-Erklärung von 1943 sowie Frankreich, also von einem mit den Ständigen Mitgliedern des Sicherheitsrats identischen Kreis, durchgeführt werden können.[189]

Wegen der fehlenden Einigung über wesentliche Fragen ihres Inhalts sind die von Art. 43 verlangten Sonderabkommen bis heute nicht zustandegekommen.[190] Es kann derzeit auch keine berechtigten und realistischen Hoffnungen darauf geben, daß die Mitgliedstaaten der UN in naher Zukunft bereit sein werden, die von Art. 43 angesprochenen Truppenbereitstellungsabkommen abzuschließen, womit der Weg zu einer Anwendung des Art. 42 über die Brücke des Art. 43 weitgehend als totes Gleis angesehen wird.[191] Eine Selbstvornahme militärischer Zwangsmaßnahmen nach Art. 42 Satz 1 ist dem Sicherheitsrat demzufolge mangels eigener Truppen, die echte UN-Kampftruppen wären und sowohl unter der UN-Flagge als auch unter dem Kommando der UN selbst eingesetzt würden[192] und keinesfalls mit UN-Friedenstruppen oder Blauhelmmissionen zu verwechseln sind, verwehrt. Zwar eröffnet Art. 42 Satz 2 demgegenüber die weitere Option, daß die militärischen Zwangsmaßnahmen des Sicherheitsrats Demonstrationen, Blockaden und sonstige Einsätze der Luft-, See- oder Landstreitkräfte *von Mitgliedern der Vereinten Nationen einschließen.*[193] Aber diese Bestimmung ist auslegungsbedürftig. Sie kann durchaus dahingehend verstanden werden, daß der Einsatz nationaler Truppenkontingente nur neben dem Einsatz eigener Streitkräfte der UN zulässig ist.[194]

---

189 Heinz/Philipp/Wolfrum, VN 39 (1991), S. 125-126.

190 vgl. statt aller nur Heintschel von Heinegg, Humanitäres Völkerrecht 1991, S. 39; Ipsen, Völkerrecht, § 58, Rdnr. 18.

191 so Czarnecki, Humanitäres Völkerrecht 1994, S. 197; Schachter, AJIL 85 (1991), S. 463-464.

192 Riedel, Zeitschrift für Rechtspolitik 1991, S. 6.

193 Hervorhebungen durch den Verfasser.

194 so wörtlich Partsch, EuGRZ 1991, S. 470.

In jedem Fall ist es sehr fraglich und zudem äußerst umstritten, ob Beschlüsse des Sicherheitsrats zu militärischen Sanktionen als Gewalt anwendende und folglich Art. 2 Ziff. 4 berührende Maßnahmen für die UN-Mitgliedstaaten trotz des Gebots des Art. 25, das für Kapitel VII durch Art. 48 Abs. 1 bekräftigt und spezialisiert wird, auch dann rechtlich verbindlich sein können, wenn die von Art. 43 verlangten Sonderabkommen fehlen. Mit diesen Fragen aber steht und fällt die Anwendbarkeit und Funktionsfähigkeit des abgestuften Mechanismus der kollektiven Sicherheit nach Kapitel VII, mit dem die UN gerade die Schwachstellen des Völkerbundes vermeiden und die Kriegsgefahr durch den unilateralen Einsatz staatlicher Gewalt verringern wollte. Die Handlungsinstrumente, die dem Sicherheitsrat angesichts dieser für ihn heute gegebenen politischen und rechtlichen Situation zur Erfüllung seiner satzungsmäßigen Aufgaben und Pflichten zur Verfügung stehen, sind Gegenstand einer ausführlichen Betrachtung im Vierten Teil der vorliegenden Schrift. An dieser Stelle sei lediglich zusammenfassend festgestellt, daß die vom Sicherheitsrat angeordneten kollektiven Zwangsmaßnahmen nach Kapitel VII der Charta, soweit es sich um militärische Sanktionen handelt, als Ausnahme vom völkerrechtlichen Gewaltverbot beim Vorliegen ihrer rechtlichen Voraussetzungen gerechtfertigt sind und deswegen Art. 2 Ziff. 4 nicht verletzen.[195]

### III. Die Feindstaatenklauseln als weitere relevante Ausnahme vom Gewaltverbot?

Neben den oben unter I. und II. dargestellten Erlaubnistatbeständen für den Gebrauch von Gewalt in zwischenstaatlichen Beziehungen als Ausnahmen von dem Verbot des Art. 2 Ziff. 4 sieht der Text der UN-Charta noch eine weitere, nur aus der historischen Situation der Gründungszeit der Vereinten Nationen heraus zu verstehende Ausnahme vor. Es sind dies die sogenannten Feindstaatenklauseln. Nach Art. 107 werden Maßnahmen, die die hierfür verantwortlichen Regierungen als Folge des Zweiten Weltkriegs in Bezug auf einen Staat ergreifen oder genehmigen, der während dieses Kriegs Feind eines Unterzeichnerstaats der Charta war, durch diese weder außer Kraft gesetzt noch untersagt. Art. 53 Abs. 1 Satz 2 2. Halbsatz nimmt Maßnahmen gegen einen Feindstaat im Sinn des Art. 53 Abs. 2 ausdrücklich von dem in Art. 53 Abs. 1 Satz 1 enthaltenen Verbot der Ergreifung von Zwangsmaßnahmen aufgrund regionaler Abmachungen oder seitens regionaler Einrichtungen ohne Ermächtigung des Sicherheitsrats aus, wobei

---

195 vgl. in diesem Sinn auch Riedel, Zeitschrift für Rechtspolitik 1991, S. 6; Verdross/Simma, Völkerrecht, § 475, S. 292.

Art. 53 Abs. 2 den Ausdruck "Feindstaat" definiert als jeden Staat, der während des Zweiten Weltkriegs Feind eines Unterzeichners der Charta war.

1. Die Feindstaatenklauseln, die nach wie vor Bestandteil des geltenden Rechts der Charta sind, richten sich ohne Differenzierung zwischen Hauptschuldigen und Mitläufern in erster Linie gegen die Bundesrepublik Deutschland, Japan, Italien, Bulgarien, Finnland, Rumänien und Ungarn sowie, allerdings in problematischer und umstrittener Weise, gegen Österreich, Korea und Thailand.[196] In diesen Staaten erlaubten die beiden Artikel ausdrücklich eine militärische Intervention ohne deren Einwilligung, wobei Art. 53 und 107 allerdings in sich selbst noch keinen Rechtstitel für ein solches Vorgehen geben, da es lediglich ihr Sinn ist, bestimmte Staaten vom allgemeinen Gewaltanwendungsverbot zu dispensieren, wenn sie das Vorhandensein der in den beiden Artikeln aufgezählten Rechtstitel in concreto nachweisen können.[197] Eine auch nur potentiell fortbestehende Anwendbarkeit der Art. 53 Abs. 1 Satz 2, 107, die einer dann weiter erforderlichen Diskussion um Charakter und Reichweite dieser dritten Ausnahme vom Gewaltverbot erst die Tür öffnen würde, setzt jedoch als Tatbestandsmerkmal beider Normen die andauernde Einstufung als Feindstaat voraus. Inzwischen sind aber sämtliche ehemaligen Feindstaaten Mitglieder der Vereinten Nationen geworden. So hat beispielsweise die deutsche Bundesregierung im Zusammenhang mit den parlamentarischen Verhandlungen zum Beitritt Deutschlands zur UN die Tatsache betont, daß Deutschland mit diesem Beitritt als friedliebender Staat anerkannt werden müsse und daher nicht länger als Feindstaat betrachtet werden dürfe.[198] Ohne die Eigenschaft als Feindstaat können die Art. 53 Abs. 1 Satz 2, 107 gegen einen Staat jedoch keine Anwendung (mehr) finden. So nimmt die herrschende Lehre denn auch an, daß die Art. 53 und 107 Staaten gegenüber unanwendbar geworden sind, die entweder mit den Siegermächten einen Friedensvertrag abgeschlossen haben oder aber Mitglied der Vereinten Nationen geworden sind. Zur Begründung dieser Auffassung wird darauf hingewiesen, daß die beiden Artikel eine rechtliche Ungleichheit festlegen, Art. 2 der Charta der Vereinten Nationen jedoch die rechtliche Gleichheit aller Mitgliedstaaten als einen der leitenden Grundsätze der Organisation der Vereinten Nationen nennt.[199] Mit der Aufnahme der ehemaligen Feindstaaten

---

196 Simma/Ress, Charta, Art. 53, Rdnr. 24-25.

197 Heydte, Die Feindstaatenklausel in der Satzung der UNO, in: Schaumann (Hrsg.), Völkerrechtliches Gewaltverbot und Friedenssicherung, S. 250.

198 vgl. Blumenwitz, Enemy States Clauses, in: Wolfrum (Hrsg.), United Nations: Law, Policies and Practice, Vol. 1, S. 473.

199 Heydte, a.a.O. (vgl. die vorvorige Anmerkung), S. 252.

in die UN sind diese als friedliebend auch von Seiten der Völkergemeinschaft anerkannt worden, so daß Art. 53 heute nicht mehr anwendbar ist.[200] Die Vorschrift war ohnehin nur als Übergangsregelung konzipiert gewesen und ist daher inzwischen obsolet geworden.[201] Gleiches gilt für Art. 107, der selber ebenfalls keinen Rechtstitel zur Gewaltanwendung schafft, sondern einen solchen voraussetzt. Da aber beispielsweise gegen Deutschland kein Rechtstitel zur Sonderbehandlung fortbesteht, liefe auch Art. 107 als Feindstaatenklausel selbst dann leer, wenn er bislang noch rechtliche Bedeutung gehabt hätte.[202] Als eigenständige "dritte Säule" im Rahmen einer Diskussion der nach der Charta zulässigen Ausnahmen vom Gewaltverbot des Art. 2 Ziff. 4 können die Feindstaatenklauseln der Art. 53 Abs. 1 Satz 2, 107 demzufolge nicht herangezogen werden, da sie mittlerweile gegenstandslos geworden sind[203] und mithin keinen im hiesigen Rahmen relevanten Erlaubnistatbestand für die Anwendung von Gewalt darstellen können.

2. Das Beispiel des historischen Schicksals der Feindstaatenklauseln gewinnt als "ehemalige Ausnahme" vom Gewaltverbot jedoch unter einem anderen Blickwinkel Bedeutung für diese Analyse: Es stellt einen signifikanten Präzedenzfall für die Fortentwicklung der UN-Charta durch Praxis dar. Eine Reform der Vereinten Nationen bedarf nämlich nicht unbedingt einer formellen Änderung ihrer Satzung, und vielfältige Erfahrungen haben gezeigt, daß die Weiterentwicklung der sicherheitsrelevanten Regeln des Völkerrechts sich in erster Linie nicht in vertragsrechtlicher Form vollzieht.[204] Denn die Charta wird durch Staatenpraxis und die Praxis der UN weiterentwickelt und in einigen Fällen auch erneuert, beispielsweise auf so wichtigen Gebieten wie dem Gewaltverbot und seiner Grenzen, und dies

---

200 Verdross/Simma, Universelles Völkerrecht, S. 82-83, § 106.

201 Simma/Ress, Charta, Art. 53, Rdnr. 47.

202 Simma/Ress, Charta, Art. 103, Rdnr. 19; vgl. auch Blumenwitz, Enemy States Clause, in: Bernhardt (Hrsg.), EPIL, Vol. II (1995), S. 90-95.

203 wer dies noch nicht bereits mit dem Beitritt der ehemals beiden deutschen Staaten zu den Vereinten Nationen im Jahr 1973 annehmen möchte, muß dieser Folgerung aber wohl spätestens für den Zeitraum nach der Unterzeichnung des "Zwei-Plus-Vier-Vertrages" über die abschließende Regelung in Bezug auf Deutschland vom 2. September 1990 beitreten; vgl. aber demgegenüber Blumenwitz' Berichte über die erfolglosen Versuche diverser Staaten, darunter auch der Bundesrepublik Deutschland, die Feindstaatenklauseln aus der Charta wegen ihrer historischen Überholung ("obsolescence of the clause") zu streichen, in: Enemy States Clauses, in: Wolfrum (Hrsg.), United Nations: Law, Policies and Practice, Vol. 1, S. 472 ff..

204 Fleck, Ziele und Grenzen einer aktiven deutschen Völkerrechtspolitik, in: Souchon (Hrsg.), Völkerrecht und Sicherheit, S. 96-97.

schließt eine dynamische Interpretation der Befugnisse des Sicherheitsrats gemäß Kapitel VII der Charta ein.[205] Diese Thematik wird an einer späteren Stelle im Vierten Teil der vorliegenden Untersuchung bei einer Betrachtung der dem Sicherheitsrat im Rahmen seiner Aufgaben und Kompetenzen zustehenden Handlungsinstrumente an neuer, verschärfter Brisanz gewinnen.

## E. Fälle der erlaubten Gewaltanwendung als tatbestands immanente Einschränkungen oder "echte" Ausnahmen?

I. Verschiedentlich ist in der Literatur die Frage aufgeworfen worden, ob es sich bei den dargestellten Tatbeständen, bei denen der Einsatz militärischer Maßnahmen entweder durch einen einzelnen Staat, durch eine Gruppe von Staaten aufgrund entweder einer ad-hoc-Koalition oder ihrer gemeinsamen Mitgliedschaft in einer regionalen Sicherheits- oder Verteidigungsorganisation oder durch die Vereinten Nationen selbst nicht durch Art. 2 Ziff. 4 verboten ist, in der Tat um "echte Ausnahmen" vom Gewaltverbot handelt. Aufgrund der Verhandlungsgeschichte im Vorfeld der Konferenz von San Francisco, des Wortlauts des Art. 51 sowie der Systematik des Kapitels VII vermeiden manche Kommentatoren den Begriff der "Ausnahme" sorgfältig und sprechen statt dessen von den "Grenzen" oder "Schranken" oder "Einschränkungen" des Gewaltverbots oder noch allgemeiner schlicht von den "Rechtfertigungsgründen" für den Gewaltgebrauch.

II. Die gestellte Frage wird kontrovers beantwortet und ist keineswegs von nur akademischer, sondern durchaus von weitreichender praktischer Relevanz, die über die Notwendigkeit einer einheitlichen Nomenklatur für die Fälle, in denen es objektiv zum Einsatz militärischer Mittel kommt, hinausreicht.

1. Bereits die Bemühungen der in der Generalversammlung der Vereinten Nationen zusammengekommenen Staatenvertreter um eine Definition der Aggression, die am 14. Dezember 1974 in der Resolution 3314 (XXIX) der Generalversammlung mündeten, die ohne formelle Abstimmung im Wege des allgemeinen Konsenses verabschiedet wurde[206], hatten folgende Schwierigkeiten deutlich gemacht: Tiefe und Reichweite sowohl des völkerrechtlichen Gewaltbegriffs in Art. 2 Ziff. 4 als auch des Tatbestandsmerkmals des "bewaffneten Angriffs" in Art. 51 waren aus

205 vgl. ebendort.

206 vgl. die Definition-of-Aggression-Resolution, Res/GA/3314 (XXIX) v. 14.12.1974, in englischer Originalfassung vollständig abgedruckt bei Bruha, Die Definition der Aggression, S. 339-343.

historischen und politischen Gründen derart umstritten, daß jegliche Bemühungen um eine abschließende Definition dieser Termini von vornherein aussichtlos erschienen. Möglich erschien den Delegierten dagegen, quasi als kleinsten gemeinsamen Nenner den Begriff der Aggression im Völkerrecht zu definieren, der - so war es zumindest zu Beginn der Verhandlungen um den Resolutionstext beabsichtigt - dann die Voraussetzungen der "Gewaltanwendung" im Sinne des Art. 2 Ziff. 4 sowie des "bewaffneten Angriffs" im Sinne des Art. 51 im Rahmen eines *argumentum a fortiori*, d.h. eines Erst-Recht-Schlusses, erfüllen würde.[207]

2. Als auch hier die Kontroversen um eine positive Definition der Aggression zunahmen, verfielen insbesondere die blockfreien Staaten, entsprechend ihrem extensiven Definitionskonzept, auf eine umfassende Regelung nicht der verbotenen, sondern vielmehr der erlaubten Gewalt. Dabei lag ihrem Konzept die Prämisse zugrunde, daß grundsätzlich nur die Vereinten Nationen zur Gewaltanwendung ermächtigt seien, so daß erlaubte Selbsthilfemaßnahmen, insbesondere das Selbstverteidigungsrecht, gerade keine Ausnahmen von diesem Prinzip darstellten. Vielmehr leiteten nach ihrer Vorstellung die Staaten die Legalität ihres Handelns auch im Selbstverteidigungsfall aus einer fiktiven Ermächtigung durch die Staatengemeinschaft in Gestalt der Vereinten Nationen ab.[208] Aus diesem Grund enthalte die Charta Aussagen sowohl zur erlaubten als auch zur verbotenen Gewaltanwendung, so daß folglich beide Kategorien konkretisierungsbedürftig seien.[209]

3. Die Art und Weise dieser Konkretisierung reflektiert aber entscheidend auf Art. 39 und die Auslegung seiner Rechtsbegriffe "Friedensbedrohung", "Friedensbruch" und "Angriffshandlung".[210] Wie der Wortlaut des Art. 39 zeigt, muß der Sicherheitsrat feststellen, ob eine Friedensbedrohung, ein Friedensbruch oder eine Angriffshandlung vorliegt. Nach dem Wortlaut der Norm, die erst anschließend die Möglichkeit zur Ergreifung bestimmter Maßnahmen nennt, wird die Feststellung als Bedingung für den Gebrauch der besonderen Kompetenzen des Kapitels VII eindeutig herausgehoben.[211]

---

207 eine Hoffnung, die sich indessen später aufgrund allseits fehlender Einigkeit auch zu dieser Schlußfolgerung als trügerisch erwies; vgl. im einzelnen zur Vor- und Verhandlungsgeschichte der Resolution Bruha, Die Definition der Aggression, S. 51 ff..

208 vgl. dazu den Vortrag des Vertreters von Ecuador in der Generalversammlung, wiedergegeben bei Bruha, a.a.O., S. 164.

209 ibidem.

210 ausführlich zu Geschichte und Interpretation dieser Rechtsbegriffe Arntz, Der Begriff der Friedensbedrohung in Satzung und Praxis der Vereinten Nationen, S. 64 ff..

211 Simma/Frowein, Charta, Art. 39, Rdnr. 24.

Für die Frage, ob eine solche Feststellung zu treffen und damit das Handlungsinstrumentarium des Kapitels VII zu eröffnen ist, kommt dem Spannungsverhältnis von Friedensbedrohung oder Friedensbruch in Art. 39 und dem Recht zur Selbstverteidigung nach Art. 51 besondere Bedeutung zu.[212] Denn soweit ein Staat in Ausübung eines ihm tatsächlich oder nur angeblich zustehenden Selbstverteidigungsrechts gegen einen anderen militärisch vorgeht, muß es für die vom Sicherheitsrat nach Art. 39 gegebenenfalls auf Antrag des militärischen Gegners, d.h. des vermeintlichen Aggressors, zu treffende Feststellung einen erheblichen Unterschied machen, ob der Verteidiger sich lediglich auf die Grenzen oder immanenten Schranken des Gewaltverbots nach Art. 2 Ziff. 4 und damit eine Norm außerhalb des Kapitels VII selbst beruft, die sein Verhalten erlauben würden, weil es wegen der ihm zustehenden Verteidigungsbefugnisse vom Gewaltverbot schon tatbestandlich gar nicht erfaßt würde, andernfalls man ihm eine Verletzung des Gewaltverbots erst einmal nachweisen müsse. Ganz andere Erklärungspflichten würden den handelnden angeblichen Verteidiger hingegen dann treffen, wenn er zugeben müßte, mit seinen militärischen Maßnahmen gegen den objektiven Normgehalt des Art. 2 Ziff. 4 verstoßen zu haben, dieses Vorgehen aber nach dem Erlaubnistatbestand des Art. 51 im Sinne einer "echten" Ausnahme vom Gewaltverbot gerechtfertigt und deswegen nicht völkerrechtswidrig gewesen sei. Im letzteren Fall wird nämlich er derjenige sein, der nachzuweisen hat, daß er in der Tat das Opfer eines vorherigen bewaffneten Angriffs seitens des "Aggressors" gewesen ist, da zu seinen Ungunsten die Regel eingreift, daß, wer sich auf einen Ausnahmetatbestand beruft, das Vorliegen von dessen Voraussetzungen auch zu beweisen hat. Zumindest hinsichtlich der Darlegungs- und Rechtfertigungslast kann es folglich nicht unentschieden bleiben, ob es sich bei den früher dargestellten erlaubten Fällen von Gewaltanwendung um immanente Schranken des Gewaltverbots oder aber um "echte" Ausnahmen handelt.

III. Dazu werden zahlreiche teilweise untereinander wiederum variierende Ansichten vertreten.

1. Die russische Völkerrechtslehre weist den Ansatz, Selbstverteidigung und kollektive Zwangsmaßnahmen beruhten auf wirklichen Ausnahmen vom Gewaltverbot, am deutlichsten zurück. Vielmehr müsse vor allem die Selbstverteidigung, anstatt eine Ausnahme vom Prinzip des Nichtangriffs zu sein, als ein in höchstem Maße wichtiges Werkzeug angesehen werden, um

---

212 Arntz, a.a.O., S. 71.

auf Völkerrechtsverletzungen zu reagieren.[213] Während der bewaffnete Angriff des Aggressors der Völkerrechtsbruch sei, sei Selbstverteidigung die Sanktion gegen eben diesen[214] und nur insofern zweckgerichtet als Werkzeug anstatt als allgemeine Ausnahme vom Gewaltverbot einsetzbar. Diese Meinung geht weitgehend einher mit dem oben bereits geschilderten Standpunkt der blockfreien Staaten während der Verhandlungen um eine Definition der Aggression, die ebenfalls betont hatten, daß nach ihrer Auffassung das Selbstverteidigungsrecht keine Ausnahme von dem Prinzip sei, daß grundsätzlich nur die Vereinten Nationen zur Gewaltanwendung ermächtigt seien[215], sondern daß dieses Recht vielmehr eine fiktive Ermächtigung durch die Staatengemeinschaft sei, aus der die Staaten die Legalität ihres Handelns ableiteten. Neben dem auf Selbsterhaltung des betreffenden angegriffenen Staates zielenden Charakter des Art. 51 kommt dabei ein treuhänderischer Aspekt zum Ausdruck, der die Anwender des Art. 51 gleichsam als eine Art Sachwalter des Sicherheitssystems des Kapitels VII der Charta erscheinen läßt.[216] Die Maßnahmen der Selbstverteidigung hätten insoweit Doppelcharakter, daß sie zum einen das Eigeninteresse des sich verteidigenden Staates verfolgten, zum anderen aber auch ein Ausdruck des Willens der Vereinten Nationen zur Abweisung von Aggressionen sein sollen.[217] Offen gelassen wird dabei aber, warum und wie für eine treuhänderische Funktion der Selbstverteidigung und die Übernahme einer Sachwalterstellung durch den oder die Verteidiger überhaupt noch Raum bleiben kann, nachdem die Mitglieder der Völkergemeinschaft mit den Vereinten Nationen und dem Sicherheitsrat als deren prinzipiell für die Wahrung des Weltfriedens und der internationalen Sicherheit zuständigen Organ[218] gerade ein Forum speziell zu dem Zweck geschaffen haben, sich in rechtlich und politisch hauptverantwortlicher Weise den sich in den hier einschlägigen Situationen stellenden Herausforderungen zu widmen.

2. Andere Stimmen unterstreichen, daß das Prinzip des Gewaltverbots nicht "schrankenlos" gelte, sondern es vielmehr in der Charta selbst und darüber hinaus in späteren Grundsatzerklärungen "Einschränkungen"

---

213 so Kolesnik, The Development of the Right to Self-Defence, in: Butler (Hrsg.), The Non-Use of Force in International Law, S. 154: "...self-defence, rather than constituting an exception from the principle of non-aggression, must be viewed as a major tool designed to redress violation".

214 ibidem.

215 vgl. die Anmerkung 4 bei Bruha, Die Definition der Aggression, S. 164.

216 Menk, Gewalt für den Frieden, S. 73.

217 ibidem.

218 zu den unterschiedlichen Aufgaben und Befugnissen des Sicherheitsrats auf diesem Gebiet im Überblick siehe Hüfner/Naumann, Das System der Vereinten Nationen, S. 47f..

erfahren habe.[219] Zumindest die Selbstverteidigung sei jedoch als Ausnahme vom Gewaltverbot anzusehen, indem sie den durch letzteres bewirkten Legitimitätsentzug für zwischenstaatliche Gewaltpolitik teilweise wieder zurücknehme, und dabei handele es sich auch um einen echten Ausnahmetatbestand.[220]

3. Manche Vertreter der Lehre suchen zur Beantwortung der gestellten Frage nach Analogien zum innerstaatlichen Strafrecht und der Notwehrlehre. Weder das allgemeine Völkerrecht noch das Satzungsrecht der Organisation der Vereinten Nationen würden Ausnahmen vom Gewaltverbot im rechtstechnischem Sinn kennen. Das von Art. 51 nicht geschaffene, sondern eben nur anerkannte Recht der souveränen Staaten auf individuelle und kollektive Selbstverteidigung sei keine Ausnahme vom Gewaltverbot, sondern dessen Bestätigung.[221] Man finde die dazu passende und diese Lösung stützende Parallele im innerstaatlichen Strafrecht, in dem die Notwehr ebenfalls keine Ausnahme, sondern die Folge von Straftatbeständen sei, auf deren Verwirklichung unter Berufung auf das Recht zur Notwehr reagiert werde.[222]

Obwohl hierbei nicht ausdrücklich erklärt wird, wie diese "Bestätigung" des Gewaltverbots durch das Recht zur Selbstverteidigung rechtstechnisch aufzufassen und einzuordnen ist, darf dieser Ansatz wohl so verstanden werden, daß er das Recht zur Selbstverteidigung als tatbestandsimmanente Schranke des Gewaltverbots ansieht: Das Verbot der Anwendung von Gewalt in zwischenstaatlichen Beziehungen reicht danach tatbestandlich nicht so weit, als daß es den Einsatz militärischer Mittel auch dann verbieten würde, wenn dies unter berechtigter Inanspruchnahme des Rechts zur Selbstverteidigung geschieht. Einer weitergehenden

---

219 Rittberger, Zwischen Weltregierung und Staatenanarchie: Vereinte Nationen und internationale Friedenssicherung, in: Doeker/Volger (Hrsg.), die Wiederentdeckung der Vereinten Nationen, S. 145, der aber den eingeschlagenen Weg der offenbar von ihm angenommenen dem Gewaltverbot innewohnenden Schranken insofern nicht konsequent durchhält, als daß er in der Folge dann überraschend doch von militärischen Maßnahmen nach Kapitel VII aufgrund von Sicherheitsratsbeschlüssen als "Ausnahmen" vom Gewaltverbot spricht.

220 Rittberger, a.a.O., S. 146.

221 Kimminich, Völkerrecht, S. 299.

222 Kimminich, AVR 33 (1995), S. 437, wo er in der Folge überdies andeutet, daß auch die Ergreifung kollektiver militärischer Zwangsmaßnahmen nach Kapitel VII der Charta durch die zuständigen UN-Organe kein Fall einer Ausnahme vom Gewaltverbot sei, sondern eine Form von dessen Bestätigung unter Festschreibung eines bestimmten verfahrensmäßig vorhergeplanten Reaktionsmechanismus.

Rechtfertigung bedarf dieses Handeln insofern gar nicht, weil Art. 2 Ziff. 4 mangels einer entsprechenden Reichweite seines Verbotssatzes nicht in rechtfertigungsbedürftiger Weise tangiert ist. Das Gewaltverbot ist damit "in sich selbst" bereits nicht verletzt, ohne daß zu diesem Ergebnis der Rückgriff auf eine Ausnahme erforderlich wäre.

Die vorgeschlagene Parallele zum innerstaatlichen Strafrecht vermag indessen gerade in dieser Formulierung nicht zu überzeugen. Zwar trifft es durchaus zu, daß die Notwehr keine Ausnahme, sondern die Folge von Straftatbeständen ist, die der Angreifer verwirklicht, und auf deren Verwirklichung durch den Angreifer der Verteidiger unter Berufung auf das Recht zur Notwehr reagiert. In solchen Fällen kann die Notwehr niemals eine Ausnahme von denjenigen Straftatbeständen sein, die der Angreifer mit seinem rechtswidrigen Angriff verletzt. Aber darum geht es bei der zu klärenden Frage nicht. Denn hier geht es statt um die Straftatbestände, die der Angreifer verletzt, um gerade diejenigen Rechtsgüter, die der *Verteidiger* im Rahmen seiner Verteidigungshandlung negativ beeinträchtigt. Soweit er dabei seinerseits Straftatbestände verwirklicht, hat er den objektiven und subjektiven Tatbestand bestimmter strafrechtlicher Verbotsnomen vorsätzlich erfüllt. Die durch diese Handlung an sich indizierte, d.h. ihr innewohnende Rechtswidrigkeit, kann er ihr zur Vermeidung seiner eigenen Strafbarkeit nur dadurch wieder nehmen, daß er sich auf einen anerkannten Rechtfertigungsgrund als einen ihm *ausnahmsweise* zur Seite stehenden Erlaubnistatbestand beruft, z.B. auf das Notwehrrecht als gem. § 32 StGB diejenige Verteidigungshandlung, die erforderlich und geboten ist, um einen gegenwärtigen und rechtswidrigen Angriff von sich abzuwehren. Soweit dabei aber andere, von der Rechtsordnung geschützte Rechtsgüter in an sich strafbewehrter Weise verletzt werden, ändert das Vorliegen einer Notwehrlage an der objektiven Verletzung der schützenden Norm nichts. Sie nimmt ihm lediglich im Sinn eines ausnahmsweise eingreifenden Erlaubnistatbestandes die Rechtswidrigkeit.

Soweit man folglich hier - im Bewußtsein aller damit verbundenen Probleme - eine Analogie der Problematik des völkerrechtlichen Gewaltverbots zum deutschen Strafrecht suchen und befürworten möchte, spricht dies im Ergebnis gerade dafür, das Selbstverteidigungsrecht als einen im Sinn einer echten Ausnahme eingreifenden Erlaubnistatbestand anzusehen, der die Beeinträchtigung des Gewaltverbots durch die Verteidigungshandlung des Angegriffenen unberührt läßt, sie aber ausnahmweise erlaubt und ihr damit die Völkerrechtswidrigkeit nimmt.

4. Die überwiegende Anzahl der Kommentatoren sowie die Völkerrechtspraxis gehen anders als die vorgenannte Auffassung von Kimminich demgegenüber davon aus, daß sich Art. 2 Ziff. 4 nach dem Aufbau der Charta nicht nur als grundlegende, sondern auch als tatbestandlich umfassende Verbotsnorm darstellt.[223] Jeder Einsatz militärischer Gewalt verstößt sowohl gegen das Gewalt- als auch gegen das Interventionsverbot, mit nur zwei Ausnahmen, nämlich zum einen der zulässigen individuellen und kollektiven Selbstverteidigung sowie zum anderen der nach Kapitel VII der Charta zulässigen Zwangsmaßnahmen.[224] Obwohl manche im Selbstverteidigungsrecht die einzige Ausnahme vom Gewaltverbot im rechtstechnischen Sinn sehen[225], wird als herrschende Meinung stets angegeben, daß jeglicher Gewalteinsatz eines Staates gegen die Truppenverbände oder das Territorium eines anderen Art. 2 Ziff. 4 verletzt, außer wenn er unter Bezugnahme auf eine der beiden spezifischen Ausnahmen vom Normsatz des Gewaltverbots gerechtfertigt werden kann.[226] Dabei wird zutreffend hervorgehoben, daß der klare Wortlaut des Art. 2 Ziff. 4 das generelle Verbot des Waffeneinsatzes unterstreiche, dessen Gegenteil keine Art und Menge an Kasuistik zu beweisen vermöge. Rechtfertigungsgründe für die Anwendung militärischer Gewalt müßten im Rahmen der Charta jeweils spezifisch benannt und im strikten Sinn ausnahmebezogen sein.[227] Deswegen sei Selbstverteidigung nach Art. 51 ausdrücklich auch als Ausnahme vom Gewaltverbot zu verstehen.[228] Der tatbestandliche Inhalt des Verbots der Anwendung von Gewalt ist daher schon methodisch-analytisch von seinen Ausnahmen, die den Tatbestand "Gewalteinsatz" zwar erfüllen, ihm aber die Illegalität nehmen, zu trennen.[229]

---

223 Westerdiek, AVR 21 (1983), S. 388.

224 Ipsen, Völkerrecht, S. 900, Rdnr. 58.

225 vgl. beispielsweise Schaefer, Die Rolle der Vereinten Nationen im Rahmen der Friedenssicherung, in: Doeker/Volger (Hrsg.), Die Wiederentdeckung der Vereinten Nationen, S. 155.

226 Greenwood, Legal Limitations on the Prohibition of the Use of Force, in: Souchon (Hrsg.), Völkerrecht und Sicherheit, S. 42.

227 Brownlie, The Principle of Non-Use of Force in Contemporary International Law, in: Butler (Hrsg.), The Non-Use of Force in International Law, S. 22.

228 Verdross/Simma, Universelles Völkerrecht, § 469; vgl. auch Seidl-Hohenveldern, Völkerrecht, Rdnr. 1783 g. Als ausdrückliche Ausnahme vom Gewaltverbot verstehen die Selbstverteidigung auch Henkin/Pugh/Schachter/Smit (Hrsg.), International Law, S. 704.

229 vgl. insbesondere Asrat, Prohibition of Force under the UN Charter, der zunächst in extenso Geschichte, Inhalt und geschützte Werte des Gewaltverbots erläutert und dabei weder auf das Recht zur Selbstverteidigung noch auf militärische Zwangsmaßnahmen nach Kapitel VII der Charta eingeht, die er ausführlich erst im abschließenden Kapitel unter der Überschrift "Die Ausnahmen" ("The Exceptions") separat analysiert.

5. Der herrschenden Meinung zum Rechtscharakter von Selbstverteidigung und kollektiven Zwangsmaßnahmen als Ausnahmen im technischen Sinn vom Gewaltverbot ist zu folgen. Diese Lösung begründet sich vor allem daraus, daß bei der Anwendung militärischer Gewalt nach außen hin zunächst nicht sichtbar wird, was vorher geschehen ist, ob etwa oder ob nicht ein vorherigen bewaffneter Angriff seitens des nunmehr attackierten Staates vorlag, der sich möglicherweise an einer anderen Stelle des Landes oder weit entfernt an einer langgestreckten Grenzlinie ereignet haben kann, ohne für die Weltöffentlichkeit oder die Vereinten Nationen stets sofort offensichtlich geworden zu sein. Nicht erkennbar wird auch, ob der angebliche Verteidiger in Kenntnis und aufgrund der angeblichen Notwehrlage sowie gerade zum Zweck seiner Selbstverteidigung zu militärischen Mitteln gegriffen hat, obwohl er selber dies zumindest verbal immer behaupten wird.[230] Wie Art. 2 Ziff. 4, so ist auch das Selbstverteidigungsrecht nach Art. 51 zum Opfer großangelegter Fehlanwendungen und folgenschweren Mißinterpretationen geworden.[231] Doch selbst im Angesicht einer Vielzahl von umstrittenen Problemen und ungewissen Einzelfragen ist doch eines klar und wird, soweit ersichtlich, auch nicht angezweifelt: Die Invasion eines anderen Staates mit Truppenverbänden und/oder das Bombardement seines Territoriums aus der Luft betreffen zunächst, unberührt aller inneren Motive oder vorangegangenen Ereignisse mit umgekehrter Zielrichtung, in objektiver Weise die Kernaussage des Art. 2 Ziff. 4, der die Anwendung von Gewalt gegen einen anderen Staat verbietet. Der objektive Tatbestand des Art. 2 Ziff. 4 ist damit in offensichtlicher Weise betroffen, und zwar vollkommen unabhängig davon, ob dies aus außerhalb des rein objektiven Geschehens liegenden Umständen gerechtfertigt ist. Solche Umstände können beispielsweise in einem vorherigen bewaffneten Angriff durch den nunmehr in Ausübung des Rechts zur Selbstverteidigung seinerseits "angegriffenen" Staates liegen oder aber auch darin, daß es sich bei der jetzigen militärischen Operation um eine kollektive Zwangsmaßnahme des Sicherheitsrats der Vereinten Nationen handelt, was man ihr, wie noch zu zeigen sein wird, äußerlich nicht immer ansehen muß.

---

230 vgl. dazu Ferencz, What International Law Demands and How States Respond, in: Damrosch/Scheffer (Hrsg.), Law and Force in the New International Order, S. 140: "All wars of aggression are fought in 'self-defence'." Vgl. auch Kolosov, Limiting the Use of Force: Self-Defense, Terrorism, and Drug-Trafficking, ebendort, S. 233: "During the second half of the twentieth century Article 51 was implemented far too often. In too many cases both sides in an armed conflict justified the use of force by invoking the right of self-defense."

231 Simma, EJIL 10 (1999), S. 3.

Soweit man mit Vorsicht und aller dabei immer gebotenen Zurückhaltung eine Parallele zum deutschen innerstaatlichen Verfassungsrecht ziehen möchte, stellt die rein objektive Anwendung militärischer Gewalt in zwischenstaatlichen Beziehungen in erster Linie einen Eingriff in den Schutzbereich des Gewaltverbots dar. Ob dieser Eingriff aufgrund des Vorliegens aller Voraussetzungen einer anerkannten Ausnahme völkerrechtlich gerechtfertigt war, ist dann erst auf einer nachfolgenden, analytisch getrennten Stufe zu untersuchen. Der vorgebrachte Rechtfertigungsgrund des Handelnden wird seinem Vorgehen nämlich nur dann den Vorwurf der Völkerrechtswidrigkeit ersparen, wenn er alle Voraussetzungen eines nur ausnahmsweise von den regelmäßigen Rechtsfolgen eines Eingriffs in den Schutzbereich des Gewaltverbots wegführenden Erlaubnistatbestandes geltend machen und diese gegebenenfalls auch beweisen kann. Erst durch diesen Rechtfertigungsvortrag kommen dann vorangegangene Geschehenisse oder innere Motive ins Spiel, wie beispielsweise Selbstverteidigungsabsichten, der Wille zur Nothilfe zugunsten eines anderen, von dritter Seite angegriffenen Staates[232] oder die Zielsetzung, etwaige vorherige Beschlüsse des Sicherheitsrats zu implementieren, die dem rein objektiven militärischen Geschehen nicht anzusehen waren. Insofern muß der Grundsatz gelten, daß der derjenige, der sich auf eine Ausnahme zu seinen Gunsten beruft, das tatsächliche und rechtliche Vorliegen ihrer Voraussetzungen darzulegen und auch zu beweisen hat. Erst dadurch wird es ihm dann gelingen, dem Eingriff in den Schutzbereich des Art. 2 Ziff. 4 seine völkerrechtliche Illegalität zu nehmen.

6. Es bleibt daher im Ergebnis festzuhalten, daß es sich sowohl bei der Selbstverteidigung nach Art. 51 als auch bei kollektiven militärischen Zwangsmaßnahmen nach Kapitel VII der Charta um "echte" Ausnahmen vom völkerrechtlichen Gewaltverbot handelt[233], die jede für sich genommen

---

[232] Nothilfe ist, wie oben bereits dargestellt, im Völkerrecht eine Form der Selbstverteidigung, und zwar gerade ihre "kollektive" Komponente, die darin besteht, daß auch andere, vom Aggressor selber nicht angegriffene Staaten dem Angriffsopfer zu Hilfe eilen und es bei seiner Verteidigung gegen den Aggressor militärisch unterstützen. Soweit dabei das Angriffsopfer selber handelt, spricht man von individueller Selbstverteidigung, die Nothilfehandlungen seiner Verteidigungshelfer nennt man kollektive Selbstverteidigung, obwohl es sich in ihrem Fall strenggenommen nicht um "Selbst"-Verteidigung handelt, vgl. dazu Simma/Randelzhofer, Charta, Art. 51, Rdnr. 32, 33 sowie das Urteil des IGH im Fall Nicaragua v. United States of America, ICJ Reports 1986, S. 14.

[233] zustimmend in diesem Sinn auch Heydte, Die Feindstaatenklausel in der Satzung der UNO, in: Schaumann (Hrsg.), Völkerrechtliches Gewaltverbot, S. 247 sowie Greenwood, Self-Defence and the Conduct of International Armed Conflict, in: Dinstein (Hrsg.), International Law at a Time of Perplexity, S. 273, der dort in Anmerkung 3 zwar

jeweils einen Erlaubnistatbestand für einen Eingriff in den Schutzgehalt des Art. 2 Ziff. 4 formulieren.

## F. Das problematische rechtliche Verhältnis der verschiedenen Ausnahmen vom Gewaltverbot zueinander

Nachdem oben die beiden im modernen Völkerrecht existierenden Ausnahmen vom Gewaltverbot, nämlich das Recht zur Selbstverteidigung nach einem bewaffneten Angriff und die kollektiven militärischen Zwangsmaßnahmen der Völkergemeinschaft nach Kapitel VII der Charta dargestellt und erläutert wurden, stellt sich nunmehr nahezu zwangsläufig das Problem des rechtlichen Verhältnisses dieser beiden Erlaubnistatbestände für den Gebrauch von Gewalt in zwischenstaatlichen Beziehungen zueinander. Es fragt sich, ob beide Ausnahmen, jede für sich genommen, unabhängig nebeneinander stehen und das Vorliegen ihrer jeweiligen Tatbestandsvoraussetzungen in einem gegebenen denkbaren Anwendungsfall einer eigenständigen Prüfung bedarf, die sich auf die von ihr untersuchte Ausnahme konzentriert und die jeweils andere dabei außer Betracht lassen kann.

I. Für einen Teil der denkbaren Fälle ist diese Frage unkompliziert zu beantworten: Soweit der Sicherheitsrat nach Kapitel VII tätig wird und zu den Schutzbereich des Gewaltverbots berührenden militärischen Zwangsmaßnahmen nach Art. 42 greift in solchen Fällen, in denen er zwar zuvor die rechtlich erforderliche Feststellung gemäß Art. 39 des Vorliegens eines Friedensbruchs, einer Friedensbedrohung oder einer Angriffshandlung getroffen hat, in denen aber kein bewaffneter Angriff gegen einen Mitgliedstaat der UN im Spiel ist, bedarf das Verhältnis zwischen den Ausnahmen vom Gewaltverbot keiner weiteren Betrachtung. Diese Konstellation ließe sich beispielsweise in den Vorgängen in Somalia und Runda in den 90er Jahren, aber auch in Südrhodesien im Jahr 1966 erkennen, in denen der Sicherheitsrat jeweils nach Kapitel VII tätig geworden ist.[234] Denn in allen diesen Fällen lag ersichtlich kein bewaffneter Angriff gegen einen UN-Mitgliedstaat vor, so daß das Selbstverteidigungsrecht schon mangels des Vorliegens des ersten Tatbestandsmerkmals des Art. 51 Satz 1 von vornherein als ein denkbarer Erlaubnistatbestand für den Einsatz von

---

ausdrücklich auf die von der Charta vorgesehen Möglichkeit kollektiver militärischer Zwangsmaßnahmen hinweist, aber die Wahrscheinlichkeit einer Einigung im Sicherheitsrat auf die Ergreifung solcher Maßnahmen dennoch als so gering ansieht, daß er ihre vertiefe Betrachtung nicht für erforderlich hält.

234 ob und inwieweit er dabei in der Tat nach Art. 42 vorgehen konnte und dies auch getan hat, muß hier vorerst noch dahinstehen und einer eingehenden Analyse im Vierten Teil vorbehalten bleiben.

Gewalt aus der Betrachtung ausscheidet. Eine Untersuchung des rechtlichen Verhältnisses zwischen den beiden Ausnahmen erübrigt sich hier daher.

II. Anders stellt die Lage sich dann dar, wenn sowohl ein bewaffneter Angriff gegen ein Mitglied der Vereinten Nationen vorliegt, der nach Art. 51 Satz 1 das Selbstverteidigungsrecht auf den Plan ruft, als auch ein Tätigwerden des Sicherheitsrats nach Kapitel VII, wie es in der Folge des Einmarsches irakischer Truppenverbände in das Schwichtum Kuwait am 2. August 1990 der Fall war.[235] In einem solchen Fall bedarf das juristische Verhältnis der beiden Ausnahmetatbestände vom Gewaltverbot zueinander einer Klärung. Wie zu praktisch allen Aspekten des Gewaltverbots und seinen Grenzen gehen die Meinungen zu dieser Frage deutlich auseinander:

1. Am weitestgehenden wird die These von einer in die Charta übernommenen und sich dort fortsetzenden Autonomie des Rechts zur Selbstverteidigung von einer Ansicht vertreten, die unterstreicht, daß das überkommene völkergewohnheitsrechtliche Selbstverteidigungsrecht in keiner denkbaren Weise durch die Charta beschränkt werde.[236] Zu diesem Schluß führe nicht nur eine Auslegung der Norm nach ihrem Wortlaut, der von einem "inherent right" spreche und dabei deutlich hervorhebe, daß "...nothing in the present Charter shall impair the (...) right of self-defence". Vielmehr spreche auch die systematische Stellung in der Charta dafür, sie als eine Norm zu verstehen, die die vorangehenden Teile des Kapitels VII begrenzt.[237] Dafür spreche schließlich auch eine Betrachtung des Selbstverteidigungsrechts in seinem historischen Zusammenhang.[238] Wenn man dem systematischen Argument folgen wollte, daß Art. 51 die vorangehenden Regeln des Kapitels VII limitiere, dann müßte man daraus nicht nur auf eine rechtliche Unabhängigkeit der Selbstverteidigung schließen, sondern aufgrund seiner begrenzenden Wirkung sogar noch weitergehend darauf, daß Art. 51 eine gewisse Vorrangstellung vor den kollektiven militärischen Zwangsmaßnahmen hat, aufgrund derer er erst in der Lage ist, jene rechtlich zu limitieren. Doch dieses systematische Argument ist bereits von seinem Ansatz her alles andere als zwingend: Ebenso gut ließe sich nämlich auch argumentieren, daß die systematische Stellung von Art. 51 ganz am Ende des Kapitels VII auf eine mögliche Nachrangigkeit

---

235 zu den Reaktionen des Sicherheitsrats auf diese Invasion siehe Falk, Militärpolitik Dokumentation 14 (1991), S. 39-50.

236 siehe Rostow, E.V., AJIL 85 (1991), S. 511 mit den deutlichen Worten: "...that the customary law of self-defence is not impaired in any way by the Charter".

237 Rostow, E.V., a.a.O.: "...because of its position in the Charter as a proviso limiting the earlier parts of chapter VII".

238 ibidem.

gegenüber seinen anderen Teilen hindeuten könnte, die eben nur im Fall ihres Nichteingreifens Raum für das Selbstverteidigungsrecht ließen.

2. Eine abstrakte, nicht ausdrücklich fallbezogene Interpretation des Rechtsverhältnisses der beiden Ausnahmen zueinander wird von manchen ganz abgelehnt. Art. 51 offenbare einen Konflikt zwischen der auf eine internationale Zuständigkeit basierenden Jurisdiktion des Sicherheitsrats und der sich auf Selbstverteidigung gründenden Rechtsgewalt eines individuellen, souveränen Staates, und dieser Konflikt könne nur in dem konkreten Kontext eines im Einzelfall gegebenen tatsächlichen Konflikts gelöst werden, in dem die Rechtsfragen internationalen Friedens und Sicherheit auf der einen und der Priorität der Selbstverteidigung auf der anderen Seite aufeinanderprallen.[239] Dies könne nur auf dem Hintergrund aller dabei kritischen Faktoren wie die Identifizierung aller relevanten Beteiligten, ihrer Rechtsansprüche und Erwartungen geschehen. Art. 51 nehme jedoch eine klare vorrangige verfassungsmäßige Allokation der Zuständigkeit zur Selbstverteidigung zugunsten desjenigen Staates vor, der dabei sei, seine Interessen, grundsätzlichen Werte und Existenz gegen einen bewaffneten Angriff zu verteidigen.[240] Erst im Anschluß daran sehe Art. 51 eine nachträgliche oder in der Reihenfolge später eingreifende Rolle des Sicherheitsrats vor.[241] Diese Analyse folgert im Ergebnis aus dem rein zeitlichen Ablauf der Ereignisse, bei dem auf den zuerst geschehenden bewaffneten Angriff zunächst die Selbstverteidigung des Angriffsopfers und alsdann ein Tätigwerden des Sicherheitsrats folgt, eine rechtliche Priorität der Maßnahmen der Selbstverteidigung. Aus einer noch nicht einmal zwangsläufigen, wenn auch zumindest regelmäßig zu erwartenden Chronologie der Geschehenisse allein folgt aber noch keine rechtliche Vorrangstellung der zeitlich früher ergriffenen Maßnahmen. Soweit hier der Verzicht auf eine abstrakte Auslegung des Rechtsverhältnisses zwischen Art. 51 und Art. 42 zugunsten einer rein einzelfallbezogenen Ad-Hoc-Analyse vorgeschlagen wird, ist dem entgegenzuhalten, daß ein solches Vorgehen der im nicht zuletzt gegenüber Menschenleben besonders sensitiven Bereich des Völkericherheitsrechts essentiellen möglichst weitgehenden Rechtssicherheit nicht unbedingt zuträglich ist.

3. Eine weitere Stimme in der Lehre hat das Verhältnis der beiden Ausnahmen zu Art. 2 Ziff. 4 untersucht und ist zu dem Ergebnis gekommen,

---

239 Nagan, Rethinking Bosnia and Herzegovina's Right of Self-Defence: A Comment, in: The Review 52 (1994), S. 42.
240 ibidem, S. 43.
241 ibidem: "...and the subsequent or sequential role of the Security Council".

daß den Regeln über kollektive Zwangsmaßnahmen kein Vorrang vor dem Prinzip der Selbstverteidigung zuzuerkennen ist.[242] Denn alle Normen der Charta besäßen die gleiche rechtliche Gültigkeit und stünden dementsprechend gleichberechtigt nebeneinander, zumal das Selbstverteidigungsrecht als ein "inherent right" anerkannt worden sei.[243]

4. Zunächst verlangt das zu beinahe allen der zahlreichen Streitfragen im zusammenhang mit Art. 51 vielstimmig vor allem von angloamerikanischer Seite stets wiederholt vorgebrachte Argument, bei der Selbstverteidigung handele es sich um ein "inherent right", das von der Charta vollkommen "unimpaired" gelassen worden sei, nach einer Entgegnung. Art. 51 hat das aus dem Völkergewohnheitsrecht stammende Konzept der Selbstverteidigung als eine von insgesamt zwei Ausnahmen vom Gewaltverbot in die Charta übernommen. Gleichzeitig hat die Charta dieses Recht jedoch bestimmten Voraussetzungen und Beschränkungen unterworfen und hat insoweit tatsächlich konstitutiven Charakter.[244] Die in Art. 51 enthaltene Wendung des "inherent right" weist daher keinesfalls auf eine allgemeine Rezeption des weiten völkergewohnheitsrechtlichen Selbstverteidigungsrechts, sondern vielmehr auf die von den Satzungsgebern gewollte, durch die Tatbestandsmerkmale des Art. 51 eingegrenzte Rezeption dieses Rechts hin.[245] Mit Nachdruck ist daher festzuhalten, daß Art. 51 unmißverständlich das begrenzt, was im Völkergewohnheitsrecht vor Inkraftreten der Charta weitreichend als Konzept der Selbstverteidigung verstanden wurde.[246] Soweit die Voraussetzungen und Grenzen des Art. 51 durch das recht der Charta erst geschaffen wurden, wie dies zweifellos für das rechtsverhältnis zu den kollektiven militärischen Zwangsmaßnahmen des Sicherheitsrats nach Art. 42 der Fall ist, bedarf die Interpretation von deren Reichweite und Tiefe einer Betrachtung auf der Grundlage der Systematik sowie des Sinns und Zwecks der Charta selbst. Ein sich lediglich wiederholender Hinweis auf die in der englischen Fassung vorkommende Formulierung des "inherent right" ist dabei wenig hilfreich.

5. Die wohl überwiegende Anzahl der Kommentatoren in der internationalrechtlichen Literatur lehnt die oben dargestellten Ansätze folglich ab: Es sei das ausdrückliche Ziel und Bemühen der Gründer der Charta

---

242 Lapidoth, AVR 30 (1992), S. 126.
243 ibidem.
244 Menk, Gewalt für den Frieden, S. 207-208.
245 ibidem.
246 vgl. Simma, EJIL 10 (1999), S. 2-4.

gewesen, eine neue Polizeimacht als *exklusive*[247] Alternative zum alten Kriegssystem zu schaffen.[248] Selbstverteidigung wird damit zu einer bloß vorläufigen Maßnahme[249] mit einer strengen zeitlichen Begrenzung bis zum Anlaufen des eigens für diesen Zweck geschaffenen Systems der Friedenssicherung und -erhaltung.[250] Bereits aus der Regelung des Art. 51 Satz 2, nach dem in Ausübung des Selbstverteidigungsrechts vorgenommene Maßnahmen sofort dem Sicherheitsrecht gemeldet werden müssen, werde deutlich, daß das Selbstverteidigungsrecht des Art. 51 nur subsidiären Charakter haben solle.[251] Eine dieser Meldpflicht der UN-Charta entsprechende gewohnheitsrechtliche Regel existiert nämlich nicht[252], so daß das "inherent right" auch insoweit von der Charta eingeschränkt wurde. Sein subsidiärer Charakter mache das Selbstverteidigungsrecht zu einem bloßen Residualrecht[253], das den vom Sicherheitsrat nach Kapitel VII ergriffenen Maßnahmen zu weichen habe.[254] Gegenüber dem System kollektiver Sicherheit nach der Charta sei die Option der Selbstverteidigung lediglich als eine Reservemöglichkeit beibehalten worden, die nur dann zur Verfügung stehe, wenn das neue System nicht funktioniere.[255]

6. Die Charta etabliert in Kapitel VII als ihrem Herzstück ein System kollektiver Sicherheit, das die Feststellung und Sanktionierung von Friedensverstößen beim Sicherheitsrat als objektives und zentrales Organ der Völkergemeinschaft[256] und der UN zentralisieren und monopolisieren.[257] Dabei war der ausschlaggebende Grund für diese klare Prioritätensetzung die Absicht der Autoren der Charta, den legalen Einsatz einzelstaatlicher Gewalt in höchstmöglichem Maße auszuschalten.[258] Genau darauf bezog sich in der Staatenpraxis auch der französische Staatspräsident Francois Mitterrand, als er während der Zweiten Golfkrise betonte, sein Land führe nur die

---

247 Hervorhebung im Original.

248 Franck/Patel, AJIL 85 (1991), S. 64.

249 Bryde, Self-Defence, in: Bernhardt (Hrsg.), EPIL 4 (1982), S. 213.

250 Delbrück, Collective Self-Defence, in: Bernhardt (Hrsg.), EPIL 3 (1982), S. 116.

251 Simma/Randelzhofer, Charta, Art. 51, Rdnr. 36.

252 vgl. IGH im Urteil Nicaragua v. United States of America, ICJ Reports 1986, S. 105, 121.

253 Partsch, EuGRZ 1991, S. 469.

254 Heinz/Philipp/Wolfrum, VN 39 (1991), S. 126.

255 Franck/Patel, AJIL 85 (1991), S. 63-64.

256 vgl. Thürer, AVR 30 (1992), S. 82.

257 Fink, AVR 29 (1991), S. 466; übereinstimmend Graf Vitzthum, Verfassung und Recht in Übersee 18 (1995), S. 430, der allerdings aus der heute überholten Perspektive des Jahres 1985 kritisch anmerkt, daß diese Monopolisierung der Gewaltanwendung beim UN-Sicherheitsrat keine wirklichkeitsgestaltende Kraft erlangt habe.

258 vgl. Simma/Randelzhofer, Charta, Art. 51, Rdnr. 4.

Entscheidungen des Sicherheitsrats aus. Es habe ein Mandat zu erfüllen und nicht die Absicht, dieses Mandat zu überschreiten.[259] Es sei besser, wenn die Aufgaben der internationalen Sicherheit eher von einer internationalen Organisation als von einem einzelnen Land wahrgenommen würden, das dadurch als Weltpolizist erscheinen könne.[260]

Selbstverteidigung stellt, auch in ihrer kollektiven Erscheinungsform, jedoch exakt denjenigen einzelstaatlichen Einsatz von Gewalt dar, dessen Mißbrauch die beiden Weltkriege ausgelöst hat und den die Gründer der UN effektiv einzudämmen suchten. In Übereinstimmung mit den unter anderen in Art. 1 Abs. 1 der Charta zum Ausdruck kommenden Zielen der UN ist demnach davon auszugehen, daß es sich bei Selbstverteidigungshandlungen um essentiell provisorische Maßnahmen in dem zentralisierten System der UN handelt, das das Recht zur Selbstverteidigung als eine unvermeidliche Interimsmaßnahme zum Zweck des Schutzes des Angegriffenen vorsieht, welches jedoch in seiner Wirkung endet, wenn die Maschinerie des zentralisierten Systems selbst in Gang kommt.[261] Die Charta stuft Selbstverteidigungshandlungen eines einzelnen Staates oder auch einer Gruppe von ein kollektives Selbstverteidigungsrecht ausübenden Staaten als eine nur temporäre, vorläufige Maßnahme ein, die in keiner Weise als Subsitut für ein kollektives Vorgehen der Organisation dienen können.[262] Sieht man das Gewaltverbot als das beherrschende Grundprinzip der Charta an, so stellen kollektive militärische Sanktionen des Sicherheitsrats davon die Ausnahme dar. Die Systematik des Kapitels VII der Charta spricht dabei für die Annahme, daß Art. 51 wiederum die Ausnahme von der Ausnahme sein sollte[263]: Wenn schon das Gewaltverbot durch rechtmäßiges Handeln nicht beachtet wird, so soll dieses rechtmäßige Vorgehen doch zumindest regelmäßig in der Anwendung des Art. 42, und nur subsidiär dazu, quasi als erneute Ausnahme, in der Ausübung des Selbstverteidigungsrechts nach Art. 51 bestehen. Friedenserhaltungsmaßnahmen des Sicherheitsrats haben demnach Vorrang vor in Selbstverteidigung unternommenen Schritten, womit sich aus Art. 51 überdies eine Relativierung von Bündnisvereinba-

---

259 F. Mitterrand, zitiert bei Charpentier, AFDI 36 (1990), S. 1047.

260 so der französische Außenminister im Winter 1990/91 vor dem Ausbruch der militärischen Eskalation am Persischen Golf, zitiert bei Charpentier, AFDI 36 (1990), S. 1046.

261 vgl. Bowett, Self-Defence in International Law, S. 195.

262 ibidem.

263 Menk, Gewalt für den Frieden, S. 73.

rungen wie etwa dem NATO-Vertrag ergibt, da die Mitgliedsstaaten verpflichtet sind, sich den Entscheidungen des Sicherheitsrats zu unterwerfen.[264]

Legale Selbstverteidigung im Völkerrecht hat damit drei herausragende, sie im Verhältnis zu den vom Sicherheitsrat nach Kapitel VII zu ergreifenden Maßnahmen determinierende Eigenschaften: Sie ist *subsidiär*, weil sie nur dann anwendbar ist, wenn und solange der Sicherheitsrat (noch) nicht tätig geworden ist. Sie ist *provisorisch*, weil die endgültigen Maßnahmen in Reaktion auf die Angriffshandlung seitens des Aggressors nicht etwa durch den Verteidiger, sondern durch den Sicherheitsrat in der Folge seiner dann allfälligen Feststellung gemäß dem das Instrumentarium des Kapitels VII eröffnenden Art. 39 getroffen werden. Sie ist schließlich *kontrolliert*[265], weil der sich verteidigende Staat nach Art. 51 Satz 2 verpflichtet ist, alle vom ihm in Ausübung des Selbstverteidigungsrechts getroffenen Maßnahmen sofort dem Sicherheitsrat anzuzeigen, der dann eine nachträgliche Verifikation der angeblich das Recht zur Selbstverteidigung auslösenden Umstände vornimmt[266], und zwar zumindest im Prinzip aufgrund einer zwingenden ausschließlichen Zuständigkeit, kraft derer er nach Art. 34 unter anderem zur Sachverhaltserforschung und zur Einsetzung von Untersuchungskommissionen mit weitreichenden Handlungsmöglichkeiten ermächtigt ist.[267]

---

264 Bonner Kommentar/Menzel, Art. 115a GG, Rdnr. 36-37, der auf den Wortlaut von Art. 5 Abs. 2 des NATO-Vertrages verweist, der lautet: "Von jeden bewaffneten Angriffen und allen daraufhin getroffenen Gegenmaßnahmen ist unverzüglich dem Sicherheitsrat Mitteilung zu machen. Die Maßnahmen sind einzustellen, sobald der Sicherheitsrat diejenigen Schritte unternommen hat, die notwendig sind, um den internationalen Frieden und die internationale Sicherheit wiederherzustellen und zu erhalten." Daraus folgert Menzel, a.a.O., Rdnr. 36 am Ende, daß für die NATO-Mitgliedstaaten alle Beistandsverpflichtungen ihr Ende oder ihre Beschränkung schon dann finden, wenn der Sicherheitsrat nur in das Geschehen eingreift. Ob dieser Zeitpunkt tatsächlich so früh liegt, bedarf noch einer eingehenden Betrachtung (vgl. dazu unten den Dritten Teil).

265 Verdross/Verosta/Zemanek, Völkerrecht, S. 556, nach denen das Recht zur Selbstverteidigung als striktes Ausnahmerecht der Kontrolle des Sicherheitsrats nicht nur deswegen unterliegt, weil die Staaten verpflichtet sind, die von ihnen ergriffenen Maßnahmen sofort dem Sicherheitsrat zu melden, sondern auch, weil sie seinen Weisungen umfassend Folge zu leisten haben.

266 ausführlich zu Umfang, Voraussetzungen und Hintergrund dieser Berichtspflicht siehe Greig, ICLQ 40 (1991), S. 366-402.

267 siehe dazu Dinh, RGDIP 52 (1948), S. 231, 237-240, der auf S. 231 das Rechtsverhältnis zwischen Selbstverteidigung und kollektiven Maßnahmen der Völkergemeinschaft durch zwar recht weitgehende, aber minutiös nachgezeichnete Parallelen zwischen dem innerstaatlichen Straf- und Polizeirecht auf der einen und dem Völkerrecht auf der anderen Seite zu klären versucht und zu diesem Zweck bei dem

Wie weit dieses subsidiäre, provisorische und kontrollierte Ausnahmerecht der Selbstverteidigung im Grenzbereich zu den kollektiven Sanktionen der in der UN organisierten Völkergemeinschaft gehen kann, und wo es in deren hier herausgearbeiteter Vorrangigkeit seine Schranken findet, soll der nun folgende Teil anhand neuerer Entwicklungen in Staatenpraxis und Völkerrecht aufzeigen.

---

Spannungsverhältnis zwischen den Handlungen des Notwehr übenden Angriffsopfers und dem Prinzip des Gewaltmonopols des Staates ansetzt: "La solution y est trouvée dans la soumission de l'exercice de la légitime défense à une réglementation rigoureuse. La compétence individuelle ne peut s'exercer qu'en cas de carence des autorités étatiques: c'est une compétence de *substitution*; elle cesse dès que celles-ci sont à même intervenir: c'est une compétence *provisiore*. Enfin, pour éviter les abus, l'action individuelle en légitime défense est soumise à une *contrôle* a posteriori. (...) Il ressort de quelques formules de l'article 51 qu'ils (c'est-à-dire les auteurs de la Charte) ont effectivement voulu qu l'action en légitime défense fût *subsidiaire*, *provisiore* et *controlée*." (alle Hervorhebungen im Original)

# Dritter Teil
# Die zeitliche Begrenzung des Rechts zur Selbstverteidigung als limitierender Faktor einzelstaatlicher Kompetenzen im Licht des Gewaltverbots

## A. Einführung in die Fragestellung

Die oben bereits kurz erwähnte zeitliche Begrenzung des Rechts zur Selbstverteidigung im Völkerrecht findet sich in Art. 51 Satz 1 am Ende, der ausdrücklich festlegt, daß die Charta das naturgegebene Recht des angegriffenen Staates zur Selbstverteidigung unbeeinträchigt läßt, bis der Sicherheitsrat die zur Wahrung des Weltfriedens und der internationalen Sicherheit erforderlichen Maßnahmen getroffen hat. Die Formulierung dieses nunmehr genau zu untersuchenden Artikels enthält zunächst eine noch relativ leicht durch Auslegung zu korrigierende redaktionelle Ungenauigkeit: Nach dem Beginn eines militärischen Konflikts durch einen bewaffneten Angriff auf ein UN-Mitglied gibt es den Frieden, den der Sicherheitsrat bewahren soll, bereits nicht mehr. Das gleiche Problem stellt sich auch, wenn man den Ausdruck "measures necessary to maintain international peace and security" in der englischen Originalversion der Charta mit "die zur Aufrechterhaltung des Weltfriedens und der internationalen Sicherheit erforderlichen Maßnahmen" übersetzt[1], weil dies ebenfalls voraussetzen würde, daß es überhaupt noch einen Frieden oder eine internationale Sicherheit gibt, die aufrechterhalten werden kann. Ein Blick auf Art. 51 Satz 3, 39 2. Halbsatz, 42 Satz 1 am Ende zeigt jedoch, daß Art. 51 Satz 1 aus seinem systematischen Zusammenhang heraus extensiv dahingehend auszulegen ist, daß er neben den "measures necessary to maintain" auch die "measures necessary to restore international peace and security" umfaßt. Denn sämtliche der genannten Vorschriften stellen die Wahrung oder Wiederherstellung des Weltfriedens und der internationalen Sicherheit auf eine gleichberechtigte Stufe nebeneinander und nehmen darauf bei der Beschreibung der Aufgaben und Befugnisse des Sicherheitsrats konkret Bezug. Gleiches hat daher für Art. 51 Satz 1 zu gelten, der wegen des von ihm nicht nur als möglich angenommenen, sondern als zwingend vorausgesetzten Vorliegens eines bewaffneten Angriffs gerade eine "Wiederherstellung" des Friedens in besonderer Weise notwendig macht.[2]

---

1 so versucht von Verdross/Simma, Universelles Völkerrecht, § 474, S. 291.

2 zu diesem Problem eingehend Greig, ICLQ 40 (1991), S. 389, der versucht, aus dem Fehlen des Terminus "Wiederherstellung des Friedens" Schlußfolgerungen auf eine mögliche Deutung des "bewaffneten Angriffs" zu ziehen: "The use of the word "maintain", whether instead of, or in addition to, the term "restore", gives rise to a number of possible conjectures. The most significant is that, if it is still possible to "maintain" international peace and security after an armed attack has occurred, the particular attack

I. Abgesehen von diesem Formulierungsproblem ist Art. 51 Satz 1 aber auch inhaltlich weit davon entfernt, präzise und unzweideutig zu sein.[3] Vielmehr enthält der Teil des Artikels "...bis der Sicherheitsrat (...) Maßnahmen getroffen hat" eine ganze Anzahl von bis heute nicht geklärten Rechtsproblemen.[4] Was sind nämlich die "Maßnahmen" des Sicherheitsrats, die hier überhaupt in Frage kommen? Wann sind sie "erforderlich"? Wann sind sie als "getroffen" anzusehen? Und wie schließlich sieht das rechtliche Schicksal des Notwehrrechts aus, nachdem diese erforderlichen Maßnahmen einmal getroffen worden sind? Dabei handelt es sich um Schlüsselfragen im Grenzbereich zwischen einzelstaatlicher Selbstverteidigung und kollektiven Maßnahmen der in UN und Sicherheitsrats organisierten Völkergemeinschaft[5], die auf das schwierigste Problem reflektieren, mit dem nach Auffassung mancher die weltweite öffentliche Ordnung derzeit konfrontiert ist: die Charakterisierung und Verhinderung unrechtmäßiger Gewalt.[6] Die Problematik dieser Subsidiaritätsklausel von Art. 51 Satz 1 am Ende[7] wurde in der Vergangenheit bis zum Zweiten Golfkonflikt zwar des öfteren als theoretisch bestehend und für die Abgrenzung zwischen Selbstverteidigung und Kollektivmaßnahmen hochrelevant erkannt[8] und

---

could not have been on any significant scale. It would seem therefore that an attack can be at a relatively low level of intensity and still fall within the compass of an armed attack as envisaged by Art. 51. The relevance of this interpretation of the use of the word "maintain" was ignored by the Court in the *Nicaragua Case* where it insisted upon a degree of intensity before a breach of the peace could be classified as an armed attack." Zu dem in diesem Zitat angesprochenen Problemansatz des IGH siehe die Entscheidung in Nicaragua v. United States of America, ICJ Reports 1986, S. 103-104. Die Interpretation Greigs widerspricht aber nicht nur der herrschenden Völkerrechtslehre zum Begriff des "bewaffneten Angriffs", sondern sie ist angesichts der bestehenden Verpflichtung der Staaten zur friedlichen Streitbeilegung nach Kapitel VI der Charta im Rahmen von Art. 51 Satz 1 als Teil des Kapitels VII auch systemwidrig überzogen.

3 so aber im Gegenteil Kenny, Self-Defence, in: Wolfrum (Hrsg.), United Nations: Law, Policies and Practice, Vol. 2, S. 1166.

4 zustimmend Greig, a.a.O. (vgl. die vorvorige Anmerkung).

5 so ausdrücklich Falk, Militärpolitik Dokumentation 14 (1991), S. 46.

6 McDougal/Feliciano, The International Law of War, Transnational Coercion and World Public Order, S. 59.

7 so auch bezeichnet von Klein, AVR 29 (1991), S. 432.

8 vgl. Genoni, Die Notwehr im Völkerrecht, S. 149: "In diesem nur anscheinend klaren und unzweideutigen Satz liegt ebenfalls ein großes Interpretationsproblem verborgen. (...) Diese lapidare Feststellung enthält die Basis für die Lösung einer Streitfrage, die in unserer Zeit von eminenter Bedeutung ist." Ähnlich in seiner Bewertung der Relevanz auch Dinh, RGDIP 52 (1948), S. 233: "Il est évidemment très important de connaître le moment où la compétence de légitime défense cessera de s'exercer. Quand se produira le dessaisissement de l'Etat-membre au profit du Conseil?" Randelzhofer,

auch verschiedentlich als eine dringend nach weiterer Bearbeitung verlangende Rechtsfrage eingestuft[9], jedoch bis heute keiner umfassenden rechtlichen Analyse unterzogen.[10]

Indessen war dieses Problem bis vor einigen Jahren rein akademischer Natur, da der Sicherheitsrats aufgrund des bis Ende der 80er Jahre bestehenden Ost-West-Antagonismus und dem damit einhergehenden Abstimmungsverhalten seiner fünf Ständigen Mitglieder weitestgehend unfähig war, seine ihm von der Charta zugedachten Funktionen tatsächlich wahrzunehmen, so daß die Subsidiaritätsklausel aus heutiger rechtshistorischer Sicht bis 1990 praktisch keine Bedeutung erlangen konnte.[11]

II. Dies hat sich mit der Reaktion der Völkergemeinschaft auf den Einmarsch irakischer Truppenverbände in das Scheichtum am Persischen Golf am 2. August 1990 geändert. Die darauffolgende, viele überraschende Serie von Beschlüssen des Sicherheitsrats[12] schob die Rolle der Vereinten Nationen in den Mittelpunkt des allgemeinen Interesses daran, wie der Sicherheitsrat mit einem offensichtlichen Akt der Aggression umging und dabei endlich oder vielleicht sogar erstmalig von den in der Charta für diesen Fall vorgesehenen Sicherheitsregeln in einer Weise Gebrauch machte, die

---

Außenpolitik 36 (1985), S. 231 nennt das Problem der Subsidiaritätsklausel beachtlicherweise als erstes, verzichtet dann jedoch leider auf weitere Ausführungen zu ihren Voraussetzungen und Grenzen: "Doch auch dieses Selbstverteidigungsrecht ist bemerkenswerten Eingrenzungen unterworfen. Es darf von den Staaten nur so lange ausgeübt werden, bis der Sicherheitsrat die zur Wahrung des Weltfriedens und der internationalen Sicherheit erforderlichen Maßnahmen getroffen hat."

9 siehe Gardner, Commentary on the Law of Self-Defence, in: Damrosch/Scheffer (Hrsg.), Law and Force in the New International Order, S. 49, der mit der Klärung dieser Frage sogar glaubt, sich einer Lösung der von Immanuel Kant formulierten Herausforderung und Aufgabe etwas zu nähern, eine auf der Herrschaft des Rechts basierende universelle Zivilgesellschaft anzustreben.

10 zu diesen bisherigen Versäumnissen bei der Interpretation (und der Anwendung) des Art. 51 vgl. beispielsweise Lavalle, Netherlands Yearbook of International Law 23 (1992), S. 10: "This point relates closely to a question of fundamental importance (...) Commentators on the Charter do not appear to have given sufficient attention to the question of the precise conditions of operation of the obstacle that this limiting clause places in the way of measures of self-defence permissible under Article 51."

11 Kenny, Self-Defence, in: Wolfrum (Hrsg.), United Nations: Law, Policies and Practice, Vol. 2, S. 1166; für die Zeit nach dem Golfkonflikt vgl. jedoch Tomuschat, EA 47 (1992); S. 43, der dem Sicherheitsrat nunmehr eine neue Qualität als ernstzunehmender Akteur in der Weltpolitik attestiert.

12 diese sind im einzelnen in deutscher Sprache abgedruckt bei Harttung (Hrsg.), Die VN-Resolutionen zum Nahost-Konflikt, S. 504-526.

längst als irrelevant begrabene und vergessene Teile des Art. 51 Satz 1 wieder zu neuem, wenn auch interpretationsbedürftigem Leben erweckte.[13] Selbst wenn die Umstände des Jahres 1990 möglicherweise einzigartig waren, so kann es doch keinesfalls ignoriert werden, daß mit der Entspannung des Kalten Krieges und der "Wiederauferstehung" der Vereinten Nationen als eine Institution gegenseitiger Kooperation zwischen den großen Mächten zukünftige Konflikte sowohl auf internationaler als auch auf nichtinternationaler Ebene auf eine ähnliche Antwort stoßen könnten. Sollte dies so sein, werden sich die hier diskutierten Probleme von weit mehr als nur historischem Interesse erweisen.[14] Die Debatte über die Auslegung des Art. 51 in dieser Hinsicht ist bedeutsam, weil sie sich auf das Verhältnis zwischen der UN-Organisation und ihrer Satzung konzentriert und damit zum Kern einer UN-Vision von einer zukünftigen Weltordnung vorstößt.[15]

Die besondere Bedeutung des Konflikts am Persischen Golf für die Beantwortung der oben formulierten Fragen liegt darin, daß sein Auslöser unstreitig ein bewaffneter Angriff gegen einen UN-Mitgliedstaat in Verletzung des Gewaltverbots des Art. 2 Ziff. 4 war. In keiner der internationalen Krisen der darauffolgenden Jahre wie beispielsweise im ehemaligen Jugoslawien, Somalia, Ruanda oder Haiti war dies der Fall, so daß Selbstverteidigung in diesen Situationen bereits von vornherein als potentieller Rechtfertigungsgrund für irgendwelche wie auch immer das Gewaltverbot berührenden Maßnahmen ausscheiden muß.[16] Die spätere Entwicklung nach dem 17. Januar 1991 hat sich von allen in Art. 51 Satz 1 verborgenen Problemen gelöst, weil es an dem Merkmal des bewaffneten Angriffs gegen ein UN-Mitglied fehlte, der aber, wie die historische Erfahrung unglücklicherweise zeigt, jederzeit und unerwartet wieder vorkommen kann. Eine vor dem Golfkonflikt liegende Entwicklung des Art. 51 in dieser Hinsicht hat es mangels der erforderlichen Handlungsfähigkeit des Sicherheitsrats als des nach Kapitel VII zuständigen Hauptorgans der UN ebenfalls nicht gegeben. Insoweit stellt der Golfkonflikt von 1990/91 nicht nur einen Wendepunkt in der Staatenpraxis, sondern bis heute eine einzigartige Gelegenheit dar, den in Art. 51 Satz 1 am Ende verborgenen

---

13 vgl. Arnold, Außenpolitik 42 (1991), S. 69, nach dem für die UNO die aus der irakischen Aggression erwachsene Krise schon bis zum Herbst 1990 zu einem Prüfstein für die Möglichkeiten der Weltorganisation zur Konfliktbeherrschung geworden war, da die Verhinderung bzw. Beendigung bewaffneter Konflikte nicht nur eine wichtige, sondern vor allem auch eine für die Öffentlichkeit besonders sichtbare Aufgabe der UNO sei.

14 so wörtlich Green, AVR 28 (1991), S. 405.

15 Rostow, N., HILJ 32 (1991), S. 418.

16 so expressis verbis zutreffend Bothe, Friedenssicherung und Kriegsrecht, in: Graf Vitzthum (Hrsg.), Völkerrecht, 7. Abschnitt, Rdnr. 21.

Konflikt zwischen der einzelstaatlichen Kompetenz zur Selbstverteidigung und der diese limitierenden kollektiven Verantwortung der in der UN organisierten Völkergemeinschaft einer denkbaren rechtlich begründeten Lösung näherzubringen.

III. Die Auslegung und Anwendung der Subsidiaritätsklausel des Art. 51 Satz 1 am Ende stößt auf zwei prinzipielle Problemkomplexe: Zum einen ist zu klären, welches die dort genannten erforderlichen Maßnahmen und wann sie als getroffen anzusehen sind, zum anderen stellt sich aber dann die weitergehende Frage, welches Völkerrechtssubjekt oder Organ einer internationalen Organisation die Kompetenz zur autoritativen Beurteilung und situationsgebundenen Entscheidung darüber besitzt, ob und daß eben diese erforderlichen Schritte unternommen worden und damit die von Art. 51 Satz 1 angestrebten Rechtsfolgen eingetreten sind. Diese Frage nach der Beurteilungskompetenz oder Einschätzungsprärogative ist bei Art. 51 Satz 1 bislang ebensowenig wie die Auslegung seiner materiellen zeitlichen Begrenzung des Selbstverteidigungsrechts relevant geworden, ist dabei indessen nicht minder bedeutsam, da zumindest im Fall gegensätzlicher Rechtsansichten diese Zuständigkeit einer bestimmten Stelle zugewiesen sein muß, um die Durchsetzung der Rechtsfolgen des Art. 51 Satz 1 zu gewährleisten.

Zu beiden Problemkomplexen sind natürlich, soweit sie den Sicherheitsrat betreffen, die Regeln über die Abstimmung und Beschlußfassung in diesem Gremium zu beachten und dabei insbesondere das Vetorecht seiner fünf Ständigen Mitglieder Frankreich, Großbritannien, USA, Rußland und China nach Art. 27 Abs. 3. Dabei handelt es sich rechtstechnisch zwar nicht wirklich um ein "Vetorecht", sondern um ein Zustimmungserfordernis. Der erstere Begriff hat sich jedoch in der allgemeinen Praxis so weitgehend durchgesetzt, daß er auch hier im Zusammenhang mit Art. 27 Abs. 3 verwendet werden soll.[17]

IV. Die Art und Weise, wie Art. 51 Satz 1 die juristischen Konsequenzen eines tatsächlichen Geschehens in zeitlicher Hinsicht strukturiert, läßt sich

[17] ein Vetorecht im technischen Sinn würde nachträglich einen bereits wirksam zustande gekommenen Beschluß vernichten, während es sich bei Art. 27 Abs. 3 um eine spezielle Ausgestaltung des Abstimmungsverfahrens handelt, welches sich am Einstimmigkeitsprinzip orientiert: Beschlüsse kommen nur zustande, wenn unter den Ständigen Mitgliedern Einstimmigkeit herrscht. Die in dieser auf die Konferenz von Yalta vom 4. bis 11. Februar 1945 zurückgehende "Yalta-Voting-Formula" ausgedrückte Regelung stellt damit eine qualifizierte Mehrheitsbestimmung dar, siehe dazu Ipsen, Völkerrecht, § 28, Rdnr. 48.

am besten durch einige einfache Parallelen zur Bedingungslehre verdeutlichen, woran sich alsdann eine Klärung des Inhalts der Bedingungen anschließt. Die Entstehung des Rechts zur Selbstverteidigung verlangt nach der Charta das Vorliegen eines bewaffneten Angriffs gegen ein UN-Mitglied. Selbstverteidigung darf vorher nicht ausgeübt werden, da eine der - oder die wichtigste - Tatbestandsvoraussetzung des Art. 51 noch nicht gegeben ist, die demzufolge als aufschiebende Bedingung dergestalt verstanden werden kann, daß das Recht zur Selbstverteidigung erst mit ihrem Eintritt und vorher gerade nicht Anwendung finden kann.[18] Das Dogma derartiger rechtlicher Bedingungen ist auch anderen Rechtsordnungen bekannt. So unterscheidet das angloamerikanische Vertragsrecht ähnlich dem deutschen zwischen aufschiebenden und auflösenden Bedingungen (*conditions precedent* and *conditions subsequent*) und versteht dabei die Bedingung allgemeine als "a future and uncertain event upon the happening of which is made to depend the existence of an obligation".[19] Eine aufschiebende Bedingung wird begriffen als "one which must happen or (...) which is to be performed before some right dependent thereon accrues".[20] Während aufschiebende Bedingungen eine Rechtswirkung eintreten lassen wie beispielsweise das Ereignis eines bewaffneten Angriffs gegen ein Mitglied der UN die Rechtsfolge hat, dessen Recht zur Selbstverteidigung zur Entstehung zu bringen, lassen auflösende Bedingungen diese Rechtswirkungen (wieder) entfallen. Bei der auflösenden Bedingung hängt das Fortbestehen bestimmter Rechtswirkungen von dem zukünftigen Ereignis ab, bei dessen Eintritt *ipso iure* der frühere Rechtszustand wiederhergestellt wird.[21]

Die Subsidiaritätsklausel des Art. 51 Satz 1 am Ende wird hier als eine solche auflösende Bedingung aufgefaßt.[22] Das ungewisse zukünftige

---

18 allgemein zu solchen aufschiebenden (und auflösenden) Bedingungen vgl. Jauernig/derselbe, § 158 BGB, Anmerkungen 1-3, wobei ein solcher Vergleich lediglich dem Verständnis der generellen Rechtsnatur von aufschiebenden und auflösenden Bedingungen dienen soll, da die Suche nach und Annahme von derartigen Parallelen zwischen internationalem und innerstaatlichem (hier: zivilen) Recht in aller Regel als problematisch anzusehen (dazu Fink, AVR 29 (1991), S. 473) und daher hier Zurückhaltung geboten ist.

19 Black's Law Dictionary, S. 293, unter dem Eintrag "condition".

20 so ein amerikanisches Bundesgericht in der Entscheidung U.S. v. Schaeffer, C.A. Wash., 319 F. 2nd, S. 907, 911.

21 Palandt/Heinrichs, Kommentar zum BGB, § 158, Rdnr. 2.

22 in der Literatur sind vereinzelt durchaus Parallelen zwischen der Bedingungslehre und dem Selbstverteidigungsrecht nach der Charta gezogen worden. Sie beziehen sich indessen durchgängig auf die aufschiebenden Bedingungen des Art. 51 Satz 1, die das Recht zur Selbstverteidigung erst entstehen lassen; vgl. etwa Dinstein, War, Aggression and Self-Defence (1994), S. 202, 7. Kapitel, Unterabschnitt C.: "Conditions Precedent to

Ereignis ist die Ergreifung der erforderlichen Maßnahmen durch den Sicherheitsrat, bei dessen Eintritt die bis dahin bestehende Rechtswirkung des bewaffneten Angriffs gegen ein UN-Mitglied, d.h. dessen Recht zur Selbstverteidigung, wieder entfällt. Mit dem Eintritt der auflösenden Bedingung erlischt das Notwehrrecht, wird suspendiert oder "dormant" und kann mithin ab diesem Zeitpunkt nicht mehr ohne völkerrechtliche Beanstandung ausgeübt werden, da es von Art. 51 eben nur bis zum Eintritt der auflösenden Bedingung unbeeinträchtigt gelassen wird[23] und danach sogar dem Angriffsopfer selbst nicht mehr als Erlaubnistatbestand für die Anwendung von Gewalt im Schutzbereich des Art. 2 Ziff. 4 zur Verfügung steht.

Damit kann bereits an dieser Stelle eine der oben formulierten Fragen, nämlich die nach dem rechtlichen Schicksal des Notwehrrechts, nachdem der Sicherheits die erforderlichen Maßnahmen zur Wiederherstellung des Weltfriedens und der internationalen Sicherheit getroffen hat, beantwortet werden: Durch den Eintritt dieser auflösenden Bedingung erlischt das Notwehrrecht; einzelstaatlicher Gewaltgebrauch kann damit nicht mehr durch Art. 51 Satz 1 gerechtfertigt werden.[24] Umso dringlicher wird mit dieser Erkenntnis allerdings die Frage nach einer genaueren Charakterisierung des Ereignisses, dessen Eintritt als die oben erläuterte auflösende Bedingung und damit als zeitliche Limitierung des Notwehrrechts im Völkerrecht anzusehen ist.

## B. Der Konflikt um die Falkland-Inseln (Islas Malvinas) als erste Chance für einen Präzedenzfall

Eine Möglichkeit für eine in Betracht zu ziehende Anwendung der Subsidiaritätsklausel des Art. 51 Satz 1 stellt der militärische Konflikt zwischen dem Vereinigten Königreich und der Republik Argentinien um die Falklandinseln (Islas Malvinas) im Südatlantik dar. Bemerkenswert an diesem Fall ist vor allem, daß es im Verlauf dieser Auseinandersetzung immerhin zu zwei Beschlüssen des Sicherheitsrats kam, obwohl mit

---

the Exercise of Self-Defence". Mangels bisheriger Anwendungsfälle (zumindest bis 1990) wird die ebenfalls in Art. 51 Satz 1 enthaltene auflösende Bedingung dagegen dort nicht diskutiert.

23 vgl. in eben diesem Sinn Bothe, Friedenssicherung und Kriegsrecht, in: Graf Vitzthum (Hrsg.), Völkerrecht, 7. Abschnitt, Rdnr. 16: "Das Recht zur Selbstverteidigung endet, sobald der Sicherheitsrat die notwendigen Maßnahmen zur Erhaltung des Weltfriedens ergreift."

24 zustimmend in dieser Hinsicht Dinh, RGDIP 52 (1948), S. 233: "L'action en légitime défense devra cesser dès que le Conseil de Sécurité, principalement compétent, agira lui-même."

Großbritannien eines der vetoberechtigten Ständigen Mitglieder direkt und unmittelbar als Partei an dem Kriegsgeschehen beteiligt war.[25]

I. Die wesentlichen Eckdaten des historischen Sachverhaltes

Nach vorangegangenen diplomatischen Auseinandersetzungen und verbalen Drohgebärden begann Argentinien am 2. April 1982 mit der Invasion der ihrer Küste vorgelagerten zu England gehörenden Falklandinseln, auf die es aus historischen und politischen Gründen einen Anspruch zu haben glaubte, der für die hiesige Untersuchung jedoch nicht weiter von Belang ist. Die 84 auf dem Archipel stationierten Royal Marines vermochten den Eindringlingen einige Stunden Widerstand zu leisten, mußten sich aber bereits kurz nach dem Morgengrauen des 2. April 1982 ergeben. Bis zum 12. April konsolidierten die argentinischen Streitkräfte ihre Stellungen und flogen tonnenweise Kriegsmaterial und an die 10.000 Soldaten vom Festland ein. In Reaktion darauf stellte Großbritannien innerhalb weniger Tage einen Flottenverband auf, der sich zwischen dem 8. und 27. April 1982 auf den Weg in den Südatlantik machte und etwa 5.000 britische Soldaten, darunter ungefähr 2.000 Royal Marines, an Bord führte. Bereits am 7. April verkündete der britische Verteidigungsminister John Nott, daß mit Wirkung des 12. April eine 200-Meilen-Zone um die Inseln gezogen würde, innerhalb derer jedes argentinische Schiff als feindliches Objekt betrachtet und infolgedessen angegriffen werde.[26] In den darauf folgenden Wochen konnten die Engländer trotz einiger zwischenzeitlicher Rückschläge mit Hilfe einer scharfen See- und Luftblockade und zwei verlustreichen Landeunternehmen das Archipel Stück für Stück zurückerobern, bis die Lage der Argentinier Mitte Juni 1982 aussichtlos geworden war. Am Abend des 14. Juni 1982 ergab sich der argentinische General Mario Menendez dem Kommandanten der britischen Landetruppen, General Jeremy Moore.

Der UN-Sicherheitsrat trat auf Betreiben der britischen Regierung bereits am Tag der argentinischen Invasion, d.h. am 2. April 1982 zusammen, nachdem der Präsident des Sicherheitsrats schon einen Tag zuvor beide

---

25 ausführlich zu allen hier nur in sehr geraffter Form erwähnten Hintergründen und Details des Falklandkonflikts siehe Coll/Arend, The Falklands War - Lessons for Strategy, Diplomacy, and International Law, denen die hier geschilderten Fakten weitgehend entnommen wurden; einen kurzen und instruktiven Überblick über die historischen Ereignisse des Konflikts und die mit ihnen zusammenhängenden völkerrechtlichen Fragestellung bietet Dolzer, Falkland Islands, in: Bernhardt (Hrsg.), EPIL, Vol. II (1995), S. 352-357.

26 soweit die Darstellung des Ablaufs der militärischen Auseinandersetzung bei Genoni, Die Notwehr im Völkerrecht, S. 212.

der beteiligten Staaten aufgefordert hatte, keine Gewaltakte zu setzen. Am 3. April 1982 erließ der Sicherheitsrat mit 10:1 Stimmen bei vier Enthaltungen dann die Resolution 502 (1982).[27] Mit dieser stellte der Rat, ohne sich ausdrücklich auf Art. 39 oder Kapitel VII der Charta zu berufen, fest, daß es in der Region der Falklandinseln zu einem Friedensbruch gekommen war und verlangte neben einer sofortigen Einstellung aller Kampfhandlungen den umgehenden Rückzug aller argentinischen Streitkräfte von den Inseln. Ferner wurden die Regierungen der beteiligten Kriegsparteien aufgefordert, eine diplomatische Lösung ihrer Differenzen zu suchen und dabei die Ziele und Prinzipien der Charta zu respektieren. Weder dieser Beschluß des Sicherheitsrats noch die nachfolgenden weltweit fieberhaft eingeleiteten diplomatischen Vermittlungsversuche führten zu einem sichtbaren Erfolg. Vielmehr verhängte England zunächst einseitig umfassende wirtschaftliche Sanktionen gegen Argentinien, denen sich die europäischen Staaten noch im Laufe des Aprils 1982 anschlossen. Zu einem dahingehenden Beschluß des Sicherheitsrats kam es aber nicht. Dieser trat erst wieder im Mai 1982 zusammen und forderte die Konfliktparteien mit der zweiten von ihm in dieser Angelegenheit am 26. Mai 1982 erlassenen Resolution erneut auf, die Auseinandersetzung mit friedlichen Mitteln zu erledigen.[28] Die Resolution erteilte dem Generalsekretär Perez de Cuéllar den Auftrag zu einer weiteren Friedensinitiative, die indessen ebenfalls ergebnislos verlief. Am 4. Juni 1982 wurde von Panama und Spanien der Entwurf zu einer neuen Resolution in den Sicherheitsrat eingebracht, der dort dann allerdings am Veto sowohl Großbritanniens als auch der USA scheiterte, da der Beschlußentwurf die Forderung nach einem Waffenstillstand ihrer Auffassung nach nicht hinreichend mit einem sofortigen und vollständigen Rückzug der argentinischen

---

27 SC/Res 502 (1982) vom 3. April 1982, in englischer Originalfassung abgedruckt in International Legal Materials (I.L.M.), Vol. 21, Nr. 3, Mai 1982, S. 679. Von den fünf Ständigen Mitgliedern des Sicherheitsrats enthielten sich China und die Sowjetunion der Stimme, was in Übereinstimmung mit der bisherigen Praxis im Rat seit dem Beginn der Koreakrise am 25. Juni 1950 ebenso wie die Abwesenheit eines Ständigen Mitglieds nicht als Verweigerung der nach Art. 27 Abs. 3 erforderlichen Zustimmung und damit als Einlegung eines Vetos gegen die Resolution angesehen wurde, für das eine ausdrückliche Ablehnung mittels einer "Nein-Stimme" notwendig gewesen wäre, vgl. dazu eingehend Ipsen, Völkerrecht, § 28, Rdnr. 49 sowie zu einer frühen Gegenansicht, die ein derartiges Vorgehen für mit der Charta nicht vereinbar hält, Gross, Yale Law Journal 60 (1951), S. 210-257. Nach Darlegung von Kelsen, The Law of the United Nations, S. 244-245 gab es bereits vor der Koreakrise im Sicherheitsrat die Praxis, daß die Abwesenheit eines Mitglieds den Sicherheitsrat selbst dann nicht an der Verabschiedung einer Resolution hinderte, wenn es sich dabei um ein Ständiges Mitglied handelte.

28 SC/Res 505 (1982) vom 26. Mai 1982, in englischer Originalfassung abgedruckt in International Legal Materials (I.L.M.), Vol. 21, Nr. 3, Mai 1982, S. 680 ff..

Truppen von den Inseln verband.[29] Zu weiteren Entscheidungen des Sicherheitsrats ist es im Zusammenhang mit dieser Krise nicht gekommen.

II. Rechtliche Einordnung in Staatenpraxis und Lehre

Das militärische Geschehen im Südatlantik ist mit weitgehender Einigkeit als Ausübung eines Großbritannien nach Art. 51 zustehenden Rechts zur Selbstverteidigung aufgefaßt worden[30], auf das sich England auch von Beginn der Kampfhandlungen immer wieder ausdrücklich berufen hat.[31]

1. Dabei ging die britische Regierung offensichtlich auch nicht davon aus, daß dieses Recht zur Selbstverteidigung durch spätere kollektive Zwangsmaßnahmen der UN beendet werden könnte. Vielmehr war unmißverständlich klar gemacht worden, daß "we shall remain ready to exercise our right to resort to force in self-defence under Article 51 of the United Nations Charter *until the occupying forces leave the islands*."[32] Zeitweise wurde den britischen Kräften Unverhältnismäßigkeit bei der Wahl ihrer Mittel und der Art ihres Vorgehens bei der Rückeroberung eines Teils des Archipels, South Georgia, vorgeworfen. Auch darauf erwiderte die Premierministerin beinahe lapidar lediglich: "The action that we have taken is fully in accord with our inherent right of self-defence under Article 51 of the United Nations Charter."[33] In einer weiteren Aussprache des britischen Unterhauses kam dann drei Tage später die Sprache auf die hier vor allem interessierende Reichweite und Dauer des einmal zugunsten Englands entstandenen Selbstverteidigungsrechts in Anbetracht der Resolution 502 (1982) des Sicherheitsrats. Es wurde im Unterhaus von der Opposition bezweifelt, ob das Recht auch nach diesem Tätigwerden des Sicherheitsrats noch Bestand haben konnte. Die Ansicht der Premierministerin zu dieser

---

29 siehe dazu die Hintergrundbroschüre "The Falkland Islands - The Facts", veröffentlicht vom britischen Foreign and Commonwealth Office, erweiterte Auflage Juli 1982, S. 13.

30 siehe eingehend Randelzhofer, EA 38 (1983), S. 685-694.

31 vgl. dazu einen Brief des Chargé d'Affaires der Ständigen Vertretung des Vereinigten Königreichs bei den Vereinten Nationen an den Präsidenten des Sicherheitsrats vom 9. April 1982, zitiert bei Marston, United Kingdom Materials on International Law 1982, in: British Yearbook of International Law 53 (1982), S. 337 ff., hier: S. 538-559, in dem es u.a. heißt: "This measure is without prejudice to the right of the United Kingdom to take whatever additional measures may be needed in exercise of its right of self-defence, under Article 51 of the United Nations Charter."

32 Hervorhebungen durch den Verfasser; Zitat aus einer Debate im britischen Unterhaus, Statement der Premierministerin Margaret Thatcher vom 14. April 1982, zitiert bei Marston, a.a.O., S. 540.

33 Zitat Margaret Thatchers vom 26. April 1982, abgedruckt bei Marston, a.a.O., S. 541.

Frage ist eindeutig: "Without Argentine withdrawal, we have *no choice but to exercise our unquestionable right to self-defence* under Article 51 of the Charter. (...) It is quite wrong to suggest that because the invader is not prepared to implement the resolution the principles of the United Nations require that we, the aggrieved party, should forfeit the right of self-defence. Such an argument has no validity in international law. It would be to condone and encourage aggression and to abandon our people."[34]

Dennoch blieb auch in den folgenden Tagen die direkt zum Kern der hiesigen Problematik führende Frage auf der Tagesordnung. Sie wurde keineswegs als unbeachtlich zur Seite geschoben, sondern führte immerhin zu einem äußerst bemerkenswerten Briefwechsel am Hauptsitz der Vereinten Nationen in New York. Am 30. April 1982 schrieb der Ständige Vertreter des Vereinigten Königreichs bei den Vereinten Nationen, Sir Anthony Parsons, an den Präsidenten des Sicherheitsrats: "This communication has been made necessary by the continued refusal of Argentina to comply with paragraph 2 of Security Council resolution 502 (1982). In these circumstances, the United Kingdom retains the right to take measures in exercise of its inherent right of self-defence recognized by Article 51 of the Charter.[35] (...) This right is expressly recognized by Article 51 of the Charter which makes it clear that the right of self-defence is "inherent" and that nothing in the Charter is intended to impair it. (...) Although Article 51 preserves the inherent right of self-defence "*until the Security Council has taken measures necessary to maintain international peace and security*", this can only be taken to refer to measures which are *actually effective* to bring about the stated objective. Clearly, the Security Council's decision in its resolution 502 (1982) has *not proved effective*. The United Kingdom's inherent right of self-defence is *thus* unimpaired."[36] Dabei geht der Sprecher der britischen Regierung wohl einerseits davon aus, daß das Recht zur Selbstverteidigung nach der Charta sehr wohl erloschen wäre, wenn die in Art. 51 Satz 1 genannten Maßnahmen sich als effektiv erwiesen hätten, andererseits setzt er die Schwelle dieser anzustrebenden Effektivität so hoch an, daß sie nur mit dem sofortigen und vollständigen Rückzug der argentinischen Truppen von dem Archipel zu erreichen gewesen wäre. In diesem Fall aber wäre der bewaffnete Angriff Argentiniens auf das britische

---

[34] Herhorhebung durch den Verfasser; Zitat der Premierministerin Margaret Thatcher aus einer Rede vor dem britischen Unterhaus vom 29. April 1982, abgedruckt bei Marston, a.a.O., S. 543.

[35] der vollständige Brief ist abgedruckt bei Marston, a.a.O., S. 544.

[36] Hervorhebungen durch den Verfasser; die Zitate sind dem vollständigen Briefwechsel entnommen, der bei Marston a.a.O., S. 545 abgedruckt ist.

Hoheitsgebiet eindeutig beendet gewesen, so daß schon allein aus diesem Grund ein Recht zur Selbstverteidigung nicht mehr bestanden hätte. Soll die Subsidiaritätsklausel also eine eigenständige, gegenüber dem Tatbestandsmerkmal des "bewaffneten Angriffs" des Art. 51 Satz 1 weitergehende Bedeutung haben, so müssen die "measures necessary to maintain international peace and security" einen anderen Grad der Effektivität verlangen, weil ansonsten das Recht zur Selbstverteidigung immer bis zur vollständigen Beendigung des bewaffneten Angriffs entweder durch Rückzug des Aggressors oder durch seine vollständige Besiegung neben den Maßnahmen des Sicherheitsrats bestünde und damit das oben ausführlich hergeleitete Prinzip der Subsidiarität des Selbstverteidigungsrechts gegenüber den kollektiven Maßnahmen der Völkergemeinschaft untergraben würde.

Diese Bedenken wurden im Mai 1982 auch im Sicherheitsrat nicht verschwiegen. Der stellvertretende UN-Generalsekretär Ros argumentierte, es gebe eine rechtliche Verpflichtung, in Selbstverteidigung ergriffene militärische Maßnahmen einzustellen, sobald der Sicherheitsrat diejenigen Schritte unternommen habe, die zur Erhaltung des Weltfriedens und der internationalen Sicherheit erforderlich seien. Die Entscheidung darüber, ob solche Maßnahmen sich als effektiv erwiesen hätten, müsse aber auf eine objektive Weise erreicht werden und könne nicht der willkürlichen Beurteilung durch das Vereinigte Königreich überlassen werden.[37]

Diesem Rechtsstandpunkt trat Großbritannien indessen mit Nachdruck entgegen, was bereits zu diesem Zeitpunkt die ersten derjenigen Spannungen im Sicherheitsrat auslöste, die später zum Veto Englands vom 4. Juni 1982 führten, mit dem die Befassung des Sicherheitsrats mit der Krise im Südatlantik endete. Die Auslegung des stellvertretenden Generalsekretärs rief bei Sir Anthony Parsons ersichtlich Unbehagen hervor. Bereits einen Tag zuvor hatte sich der Ständige Vertreter Großbritanniens in einer Ansprache an den versammelten Sicherheitsrat gewandt: "A word on self-defence. (...) Resolution 502 (1982) has proved insufficient to bring about withdrawal. Nothing could be clearer against that background than that the United Kingdom is fully entitled to take measures in exercise of its inherent right of self-defence, recognized by Article 51 of the Charter. If the Charter were otherwise, it would be a license for the aggressor and a trap for the

---

[37] Zitat des stellvertretenden UN-Generalsekretär Ros aus einer Verhandlung des UN-Sicherheitsrats vom 22. Mai 1982, abgedruckt bei Marston, a.a.O., S. 551.

victim of aggression.[38] Am darauffolgenden Tag stellte er dann vor dem gleichen Gremium zusammenfassend kategorisch fest: "It has never been the contention of the United Kingdom that we were authorized by resolution 502 (1982) to use force. No such authorization is necessary under the Charter. (...) Accordingly, the breach of the peace still subsisted despite the adoption of the resolution. How, then, can it seriously be maintained that resolution 502 (1982) amounted to a measure "necessary to maintain international peace and security"? (...) *The Security Council has not, of course, adopted any measures under Articles 39, 41 and 42 of the Charter.* The argument of Under-Secretary Ros that the exercise of self-defence is not available because the Security Council adopted resolution 502 (1982) would lead to absurd results. A State which has committed an act of aggression is told to stop its aggression and to withdraw by the Security Council. That State does not heed the demand. The victim, according to Mr. Ros, would then be obliged to fold his arms and allow the aggressor to continue his aggression and to digest its fruits."[39]

Dieses Statement impliziert, daß selbst nach Ansicht des britischen Vertreters der dargelegten Rechtsauffassung des stellvertretenden UN-Generalsekretärs vom Erlöschen des Selbstverteidigungsrechts nach der Subsidiaritätsklausel mehr Überzeugungskraft zukommen könnte, wenn der Sicherheitsrats irgendwelche Maßnahmen ("any measures") nach Art. 39, 41 oder 42 ergriffen hätte. Dieser Ansatz bedarf zweifellos weiterer Überlegungen. Nicht richtig an der zitierten Aussage ist indessen, daß die genannten Vorschriften der Charta vorliegend allesamt nicht zur Anwendung gekommen sind. Denn der Wortlaut der Resolution 502 (1982) vom 3. April 1982 stellt in Abs. 3 der Präambel ausdrücklich fest, daß es nach Überzeugung des Sicherheitsrats in der Region der Falklandinseln zu einem Friedensbruch gekommen ist[40], und diese Feststellung stellt exakt die von Art. 39 verlangte Tätigkeit des Sicherheitsrats zur Eröffnung des ihm nach Kapitel VII zur Verfügung stehenden Handlungsinstrumentariums dar. Insoweit ist von Art. 39 sehr wohl Gebrauch gemacht worden, wozu eine

---

38 Zitat Sir Anthony Parsons, aus einer Rede vor dem Sicherheitsrat vom 21. Mai 1982, abgedruckt bei Marston, ibidem.

39 Hervorhebungen durch den Verfasser; Zitat Sir Anthony Parsons, aus einer Rede vor dem Sicherheitsrat vom 22. Mai 1982 in Vorbereitung der am 26. Mai 1982 verabschiedeten Resolution SC/Res 505 (1982) (s.o.), abgedruckt bei Marston, a.a.O., S. 551-552.

40 "The Security Council, (...)determining that there exists a breach of the peace in the region of the Falkland Islands (Islas Malvinas)...", vgl. SC/Res 502 (1982) vom 3. April 1982, abgedruckt in International Legal Materials (I.L.M.), Vol. 21, Nr. 3, Mai 1982, S. 679.

ausdrückliche Benennung weder der Artikelziffer 39 noch der Kapitelnummer VII im Text der Resolution erforderlich war. Bei der Subsumierung der einzelnen Schritte des Sicherheitsrats in Resolution 502 (1982) unter die Vorschriften des Kapitels VII bereitet es auch keine besonderen Schwierigkeiten, die Anordnung eines sofortigen Waffenstillstandes und eines unverzüglichen Rückzugs aller argentinischen Streitkräfte von den Falklandinseln als vorläufige Maßnahmen nach Art. 40 Satz 1 zu qualifizieren. Sein im operativen Abschnitt Nr. 3 der Resolution 502 (1982) an die Regierungen Argentiniens und des Vereinigten Königreichs gerichteter Appell, eine diplomatische Lösung ihrer Differenzen zu suchen und dabei umfassend die Ziele und Prinzipien der Charta zu respektieren, ist wegen seiner nun nicht mehr verlangenden ("demands..."), sondern nurmehr aufrufenden Formulierungsweise ("calls on the governments of...) zwar nicht rechtsverbindlich[41], kann aber zwanglos als eine nach Art. 39 2. Halbsatz abgegebene Empfehlung und mithin ebenfalls als eine Anwendung dieser Norm der Charta verstanden werden.[42] Zutreffend an dem zitierten britischen Standpunkt ist allerdings, daß der Sicherheitsrat während des Falklandkonflikts nicht nach Art. 41 mit nichtmilitärischen Sanktionen oder nach Art. 42 mit militärischen Zwangsmaßnahmen gegen eine oder beide der Kriegsparteien vorgegangen ist. Ob dies allein indessen eine ausreichende Basis dafür ist, daraus auf eine Nichtanwendung der Subsidiaritätsklausel des Art. 51 Satz 1 zu schließen, bleibt bis hierhin noch offen.

2. Auch in der Literatur ist die militärische Auseinandersetzung zwischen England und Argentinien um die Falklandinseln als eine Anwendung des Rechts zur Selbstverteidigung nach Art. 51 verstanden worden.[43] Das Problem einer möglichen Anwendbarkeit der Subsidiaritätsklausel des Art. 51 Satz 1 ist zwar gesehen, ihr Eingreifen ohne nähere Untersuchung ihrer

---

[41] Empfehlungen nach Art. 39 sind für die UN-Mitgliedstaaten grundsätzlich nicht rechtsverbindlich. Sie bilden jedoch oft die Vorstufe für weitere Maßnahmen, insbesondere Sanktionen nach den Art. 41 und 42, vgl. Simma/Frowein, Charter of the United Nations, Art. 39, Rdnr. 29.

[42] vgl. weiterhin Simma/Schweitzer/Hummer, Charta, Art. 52, Rdnr. 108, die ebenfalls davon ausgehen, daß mit SC/Res 502 (1982) vom 3.4.1982 bereits eine Resolution des Sicherheitsrats vorlag, die sich auf Kapitel VII der Charta stützen konnte. Sie gehen jedoch ohne weiteres von einer Verbindlichkeit der Resolution nach Art. 25 aus, ohne nach rechtsverbindlichen und nur empfehlenden Teilen des Beschlusses zu differenzieren und ohne auf die Rolle von Art. 48 Abs. 1 bei der Frage nach der Rechtsverbindlichkeit einer Resolution gerade nach Kapitel VII einzugehen.

[43] siehe dazu Randelhofer, EA 38 (1983), S. 685-694.

Voraussetzungen aber verneint worden.[44] Denn durch die fortwährende Besetzung des Archipels und die Weigerung, seine Truppen von den Inseln abzuziehen, sei Großbritannien im Sinn des Art. 51 weiterhin einem "armed attack" ausgesetzt gewesen. Das Fortdauern des bewaffneten Angriffs einerseits und die offene argentinische Ablehnung der Resolution 502 (1982) andererseits rechtfertigten das Verhalten Englands. Die Resolution 502 (1982) müsse nämlich als ganzes betrachtet werden und nicht - im Falle der Nichtbeachtung durch die eine Partei - als einseitige Aufforderung an die Gegenpartei.[45] Solange England mit der Aktion im südlichen Atlantik sein Recht auf sein Territorium durchzusetzen beabsichtige und die Maßnahmen des Sicherheitsrats vollständig nutzlos erschienen, müsse die Handlungsweise Englands als mit der geltenden völkerrechtlichen Rechtsordnung vereinbar betrachtet werden: Die Verhandlungsbereitschaft Argentiniens sei nicht beachtlich gewesen, solange seine Streitkräfte den Archipel besetzten.[46]

## C. Der Golfkonflikt von 1990/91 als Anwendungsfall der auflösenden Bedingung des Art. 51 Satz 1?

Nach der Krise um die Falklandinseln dauerte es gut acht Jahre, bis die Völkergemeinschaft erneut mit einem bewaffneten Angriff auf einen UN-Mitgliedstaat konfrontiert wurde, der ein Tätigwerden des Sicherheitsrats im

---

[44] Genoni, Die Notwehr im Völkerrecht, S. 226-227.

[45] ibidem, S. 226, in diesem Sinn auch Moore, Crisis in the Gulf, der den Falklandkonflikt entschieden unter Art. 51 subsumiert und daraus Parallelen für den Golfkonflikt zu gewinnen sucht, ohne zwischen den vom Sicherheitsrat 1982 getroffenen Beschlüssen und den unstreitig wesentlich weitergehenden Resolutionen des Jahres 1990 zu differenzieren. Im Ergebnis anderer Ansicht wäre für den Falklandkonflikt wohl Seidel, Neue Justiz 44 (1990), S. 97, der unterstreicht, daß die vom Sicherheitsrat geforderte Einstellung der Kampfhandlungen nicht von Bedingungen abhängig gemacht werden dürfe. Dies sei selbst dann nicht zulässig, wenn die Forderung nach Lage der Dinge nicht unberechtigt erscheine, da die vom Sicherheitsrat in Durchführung seiner Deeskalationspflicht erlassenen Anordnungen bedingungslos zu erfüllen seien. Andernfalls hätte die in der UN-Charta fixierte Zentralisierung der Vollmachten zur Friedenssicherung in der Hand des Sicherheitsrats kaum einen Sinn.

[46] ibidem; anders im Ergebnis für diesen Fall aber wohl Greig, ICLQ 40 (1991), S. 391, der in dem Verlangen des Sicherheitsrats nach einer Feuereinstellung eine beiden Konfliktparteien zukommende rechtliche Verpflichtung sieht, aufgrund derer auch die Beendigung von Verteidigungshandlungen durch das Angriffsopfer zwingend sei. Es sei allerdings damit zu rechnen, daß die Parteien diesen Verpflichtungen nicht nachkämen: "If the conflict continues, a number of possibilities would have to be considered. In the first place, both parties might ignore the Council's directive, in which case both would be in breach of obligations owed *erga omnes* to comply with the directive issued by the Council on behalf of the international community" (Hervorhebungen im Original).

Spannungsfeld des dem Angriffsopfer und seinen Verbündeten zustehenden Rechts zur Selbstverteidigung erforderlich machte.

## I. Kurzgefaßte Chronologie der wesentlichen Ereignisse des Zweiten Golfkonflikts[47]

Unter Berufung auf ein angebliches Hilfeersuchen junger kuwaitischer Revolutionäre marschierten am 2. August 1990 irakische Truppenverbände in Kuwait ein und besetzten die Hauptstadt des Emirats. Der regierende Emir floh nach Saudi-Arabien und der irakische Staatspräsident, Saddam Hussein, setzte eine von ihm kontrollierte provisorische Regierung ein. In der Folgezeit konsolidierte der Irak sein Regime in Kuwait und brachte auch das Militär unter seine vollständige Kontrolle. Er verlegte Truppen an die Grenze zu Saudi-Arabien und zeigte keinerlei Bereitschaft, den Aufforderungen und Appellen einzelner Staaten oder der internationalen Gemeinschaft, diese gegen das Völkerrecht verstoßenden Schritte rückgängig zu machen, Folge zu leisten. Vielmehr vereinigte er sein Staatsgebiet mit dem Kuwaits. Daraufhin wurde auf Initiative des Präsidenten der USA, George H.W. Bush, eine multinationale Streitmacht in die Krisenregion entsandt, die aus in Saudi-Arabien stationierten Landstreitkräften sowie einem im persischen Golf operierenden Flottenverband bestand.[48] Sowohl der Emir von Kuwait als auch König Fahd von Saudi-Arabien ersuchten die daran beteiligten Staaten mit ihren sehr schnell an Umfang zunehmenden Streitkräften bei der Wiederherstellung beziehungsweise der Sicherung der staatlichen Souveränität und der territorialen Integrität beider Staaten Hilfe zu leisten, während der Irak nicht nur keine Anstalten zum Rückzug aus Kuwait machte, sondern im Gegenteil noch weitere Truppen ins Land brachte, die er vor allem an der Grenze zu Saudi-Arabien stationierte. Am 27. August 1990 erließ der irakische Staatspräsident ein Dekret, in welchem er den nördlichen Teil Kuwaits der irakischen Provinz Basra angliederte und den größeren südlichen Teil zu einer neuen Provinz des Irak erklärte. Zugleich erfolgte eine Blockade der meisten der 26 noch offenen ausländischen Botschaften in Kuwait. Außerdem wurden nach und nach die sich noch im Irak und in Kuwait aufhaltenden Ausländer festgesetzt und an im Falle eines Konflikts strategisch besonders gefährdete Orte gebracht. Es kam in Kuwait zu massiven Übergriffen der Besatzungstruppen auf die Zivilbevölkerung,

---

[47] eine kurzgefaßte Darstellung des Golfkonflikts mit einer Übersicht über die sich in seinem Zusammenhang stellenden Rechtsprobleme bietet Frowein, Gulf Conflict (1990/91), in: Bernhardt (Hrsg.), EPIL, Vol. II (1995), S. 643-645.

[48] zu einer Liste aller 33 an der Befreiung Kuwaits beteiligten Staaten vgl. Moore, Crisis in the Gulf, Annex I, S. 399, wobei Japan als Entsendestaat medizinischer Unterstützungsteams sowie die Türkei noch nicht mitgezählt sind, die den beteiligten Lufteinheiten der Koalition gestattete, türkische Luftwaffenstützpunkte zu benutzen.

bevor schließlich eine große Anzahl von Ausländern doch noch die Genehmigung zur Ausreise erhielt. Obwohl die USA und die Sowjetunion sowie in letzter Minute auch noch der französische Staatspräsident François Mitterrand sich weiter um eine Lösung der Krise auf dem Verhandlungsweg bemühten, in welche auch der Generalsekretär der Vereinten Nationen eingeschaltet wurde, zeigte der Irak keinerlei Kompromißbereitschaft, woraufhin die am Persischen Golf zusammengezogenen alliierten Streitkräfte am 16. Januar 1991 ohne Abgabe einer vorherigen oder nachträglichen Kriegserklärung[49] mit einer noch niemals dagewesenen militärischen Luftkampagne Kräfte des Irak in Kuwait und im Irak selbst angriffen. Die militärischen Maßnahmen der Koalition am Golf führten am 28. Februar 1991 zur Eröffnung der Bodenoffensive, die binnen weniger Stunden mit der Niederlage der irakischen Armee und ihrem Rückzug aus Kuwait endete.[50]

Die Vereinten Nationen waren durch den Sicherheitsrat von Beginn an in die Krise involviert.[51] Dabei erweckte die Einmütigkeit, mit der die Ständigen Mitglieder dieses Gremiums vom ersten Tag des Konflikts an zusammenarbeiteten, bei manchen Bewunderung.[52] In der Tat trafen die Ereignisse am Persischen Golf beim Sicherheitsrat auf im Vergleich zu früheren internationalen Krisen stark veränderte Rahmenbedingungen: "The

---

49 dazu Singleton, New Law Journal 141 (1991-I), S. 87, die zutreffend unterstreicht, daß nach den Regeln des Common Law ein Kriegszustand nicht existiert, bis das Staatsoberhaupt eine formelle Kriegserklärung abgegeben hat.

50 Diese Zusammenstellung der wesentlichen Tatsachen wurde in geraffter Form Fink, AVR 29 (1991), S. 453-455 entnommen. Zu weiteren Hintergründen der Golfkrise, insbesondere dem möglichen Einfluß zahlreicher vorheriger Verstöße gegen das Völkerrecht als förderndes Moment der Eskalation am Golf, siehe Heintze, Humanitäres Völkerrecht 1990, S. 128-131 sowie derselbe, AVR 29 (1991), S. 436-451. Die weiter zurückliegenden historischen Wurzeln der Auseinandersetzung zwischen dem Irak und Kuwait werden dargestellt bei Philipp/Wolfrum, Conflicts, Iraq/Kuwait, in: Wolfrum (Hrsg.), United Nations: Law, Policies and Practice, Vol. 1, S. 261-267.

51 einen instruktiven einführenden Überblick über die Ziele, Akteure und möglichen Handlungsgrundlagen der ersten Resolutionen des Sicherheitsrats zum Golfkonflikt bietet Fischer, Humanitäres Völkerrecht 1990, S. 121-124.

52 so ausdrücklich Gorgé, VN 38 (1990), S. 199, der die UN als den wahren Sieger des Golfkonflikts enthusiastisch feiert: "Endlich, nach 45 Jahren, verrichtet der Sicherheitsrat seine Pflicht im Dienste des Friedens und der Gerechtigkeit so, wie es sich die Verfasser der Charta vorgestellt hatten." Vgl. auch Czempiel, VN 39 (1991), S. 43, nach dem der Sicherheitsrat bei der Vertreibung Iraks aus Kuwait die friedenserzwingende Verantwortung ausgeübt hat, die ihm 1945 im Kapitel VII der Charta zugedacht war. Der Autor hält es aus diesem Grund für möglich, daß eine Rennaissance der Vereinten Nationen in Sicht ist und sie eventuell eine führende Rolle in der vom US-Präsidenten George Bush angesteuerten neuen Weltordnung einnehmen könnten.

events unfolded amidst dramatically decreased Est-West tensions: For the first time in UN history, the Security Council, due to harmonized attitudes of its five permanent members, seemed able to take strong actions against an aggressor."[53] Bereits am Tag des irakischen Einmarsches in Kuwait trat der Sicherheitsrat auf Antrag der Vereinigten Staaten zusammen und verurteilte auf der Grundlage von Art. 39 und 40 in seiner Resolution 660 (1990) vom 2. August 1990 die irakische Invasion als einen Bruch des Weltfriedens und der internationalen Sicherheit; er verlangte den sofortigen Rückzug sowie die Aufnahme direkter Verhandlungen zwischen den beiden Konfliktparteien. Gleichzeitig machte der Sicherheitsrat von Art. 52 Abs. 3 Gebrauch, indem er auf die Möglichkeit einer regionalen Konfliktbeilegung durch die Arabische Liga hinwies.[54]

Nachdem zwischen den USA und der Sowjetunion eine Einigung über die Verurteilung des Irak als Aggressor erzielt worden war[55], verhängte der Sicherheitsrat am 6. August 1990 in seiner Resolution 661 ein vollständiges Handels- und Finanzembargo gegen den Irak, von dem lediglich Lieferungen für rein medizinische Zwecke und in humanitären Fällen ausgenommen waren. Diese Resolution bezieht sich auf den vorangegangenen Beschluß 660 und kann sich als Rechtsgrundlage auf Art. 41 stützen[56], nennt diesen jedoch nicht ausdrücklich, sondern verweist lediglich auf das Kapitel VII insgesamt, nach dem der Rat hier tätig werde.[57]

Mit der Resolution 662 vom 9. August 1990 erklärte der Sicherheitsrat die inzwischen vom Irak bekanntgegebene Annexion Kuwaits für nichtig, forderte die Staatengemeinschaft auf, diese nicht anzuerkennen und verlangte vom Irak, die Annexion rückgängig zu machen.[58] Die immer bedrohlicher werdende Situation der im Irak und in Kuwait lebenden

---

53 Rivkin, Commentary on Aggression and Self-Defense, in: Damrosch/Scheffer (Hrsg.), Law and Force in the New International Order, S. 54.

54 vgl. SC/Res 660 (1990) vom 2. August 1990. Diese Resolution sowie alle in der Folge zitierten Beschlüsse des Sicherheitsrats zum Zweiten Golfkonflikt von 1990/91 sind in englischer Originalfassung abgedruckt bei Moore, Crisis in the Gulf, S. 403 ff. sowie in deutscher Übersetzung in AVR 28 (1990), S. 503 ff., ebenso bei Harttung (Hrsg.), Die VN-Resolutionen zum Golfkonflikt, S. 504 ff. Auf diese Anmerkung beziehen sich jeweils die hiernach zitierten Resolutionen.

55 vgl. Heinz/Philipp/Wolfrum, VN 39 (1991), S. 124.

56 übereinstimmend Fleischhauer, VN 39 (1991), S. 41 im Rahmen ausführlicher Untersuchungen zur Anwendung von wirtschaftlichen Zwangsmaßnahmen durch die Vereinten Nationen in der Golfkrise.

57 siehe SC/Res 661 (1990) vom 6. August 1990.

58 siehe SC/Res 662 (1990) vom 9. August 1990.

Ausländer führte dann am 18. August 1990 zur Resolution 664, die der Rat erneut ausdrücklich auf Kapitel VII der Charta stützte und in der er den Irak aufforderte, sämtliche in beiden Staaten festgehaltenen Ausländer sofort freizulassen, nichts zu unternehmen, was die Gesundheit und die Sicherheit der Festgehaltenen gefährden könnte und den Befehl zurückzunehmen, die diplomatischen Missionen in Kuwait zu schließen.[59] Die Verlegung weiterer Truppen an die saudi-arabische Grenze durch den irakischen Staatspräsidenten beantwortete der Rat am 25. August 1990 mit der Resolution 665, mit der er die UN-Mitgliedstaaten, die mit der Regierung Kuwaits zusammenarbeiteten und Seestreitkräfte in das Krisengebiet verlegt hatten, aufgeforderte, die Anwendung der Embargo-Resolution 661 durch Anhalten und Kontrolle der ein- und auslaufenden Seetransporte sicherzustellen.[60] Dabei bezieht sich der operative Absatz 1 dieser Resolution ausdrücklich darauf, unter der Weisungsbefugnis des Sicherheitsrats die erforderlichen, den Umständen angemessenen Maßnahmen zu ergreifen, um die strikte Beachtung der auf derartige Transporte Bezug nehmenden Bestimmungen der Resolution 661 zu garantieren.[61] Mit Resolution 666 vom 13. September 1990 stellte der Sicherheitsrat allerdings klar, daß bestimmte Güter zu humanitären Zwecken nicht unter das Wirtschaftsembargo fielen.[62]

In den darauffolgenden Wochen verabschiedete der Sicherheitsrat noch insgesamt fünf weitere Resolutionen, die sich mit den einschlägigen Vorschriften der Wiener Konsular- und Diplomatenrechtskonventionen[63], Maßnahmen zur Unterstützung bestimmter Staaten nach Art. 50, die infolge der Einhaltung des Embargos gegen Irak beträchtliche wirtschaftliche Einbußen erlitten hatten[64], einer Einbeziehung des Lufttransports in die Überwachungsmaßnahmen zur Umsetzung der Sanktionen[65], der Anwendung des Vierten Genfer Abkommens zum Schutz von Zivilpersonen in Kriegszeiten auf Kuwait[66] sowie schließlich mit der Beauftragung des UN-Generalsekretärs auseinandersetzten, eine Kopie des Bevölkerungsregisters von Kuwait mit Stand vom 1. August 1990 als Vorsorge

59 siehe SC/Res 664 (1990) vom 18. August 1990.
60 siehe SC/Res 665 (1990) vom 25. August 1990.
61 ibidem.
62 siehe SC/Res 666 (1990) vom 13. September 1990.
63 siehe dazu im einzelnen SC/Res 667 (1990) vom 16. September 1990.
64 siehe dazu im einzelnen SC/Res 669 (1990) vom 24. September 1990.
65 siehe dazu im einzelnen SC/Res 670 (1990) vom 25. September 1990.
66 siehe dazu im einzelnen SC/Res 674 (1990) vom 29. Oktober 1990.

gegen seitens des Irak eingeleitete Zwangsumsiedlungen in Verwahrung zu nehmen.[67]

Zur Verabschiedung der Schlüsselresolution des Zweiten Golfkonflikts von 1990/91 kam es dann schließlich am 29. November 1990, nachdem der Irak sich beharrlich geweigert hatte, die vorherigen Entscheidungen des Sicherheitsrats zu befolgen und seine Truppen aus Kuwait auch nur teilweise zurückzuziehen. In seiner Resolution 678[68] bevollmächtigte der Sicherheitsrat die Mitgliedstaaten, die mit Kuwait zusammenarbeiteten, für den Fall, daß Irak die elf vorangegangenen Resolutionen nicht bis zum 15. Januar 1991 vollständig erfüllt haben sollte, "alle erforderlichen Mittel einzusetzen, um der Resolution 660 (1990) und allen dazu später verabschiedeten Resolutionen Geltung zu verschaffen und sie durchzuführen und den Weltfrieden und die internationale Sicherheit in dem Gebiet wiederherzustellen".[69] Der Rat ersuchte nach der operativen Ziffer 3 der Entschließung alle Staaten, die gemäß Ziffer 2 dieser Resolution ergriffenen Maßnahmen in geeigneter Weise zu unterstützen.

Nochmals einsetzende Verhandlungsversuche und Vermittlungsbemühungen führten letztlich zu keinem Erfolg. Der Irak ließ die ihm in Resolution 678 gesetzte Frist tatenlos verstreichen, worauf in der Nacht zum 17. Januar 1991 der militärische Einsatz der in Saudi-Arabien stationierten multinationalen Streitmacht unter U.S.-amerikanischem Oberbefehl ohne Abgabe einer Kriegserklärung[70] begann, der erst am 28. Februar 1991 mit der Einstellung der Kampfhandlungen endete.[71]

## II. Rechtliche Bewertung der Ereignisse in Staatenpraxis und Lehre

Die juristische Einordnung der Vorgänge am Persischen Golf und am Hauptquartier der Vereinten Nationen in New York war unter Politikern, Diplomaten und Völkerrechtlern bereits im Herbst 1990 vor der militärischen Eskalation der Golfkrise äußerst umstritten, woran sich auch nach dem Waffenstillstand am 28. Februar 1991 bis heute nichts geändert hat.[72] Fast vollständige Übereinstimmung in Bezug auf das Schicksal des

---

67 siehe dazu im einzelnen SC/Res 677 (1990) vom 28. November 1990.

68 siehe SC/Res 678 (1990) vom 29. November 1990.

69 so wörtlich der operative Absatz 2 der Resolution 678 (1990).

70 siehe dazu Rowe, New Law Journal 141 (1991), S. 228.

71 Heinz/Philipp/Wolfrum, VN 39 (1991), S. 124.

72 zu einem anderen, aber aus hiesiger Sicht nur als erstaunlich zu bezeichnenden Ergebnis kommt Kimminich, AVR 33 (1995), S. 449, der resümiert, daß trotz einer Befassung des Sicherheitsrats mit der Angelegenheit in der Völkerrechtsliteratur Einigkeit darüber herrsche, daß die gesamte Operation zur Befreiung von Kuwait keine UNO-

Kuwait als angegriffenem UN-Mitgliedstaat vom 2. August 1990 an zweifelsfrei zustehende Recht zur Selbstverteidigung ließ sich nach einigen anfänglichen Bedenken lediglich dahingehend erzielen, daß allein der relativ lange Zeitraum vom Angriff des Irak auf Kuwait am 2. August 1990 bis zum Gegenangriff der Koalitionskräfte am Golf am 16. Januar 1991 das Notwehrrecht nicht hatte erlöschen lassen.[73] Denn auch wenn es in Kuwait selber im Herbst und Winter 1990 nicht mehr zu fortwährenden Kampfhandlungen kam, so stellte doch die völkerrechtswidrige Besetzung und der (erfolglose) Annexionsversuch des Irak einen Zustand des andauernden bewaffneten Angriffs dar, der insoweit Kuwait und seinen Verbündeten das am 2. August 1990 entstandene Recht zur Selbstverteidigung nach Art. 51 Satz 1 in vollem Umfang erhielt.[74]

1. In Staatenpraxis und Diplomatie gab es von Beginn an zwei scharf gespaltene Lager hinsichtlich der völkerrechtlichen Einordnung der Ereignisse und Optionen der Kuwait zur Seite stehenden Staaten im Herbst und Winter des Jahres 1990.[75] Auf der einen Seite verstanden sich manche Regierungen als "ausführende Organe" der einschlägigen Resolutionen des Sicherheitsrats und versuchten entschieden, die Vorgänge strikt in einem durch die Charta der UNO gezogenen rechtlichen Rahmen zu halten, der jedes einzelstaatliche Vorgehen ausschließe. So hob der französische Premierminister in einer Regierungserklärung vom 27. August 1990 hervor, daß "la France répond à la violation du droit international en agissant dans le cadre de l'Organisation des Nations-Unies qui est chargée et aujourd' hui enfin capable de le défendre. Un certain nombre de pays, un grand nombre de pays dont la France se sont mis en situation d'exécuter les résolutions de Conseil de sécurité des Nations-Unies, c'est ça le droit. C'est cela le droit

---

Aktion auf der Grundlage der Artikel 39 ff. gewesen sei, sondern eine kollektive Selbstverteidigung auf der Grundlage von Art. 51. Er stützt sich dabei auf Eitel, GYIL 35 (1992), S. 170 ff., der zwar ebenfalls die These von Art. 51 als Rechtsgrundlage für das Geschehen am Golf vertritt. Indessen ist nach hiesigem Dafürhalten bei einem eingehenden Überblick über die internationale Literatur zu diesem Thema in Europa und Übersee nicht vorstellbar, wie genau diese Frage noch stärker umstritten sein könnte.

73 so aber Paehler, Betrifft Justiz 1990, S. 332, der Notwehr als Handlungsmöglichkeit für versagt hält, weil der Angriff abgeschlossen und Kuwait damit bereits verloren sei.

74 so nachdrücklich Moore, Crisis in the Gulf, S. 176, dort Anmerkung 28, der die Begründung der Gegenansicht als ein "shockingly wrong argument" zurückweist.

75 zu einer umfassenden Sammlung von Statements und Einschätzungen der politischen und rechtlichen Lage vor und während der militärischen Eskalation am Persischen Golf am 17. Januar 1991 durch Botschafter, Außenminister, UN-Vertreter und Regierungschefs aus aller Welt siehe Przetacznik, Revue de droit international,de sciences diplomatiques et politiques 71 (1993), S. 117-149.

international. C'est la loi que nous avons acceptée. Il est même remarquable que les Nations-Unies, une fois passé sans doute l'aigu du conflit Est-Ouest, aient pu en cette occasion retrouvé autorité, prestige et capacité de décision et d'exéxution. C'est une chance pour la société internationale et une chance à ne pas manquer. Il est donc très important d'être fidèle aux décisions qui sont prises à cet échelon, le plus élevé de la société internationale."[76] Gerade die französische Regierung, allen voran der Palais d'Elysée mit traditionell guten Kontakten in das arabische Lager, setzte dabei in bemerkenswerter Weise von Beginn der Krise an ausdrücklich auf die völkerrechtliche, und eben nicht auf die politische, die wirtschaftliche oder gar die global-strategische Karte. In für zurückhaltende diplomatische Verhältnisse überraschend klarer Weise grenzte sich Frankreich unmißverständlich von anderen ab, die ein einseitiges Vorgehen unter Art. 51 befürworteten.[77] Unbestritten ist dabei immer gewesen, daß individuelle oder kollektive Selbstverteidigung keiner vorherigen Einwilligung des Sicherheitsrats bedarf, wenn dieses Recht denn zur Verfügung steht. Allein diese Frage wurde von den Franzosen schon nach Verabschiedung der ersten Entschließungen des Sicherheitsrats mit Nachdruck verneint: "L'ONU doit rester maîtresse des décisions pour tout ce qui concerne l'éventuel blocus du Golfe ou de nouvelles mesures de contrainte à l'égard de l'Irak. C'est le lieu où se définit la règle du droit. Il en a été ainsi depuis le début. Il faut poursuivre dans cette voie."[78] Besonderes Anliegen war den Franzosen dabei die Zentralisierung der Entscheidungen im Sicherheitsrat, den sie als das dafür geschaffene kompetente Forum betrachteten, in dem sie aber gleichzeitig auch ihren Einfluß als gesichert ansahen, da sie dort als Ständiges Mitglied über ein Vetorecht nach Art. 27 Abs. 3 verfügen: "La Communauté internationale a créé une organisation qui s'appelle les Nations-Unies, qui est chargée à la fois de dénoncer l'aggression, et de désigner l'aggresseur. Cette organisation a pour fonction de choisir le dispositif permettant de mettre fin aux situations d'infraction. Il vaut bien mieux que ces tâches soient remplies par une organisation internationale

---

76 so der französische Premierminister in einer Regierungserklärung vom 27. August 1990, abgedruckt bei Charpentier, Pratique Française du Droit International 1990, AFDI 36 (1990), S. 1040-1041.

77 so expressis verbis auch Charpentier, a.a.O., in seiner bewertenden Zusammenfassung des Standpunktes der französischen Regierung: "La France a tenu, tout au moins au début de la crise, à se placer *exclusivement* dans le cadre d'un soutien total et exclusif au résolutions des Nations-Unies, en se *dissociant des mesures adoptées, en outre, par les États-Unis, puis par la Grande-Bretagne*, en réponse à une demande d'assistance de l'Arabie saoudite" (Hervorhebungen durch den Verfasser).

78 Zitat aus einem Interview des französischen Außenministers in der Tageszeitung "Le Monde" vom 10. August 1990, S. 66.

plutôt que par un pays qui pourrait apparaître comme le policier du monde."[79]

Auf der anderen Seite des Atlantiks war man deutlich weniger bereit, die Normen der Charta in Kapitel VII als den zur Verfügung stehenden Handlungsrahmen anzuerkennen. Am 12. August 1990 gab der US Secretary of State James Baker einen Beschluß der Vereinigten Staaten bekannt, nach dem der gesamte irakische Seehandel durch eine Blockade unterbunden werden sollte.[80] Diese Entscheidung war getroffen worden, ohne die Alliierten der USA oder andere UN-Mitgliedstaaten zu konsultieren. Als juristische Rechtfertigung zitierte Außenminister Baker dafür eine Bitte der kuwaitischen Regierung als Grundlage für eine Aktion individueller oder kollektiver Selbstverteidigung nach Art. 51. Dem hielten andere Mitgliedstaaten des Sicherheitsrats sowie auch der UN-Generalsekretär entgegen, daß eine solche Blockade nur durch den Sicherheitsrat nach Art. 42 angeordnet werden könne, nachdem dieser zuvor entschieden habe, daß die beschlossenen Wirtschaftssanktionen nicht um- und durchgesetzt würden.[81] Der UN-Generalsekretär wandte sich in diesem Zusammenhang sogar gegen eine Verwendung der Begriffs "Blockade" an sich: "Only the UN, through its Security Council resolutions, can really decide about a blockade. That is why I think we have to avoid the word 'blockade'."[82] Die aus der Uneinigkeit zu dieser Frage resultierende Unsicherheit unter den Mitgliedern des Sicherheitsrats führte dann, nicht zuletzt auf Drängen Frankreichs, schließlich auch zu der Resolution 665 (1990) vom 25. August 1990, in der der Sicherheitsrat im operativen Absatz 1 die mit der Regierung Kuwaits zusammenarbeitenden Mitgliedstaaten aufforderte, unter seiner Weisungsbefugnis die erforderlichen, den Umständen angemessenen Maßnahmen anzuwenden, um alle einlaufenden und auslaufenden Seetransporte zur Kontrolle und Überprüfung ihrer Fracht und ihres Bestimmungsortes anzuhalten und die strikte Anwendung der sich auf solche Transporte beziehenden Bestimmungen der Resolution 661 (1990) sicherzustellen.[83] Eine nähere Betrachtung der Verhandlungsgeschichte dieser Entschließung offenbart ein interessantes Detail: In einem ersten Entwurf, den die USA am 19. August 1990 nur in dem Kreis der fünf

---

[79] Zitat aus einem Interview des französischen Außenministers in der Sonntagszeitung "Journal du Dimanche" vom 12. August 1990, S. 73.

[80] vgl. die Tageszeitung "The New York Times" vom 18. August 1990, S. A1.

[81] Murphy, J.F., Force and Arms, in: Schachter/Joyner (Hrsg.), United Nations Legal Order, Vol. 1, S. 284.

[82] UN-Generalsekretär Perez de Cuéllar, zitiert bei Freudenschuß, EJIL 5 (1994), S. 494.

[83] vgl. dazu den Text der Resolution SC/Res 665 (1990) vom 25. August 1990.

Ständigen Mitglieder des Sicherheitsrats, genannt die "Permanent Five" oder "P5", zirkulieren ließ, war zunächst von einer Ermächtigung die Rede, "to take all necessary action in accordance with the Charter (i.e. under Article 51) including such use of air, sea or land forces as may be necessary to ensure complete compliance with Resolutions 660-664".[84] Diese Formulierung mußten die USA in den folgenden Tagen auf Drängen der anderen Ständigen Mitglieder jedoch bedeutend abschwächen: So wurde die Passage "in accordance with the Charter (i.e. under Article 51)" gestrichen und ersetzt durch "under the authority of the Security Council". Diese Veränderung ist bemerkenswert, da die am 25. August schließlich verabschiedete Resolution 665 (1990) damit nicht nur keinen ausdrücklichen Hinweis auf Art. 51 mehr enthielt, sondern alle auf ihrer Grundlage anzuwendenden Maßnahmen *expressis verbis* unter die Weisungsbefugnis des Sicherheitsrats stellte. Ein solches Vorgehen ist für das System kollektiver Sicherheit nach Kapitel VII, das die Pflicht und die Aufgaben des Sicherheitsrats zur Wahrung und Wiederherstellung des Weltfriedens und der internationalen Sicherheit betont, geradezu typisch. Nicht vorgesehen ist eine solche Weisungsbefugnis indessen für die Ausübung des Rechts zur Selbstverteidigung in Art. 51 Satz 1, da dieses Recht, solange es bis zum Eintritt der auflösenden Bedingung zur Anwendung kommen kann, als bloßes Residualrecht eben außerhalb dieses kollektiven Sicherheitssystems und damit auch außerhalb der Kontrolle durch den Sicherheitsrat steht. Die hier im Ergebnis tatsächlich in der Resolution 665 (1990) vom 25. August 1990 verwendete Formulierung läßt daher auf die Rechtsansicht mehrerer der Ständigen Mitglieder des Sicherheitsrats schließen, daß zu jenem Zeitpunkt Art. 51 als den Einsatz von Gewalt gegen den Irak erlaubende Rechtsgrundlage bereits nicht mehr zur Verfügung stand.

Die kontroverse Diskussion unter den Staatenvertretern um ein mögliches Eingreifen der Subsidiaritätsklausel des Art. 51 Satz 1 setzte sich folgerichtig fort, als es an die Verhandlung und Formulierung der Ermächtigungsresolution 678 (1990) vom 29. November 1990 ging. Nach offiziellem Standpunkt des U.S. Department of State war klar, daß "*legally* our position and the position shared by others is that Article 51 provides a sufficient basis under international law for further action but that a resolution authorizing some specific military action would provide a firmer *political*

[84] Zitat aus dem Resolutionsentwurf für die Entschließung SC/Res 665 (1990), abgedruckt bei Freudenschuß, EJIL 5 (1994), S. 495.

basis as had Resolution 665 authorizing interdiction of Iraq-related shipping".[85]

Innerhalb der UN selbst herrschte bis in die Wochen nach dem Ende der militärischen Auseinandersetzung keine Klarheit über die Rechtsgrundlagen für das Vorgehen der Koalition am Golf. Entsprechend unbestimmt blieben auch die wenigen Aussagen zu diesem Aspekt, die die UN nach außen hin wagte. So unterstrich etwa der Generalsekretär der UN, Perez de Cuéllar: "Der Sieg der Verbündeten über Irak ist keineswegs ein Sieg der Vereinten Nationen, weil es nicht deren Krieg war. Es war nicht ein UN-Krieg. General Schwarzkopf trug keinen blauen Helm. Der Erfolg ist das Ergebnis einer multilateralen Aktion, die von den Vereinten Nationen gebilligt und damit gerechtfertigt war."[86] Der stellvertretende Generalsekretär und Legal Counsel der UN, Carl-August Fleischhauer, hatte jedoch schon vor dem Ausbruch der Feindseligkeiten am Golf vom 16. Januar 1991 seine Rechtsauffassung geäußert, daß die Resolution 678 (1990) vom 29. November 1990 die Anwendung von Gewalt lediglich zu dem klar definierten Zweck autorisierte, die vorangegangene Entschließung 660 (1990) durchzusetzen, die verlangt hatte, daß der Irak seine Streitkräfte unverzüglich und bedingungslos aus Kuwait zurückzieht.[87] Nach dieser Auffassung wäre die rechtliche Reichweite der Ermächtigung des Sicherheitsrats zur Gewaltanwendung erschöpft gewesen, sobald die Befreiung Kuwaits gelungen war. Dies allein kann allerdings die hier diskutierte Frage keiner Lösung näher bringen, da exakt zu diesem Zeitpunkt auch ein möglicherweise (noch) bestehendes Recht zur Selbstverteidigung geendet hätte, weil es dann jedenfalls an einem Fortbestehen des "bewaffneten Angriffs" und damit ohnehin an der ersten und wichtigsten Tatbestandsvoraussetzung des Art. 51 Satz 1 gefehlt hätte.

2. In der internationalen Literatur herrscht zu diesen Fragen noch deutlich weniger Einigkeit. Fest steht nur, daß die Invasion und Besetzung des Scheichtums durch den Irak sich insgesamt nicht nur im Prinzip als illegal,

---

[85] Hervorhebungen im Original; Zitat aus einer Stellungnahme des US Department of State vom 8. November 1990, zitiert bei Freudenschuß, EJIL 5 (1994), S. 497, wo sich der Autor auf einen Beitrag von Friedman, "Allies tell Baker Use of Force Needs UN Backing" in der Tageszeitung "The New York Times" vom 8. November 1990 beruft.

[86] Zitat aus einer Rede des UN-Generalsekretärs Perez de Cuéllar vor dem Europäischen Parlament in Straßburg am 17. April 1991, zitiert bei Kimminich, AVR 33 (1995), S. 449.

[87] Under-Secretary-General und Legal Counsel der UN, Carl-August Fleischhauer, zitiert bei Murphy, J.F., Force and Arms, in: Schachter/Joyner (Hrsg.), United Nations Legal Order, Vol. 1 , S. 287.

sondern auch in der Dimension als eine der schwerstmöglichen Verletzungen des Völkerrechts überhaupt darstellen.[88] Im folgenden soll hier ein systematischer Überblick über die im wesentlichen vertretenen Ansichten zu den ansonsten ungeklärten Voraussetzungen der Subsidiaritätsklausel des Art. 51 Satz 1 gegeben werden, schwerpunktmäßig im Zusammenhang mit der Golfkrise, jedoch nicht auf diese beschränkt. Systematisch ist der Überblick deshalb, weil mit den Stimmen begonnen wird, die nur ganz geringe Anforderungen an den Eintritt der auflösenden Bedingung stellen und alsdann über eine ganze Anzahl von vermittelnden Ansätzen fortgeschritten wird zu denjenigen, die graduell zunehmend die Schwelle für das Eingreifen der Subsidiaritätsklausel erhöhen. Auffällig dabei ist, daß manche Stimmen ohne jegliche oder zumindest nähere Begründung bestimmte Anforderungen an den Eintritt der früher beschriebenen auflösenden Bedingung stellen, ohne daß ersichtlich wird, warum gerade diese Voraussetzungen verlangt werden. Andere ersetzen die auslegungsbedürftigen Rechtsbegriffe des Art. 51 Satz 1 lediglich durch weitere, nicht minder abstrakte Termini, welche dann ihrerseits nach einer Auslegung verlangen, die indessen nur zu oft nicht angeboten wird.

Einige Autoren lassen das Recht zur Selbstverteidigung bereits zu einem sehr frühen Zeitpunkt erlöschen, d.h. sie setzen die Schwelle für einen Eintritt der auflösenden Bedingung des Art. 51 Satz 1 niedrig an. So ist *Mullerson* der Auffassung, daß das natürliche Recht zur Selbstverteidigung bereits in den Hintergrund trete, sobald der Sicherheitsrat einen Konflikt nur auf seine Tagesordnung setze, um über das Vorliegen einer Friedensbedrohung, eines Friedensbruchs oder einer Angriffshandlung zu entscheiden, und könne nur in dem unwahrscheinlichen Fall wieder aufleben, daß er per Entscheidung feststelle, daß es ihm nicht gelungen sei, den Konflikt zu lösen.[89] Die amerikanische Mindermeinung hat diesen Ansatz aufgegriffen und weiter ausgeführt. Nach *Franck* und *Patel* hat die Charta das alte Kriegssystem lediglich als bloße Rückfall- oder Reservemöglichkeit zur Verfügung gestellt ausschließlich für den Fall, daß das neue System nicht funktioniere. Das Recht zur individuellen oder kollektiven Selbstverteidigung erlösche, sobald das neue durch die Charta etablierte System der kollektiven Sicherheit aktiviert werde. Damit sei die

---

[88] vgl. dazu nur Caron, AJIL 85 (1991), S. 90.

[89] vgl. Rein Mullerson, zitiert aus einer Rede während der Conference on International Law and the Non-Use of Force, gemeinsam veranstaltet von der American Society of International Law (ASIL) und der Soviet Association of International Law in Washington D.C. vom 4. bis 6. Oktober 1990, zitiert bei Rostow, AJIL 85 (1991), S. 511.

Selbstverteidigung als die traditionelle Vorgehensweise gegen bewaffnete Angriffe rechtlich nur erlaubt, bis das neue System zu arbeiten beginne.[90] Dies deutet darauf hin, daß das Recht des Aggressionsopfers suspendiert wird, sobald der Sicherheitsrat seine Zuständigkeit in einem bestimmten Konflikt als gegeben ansieht, denn in diesem Moment wird das "neue System der Charta" aktiviert. *Greig* schließt sich dieser Auslegung an: Das Recht zur Selbstverteidigung dauere nur an, bis der Sicherheitsrat die Aufgabe übernehme, sich mit der Situation auseinanderzusetzen.[91]

Etwas weitergehende Anforderungen stellen andere Kommentatoren, die eine spezifische Befassung des Sicherheitsrats mit der Krise fordern, eine Aufnahme auf die Tagesordnung einer Sicherheitsratssitzung allein reiche dafür nicht aus. *Chayes* verlangt, daß der Sicherheitsrat sich mit der kritischen Situation nach Kapitel VII der Charta befassen müsse. Denn er sei das dafür geschaffene Gremium, das im größeren Rahmen der Charta insgesamt die hauptsächliche Verantwortung für die Erhaltung und gegebenenfalls die Wiederherstellung des Weltfriedens und der internationalen Sicherheit trage und deswegen auch die Autorität haben müsse, mit der Situation umzugehen und die für ihre Bewältigung erforderlichen Maßnahmen zu treffen. Eine frühzeitige Anwendung der Subsidiaritätsklausel des Art. 51 Satz 1 fördere überdies die grundsätzlichen Ziele des Art. 2 Ziff. 4 sowie des Art. 51, die Gelegenheiten für den erlaubten Einsatz unilateraler Gewalt auf das kleinstmögliche Maß dahingehend zu beschränken, daß er nur dort zulässig sei, wo unmittelbar und allseitig offensichtlich werde, daß die Situation nach einer bewaffnete Antwort verlange.[92] *Heintschel von Heinegg* fordert ebenfalls, daß der Sicherheitsrat unter ausdrücklicher Bezugnahme auf Kapitel VII tätig geworden sein muß, damit das Selbstverteidigungsrecht erlischt[93], ohne allerdings näher zu präzisieren, wie dieses "Tätigwerden" im einzelnen auszusehen hat und welche Schritte dafür ausreichend sind. Auf den Zeitpunkt eines Handlungsentschlusses des Sicherheitsrats kommt es nach Auffassung von *Groom* an, nach dem es allgemein akzeptiert sei, daß individuelle oder kollektive Verteidigungshandlungen nach Art. 51 abzubrechen seien, wenn der Sicherheitsrat sich entschließe, in der Sache zu handeln, obwohl erkannt werden müsse, daß auf die eine oder andere Weise einige der Ständigen

---

90 Franck/Patel, AJIL 85 (1991), S. 63-64.

91 Greig, ICLQ 40 (1991), S. 386.

92 Chayes, The Use of Force in the Persian Gulf, in: Damrosch/Scheffer (Hrsg.), Law and Force in the New International Order, S. 6.

93 Heintschel von Heinegg, Humanitäres Völkerrecht 1991, S. 39; ebenso in Zeitschr. f. vglnde. Rechtswiss. 90 (1991), S. 126.

Mitglieder des Sicherheitsrats stets in einen Konflikt involviert sein würden und deswegen von ihrem Vetorecht nach Art. 27 Abs. 3 Gebrauch machen könnten.[94] *Winter* hält eine Heranziehung des Art. 51 als Rechtsgrundlage für das militärische Geschehen am Persischen Golf deswegen nicht für möglich, weil der Sicherheitsrat mit seiner Embargoresolution 660 die Sache an sich gezogen habe.[95] Dies stimmt überein mit der Auffassung von *Falk*, nach der eine Anwendung des Art. 51 nur solange in Frage kommt, bis der Sicherheitsrat in Aktion getreten ist. Denn nach der Charta sei dieses Recht zur Selbstverteidigung, das dem Opfer einer Aggression rechtsgültig zukomme, nur vorläufig und der vorrangigen Verantwortung des Sicherheitsrats, die erforderlichen Maßnahmen zu treffen, untergeordnet.[96] Eine von anderen vorgeschlagene neutrale Bezeichnung des Geschehensablaufs am Persischen Golf als "parallele Entwicklung", die sich rechtlich sowohl auf Gemeinschaftssanktionen der UN als auch parallel dazu auf das Selbstverteidigungsrecht stützen könne, lehnt *Falk* ab, da eine solche Bewertung verschleiere, daß die Charta Selbstverteidigungsaktionen nach Art. 51 vorbeuge, wenn der Sicherheitsrat die Sache an sich gezogen habe.

Allgemeinere Formulierungen verwenden manche Stimmen, die eine genaue Charakterisierung des Bedingungseintritts damit nicht wirklich erleichtern. Nach *Kimminich* kommt das Recht zur Selbstverteidigung nur solange zum Zug, bis die kollektive Reaktion der organisierten Staatengemeinschaft wirksam werde.[97] *Kolesnik* charakterisiert die Ausübung des Rechts zur Selbstverteidigung als einen vorläufigen Zustand, der dazu geschaffen worden sei, den Mechanimus der kollektiven Sicherheit durch den Sicherheitsrat in Gang zu setzen.[98] Durch welche Schritte genau

---

94 Green, AVR 28 (1990), S. 376; zu den zahlreichen Gegenansichten vgl. die nun folgende Darstellung, so daß von einer "allgemeinen Akzeptanz" dieses Vorschlags wohl keine Rede sein dürfte.

95 Winter, Völkerrechtliche Bedenken zum Golfkrieg, in: Frankfurter Allgemeine Zeitung, Ausgabe vom 4. Februar 1991, S. 8, was zumindest deswegen mißverständlich ist, da die Resolution SC/Res 660 (1990) vom 2. August 1990 gar kein Embargo gegen den Irak verhängte, was erst anschließend mit der Entschließung SC/Res 661 (1990) vom 6. August 1990 geschah. Nicht klar wird daher hier, ob der Autor die Subsidiaritätsklausel des Art. 51 Satz 1 bereits mit der Resolution 660 als Feststellung des Friedensbruchs am Persischen Golf oder erst mit der Entschließung 661 und der Verhängung des umfassenden Handels- und Finanzembargos gegen den Irak als erfüllt ansieht. Spätestens mit dem Eintritt des letztgenannten Ereignisses ist dies dann nach Ansicht Winters aber wohl der Fall.

96 Falk, Militärpolitik Dokumentation 14 (1991), S. 41.

97 Kimminich, Völkerrecht, S. 282.

98 Kolesnik, The Development of the Right to Self-Defence, in: Butler (Hrsg.), The Non-Use of Force in International Law, S. 157.

dies aber geschehen soll, wird nicht beschrieben. Mittels einer negativen Formulierung versucht *Vergau* sich dem Problem zu nähern: Der Verteidiger sei zur Fortsetzung seiner Kampfmaßnahmen berechtigt, wenn der Sicherheitsrat versage, was dann der Fall sei, wenn seine Mehrheit sich zu keiner Entscheidung durchzuringen vermöge oder weil ein Veto eingelegt werde.[99] Nicht beantwortet wird damit aber die Frage, ob schon jede Entschließung des Sicherheitsrats die Voraussetzungen des Art. 51 Satz 1 am Ende erfüllen soll, auch dann, wenn es sich lediglich um die Feststellung des Vorliegens eines Friedensbruchs oder die Abgabe von Empfehlungen nach Art. 39 handelt.

Französische Kommentatoren interpretieren die Subsidiaritätsklausel des Art. 51 Satz 1 so, daß der Sicherheitsrat zunächst seine Zuständigkeit akzeptieren müsse[100] und sodann zu einer unmißverständlichen Demonstration der "présence onusienne" Sanktionen gegen den Aggressor zu organisieren habe.[101] Dem hat *Hahnfeld* zugestimmt mit seiner Ansicht, daß das Recht zur Selbstverteidigung in der Golfkrise spätestens mit der Resolution 661 (1990) vom 6. August 1990 über das Wirtschaftsembargo erloschen sei.[102] *Deiseroth* kommt zu demselben Ergebnis, jedoch meint er, daß dafür bereits die Resolution 660 (1990) vom 2. August 1990 ausreichend war, die selber allerdings noch keine Wirtschaftssanktionen verhängte, sondern lediglich die nach Art. 39 notwendige Feststellung des Vorliegens eines Friedensbruchs traf.[103]

Der Forderung, daß der Sicherheitsrat mindestens Wirtschaftssanktionen gegen den Aggressor verhängen muß, damit der von dem bewaffneten Angriff betroffene Staat sein Selbstverteidigungsrecht nicht mehr ausüben kann, schließt sich auch *Partsch* an mit dem Verdienst, die Schwelle der Erforderlichkeit nicht nach "unten" hin abzugrenzen (erforderlich ist mehr als nur ein 'Tätigwerden' oder eine 'Akzeptanz der eigenen Zuständigkeit' oder ein 'Einrücken in die Tagesordnung einer Sicherheitsratssitzung'), sondern nach "oben" hin zu den eingriffsintensiveren

---

[99] Vergau, Globale Anforderungen an Deutschland, in: Souchon (Hrsg.), Völkerrecht und Sicherheit, S. 124.

[100] Verhoeven, AFDI 36 (1990), S. 188, wobei aber die von ihm verwendete Formulierung "prendre charge d'un conflit" im Zweifel weiter geht als die von anderen benutzte englische Fassung "to accept jurisdiction of a conflict", vgl. dazu Rostow, AJIL 85 (1991), S. 511.

[101] Tavernier, AFDI 36 (1990), S. 556 und insbesondere Verhoeven, a.a.O. (vgl. die vorige Anmerkung).

[102] Hahnfeld, Betrifft Justiz 1991, S. 14.

[103] Deiseroth, Betrifft Justiz 1991, S. 11-12.

militärischen Maßnahmen nach Art. 42: Als die nach Art. 51 erforderlichen Maßnahmen seien nämlich auch gewaltlose Schritte anzusehen, da nicht gefordert werden könne, daß diese Maßnahmen in ihrer Art jenen der Selbstverteidigung gleichen. Dies verbiete sich schon aufgrund der rechtlichen Bindung des Sicherheitsrats an das Prinzip der Verhältnismäßigkeit, das sehr wohl dazu führen könne, daß in einer konkreten Lage über gewaltlose Maßnahmen hinausgehende Aktionen noch nicht gerechtfertigt seien und der Rat sich an deren Stelle nur zu Wirtschaftssanktionen entschließe.[104]

Etwas skeptischer in dieser Hinsicht, aber letztlich doch in die gleiche Richtung tendierend argumentiert *Klein*: Gehe man davon aus, daß ein bewaffneter Angriff nicht nur eine der schwersten Völkerrechtsverletzungen darstelle, sondern ein Mitglied der Völkergemeinschaft in unmittelbare Existenznot bringe, könne man ein Zurücktreten des Selbstverteidigungsrechts hinter Maßnahmen des Sicherheitsrats nur dann annehmen, wenn diese von erheblichem, die Gefahr für das Angriffsopfer eindeutig reduzierenden Gewicht seien. Schon aus dem Begriff "measures" könne geschlossen werden, daß es sich um Maßnahmen nach Art. 41 oder 42 handeln müsse. Könne sich der Sicherheitsrat dagegen nur auf Empfehlungen nach Art. 39 einigen, könne man jedenfalls von einer Suspendierung des Selbstverteidigungsrechts nicht sprechen. Auch der Erlaß verbindlicher vorläufiger Maßnahmen ("provisional measures") nach Art. 40 dürfte nicht ausreichen. Zum Herrn des Geschehens mache sich der Sicherheitsrat daher frühestens mit der Verhängung von Zwangsmaßnahmen.[105]

Nicht eindeutig auf eine der nach Kapitel VII möglichen Handlungsalternativen des Sicherheitsrats zum Zweck einer Inhaltsbeschreibung der hier untersuchten auflösenden Bedingung festlegen möchte sich *Bowett*: "There would seem, therefore, to be a legal obligation to suspend individual or collective self-defence once the Security Council has taken these measures. (...) Measures necessary to 'maintain international peace and security' are probably the measures referred to in Articles 39, 41 and 42 and

---

104 Partsch, EuGRZ 18 (1991), S. 471.

105 Klein, AVR 29 (1991), S. 425, der jedoch auf S. 426 demgegenüber weitergehend dann doch wenigstens den Einsatz militärischer Zwangsmaßnahmen nach Art. 42 zu verlangen scheint, was aber wohl nach Kleins dortigen Ausführungen nicht allgemeine Gültigkeit haben soll, sondern im konkreten Zusammenhang mit dem Wortlaut der Resolution 661 (1990) vom 6. August 1990 zu sehen ist.

clearly exceed the limits of measures in self-defence."[106] Offen bleibt hier erneut, ob schon die bloße Feststellung des Vorliegens eines Friedensbruchs nach Art. 39 durch den Sicherheitsrat als "Maßnahme" verstanden wird (und *Bowetts* zitierte Aussage ließe sich in der Tat so begreifen, falls man eine solche Feststellung unter den weit auslegbaren Begriff der "Maßnahme" fassen möchte), die das Recht zur Selbstverteidigung erlöschen läßt. Wenigstens wirtschaftliche Sanktionen nach Art. 41 scheinen nach dieser Meinung dafür aber jedenfalls auszureichen.

Für eine Suspendierung des Selbstverteidigungsrechts nach der Subsidiaritätsklausel des Art. 51 Satz 1 machen dagegen andere Kommentatoren in der völkerrechtlichen Lehre weitergehend zur Voraussetzung, daß der Sicherheitsrat selber zu militärischen Zwangsmaßnahmen nach Art. 42 greift. *Gill* sieht das auf Art. 51 basierende Recht zur Selbstverteidigung als so lange in Kraft, wie der Sicherheitsrat nicht beschließe, es durch kollektive Maßnahmen zu ersetzen. Dazu zähle zwar auch ein Handels- und Finanzambargo, dieses allein sei aber nicht ausreichend, um dem angegriffenen Staat sein Verteidigungsrecht zu nehmen, dazu seien vielmehr kollektive militärische Zwangsmaßnahmen nach Art. 42 erforderlich. Während einer zwischenzeitlich denkbaren Phase, in der vorerst lediglich wirtschaftliche, aber noch nicht militärische Zwangsmaßnahmen beschlossen seien, könne es aber aus politischen, wenn auch nicht aus rechtlichen Erwägungen heraus geboten sein, militärische Zurückhaltung zu üben, was den juristischen Bestand des Selbstverteidigungsrechts jedoch unberührt lasse.[107] Diesen Standpunkt hat unter den frühen Kommentatoren der Charta bereits *Kirk* vor mehr als einem halben Jahrhundert eingenommen: Selbstverteidigung nach Art. 51 ermögliche "the fullest kind of action by an individual state threatened by aggression at any time before the Council has decided to use force under its own authority".[108] Die Rechtsfolge einer solchen Entscheidung hat *Krezdorn* herausgearbeitet: "L'action autonome de

[106] Bowett, Self-Defence in International Law, S. 195, 197, wobei ein aussagekräftiger Hinweis auf das mangelnde Vertrauen das Autors in die Funktionsfähigkeit des Mechanismus der kollektiven Sicherheit nach Kapitel VII der Charta darin zu sehen ist, daß Bowetts mehrere hundert Seiten umfassendes Standardwerk zu Fragen der Selbstverteidigung im Völkerrecht darüber hinaus keinerlei Aussagen oder Untersuchungen zum Inhalt der hier diskutierten auflösenden Bedingung enthält.

[107] Gill, Nederlands Juristenblad 65.II (1990), S. 1477-1478.

[108] Kirk, 55 Yale Law Journal (1945/46), S. 1092 unter Hinweis auf die Entstehungsgeschichte des Art. 51 und die dabei vorgelegten Formulierungsvorschläge des US-Senators Vandenberg, die schließlich in wesentlichen Teilen angenommen wurden und zur heutigen Fassung des Art. 51 geführt haben.

légitime défense se transformera ainsi en une action au nom des Nations Unies."[109]

Dem folgt im Prinzip auch *Greenwood*, nach dem das Selbstverteidigungsrecht des angegriffenen Staates in den weiter gefaßten Maßnahmen des Sicherheitsrats aufgeht, sobald dieser militärische Zwangsmaßnahmen beschlossen hat. Ob wirtschaftliche Sanktionen dieselbe Rechtswirkung haben könnten, hänge davon ab, ob sie soweit erfolgreich seien, daß der angegriffene Staat nicht länger gezwungen sei, sich auf Gewalt zu seiner Verteidigung zu verlassen.[110]

*Fink* hat dem beigepflichtet: Der den Nothilfemaßnahmen ihre erforderliche Legitimität verleihende Rechtstitel des Art. 51 sei in der Golfkrise in den Hintergrund getreten, nachdem der Sicherheitsrat das System kollektiver Sicherheit nach Kapitel VII der UN-Charta wohl zum ersten Mal in seiner Geschichte in einer Art und Weise in Vollzug gesetzt habe, die geeignet sei, der Verletzung des Gewaltverbotes effektiv zu begegnen.[111] Was er mit dieser "effektiven Art und Weise" meint, wird bei seiner Untersuchung der Resolution 665 (1990) vom 25. August 1990 deutlich. Wegen der in ihr implizit vorausgesetzten Notwendigkeit der Anwendung militärischer Gewalt zur Aufbringung und Durchsuchung von Blockadebrechern sei davon auszugehen, daß mit dieser Entschließung bereits der Schritt zu militärischen Zwangsmaßnahmen nach Art. 42 der Charta vollzogen worden sei, was insbesondere die in ihr enthaltene Formulierung nahelege, daß die den Umständen angemessenen Maßnahmen "unter der Weisungsbefugnis des Sicherheitsrats" anzuwenden seien.[112]

Im Zusammenhang mit dem Zweiten Golfkonflikt hat *Freudenschuß* auf die Nichtanwendbarkeit des Selbstverteidigungsrechts und damit auf die Erfüllung der Voraussetzungen der Subsidiaritätsklausel des Art. 51 Satz 1 daraus geschlossen, daß die Ermächtigungsresolution 678 (1990) vom 29. November 1990 in Ziffer 3 ihres operativen Teils eine Verpflichtung aller Staaten enthält, die nach Ziffer 2 unternommenen militärischen Aktionen zu unterstützen. Dies wäre nach Ansicht des Autors nicht möglich gewesen, wenn es sich bei dem militärischen Einsatz der Alliierten am Golf lediglich um eine Maßnahme der kollektiven Selbstverteidigung gehandelt hätte, da

---

109 Krezdorn, Les Nations Unies et les Accord Régionaux, S. 127.
110 Greenwood, Neue ZWehrR 33 (1991), S. 52-53.
111 Fink, AVR 29 (1991), S. 465.
112 ibidem, S. 470 sowie die dortige Anmerkung 85.

Art. 51 eine solche Beistandspflicht nicht kennt.[113] Folglich müßte danach spätestens in der Verabschiedung der Entschließung 678 (1990) die Ergreifung der nach Art. 51 Satz 1 "erforderlichen Maßnahmen" zu sehen sein, die das bis dato bestehende Recht zur Selbstverteidigung suspendiert. In eine ganz ähnliche Richtung argumentieren auch *Heinz*, *Philipp* und *Wolfrum*: Aufgabe der Resolution 678 (1990) vom 29. November 1990 sei es gewesen, die Resolution 660 (1990) vom 2. August 1990 durchzusetzen *sowie* den Weltfrieden und die internationale Sicherheit in der Region wiederherzustellen. Das in dieser Formulierung enthaltene doppelte Mandat gehe über das Mandat einer Selbstverteidigung hinaus, auch wenn zuzugestehen sei, daß das Recht auf Selbstverteidigung mehr umfasse als die bloße Abwehr eines Angriffs.[114]

Am weitesten geht diejenige Gruppe von Autoren, die verlangt, daß der Sicherheitsrat unter Bezugnahme gerade auf das Recht zur Selbstverteidigung in einer Resolution tätig wird, damit die Voraussetzungen der Subsidiaritätsklausel bejaht werden können. Dies geht zurück auf eine Analyse von *Waldock*, der schon 1952 zu dem Ergebnis gekommen war, daß "once action in self-defence is in motion, it requires an affirmative decision of the Council, including the concurring votes of the Permanent Members, to order the cessation of the defensive action."[115] *Dinstein* hat diesen Ansatz aufgegriffen und weiter ausgeführt: "Apparently, it is not enough under Article 51 for the Security Council to adopt just any resolution, in order to divest Member States of the right to continue to resort to force in self-defence against an armed attack. The only resolution that will engender that result is a legally binding decision, whereby the cessation of the (real or imagined) defensive action becomes imperative. Short of such a measure, the Member State engaged in self-defense is not obligated to desist from the use of force."[116]

Andere möchten dieses Resultat aus ihrem Verständnis des Verhältnisses der beiden Ausnahmen vom Gewaltverbot nach Art. 2 Ziff. 4 zueinander gewinnen. So ist *Bentwich* der Auffassung, daß das Recht zur Selbstverteidigung gar nicht erst zur Entstehung gelange, wenn der Sicherheitsrat noch vor oder zumindest unmittelbar nach dem bewaffneten Angriff Maßnahmen ergreife. Andererseits müsse die Ausübung einer einmal rechtmäßig eingeleiteten Verteidigungshandlung abgebrochen werden, wenn

---

113 Freudenschuß, EJIL 5 (1994), S. 525.
114 Heinz/Philipp/Wolfrum, VN 39 (1991), S. 126.
115 Waldock, RdC 81 (1952-II), S. 495-496.
116 Dinstein, War, Aggression and Self-Defence (1988), S. 196-197.

der Sicherheitsrat adäquate Maßnahmen getroffen habe. Was diese adäquaten Maßnahmen sind, müsse aus dem Zweck des Selbstverteidigungsrechts nach der Charta bestimmt werden. Es habe hier die Funktion, eine Lücke im System der kollektiven Sicherheit zu füllen. Der Übergang von in diese Lücke fallenden Maßnahmen zum Mechanismus der kollektiven Sicherheit falle in die Zuständigkeit des Sicherheitsrats, also müsse es dieser sein, der von seinem Recht, auf Abbruch oder Einschränkung der bereits nach Art. 51 ergriffenen einzelstaatlichen Maßnahmen per Entschließung zu drängen, Gebrauch mache.[117] Ähnlich argumentiert auch *Schachter*: Die Anwendung der Subsidiaritätsklausel des Art. 51 Satz 1 verlange einen Nachweis der Absicht des Sicherheitsrats, das Recht zur Selbstverteidigung nunmehr beenden zu wollen. Dies müsse nicht immer ausdrücklich in der betreffenden Resolution formuliert werden; erforderlich sei aber, daß dieser "proof of the Security Council's intent to override Art. 51" sich in hinreichender Weise aus dem Text oder Zusammenhang der in Frage stehenden Resolution ergebe: Dafür reiche die Anordnung eines Waffenstillstandes aus, die Verhängung von wirtschaftlichen Sanktionen dagegen nicht.[118]

*Eugene V. Rostow* geht sogar noch weiter und möchte das Selbstverteidigungsrecht solange zugestehen, bis seine Ausübung selbst zur Friedensbedrohung werde und der Sicherheitsrat dies auch feststelle: "... the aggrieved state and its friends and allies may decide for themselves when to exercise their rights of individual and collective self-defence until peace is restored or the Security Council, by its own affirmative vote, decides that self-defence has gone too far and become a threat to the peace."[119] Für diese Meinung folgt dies aus ihrem Grundverständnis des Verhältnisses der beiden Ausnahmen vom Gewaltverbot zueinander: "The Charter rule is that the exercise of the right to self-defence does *not* suspend the jurisdiction of the Security Council and that the assumption of jurisdiction by the Security Council does *not* suspend the "inherent" right of states to defend themselves. Under the Charter, the Security Council has the last word, and can stop a war of self-defence by deciding it has become a breach of the peace."[120] Lapidoth

---

[117] Bentwich, Commentary on the Charter, Art. 51, S. 107-108.

[118] so zusammenfassend Schachter, International Law in Theory and Practice, S. 403 mit von seinen früheren Stellungnahmen zum Golfkonflikt von 1990/91 deutlich abweichenden Nuancen, siehe zu letzteren ausführlich Schachter, AJIL 85 (1991), S. 452-473.

[119] Rostow, E.V., AJIL 85 (1991), S. 510.

[120] Hervorhebungen im Original; ibidem auf S. 513 mit der dann folgenden wertenden Anmerkung: "This distinction is critical to the future of the Security Council. It is a principle on which the United States should not compromise in any way."

fordert zusätzlich zu solch einer autoritativen Feststellung durch den Sicherheitsrat, daß die von ihm ergriffenen Maßnahmen sich als effektiv erwiesen haben müßten: "...the right of self-defence subsists until the Council has taken effective measures to remedy the situation *and* has adopted a binding decision ordering the termination of the use of force in self-defence."[121]

Die in Praxis und Völkerrechtslehre dargebotenen Lösungsansätze werden an einer Auslegung des Art. 51 Satz 1 zu messen sein. Erst dadurch wird sich dann klären, ob sie jeweils eine chartakonforme Interpretation darstellen, ob sie zum Zweck politischer Propaganda mißbraucht wurden[122] oder aber als politische Selbstbedienung zurückzuweisen sind.[123]

## D. Grammatikalische und systematische Auslegung des Art. 51

I. Der Begriff der "Maßnahme" erschließt sich durch einen Einstieg in die Problematik über Art. 48 Abs. 1, der von den Maßnahmen spricht, die für die Durchführung der Beschlüsse des Sicherheitsrats erforderlich sind. Maßnahmen sind demnach Handlungen, die auf Beschlüssen des Sicherheitsrats beruhen und die Zielsetzung verfolgen, jene durchzuführen, d.h. inhaltlich so umzusetzen, daß die in ihnen enthaltenen oder angestrebten Rechtsfolgen eintreten. Dies folgt auch aus dem Text des Art. 49, der sich auf die "Durchführung der vom Sicherheitsrat beschlossenen Maßnahmen" bezieht. Beschlüsse im weiteren Sinn sind ihrerseits ebenso wie Resolutionen[124] und Erklärungen formelle Rechtsakte zwischenstaatlicher Organisationen oder internationaler Konferenzen, worunter zunächst alle formellen Willensbekundungen eines Organs zu verstehen sind, ohne daß es

---

121 Lapidoth, AVR 30 (1992), S. 126; Hervorhebung durch den Verfasser.

122 so Conforti, EJIL 2 (1991), S. 111, der den Golfkonflikt selber mit Nachdruck als Ausübung des Rechts zur Selbstverteidigung versteht und daher der Meinung ist, die Krise könne nicht bewertet werden "as it has been maintained for purposes of political propaganda and also to keep it out of domestic constitutional procedures regarding a state of war as an international police action under United Nations auspices".

123 vgl. Green, AVR 28 (1990), S. 378, der demgegenüber hinsichtlich der Golfkrise aus seiner Auffassung keinen Hehl macht, daß "the fact that some states and commentators have suggested that such action was compatible with the right of collective self-defence as regards Kuwait must be dismissed as political self-serving".

124 allgemein zum Rechtsbegriff der Resolution siehe Schermers, International Organizations, Resolutions, in: Bernhardt (Hrsg.), EPIL, Vol. II (1995), S. 1333-1336; zu der weitergehenden Frage, inwieweit Resolutionen Fernwirkungen erzeugen, indem sie zur Entstehung neuer Rechtsnormen beitragen, siehe Tunkin, The Role of Resolutions of International Organizations in Creating Norms of International Law, in: Butler (Hrsg.), International Law and the International System, S. 5.

auf ihre rechtliche Verbindlichkeit ankommt.[125] Beschlüsse im engeren Sinn haben nach dem Recht der Charta mehrere Bedeutungen. Nach einem formellen Verständnis handelt es sich dabei um rechtliche Instrumente, die ebenso wie Resolutionen verabschiedet werden, ohne mit ihnen identisch zu sein. Solche formellen Beschlüsse werden von Organen der UN insbesondere in Verfahrensfragen gefaßt.[126] Wo die Charta den Terminus "Beschluß" im Hinblick auf den Sicherheitsrat gebraucht, wie dies in Kapitel VII durchgängig der Fall ist, so bezieht sie sich damit auf dessen Fähigkeit, rechtlich verbindliche Entscheidungen zu treffen (Art. 39-41, 44, 49, 94 Abs. 2) oder Handlungen vorzunehmen oder Empfehlungen abzugeben[127], obwohl derartige Beschlüsse des Sicherheitsrats in der Praxis regelmäßig in der Form einer Resolution ergehen.[128] Maßnahmen im hier relevanten Sinn sind demzufolge Handlungen, die Beschlüsse des Sicherheitsrats durchführen, die in Form einer Resolution ergangen sind. Solche Resolutionen, für die als Synonym hier auch der Begriff der Entschließung verwendet wird, sind im allgemeinen für die UN-Mitgliedstaaten nach Art. 25 verbindlich[129], soweit sie nicht ihrer sprachlichen Fassung nach eindeutig als Empfehlung erkennbar sind und nach den ihnen zugrunde liegenden Chartavorschriften auch nicht den Anspruch auf Verbindlichkeit erheben können.[130] Der für Zwecke der Anwendung des Kapitels VII gegenüber Art. 25 speziellere, die rechtliche Verbindlichkeit von Sicherheitsratsbeschlüssen bekräftigende Art. 48 ist jedoch insofern enger als der allgemeinere Art. 25, als daß er sich ausdrücklich auf die Maßnahmen bezieht, die für die Durchführung der Beschlüsse des Sicherheitsrats nach Kapitel VII erforderlich sind, während Art. 25 generell von den Beschlüssen des Sicherheitsrats im Einklang mit der Charta spricht.

1. Der Begriff der Maßnahme wird in Kapitel VII mehrfach verwendet. Die Handlungsmöglichkeiten des Sicherheitsrats nach Art. 39 unterscheiden zwischen Empfehlungen einerseits und Beschlüssen über Maßnahmen auf Grund der Art. 41 und 42 zur Wahrung oder Wiederherstellung des Weltfriedens und der internationalen Sicherheit andererseits. Nach dem Wortlaut des Art. 39 wären demnach die Maßnahmen zu unterscheiden von

---

125 Lagoni/Nunez-Müller, Resolution, Erklärung, Beschluß, in: Wolfrum (Hrsg.), Handbuch Vereinte Nationen, Abschnitt Nr. 94, S. 693.

126 Lagoni, Resolution, Declaration, Decision, in: Wolfrum (Hrsg.), United Nations: Law, Policies and Practice, Vol. 2, S. 1081.

127 ibidem, S. 1082.

128 Lagoni/Nunez-Müller, Resolution, Erklärung, Beschluß, in: Wolfrum (Hrsg.), Handbuch Vereinte Nationen, Abschnitt Nr. 94, S. 694.

129 vgl. dazu bereits die eingehenden Ausführungen oben im Ersten Teil.

130 Simma/Delbrück, Charta, Art. 25, Rdnr. 11.

den (nicht rechtsverbindlichen) Empfehlungen. Auf diese Differenzierung bezieht sich auch die Einleitung des Art. 40, der die dem Sicherheitsrat zur Verfügung stehenden Optionen benennt, "bevor er nach Art. 39 Empfehlungen abgibt oder Maßnahmen beschließt". Auch hier wird der Begriff der "Maßnahmen" wie in Art. 48 Abs. 1 mit des Terminus des "Beschlusses" verbunden. Aus dem Wortlaut des Art. 39 ergibt sich aber noch eine andere wichtige Abgrenzung: Nach dem ersten Halbsatz dieser Vorschrift stellt der Sicherheitsrat zunächst fest, ob eine Friedensbedrohung, ein Friedensbruch oder eine Angriffshandlung vorliegt, erst danach kann er anschließend zu Empfehlungen oder Beschlüssen über Maßnahmen übergehen. Art. 39 öffnet mithin den Weg zu drei verschiedenen, voneinander zu differenzierenden im Rahmen von Kapitel VII relevanten Rechtshandlungen des Sicherheitsrats: eine Feststellung, eine Abgabe von Empfehlungen und eine Beschlußfassung über Maßnahmen nach Art. 41 und 42 mit dem Ziel der Wahrung oder Wiederherstellung des Weltfriedens und der internationalen Sicherheit.

Art. 40 scheint diesem so gewonnenen Auslegungsergebnis zunächst zu widersprechen. Diese Norm ermächtigt den Sicherheitsrats zum Erlaß der von ihm für notwendig oder erwünscht erachteten "vorläufigen Maßnahmen" (provisional measures, mesures provisoires). Damit gehen die gerade oben nachgezeichneten Konturen des Maßnahmebegriffs aber nicht schon wieder verloren. Denn Art. 40 Satz 2 und Satz 3 behalten den Ausdruck "vorläufige Maßnahmen" konsequent bei, geben ihnen einen bestimmten Inhalt, ordnen bestimmte Auswirkungen auf die Rechtsstellung der beteiligten Parteien an und definieren ihre besonderen Rechtsfolgen[131], die sich von denen der Art. 39, 41 und 42 klar unterscheiden und keine Gemeinsamkeiten aufweisen. Es handelt sich dabei folglich nicht um die oben diskutierten "Maßnahmen"[132], die eben nur "vorläufig" sind, sondern es ist festzuhalten, daß die "vorläufigen Maßnahmen" nach Art. 40 eine eigenständige Kategorie bilden, die von der Kategorie der "erforderlichen Maßnahmen zur Wahrung oder Wiederherstellung des Weltfriedens und der internationalen Sicherheit" strikt zu trennen ist.

Eine beispielhafte, ziemlich umfassende aber keineswegs abschließende Inhaltsbeschreibung der hier interessierenden zuletzt genannten Maßnahmen findet sich in Art. 41 und 42, in beiden Fällen unter ausdrücklicher Verwendung des Maßnahmebegriffs. Nach Art. 41 Satz 2 können die

---

131 siehe dazu im einzelnen Simma/Frowein, Charta, Art. 40, Rdnr. 4 ff..

132 ebenso in ihrer Auslegung des Begriffs der "provisional measures" Goodrich/Hambro/Simons, Charter of the United Nations, Art. 40, S. 306.

Maßnahmen die vollständige oder teilweise Unterbrechung der Wirtschaftsbeziehungen, des Eisenbahn-, See- und Luftverkehrs, der Post-, Telegraphen- und Funkverbindungen sowie sonstiger Verkehrsmöglichkeiten und den Abbruch der diplomatischen Beziehungen einschließen. Art. 42 Satz 2 zählt als Beispiele für die von dieser Vorschrift geregelten militärischen Zwangsmaßnahmen Demonstrationen, Blockaden und sonstige Einsätze der Luft-, See- oder Landstreitkräfte von Mitgliedern der Vereinten Nationen auf. Beide Artikel umfassen gemeinsam die Gesamtheit der nach Kapitel VII möglichen und dem Sicherheitsrat zur Verfügung stehenden Sanktionen. Obwohl die Charta in ihrem Kapitel VII vorsichtig lediglich den Begriff der "Maßnahme" verwendet, wird dieser in der Völkerrechtslehre üblicherweise mit dem Terminus "Sanktionen" gleichgesetzt.[133] Bei "Maßnahmen" nach Kapitel VII handelt es sich nach diesem Verständnis um die nach Art. 41 und 42 möglichen Sanktionen, die durch rechtsverbindlichen Beschluß des Sicherheitsrats in Form einer Resolution getroffen werden.

Solche Resolutionen können jedoch auch nicht bindende Empfehlungen aussprechen.[134] Zudem werden Empfehlungen als Handlungsinstrument des Sicherheitsrats in Art. 39 2. Halbsatz ausdrücklich genannt. Es stellt sich daher die Frage, ob nach dem System der Charta nicht rechtsverbindliche Empfehlungen nach Art. 39 auch Zwangsmaßnahmen nach Art. 41 und 42 umfassen können. Diese ist indessen zu verneinen: In Art. 39 wird durch die Unterscheidung zwischen Empfehlungen einerseits und Entscheidungen über Maßnahmen nach Art. 41 und 42 andererseits eine klare Alternative zwischen den beiden Möglichkeiten formuliert.[135] Aus dem System und der Entstehungsgeschichte der Charta ergibt sich, daß Zwangsmaßnahmen gegenüber dem von den Maßnahmen betroffenen Staat verbindlichen Charakter haben, was durch Empfehlungen nicht zu erreichen ist.[136] Empfehlungen und Maßnahmen sind daher rechtssystematisch nicht nur im Rahmen des Art. 39 scharf zu trennen, sondern diese Differenzierung setzt sich bei der Anwendung von Sanktionen gem. Art. 41 und 42 fort. Mit anderen Worten: echte Sanktionen im von der Charta intendierten Sinn auf der Basis von Empfehlungen gibt es nicht.

---

133 so ausdrücklich Beyerlin, Sanctions, in: Wolfrum (Hrsg.), United Nations: Law, Policies and Practice, Vol. 2, S. 1112.

134 vgl. Bruha, Security Council, in: Wolfrum (Hrsg.), United Nations: Law, Policies and Practice, Vol. 2, S. 1149-1150.

135 Simma/Frowein, Charta, Art. 39, Rdnr. 32.

136 ibidem.

2. Dies ist auch der Grund dafür, warum die Ereignisse der im hiesigen Kontext oft diskutierten Koreakrise aus dem Jahr 1950 in der vorliegenden Untersuchung nicht als möglicher Präzedenzfall für ein Eingreifen der Subsidiaritätsklausel des Art. 51 Satz 1 behandelt werden. Während der Koreakrise[137] hatte der Sicherheitsrats nach der Invasion der Republik Korea durch nordkoreanische Truppenverbände am 25. Juni 1950 zunächst mit seiner Entschließung 82 (1950) noch am gleichen Tag festgestellt, daß das Verhalten Nordkoreas einen Friedensbruch darstellte und die sofortige Einstellung der Kampfhandlungen ebenso gefordert wie den Rückzug der nordkoreanischen Truppen. Als Nordkorea dieser Aufforderung nicht nachkam, *empfahl* der Sicherheitsrat zwei Tage später in seiner Resolution 83 (1950) vom 27. Juni 1950 den Mitgliedstaaten der UN, der Republik von Südkorea die erforderlichen Mittel zur Verfügung zu stellen, um den bewaffneten Angriff zurückzuschlagen und den Weltfrieden wiederherzustellen.[138] Diese Empfehlung, die ebenso wie die gesamte Involvierung der UN in den Koreakrieg einen in jeder Hinsicht atypischen und einmaligen Sonderfall darstellt[139], läßt sich rechtlich aber nicht unter den Maßnahmebegriff des Kapitels VII subsumieren: " ...the expression 'enforcement action' presupposes the existence of something to be enforced, and consequently enforcement of a recommendation (...) is a contradiction in terms".[140] Es ist folglich auch nicht möglich, den Koreakrieg als eine Parallele zur Zweiten Golfkrise von 1990/91 anzusehen: "Il est fait néanmoins qu'alors que le Conseil de sécurité 'recommandait' dans l'affaire coréenne, il 'autorise' dans l'affaire irakienne.[141] (...) Il faut répéter toutefois que les deux situations n'en sont pas moins en apparence très dissemblables: dans l'affair coréenne, est fondamentalement en cause un exercice de légitime défense collective, qui est recommandé - et dans cette mesure perverti à raison du contrôle exercé - par les Nations Unies, alors que l'emploi de la force est en principe collectif dans la crise irakienne, même si les Nations Unies ne paraissent pas à maints égards en assumer effectivement

---

[137] vgl. dazu eingehend mit Darstellung der historischen Hintergründe und der besonderen Art und Weise, in der die UN an dem Konflikt beteiligt waren, Brammer, Conflicts, Korea, in: Wolfrum (Hrsg.), United Nations: Law, Policies and Practice, Vol. 1, Abschnitt Nr. 30, S. 278-285.

[138] Hervorhebung durch den Verfasser; vgl. SC/Res 83 (1950) vom 27. Juni 1950.

[139] dieser Einschätzung zustimmend Daillier/Dinh/Pellet, Droit International Public, S. 859: "...par un jeu de circonstances tout à fait exceptionelles...."

[140] vgl. Murphy, J.F., Force and Arms, in: Schachter/Joyner (Hrsg.), United Nations Legal Order,Vol. 1, S. 300 bei der Auswertung eines Sitzungsprotokolls aus dem UN-Sicherheitsrat.

[141] Verhoeven, AFDI 36 (1990), S. 176.

la charge."[142] In der Tat haben Empfehlungen und Ermächtigungen vollkommen verschiedene rechtliche Qualitäten: Eine Empfehlung ist als eine Ermutigung zu betrachten, in einem bestimmten Sinn zu handeln, ohne daß diese Handlung einer Legitimierung bedarf oder der Handelnde auch nur dazu verpflichtet ist, den empfohlenen Weg tatsächlich einzuschlagen. Somit stellt die empfohlene Handlung den Einsatz von Mitteln dar, die ohnehin hätten rechtmäßig benutzt werden können. Damit steht die Empfehlung der Ermächtigung oder Autorisierung aber diametral gegenüber, die ihre gesamte Bedeutung aus ihrer ursprünglich legitimierenden Wirkung schöpft, denn eine kraft Ermächtigung autorisierte Handlung wäre ohne jene nicht erlaubt und mithin illegal gewesen.[143] Anders dagegen die Empfehlung: Sie ist unverbindlich, zur Legalisierung gerade nicht fähig und taugt allenfalls zur Erteilung einer politischen Prämie durch die Weltorganisation.[144]

Bei dem Konflikt in Korea handelte es sich demnach mangels der Ergreifung von "Maßnahmen" durch den Sicherheitsrat um einen echten internationalen Krieg, in dessen Verlauf die Südkorea militärisch zur Seite stehenden Staaten in Ausübung ihres Rechts zur kollektiven Selbstverteidigung nach Art. 51 Satz 1 tätig wurden.[145]

3. Was folgt daraus für die Auslegung des Art. 51 Satz 1? Dieser spricht in seiner hier analysierten Subsidiaritätsklausel im (beinahe vollständigen)[146] wortgetreuen Gleichklang mit Art. 39 2. Halbsatz, 42 Satz 1, 48 Abs. 1 von den zur Wahrung des Weltfriedens und der internationalen Sicherheit erforderlichen Maßnahmen des Sicherheitsrats. Bei der Auslegung dieser Norm können nun die oben herausgearbeiteten, sich aus dem Wortlaut und der Systemaik des Kapitels VII ergebenden Interpretationsergebnisse

---

142 Verhoeven a.a.O., S. 179; a.A. aber offenbar Klein, AVR 29 (1991), S. 432, der hervorhebt, in der "Empfehlung" des Sicherheitsrats in der Koreakrise habe auch die Autorisierung der Mitgliedstaaten gelegen, von ihrem Selbstverteidigungsrecht Gebrauch zu machen, was wegen der Subsidiaritätsklausel des Art. 51 allerdings immer problematisch sein könne.

143 zu einer vergleichenden Anwendung dieser Maßstäbe auf den Koreakrieg einerseits und die Golfkrise andererseits siehe Verhoeven, a.a.O., S. 178: Die Ermächtigung hat den Zweck, "rendre licite ce qui ne le serait normalement pas si l'Etat n'avait pas été autorisé, et qui n'est pas la légitime défense dont l'exercice est indépendant de toute autorisation."

144 so ausdrücklich Menk, Der Staat 32 (1993), S. 413.

145 zur Gegenansicht vgl. Daillier/Dinh/Pellet, Droit International Public, S. 859: "C'est la seule occasion où les Nations Unies (...) ont été en mesure d'appliquer le système de sécurité collective selon les prévisions de la Charte."

146 zu der Möglichkeit eines denkbaren Redaktionsversehens bei Art. 51 Satz 1 am Ende vgl. oben die Einleitung zu diesem Zweiten Teil.

herangezogen werden: Nicht zu den hier für ein Erlöschen des Rechts zur Selbstverteidigung verlangten "erforderlichen Maßnahmen" gehört die von jeglichen Maßnahmen vollkommen getrennt zu betrachtende Feststellung des Vorliegens eines Friedensbruchs, einer Friedensbedrohung oder einer Angriffshandlung durch den Sicherheitsrat nach Art. 39 1. Halbsatz. Denn diese kann aufgrund des oben beschriebenen "Dreiklangs" der Rechtshandlungen des Rates nach Art. 39 nicht mit den "erforderlichen Maßnahmen" identisch sein.[147] Dies muß im Rahmen eines *argumentum a fortiori* erst recht für alle Schritte gelten, die sogar noch hinter einer solchen Feststellung zurückbleiben, wie etwa, daß der Sicherheitsrat sich lediglich einer Krise annimmt, sie auf die Tagesordnung einer oder mehrerer seiner Sitzungen setzt, sie nach Kapitel VII behandelt, sich nach Kapitel VII für zuständig erklärt oder sich in ähnlicher Weise mit ihr auseinandersetzt.

Gleiches hat für auf Art. 39 2. Halbsatz basierende Empfehlungen des Sicherheitsrats zu gelten, da ihnen nach dem eben Gesagten schon mangels Rechtsverbindlichkeit kein Maßnahmecharakter zukommt. Soweit der Sicherheitsrat demnach lediglich empfehlend tätig wird, hat er keine "erforderlichen Maßnahmen" getroffen, und die Subsidiaritätsklausel des Art. 51 Satz 1 greift folglich nicht ein: Ein vorher entstandenes Selbstverteidigungsrecht eines Angriffsopfers bleibt von dieser Empfehlung des Rates rechtlich unberührt.

Nichts anderes folgt auch aus den nach Art. 40 Satz 1 möglichen "vorläufigen Maßnahmen", die der Sicherheitsrat für notwendig oder erwünscht erachtet. Bei ihnen handelt es sich nämlich trotz der Wortverwandtheit um eine eigene Art von Rechtshandlungen, deren Vornahme jedoch nicht in die hier relevante Kategorie der "zur Wahrung oder Wiederherstellung des Weltfriedens und der internationalen Sicherheit erforderlichen Maßnahmen" fällt[148], mit ihnen nicht identisch ist und demnach

---

[147] anders und in seinen Anforderungen niedriger ansetzend im Ergebnis wohl Simma/Randelzhofer, Charter of the United Nations, Art. 51, Rdnr. 36 in Verbindung mit der dortigen Fußnote 150, der im Zusammenhang mit der Zweiten Golfkrise von 1990/91 bereits die vom Sicherheitsrat am 2. August 1990 in Form der Resolution 660 (1990) getroffene Feststellung unter den Begriff der nach Art. 51 Satz 1 am Ende "erforderlichen Maßnahmen" subsumiert: "Most recently, when Iraq had invaded Kuwait and the Security Council began to adopt the 'necessary measures' first, by finding that the invasion constituted a breach of international peace and security (SC Res. 660, Aug. 2, 1990)...."

[148] vgl. dazu übereinstimmend auch Goodrich/Hambro/Simons, Charter of the United Nations, Art. 40, S. 306: "'Provisional measures' are not 'enforcement measures' and do not therefore fall under the specific exception stated in Art. 2 (7)." In diesem Sinn auch Stettinius, Report to the President, S. 92: "The measures envisaged in this Article are

auch nicht deren von Art. 51 Satz 1 am Ende angeordnete Rechtsfolgen auslösen kann.

Damit bleiben für den Begriff der "Maßnahmen" im Ergebnis die nichtmilitärischen Sanktionen nach Art. 41 und die militärischen Zwangsmaßnahmen nach Art. 42 übrig, die - und zwar ausschließlich - in dieser Zusammenstellung in Art. 39 2. Halbsatz auch ausdrücklich genannt werden.

II. Art. 51 Satz 1 verlangt aber nicht nur, daß "Maßnahmen" ergriffen werden, sondern es muß sich gerade um die "erforderlichen" Maßnahmen handeln. Der Begriff der "Erforderlichkeit" in Art. 51 wird, soweit er überhaupt eine individuelle Betrachtung erfährt, verstanden als situationsgebundenes und einzelfallbezogenes Merkmal einer Effektivität der Maßnahmen des Sicherheitsrats.[149] Erforderlich sind die vom Sicherheitsrat getroffenen Maßnahmen danach, wenn sie sich im konkreten Fall als effektiv dahingehend erwiesen haben, ihr angestrebtes Ziel, nämlich die Wahrung oder Wiederherstellung des Weltfriedens und der internationalen Sicherheit, zu erreichen oder sich diesem Ziel wenigstens anzunähern.[150] Andere verstehen die Erforderlichkeit der Maßnahmen noch weitergehend als die Notwendigkeit einer erfolgreichen Krisenbewältigung.[151] Abgesehen von den Schwierigkeiten des Problems, wer diese Effektivität nach welchen Maßstäben beurteilen soll, stellt sich hier vor allem die vorrangige Frage, ob die "Erforderlichkeit" der Maßnahmen überhaupt ein im Rahmen von Art. 51 Satz 1 eigenständig zu prüfendes Merkmal darstellt. Anders gefragt: Gibt es innerhalb der Subsidiaritätsklausel eine eigene Erforderlichkeit, an der die vom Sicherheitsrat getroffenen Maßnahmen zusätzlich zur bloßen Tatsache, daß sie objektiv ergriffen wurden, zu messen sind? Zwei grundsätzliche Argumente sprechen dafür, diese Frage zu verneinen: Zum einen spricht die Charta ausgerechnet im Zusammenhang mit dem Maßnahmebegriff dann,

---

measures which the disputing parties will be asked to undertake themselves upon recommendation of the Council, and are therefore not to be regarded as preliminary sanctions."

149 vgl. Cassese, International Law in a Divided World, S. 235: "The Security Council's action must be effective to terminate the right to use force in self-defence in a particular situation." Dem stimmen zu N. Rostow, HILJ 32 (1991), S. 417 sowie Waldock, RdC 81 (1952-II), S. 495-496.

150 vgl. Lapidoth, AVR 30 (1992), S. 126: "...the right of self-defence subsists until the Council has taken effective measures to remedy the situation...".

151 vgl. E.V. Rostow, AJIL 85 (1991), S. 511: "...the customary law of self-defence is not impaired in any way by the Charter but remains intact until the Council has *successfully* dealt with the controversy before it." (Hervorhebung im Original)

wenn es ihr um die Effektivität und die Auswirkungen dieser Maßnahmen geht, nicht von "erforderlich", sondern von "wirksam". Nach Art. 1 Ziff. 1 setzen sich die Vereinten Nationen zum Ziel, den Weltfrieden und die internationale Sicherheit zu wahren und zu diesem Zweck *wirksame* Kollektivmaßnahmen zu treffen, um Bedrohungen des Friedens zu verhüten und zu beseitigen und Angriffshandlungen zu unterdrücken.[152] Dies legt die Schlußfolgerung nahe, daß die Charta, wenn sie doch durchaus ihren eigenen Wirksamkeits- oder Effektivitätsbegriff kennt, und diesen in Art. 51 Satz 1 hätte verwenden wollen, ihn dort auch gebraucht hätte. Da sie aber in Art. 51 statt dessen mit dem Begriff der "erforderlichen" Maßnahmen arbeitet, kann damit wohl nicht dasselbe gemeint sein wie mit "effektiv".

Zweitens kehrt die Formulierung der "zur Wahrung oder Wiederherstellung des Weltfriedens und der internationalen Sicherheit erforderlichen Maßnahmen" an anderer Stelle in identischer Form wieder, nämlich in Art. 42 Satz 1 zum Zweck der Beschreibung der nach dieser Vorschrift dem Sicherheitsrat zur Verfügung stehenden militärischen Zwangsmaßnahmen. Diese sprachliche Parallele zwischen Art. 51 Satz 1 und Art. 42 Satz 1 ist in der deutschen Fassung der Charta besonders evident. Die englische Fassung spricht in Art. 42 Satz 1 von "such action by air, sea or land forces *as may be necessary* to maintain or restore international peace and security".[153] Eine Abweichung vom Wortlaut des in der deutschen Übersetzung vollkommen parallel zu Art. 42 Satz 1 verlaufenden Art. 51 Satz 1 weist auch der authentische französische Text auf. Nach ihm ist der Sicherheitsrat ermächtigt, zu "entreprendre, au moyen des forces aériennes, navales ou terrestres, toute action *qu'il juge nécessaire* au maintien ou au rétablissement de la paix et la sécurité internationales".[154] Das Merkmal, daß die getroffenen Maßnahmen "erforderlich" (necessary, nécessaires) sein müssen, findet sich hingegen übereinstimmend in allen drei Übersetzungen, und zwar im jeweils gleichen Zusammenhang sowohl in Art. 51 Satz 1 als

---

152 Hervorhebungen durch den Verfasser; noch deutlicher wird das hier unterstrichene, auf dem Wortlaut der Norm basierende Argument bei Betrachtung der englischen Originalfassung der Charta: Art. 1 Ziff. 1 spricht von "effective collective measures for the prevention and removal of threats to the peace", während in Art. 51 Satz 1 von "the measures necessary to maintain international peace and security" die Rede ist. "Effective" und "necessary" bedeutet im englischen Sprachgebrauch aber keineswegs dasselbe. In der französischen Übersetzung der Charta postuliert Art. 1 Abs. 1 das Ziel "prendre des mesures collectives efficaces en vue de prévenir et d'écarter les menaces à la paix et à réprimer tout acte d'aggression...", aber Art. 51 Satz 1 spricht von "les mesures nécessaires pour maintenir la paix et la sécurité internationales".

153 Hervorhebungen durch den Verfasser.

154 Hervorhebungen durch den Verfasser.

auch in Art. 42 Satz 1. Dann liegt es aber nahe, daß es in beiden Fällen auf die gleiche Weise auszulegen ist. Auf die Wirksamkeit der Maßnahmen (effectivity, efficacité) wird bei der Interpretation des Begriffs "erforderlich" im Rahmen von Art. 42 Satz 1, soweit ersichtlich, von niemandem abgestellt. Seine Funktion an dieser Stelle besteht vielmehr darin, den Sicherheitsrat bei seiner Entscheidungsfindung an das im Völkerrecht anerkannte und auch für Maßnahmen des Sicherheitsrats geltende[155] Verhältnismäßigkeitsprinzip zu binden, das gerade bei militärischen Maßnahmen nach Art. 42 wegen der möglichen Gefahr der Ausweitung des Konflikts und der potentiellen Schäden Berücksichtigung finden muß.[156] Die anderslautende Formulierung in der fanzösischen Fassung der Charta führt zu keinem demgegenüber abweichenden Ergebnis.[157] Denn wenn ein völkerrechtlicher Vertrag in mehreren gleich authentischen, d.h. gleichermaßen verbindlichen Sprachen abgefaßt ist, was von Art. 33 Abs. 1 der Wiener Vertragsrechtskonvention (WVRK) ausdrücklich als möglich vorgesehen und von der Charta in ihrem Art. 111 auch angewandt wird, so wird gemäß Art. 33 Abs. 3 WVRK vermutet, daß die Ausdrücke des Vertrags in jedem authentischen Wortlaut dieselbe Bedeutung haben, weil sich erst aus der Gesamtheit der Texte der vereinbarte Vertragsinhalt ergibt.[158] Alle Texte sind für alle Vertragsparteien in gleicher Weise verbindlich.[159]

Das Merkmal der Erforderlichkeit der vom Sicherheitsrat getroffenen Maßnahmen in Art. 42 Satz 1 dient also dem Zweck, den Maßstab der Verhältnismäßigkeit in die Norm einzuführen, die nach dem dem Kapitel VII zugrundeliegenden Grundgedanken einer abgestuften Anwendung des Sanktionensystems ohnehin nur als *ultima ratio* zur Anwendung kommen kann.[160] Selbst wenn alle anderen Sanktionen versagen, führt das

---

155 so ausdrücklich Partsch, EuGRZ 1991, S. 471.

156 Simma/Frowein, Charta, Art. 42, Rdnr. 11; vgl. auch Simma/Frowein, Charter of the United Nations, Art. 42, Rdnr. 11, mit dem ausdrücklichen Hinweis: "This principle (of proportionality) finds expression in the Charter in the fact that these measures must be necessary ('as may be necessary')."

157 wobei anzumerken ist, daß dieses gerade angesichts der neuesten Völkerrechtspraxis keineswegs unwesentliche Problem von den französischen Kommentatoren nicht gesehen wurde: "En vertu de l'article 42, le Conseil peut entreprendre *toute action qu'il juge nécessaire* au maintien ou au rétablissement de la paix internationale." Vgl. dazu Fischer in: Cot/Pellet (Hrsg.), Commentaire de la Charte des Nations Unies, Art. 42, S. 709; Hervorhebungen durch den Verfasser.

158 Verdross/Simma, Universelles Völkerrecht, § 783, S. 500.

159 Hilf, Die Auslegung mehrsprachiger Verträge, S. 231-232.

160 ausführlich zu diesem Problem und der daraus resultierenden Antwort auf die Frage nach dem Verhältnis von Art. 41 zu Art. 42 vgl. Fink, AVR 29 (1991), S. 471.

Verhältnismäßigkeitsprinzip im Rahmen von Art. 42 dann zur seiner Unanwendbarkeit, wenn ersichtlich ein milderes Mittel zur Verfügung steht, das in der konkreten Situation gleich geeignet erscheint.[161]

Die Erforderlichkeit ist demnach kein im Rahmen von Art. 51 Satz 1 eigenständig zu prüfendes Merkmal, sondern wird dort lediglich im Rahmen der feststehenden, aus Art. 42 Satz 1 stammenden Wendung "die zur Wahrung (oder Wiederherstellung) des Weltfriedens und der internationalen Sicherheit erforderlichen Maßnahmen" wiederholt. Nur dort, nämlich in Art. 42 Satz 1, kommt der Erforderlichkeit die hier beschriebene selbständige Funktion zu, ein Rechtmäßigkeitsmaßstab für das Handeln des Sicherheitsrats nach dieser Vorschrift zu sein. Für die Voraussetzungen des Eingreifens der Subsidiaritätsklausel des Art. 51 Satz 1 kommt es mithin im Ergebnis nur auf den oben erläuterten Maßnahmebegriff an, ohne daß an dieser Stelle die Erforderlichkeit eine eigene gegenüber ihrer Funktion bei Art. 42 Satz 1 abweichende Rolle spielt.

## E. Teleologische Auslegung des Art. 51 Satz 1 unter Berücksich-tigung seiner Entstehungsgeschichte und der Travaux Préparatoires

I. Nach der allgemeinen Auslegungsregel des Art. 31 Abs. 1 WVRK ist ein völkerrechtlicher Vertrag nach Treu und Glauben, in Übereinstimmung mit der gewöhnlichen, seinen Bestimmungen in ihrem Zusammenhang zukommenden Bedeutung und im Licht seines Ziels und Zwecks auszulegen. Art. 31 WVRK folgt damit der objektiven Auslegungsmethode: Er lehnt die ältere, den psychologischen Willen der Vertragsteile erforschende, subjektive Interpretationsmethode ab, begnügt sich andererseits aber nicht damit, den Konsens allein aus dem Vertragswortlaut zu ermitteln (textuelle Methode), sondern ordnet auch die Berücksichtigung des Vertragszwecks an (teleologische Methode).[162] Die Travaux Préparatoires, d.h. die historischen Vorarbeiten zu einem Vertrag sowie die Umstände, unter denen er zustande kam, können gemäß Art. 32 WVRK als "supplementary means of interpretation" herangezogen werden, um entweder die unter Anwendung der primären Mittel des Art. 31 WVRK erfolgte Auslegung des Vertragstextes zu bestätigen, oder um dessen Sinn zu ermitteln, wenn der Text mehrdeutig oder dunkel ist, oder wenn seine Auslegung durch die Mittel des Art. 31 WVRK zu einem offensichtlich sinnwidrigen oder unvernünftigen Ergebnis führt.[163] Generell gilt als Auslegungsregel, daß Einschränkungen der staatlichen Freiheit, wie sie Art. 51 Satz 1 hinsichtlich des Rechts zur

---

161 ibidem.

162 Verdross/Simma, Universelles Völkerrecht, § 776, S. 492.

163 ibidem, § 779, S. 493.

Selbstverteidigung in verschiedenartiger bereits beschriebener Art und Weise vornimmt, einschränkend zu interpretieren sind.[164] Soweit eine Beschränkung der staatlichen (Entscheidungs-) Freiheit indessen vertraglich vorgesehen ist, darf die Anwendung der zitierten Auslegungsregel aber nicht dazu führen, die Beschränkung unwirksam zu machen.[165] Soweit demnach die Subsidiaritätsklausel des Art. 51 Satz 1 eine Beschränkung der staatlichen Freiheit dahingehend vornimmt, daß das Recht zur Selbstverteidigung nur bis zu einem bestimmten Zeitpunkt und danach eben nicht mehr ausgeübt werden darf, ist nach dem eben Gesagten darauf zu achten, daß auch eine Anwendung der "*in dubio mitius*"-Regel zugunsten einzelstaatlicher Freiheit nicht darin resultiert, der Grundaussage der zeitlichen Limitierung ihren Wesensgehalt zu nehmen und die temporäre Begrenzung des Rechts zur Selbstverteidigung damit wertlos zu machen.

Ein solches nach diesem Verständnis unzulässiges Auslegungsergebnis wäre es beispielsweise, wenn man die nach Art. 51 Satz 1 "erforderlichen Maßnahmen" als umfassend effektive, erfolgreiche Maßnahmen dahingehend interpretierte, daß der verlangte Erfolg der Maßnahmen gerade darin besteht, daß der bewaffnete Angriff effektiv zurückgeschlagen oder durch Rückzug freiwillig beendet ist. Denn wenn schon kein bewaffneter Angriff (mehr) vorliegt, gibt es ohnehin kein (fortdauerndes) Recht zur Selbstverteidigung nach Art. 51 Satz 1[166], der ohne Zweifel eine Vergeltung im Sinn eines retaliatorischen Rachefeldzuges gegenüber dem Gewaltverbot des Art. 2 Ziff. 4 nicht rechtfertigen würde.[167] In diesem Fall bliebe aber kein Raum mehr für eine eigenständige Bedeutung der Subsidiaritätsklausel neben dem ohnehin immer zu beachtenden Tatbestandsmerkmal des "bewaffneten Angriffs" in Art. 51 Satz 1, d.h. die vertraglich von der Charta

---

164 Fall der Regel "*in dubio mitius*", vgl. dazu den Spruch des Ständigen Internationalen Gerichtshofes im Fall Mossul, StIGH, Series B, Nr. 12, S. 25: "If the wording of a treaty provision is not clear, in choosing between several admissible interpretations, the one which involves the minimum of obligations for the Parties should be adopted."

165 vgl. dazu den Spruch des Ständigen Internationalen Gerichtshofes im Fall S. S. Wimbledon, StIGH, Series A, No. 1, S. 25: "Ce serait une singulière interprétation que de faire dire à un traité exactement le contraire de ce qu'il dit."

166 vgl. dazu Greig, ICLQ 40 (1991), S. 391, dort Anmerkung 85: Der Autor hält dort der Auffassung, daß es stets einer Entscheidung des Sicherheitsrats mit einer ausdrücklichen Anordnung zur Beendigung der Selbstverteidigungshandlungen bedarf, sobald in Selbstverteidigung ergriffene Maßnahmen erst einmal in Aktion getreten sind, zutreffend entgegen: "This pronouncement is hardly acceptable both in the specific context of the present discussion, as the following text points out, and in general, because there must be circumstances in which the right to act comes to an end once its objectives have been achieved, whatever the Security Council may or may not have done."

167 übereinstimmend Donner, AVR 33 (1995), S. 182.

vorgesehene zeitliche Limitierung des Selbstverteidigungsrechts würde ihrer individuellen Relevanz beraubt, und die in ihr zum Ausdruck kommende Beschränkung staatlicher Freiheit wäre demzufolge unwirksam.

II. Die Charta in ihrer 1945 verabschiedeten Form geht zurück auf die Vorschläge von Dumbarton Oaks[168], wo sich die USA, die Sowjetunion, Großbritannien und China vom 21. August bis 7. Oktober 1944 nach der erfolgreichen Invasion der Alliierten in der Normandie vom 6. Juni 1944, aber noch deutlich vor dem Ende des Zweiten Weltkriegs am 8. Mai 1945 trafen. Die von ihnen ausgehandelten Vorschläge wurden zum vorläufigen Fundament der späteren UN-Charta und zur Basis der Gründungsversammlung von San Francisco, der United Nations Conference on International Organization (UNCIO)[169], die am 25. April 1945 wenige Tage vor Kriegsende in Europa eröffnet wurde und am 25. Juni 1945 zur einstimmigen Annahme der "Charter of the United Nations" durch die Konferenz führte.[170]

1. Die Dumbarton Oaks Proposals erwähnten das Recht zur Selbstverteidigung mit keinem Wort. Dies bedeutet aber nicht, daß es bei den Verhandlungen nicht berücksichtigt worden war. So berichtete der Verhandlungsführer auf amerikanischer Seite und Staatssekretär im US

---

[168] Dumbarton Oaks Proposals; Dumbarton Oaks ist ist der Name eines Landhauses in der Nähe von Washington D.C.; zu der Entstehungsgeschichte und den Hintergründen der Dumbarton Oaks Proposals siehe Schlochauer, Dumbarton Oaks Conference, in: Bernhardt (Hrsg.), EPIL, Vol. I (1992), S. 1115-1117 sowie umfassend in allen Details Hilderbrand, Dumbarton Oaks - The Origins of the United Nations and the Search for Postwar Security.

[169] eingehend zur UNCIO siehe Forde/Evatt, UNCIO - Report by the Australian Delegate, dort S. 24-26 zu den Aufgaben und Befugnissen des Sicherheitsrats und den Zielen des Kapitels VII auf dem Hintergrund der Erfahrungen des Zweiten Weltkriegs; zur UNCIO vgl. auch Yearbook of the United Nations 1946-47, S. 12-34 mit einer Darstellung vor allem der organisatorischen und prozeduralen Aspekte der Gründungskonferenz.

[170] umfassend zur Entstehung und Geschichte der Vereinten Nationen vgl. Russell, A History of the United Nations Charter. Die Charta von San Francisco wurde von 51 Gründungsmitgliedern unterzeichnet, davon 22 amerikanische, 15 europäische, neun asaitische und vier afrikanische Staaten sowie Australien, vgl. dazu Rappard, Yale Law Journal 55 (1945/46), S. 1038, der die UN aus diesem Grund von Beginn an als eine zutiefst "uneuropäische" Organisation ansieht, woraus er negative Prognosen für die Fähigkeit der neuen Organisation ableitet, spezifisch europäische Probleme zu lösen: "No wonder, then, that over half of Europe is alien to the United Nations and that even those European states which have been admitted to the temple of peace erected by others than themselves find it hard to feel truly at home within its unfinished and none too hospitable walls."

Department of State, Stettinius, bereits am 2. Oktober 1944 darüber, daß der Delegierte Chinas durch eine Erklärung von seiner - Stettinius - Seite durchaus beruhigt werden konnte, daß "except in cases of self-defence, no unilateral use of force could be undertaken without the approval of the Council. In this connection, Mr. Victor Hoo, Vice-Minister of Foreign Affairs, desired explicit assurance that use of force in self-defence would not be regarded as inconsistent with the purposes of the Organisation."[171] Damit gaben sich auch die anderen die Delegierten des Treffens von Dumbarton Oaks zufrieden.

Anders erging es demgegenüber den Vertretern der lateinamerikanischen Staaten auf der Gründungskonferenz von San Francisco. Denn sie hatten sich in dem am 3. März 1945 auf der Inter-American Conference on War and Peace unterzeichneten *Act of Chapultepec* dazu verpflichtet, einen Angriff gegen nur eines ihrer Mitglieder als einen Angriff gegen alle Signatarstaaten des Paktes anzusehen. Dieser Gedanke war dem interamerikanischen System nicht neu und geht letztlich auf die *Monroe-Doktrin* der USA zurück. In ihr hatten die Vereinigten Staaten erklärt, daß jeder Versuch nichtamerikanischer Kräfte, ihren kolonialen oder politischen Einfluß in den Bereich der amerikanischen Republiken hinein auszudehnen, als eine Bedrohung des amerikanischen Friedens und der amerikanischen Sicherheit angesehen werde.[172] Dieses Prinzip wurde in der *Declaration of Lima* im Jahr 1938 anerkannt und im *Act of Habana* im Jahr 1940 bekräftigt. Die auf die amerikanische Hemisphäre konzentrierte Politik einer Selbstverteidigung gegen nichtamerikanische Mächte wurde von dem *Act of Chapultepec* aufgegriffen und gleichzeitig auf eine Politik der kollektiven Selbstverteidigung durch alle amerikanischen Republiken gegen jede Aggression eines Staates, sei es von innerhalb oder von außerhalb der westlichen Hemisphäre, ausgedehnt.[173]

---

[171] siehe dazu die erst vor wenigen Jahren der Öffentlichkeit zugänglich gemachten und erst dadurch etwas Licht auf die bis dahin dunkle Verhandlungsgeschichte des Art. 51 werfenden Foreign Relations of the United States, Diplomatic Papers, 1944, Band I, S. 862; auch zitiert bei Cassese, in: Cot/Pellet (Hrsg.), La Charte des Nations Unies, Art. 51, S. 773.

[172] zur aus dem Jahr 1928 stammenden *Monroe-Doktrin* als ein Grundprinzip der amerikanischen Außenpolitik, welches von U.S. Präsident J. Monroe formuliert wurde und bis in die Zeit nach dem Zweiten Weltkrieg zum Verständnis außenpolitischer Entscheidungen der U.S. Bundesregierung beiträgt siehe Osmanczyk, Encyclopedia of the United Nations, S. 521.

[173] Stettinius, Report to the President, S. 107.

Es war die Sorge der lateinamerikanischen Staaten, daß die erst kurz zuvor im *Act of Chapultepec* getroffenen Vereinbarungen gegenüber den zum Recht auf Selbstverteidigung schweigenden Dumbarton Oaks Proposals keinen Bestand haben könnten, die das Thema "Self-Defence" auf die Tagesordnung der Konferenz von San Francisco brachte und dort die Gemüter erhitzte.[174] Der US-amerikanische Delegierte in dem zuständigen Verhandlungsausschuß, Senator Vandenberg, stimmte den lateinamerikanischen Befürchtungen zu. In seinen Augen war allerdings weniger die geplante vollkommene und ausschließliche Zuständigkeit des Sicherheitsrats für alle Friedensbrüche und -bedrohungen das Problem, sondern die Tatsache, daß nichtamerikanische Mächte im Sicherheitsrat ein Vetorecht auch für den Fall eines militärischen Konflikts innerhalb des amerikanischen Staatensystems hatten: "Therefore, in the event of trouble in the Americas, we could not act ourselves; we would have to depend exclusively on the Security Council, and any one permanent Member of the Council could veto the latter action, putting us at the mercy of Britain, Russia or China. Thus little is left of the Monroe Doctrine."[175] Konsequenterweise folgten Überlegungen, eine ausdrückliche Ausnahme in die Charter für entweder den *Act of Chapultepec* selbst oder aber etwas allgemeiner für regionale Sicherheitssysteme insgesamt aufzunehmen mit dem Ziel, diese von der Aufsicht durch den Sicherheitsrat zu dispensieren. Der kolumbianische Delegierte Camargo ging sogar soweit, daß er den Terminus der Selbstverteidigung gar nicht mehr individuell auffaßte, sondern ihn schon begrifflich mit dem genannten regionalen System verband: "The Latin-American Countries understood (...), that the origin of the term 'self-defence' is identified with the necessity of preserving regional systems like the Inter-American one. (...) it may be deduced that the approval of this action implies that Chapultepec is not in contravention of the Charter."[176]

---

174 siehe dazu Russell, A History of the United Nations Charter, S. 697 mit einer eingehenden Schilderung der zunehmenden Meinungsverschiedenheiten innerhalb des für regionale Sicherheitsfragen zuständigen Ausschusses, so daß Staatssekretär Stettinius schließlich entschied, das Problem müsse Präsident Truman persönlich vorgelegt werden.

175 US Senator Vandenberg, Zitat aus einem Statement während einer Ausschußsitzung, abgedruckt bei Russell, A History of the United Nations Charter, S. 694, dort auch mit dem Hinweis, daß die lateinamerikanischen Delegierten sich mittlerweile so sehr in dieses Einzelproblem verrannt hatten, daß sie dabei waren, diplomatisch regelrecht hochzurüsten ("up in arms").

176 Statement des kolumbianischen Delegierten Camargo in dem zuständigen Verhandlungsausschuß, vgl. United Nations Conference on International Organization (UNCIO), Band XII, S. 680.

2. Doch dieser Vorstoß ging den zukünftigen fünf Ständigen Mitgliedern des Sicherheitsrats, genannt die 'Big Five', zu weit. Ihnen war von Anfang an klar, daß die Erteilung einer solchen Befugnis, eine gewaltsame Aktion ohne vorhergehende Zustimmung des Sicherheitsrats zu unternehmen, nicht nur die Gründung unzähliger regionaler Abkommen gefördert hätte. Auch die Machtbefugnis und die Effizienz des Sicherheitsrats wären in diesem Fall von Beginn an unterspült und die Aufteilung der Welt in einander entgegengesetzte Machtpole wäre mehr oder minder ausdrücklich statuiert worden.[177] Nachdem die amerikanische und die sowjetische Delegation mit scheinbar unüberwindlichen Differenzen zunächst den kompletten Ausschuß blockiert hatten und dann auch noch in Zweierkonsultationen festgefahren waren, kam aus Kreisen der britischen Delegation der Vorschlag, regionale Sicherheitssysteme in der neuen Vorschrift überhaupt nicht mehr zu erwähnen, sondern an ihrer Stelle ein Notwehrrecht in der Charta festzuschreiben, das einzelnen Staaten allein oder in Gruppen zustehen könne. Dies sollte die Handlungen regionaler Sicherheitssystem einschließen: *"Nothing in this Charter should invalidate the right of self-defence against armed attack, either individual or collective, in the event the Security Council failing to take the necessary steps to maintain or restore international peace and security."*[178] Über diesen Vorschlag konnte eine Einigung erzielt werden. Begleitende Kommentare wie beispielsweise die unmittelbar danach noch am Abend des 15. Mai 1945 veröffentliche Presseerklärung des Staatssekretärs Stettinius wollten aber nicht versäumen zu betonen, daß damit eine Einschränkung der Funktion und Stellung des Sicherheitsrats keineswegs beabsichtigt gewesen war: "The statement declared that the new provision recognized the inherent right of self-defence but left unaffected the *ultimate authority* of the Security Council as the *paramount organ* in world enforcement action."[179] Der Begriff der Zwangsmaßnahmen ("enforcement action") scheint für Staatssekretär

---

177 Genoni, Die Notwehr im Völkerrecht, S. 99.

178 so der britische Entwurf für den späteren Art. 51 in diesem Stadium der Verhandlungen, abgedruckt bei Russell, A History of the United Nations Charter, S. 699. Bemerkenswert ist dabei, daß hierin noch die vollständige Formulierung "to maintain or restore international peace and security" enthalten war, wie sie sich in identischer Form auch in Art. 39 und Art. 42 findet, während der heutige Art. 51 lediglich noch von "to maintain international peace and security" spricht, ausführlicher zu diesem (wahrscheinlichen) Redaktionsversehen siehe oben, Einleitung zum Dritten Teil sowie unten die Ausführungen zur weiteren Entstehungsgeschichte des Art. 51 Satz 1.

179 Staatssekretär Stettinius, Presseerklärung der US-Verhandlungsdelegation vom 15. Mai 1945, zusammengefaßt bei Russell, A History of the United Nations Charter, S. 702, unter Berufung auf U.S. Department of State Bulletin, Vol. 12 vom 20. Mai 1945, S. 930; Hervorhebungen durch den Verfasser.

Stettinius überhaupt die zentrale Rolle für die hier untersuchte Subsidiaritätsklausel zu spielen. In seinem Bericht an Präsident Truman vom 26. Juni 1945 setzt er Selbstverteidigung und Zwangsmaßnahmen zueinander in ein zeitliches Verhältnis: "In thus recognizing the paramount authority of the world organization in enforcement action as well as the inherent right of self-defence against armed attack *pending the time when the Security Council undertakes such action*, this Article, with the other relevant provisions of the Charter, makes possible a useful and effective integration of regional systems of cooperation with the world system of international security."[180] Die in Art. 51 geforderten "necessary measures" werden hier mit "such action" beschrieben, die ihrerseits im ersten Satzteil als "enforcement action" bezeichnet wurde. Für den relevanten Zeitpunkt der Beendigung des Rechts zur Selbstverteidigung genügt nach dieser Aussage, daß der Sicherheitsrats Zwangsmaßnahmen unternimmt ("undertakes"). Es ist aber keine Rede davon, daß für diese Rechtswirkung die Maßnahmen effektiv oder gar erfolgreich zu sein haben, obwohl mit einiger Wahrscheinlichkeit davon ausgegangen werden kann, daß ein solch überaus wesentlicher Punkt von Stettinius in dem Bericht an seinen Präsidenten nicht übergangen worden wäre, von dem er wußte, daß er Präsident Truman als maßgebliche Leitlinie bei den ersten Interpretationen der neuen UN-Charta dienen sollte. Das spricht nachdrücklich für das bereits bei der systematischen Auslegung gewonnene Ergebnis, daß die "Erforderlichkeit" der Maßnahmen kein eigenes, im Rahmen des Art. 51 Satz 1 zu prüfendes Merkmal ist, sondern daß es sich dabei vielmehr um einen Rechtmäßigkeitsmaßstab für die Beschlüsse des Sicherheitsrats nach Art. 42 handelt, denen die Feststellung nach Art. 39 erst die Tür öffnet.

Seine endgültige Fassung erhielt Art. 51 Satz 1, damals noch Paragraph VIII-B-12 genannt, erst am 21. Mai 1945 aufgrund eines nochmals veränderten sowjetischen Formulierungsvorschlags. Der sowjetischen Delegation war daran gelegen, den provisorischen Charakter der Notwehrhandlung, über den ansonsten Einigkeit bestand und der sich auch aus den verschiedenen Presseveröffentlichungen der Delegationen ergab, ausdrücklich in den Text der Charta aufzunehmen. Der vorletzte Entwurf des späteren Art. 51 Satz 1 lautete demnach: *"Nothing in this Charter impairs the inherent right of self-defence, either individual or collective, if prior to taking the necessary measures for the maintenance of international peace and security by the Security an armed attack against a member state*

180 Stettinius, Report to the President, S. 107; Hervorhebungen durch den Verfasser.

*occurs."*[181] Dieser Vorschlag fand inhaltlich allgemeine Zustimmung, stieß jedoch bei einigen Delegierten deswegen auf Unbehagen, weil in dieser Konstellation die bloße Tatsache, daß es zu einem bewaffneten Angriff gekommen war, schon ein Versagen des an sich vorher zum Tätigwerden verpflichteten und mit der Bewahrung des Weltfriedens und der internationalen Sicherheit betrauten Sicherheitsrats impliziert hätte. Belastet mit der Hypothek eines bereits stattgefundenen Versagens wollte man den Sicherheitsrats aber nicht ins Rennen um die Bewältigung der jeweiligen Krise schicken, nachdem es nun nicht mehr um die Bewahrung, sondern nur noch um die Wiederherstellung des Weltfriedens und der internationalen Sicherheit gehen konnte. Aus diesem von seinem Ansatz eher psychologischen Grund entschied man sich schließlich für die später verabschiedete Fassung des Art. 51 Satz 1: *"Nothing in the present Charter shall impair the inherent right of individual or collective self-defence if an armed attack occurs against a Member of the United Nations, until the Security Council has taken the measures necessary to maintain international peace and security."*[182]

3. Die Verhandlungen von San Francisco um die exakte Formulierung des Art. 51 Satz 1 offenbaren aber gerade mit ihren Änderungen "in letzter Minute" und dem Unterlaufen eines (nur scheinbaren?[183]) Redaktionsversehens einen hier wesentlichen Aspekt: Eine zeitliche Reihenfolge der Ereignisse im Krisenfall derart, daß auf einen zunächst stattfindenden bewaffneten Angriff erst eine Phase der individuell oder kollektiv ausgeübten Selbstverteidigung folgt, der sich dann eine Aktivierung des Systems der kollektiven Sicherheit nach Kapitel VII anschließt, war von den Autoren

---

181 Formulierungsvorschlag für den späteren Art. 51 Satz 1, abgedruckt in Foreign Relations of the United States, Diplomatic Papers, 1945, Band I, S. 812. Es darf davon ausgegangen werden, daß aufgrund dieser neuen Fassung die Worte "or restore" aus dem Textentwurf gestrichen worden waren, weil diese Fassung wegen der Worte "...if prior to..." offensichtlich voraussetzte, daß die "necessary measures" des Sicherheitsrats zeitlich *vor dem Beginn des bewaffneten Angriffs* stattfinden sollten, d.h. zu einem Zeitpunkt, als der Weltfriede und die internationale Sicherheit noch bewahrt ("maintained") werden konnten und ein Grund für eine Wiederherstellung ("restoration") noch nicht gegeben war. Vgl. zu diesem Formulierungproblem bereits oben die Einleitung zum Dritten Teil.

182 so auch die heutige gültige Fassung des Art. 51 Satz 1.

183 Zweifel an diesem ursprünglichen Versehen meldet auch Lavalle an, vgl. Netherlands Yearbook of International Law 23 (1992), S. 10, dort Anmerkung 15: "Peace can be maintained only as long as it has not been breached, and if an armed attack has occurred peace has by definition been breached. If it has, however, it can and indeed should be *restored.* It seems, however, that the San Francisco Conference deliberately chose the word 'maintain' rather than 'restore'. But the reasons for the choice hardly make sense." (Hervorhebung im Original)

der Charta nicht vorgesehen. Vielmehr waren sie davon ausgegangen, daß der Sicherheitsrat sich zeitlich so unmittelbar mit jeder internationalen Krise befassen würde, daß er sogar noch vor dem Beginn eines bewaffneten Angriffs tätig werden konnte. Seine Aufgabe sollte sich genau aus diesem Grund auch darauf beschränken, "to maintain international peace and security", weil zu diesem Zeitpunkt mangels bewaffneten Angriffs keinerlei Notwendigkeit dazu bestand, "to restore international peace and security". Daher fehlt die letztgenannte Formulierung in der heutigen Fassung des Art. 51 Satz 1. Die Gründer der UN haben vis-à-vis dem Recht zur Selbstverteidigung und seinem zeitlichen Anwendungsbereich eine grundsätzlich andere Perspektive eingenommen als der Ausgangspunkt dieser Untersuchung. Während hier aufgrund bisheriger Staatenpraxis und historischer Erfahrung schon aus rein empirischen Gründen davon ausgegangen wird, daß ein bewaffneter Angriff zunächst das Recht zur Selbstverteidigung zur Entstehung bringt, und sich damit die entscheidende Frage stellt, wie lange es ausgeübt werden darf und unter welchen Voraussetzungen die zeitliche Grenze seiner Anwendbarkeit erreicht ist[184], haben sich die Delegierten von San Francisco auf die zentrale Rolle des Sicherheitsrats als für den Weltfrieden und die internationale Sicherheit hauptverantwortliches Organ der UN konzentriert. Ihr Blickwinkel war dabei der, daß der Sicherheitsrat - und in aller Regel ausschließlich dieser - für das internationale Krisenmanagement auch für den Fall eines bewaffneten Angriffs vor allem bereits in dessen Vorfeld zuständig war mit dem erklärten Ziel "to maintain international peace and security". Nur für den beispielsweise in den Dumbarton Oaks Proposals gar nicht vorgesehenen Fall, daß der Sicherheitsrat in seinen Bemühungen, den Weltfrieden und die internationale Sicherheit zu bewahren (und eben nicht wiederherzustellen) versagt[185], sollte als für den Regelfall gar nicht erwünschte Reservemöglichkeit ersatzweise das Recht zur Selbstverteidigung bereitstehen.[186]

---

[184] diese von den Gründern der Charta abweichende Perspektive bei der Betrachtung ein und desselben Problems nimmt in Übereinstimmung mit dem Ausgangspunkt der hiesigen Untersuchung auch Dinstein, Austrian Journal of Public and International Law 48 (1995), S. 13 ein: "Usually, what happens in an Article 51 situation is that the Security Council addresses the issue of the legitimacy of the exercise of self-defence *only subsequent to the event*. Article 51 precribes in its second sentence...." (Hervorhebungen durch den Verfasser)

[185] vgl. dazu den oben bereits zitierten Formulierungsvorschlag Großbritanniens: "...*in the event* of the Security Council *failing to take the necessary steps*..."; Hervorhebungen durch den Verfasser.

[186] so ausdrücklich in der Bewertung des "original intent" der Gründer der UN auch Franck/Patel, AJIL 85 (1991), S. 63-64: "It is obvious on its face, that the Charter, in

Diese historische Interpretation des Art. 51 Satz 1 auf dem Hintergrund seiner detailliert beleuchteten Entstehungsgeschichte bestätigt nicht nur das oben im Zweiten Teil herausgearbeitete Rechtsverhältnis zwischen den beiden Ausnahmen vom völkerrechtlichen Gewaltverbot, sondern führt auch zur Antwort auf die Frage nach einer Charakterisierung desjenigen Ereignisses, das die auflösende Bedingung des Art. 51 Satz 1 darstellt: Aus dem Sinn und Zweck der Vereinten Nationen und dem System ihrer Charta heraus sollte das Selbstverteidigungsrecht wegen der vorrangigen Zuständigkeit des Sicherheitsrats eigentlich *gar nicht* zur Anwendung kommen, sondern nur im Fall eines Versagens des Sicherheitsrats als *Notlösung*. Wenn es aber nur die Funktion einer temporären Notlösung haben sollte, dann darf davon ausgegangen werden, daß die Gründer der UN die Subsidiaritätsklausel des Art. 51 Satz 1 am Ende *so früh wie möglich* eingreifen lassen wollten, sobald in der Folge der Ereignisse eine objektive Handlung des Sicherheitsrats vorliegt, die nach Wortlaut und Systematik der Charta als "Maßnahme" in Sinn von Art. 51 Satz 1 aufgefaßt werden kann. Denn nur durch diese Auslegung ist eine frühzeitige Rückkehr zu den gerade für diesen Fall geschaffenen Mechanismen der Charta gewährleistet, die das an sich nicht erwünschte Eingreifen der zeitlich begrenzten Notlösung beenden. Da die vom Sicherheitsrat nach Art. 39 1. Halbsatz zu treffende Feststellung des Vorliegens einer Friedensbedrohung, eines Friedensbruchs oder einer Angriffshandlung nach der früher ausführlich dargelegten wörtlichen und systematischen Interpretation des Kapitels VII aber ebensowenig als "Maßnahme" im Sinn von Art. 39, 41, 42, 48, 51 zu deuten ist[187] wie eine nach Art. 39 2. Halbsatz mögliche Empfehlung oder eine nach Art. 40 zulässige "vorläufige Maßnahme", kommen für diese Handlung des Sicherheitsrats nur wirtschaftliche Sanktionen nach Art. 41 sowie militärische Zwangsmaßnahmen nach Art. 42 in Betracht.

III. Die hier vorgenommene teleologische Auslegung der Subsidiaritätsklausel des Art. 51 Satz 1 wird nicht nur durch andere Vorschriften der Charta gestützt, sondern ist auch in der frühen Literatur in den Jahren nach der Gründung der UN bereits weithin auf Zustimmung gestoßen. Nach Art.

---

creating the new police power, intended to establish an exclusive alternative to the old war system. The old system was retained only as a fallback, available only when the new system could not be made to work."

187 in diesem Sinn auch Dinh, RGDIP 52 (1948), S. 234: "D'après l'article 39 de la Charte, le Conseil de Sécurité *constate* l'existence d'un acte d'agression et *décide* quelles mesures seront prises conformément aux articles 41 et 42 pour maintenir ou rétablir la paix et la sécurité internationale. Il s'agit donc de deux actes séparés et distincts du Conseil." (Hervorhebungen im Original)

24 Abs. 1 übertragen die Mitglieder dem Sicherheitsrat die Hauptverantwortung für die Wahrung des Weltfriedens und der internationalen Sicherheit. Der Begriff der "Hauptverantwortung" ist qualitativ in dem Sinn aufzufassen, daß dem Sicherheitsrat exklusiv die wichtigsten Kompetenzen im Bereich der Friedenswahrung übertragen sein sollen, bei diesem Organ also zur Wahrung raschen und wirksamen Handelns das qualitative Schwergewicht der der Organisation insgesamt zur Verfügung stehenden Handlungsmöglichkeiten und -rechte liegt.[188] Für solch einen qualitativen Vorrang der Maßnahmen des Sicherheitsrats gegenüber Handlungen anderer UN-Organe oder der Mitgliedstaaten spricht nicht nur auch die französische Fassung der Charta, die von einer "responsabilité principale" des Rats ausgeht[189], sondern auch die Einbeziehung von Art. 11 Abs. 2 Satz 2 in die Überlegungen. Nach dieser Vorschrift ist die Generalversammlung verpflichtet, von ihr erörterte Fragen an den Sicherheitsrat zur Behandlung zu überweisen, wenn die Ergreifung von Maßnahmen erforderlich ist.

Die monopolartige Stellung des Sicherheitsrats[190] kommt jedoch nicht nur in solchen Normen zum Ausdruck, die ihm direkt und konkret bestimmte Befugnisse einräumen[191], sondern indirekt auch durch jene, die den Mitgliedstaaten der UN bestimmte Verpflichtungen auferlegen, deren Erfüllung die chartakonforme Handlungsfähigkeit des Sicherheitsrats garantieren soll. Im hier untersuchten Zusammenhang ist dabei vor allem auf Art. 51 Satz 2 zu verweisen, der alle UN-Mitgliedstaaten verpflichtet, diejenigen Maßnahmen, die sie in Ausübung des in Satz 1 des gleichen Artikels erwähnten Selbstverteidigungsrechts treffen, dem Sicherheitsrat sofort anzuzeigen.[192] Jeder Deutung dieser Obligation in die Richtung, dabei

---

188 vgl. Simma/Delbrück, Charta, Art. 24, Rdnr. 5.

189 während die englische Übersetzung sich in Art. 24 auf eine "primary responsibility" des Sicherheitsrats bezieht, was auch die problematische Auslegung zuließe, darin lediglich ein Element zeitlicher-verfahrensmäßiger Vorrangigkeit der Handlungen des Sicherheitsrats zu sehen und daraus auf eine grundsätzliche Parallelität und Konkurrenz der mit der Erfüllung der Friedenssicherungsfunktion der Gesamtorganisation der UN befaßten Organe zu schließen; vgl. zur ausführlichen Darstellung dieser Interpretationsvariante Simma/Delbrück, Charta, Art. 24, Rdnr. 5.

190 dazu eingehend Kelsen, AJIL 42 (1948), S. 785.

191 siehe zu einer Auflistung dieser Aufgaben und Befugnisse Bruha, Security Council, in: Wolfrum (Hrsg.), United Nations: Law, Policies and Practice, Vol. 2, S. 1148-1151.

192 für eine ausführliche Darstellung der mit diesem sogenannten "reporting-requirement" zusammenhängenden Rechtsprobleme vgl. Greig, ICLQ 40 (1991), S. 366 ff., der mit Nachdruck den Zusammenhang zwischen dieser Staatenpflicht und der Subsidiaritätsklausel des Art. 51 Satz 1 am Ende hervorhebt: "Implicit in the formulation of Article 51, therefore, is the notion that the reporting of measures would normally be a

könne es sich lediglich um eine verfahrensmäßig erforderliche Berichtspflicht handeln, nach deren Erfüllung der berichtende Staat unbeirrt in der Anwendung der nach seiner Auffassung nach Art. 51 Satz 1 gerechtfertigten Gewalt fortfahren könne, schiebt die weitere Formulierung von Art. 51 Satz 2 2. Halbsatz einen nicht zu übersehenden Riegel vor: Die in Ausübung des Selbstverteidigungsrechts unilateral vorgenommenen Handlungen berühren danach nämlich in keiner Weise die auf der Charta beruhende Befugnis und *ausdrückliche Pflicht des Sicherheitsrats*, trotz der an ihn chartakonform erfolgten Anzeige dieser Schritte jederzeit die zur Wahrung oder Wiederherstellung des Weltfriedens erforderlichen Maßnahmen zu treffen.[193] Damit stellt die Meldepflicht eine weitere, materielle Beschränkung des Selbstverteidigungsrechts dar[194], die ebenso wie die Annahme des im Rahmen der wörtlichen und systematischen Interpretation betonten relativ frühen Zeitpunktes für das Eingreifen der hier untersuchten Subsidiaritätsklausel für die Zentralisierung aller im Zuge eines Krisenmanagements fälligen Entscheidungen bei dem dafür geschaffenen zuständigen internationalen Organ streitet.

Diesen Beschränkungen kann gerade im Kontext einer teleologischen Auslegung auch nicht entgegengehalten werden, das Recht zur Selbstverteidigung werde von Art. 51 Satz 1 nicht gewährt, sondern dort lediglich erwähnt, ansonsten werde es von der Charta ausdrücklich als ein naturgegebenes Recht (inherent right) beschrieben.[195] Denn die Qualifi-

---

prelude to action of some sort by the Security Council that would bring to an end the need for the State, which has been the victim of an armed attack, to continue to exercise its right of self-defence."(a.a.O., S. 366-367)

193 zu dieser besonderen Pflichtenlage hinsichtlich des Tätigwerdens der UN bei Friedensbrüchen siehe Heintze, AVR 29 (1991), S. 438-439, der ein Untätigbleiben in solchen Fällen als Verstoß gegen diese Pflicht und damit als ein Versagen der Vereinten Nationen insgesamt wertet; ähnlich auch Boven, The Review, Juni 1992, S. 18: "With regard to international armed conflicts it is an *obvious task of the Security Council* to bring about an end to the hostilities and to achieve a just and peaceful settlement." (Hervorhebungen durch den Verfasser)

194 übereinstimmend Simma/Randelzhofer, Charta, Art. 51, Rdnr. 36.

195 so aber der oben bereits mehrfach zitierte und begründet kritisierte in der angloamerikanischen Literatur überwiegende Standpunkt, der immer wieder damit begründet wird, man müsse so argumentieren, da der Sicherheitsrat leider nicht optimal und noch nicht einmal wie mit aller Skepsis befürchtet funktioniert habe, sondern in allen wesentlichen Fragen sich selber stets mit einem Veto eines der fünf Ständigen Mitglieder blockiert habe. Dies mag zumindest für die Vergangenheit vor 1990 zwar stimmen und auch zutreffend als bedauerlich angesehen werden, hat aber mit der juristischen Reichweite des Selbstverteidigungsrechts nach Art. 51 nichts zu tun. Die dazu passende Antwort hat Bowett parat, in: Self-Defence in International Law, S. 246: "...the restrictions

zierung der Selbstverteidigung in Art. 51 Satz 1 als ein "naturgegebenes Recht" ist nur als schlicht unglücklich zu bezeichnen, weil es ein Bemühen um die Definition der Grenzen und Beschränkungen der Selbstverteidigung nachhaltig erschwert. Die bloße Formulierung als "naturgegebenes Recht" verschweigt nämlich für sich allein betrachtet die wesentliche Tatsache, daß Selbstverteidigung als "Recht" auch insgesamt verweigert oder nur als Entschuldigungsgrund ausgestaltet oder in seiner Entstehung, Ausübung und Dauer von bestimmten Bedingungen abhängig gemacht werden kann.[196] Mit der Beschreibung als "naturgegeben" wird aber über diese Bedingungen und deren Inhalt, die es gerade herauszufinden gilt, noch nichts gesagt.

Eine gehaltvollere Aussage läßt sich demgegenüber aus dem vielbetonten Hauptzweck der Charta gewinnen, internationale Krisen und insbesondere Angriffshandlungen mit einem zentralisierten System zu konfrontieren.[197] Die Selbstverteidigung paßt dazu schon von ihrem unilateralen Ansatz her nicht: "The measures of collective security taken under Chapter VII of the Charter are centralized actions of the Organization, whereas the process of collective self-defence is a completely decentralized reaction against armed attack. (...) The difference between collective self-defence under Article 51 and collective security under Chapter VII (...) consists indeed only in that the one is decentralized, the other centralized. But this difference is essential."[198] Betrachtet man nämlich den Zweck der Charta einmal vor allem aus dieser Perspektive und läßt manche durch die Realitäten der Vergangenheit vor dem Jahr 1990 geprägte enttäuschte Erwartung außen vor, so wird schnell klar, worin die in Art. 51 Satz 1 angesprochenen "erforderlichen Maßnahmen" bestehen müssen: "Among

---

contained in the Charter on the freedom of unilateral action, of action involving force unsanctioned by the competent U.N. organ, were really feasible only on the assumption that the Security Council would fulfil the responsibilities assigned to it. In fact it has not done so, but the consequences of this, however disadvantageous, are reasons for questioning the political wisdom of the Charter scheme; they are not reasons for extending and distorting the legal concept of self-defence. The content of that legal right is not subject to change due to an admittedly inconvenient political position."

196 siehe Kunz, AJIL 41 (1947), S. 876: "That is why it is unfortunate that Art. 51 puts it as a "right" of natural law, although this phrase is also found in municipal law. While the right of self-defence is granted by practically all legal orders, it may be denied, or it may constitute only an excuse, or it may be made dependent on particular conditions. The phrase "inherent right" can only serve to obscure the legal meaning. As a legal right, granted by positive international law, it has to be defined by this positive law. Only thus can its legal meaning be discovered, only thus can we see whether Art. 51 constitutes a progressive development and measure it against the institution of self-defence...."

197 Bowett, Self-Defence in International Law, S. 195

198 Kelsen, AJIL 42 (1948), S. 794.

these measures are certainly the enforcement measures determined in Chapter VII of the Charter - the specific measures of collective security. This is not expressly stipulated but follows from the fact that Article 51 is placed in Chapter VII. Self-defence must give way to collective security."[199] Dieser Ansatz war auch schon von den Delegierten der Gründungskonferenz von San Francisco betont worden: "...les mesures en légitime défense dureraient jusqu'à ce que le Conseil de Sécurité puisse adopter les sanctions appropriées contre l'Etat agresseur."[200] Bei dieser Entscheidung ist der Sicherheitsrat aber zumindest nach dem Buchstaben und dem Zweck der Charta nicht frei darin, zu entscheiden oder abzuwarten. Der Rat darf nämlich die Tatsache, daß Selbstverteidigungshandlungen im Gange sind, nicht einmal zeitweilig als Konfliktlösung ansehen, was aus der Fassung des Art. 51 Satz 2, dessen Bestimmungen nicht ohne Grund direkt auf das in Satz 1 der Norm erwähnte Recht zur Selbstverteidigung folgen, eindeutig hervorgeht: "L'article 51 le dit lui-même: l'action de l'état attaqué n'affecte en rien le pouvoir et le *devoir* qu'a le Conseil d'agir à tout moment pour rétablir la paix. De même, l'article 39 spéficie qu'après avoir constaté l'agression, le Conseil décide quelles mesures seront prises. Il ressort de l'expression 'quelles mesures' que la nouvelle décision du Conseil devra viser seulement les modalités de l'action coercitive."[201] Diese Zwangsmaßnahmen (action coercitive) können die beiden von der Charta vorgesehenen Formen einnehmen, nämlich nichtmilitärische Sanktionen nach Art. 41 und militärische Operationen nach Art. 42.

IV. Sinn und Zweck des Art. 51 Satz 1 gebieten es mithin im Ergebnis, die auflösende Bedingung des Rechts zur Selbstverteidigung in dem Moment als eingetreten anzusehen, in dem der Sicherheitsrat Zwangsmaßnahmen nach Kapitel VII beschließt, d.h. sich entweder für nichtmilitärische Sanktionen nach Art. 41 entscheidet oder zu militärischen Sanktionen nach Art. 42

---

199 ibidem, S. 793.

200 so der Vertreter Kolumbiens in dem mit der hiesigen Materie betrauten Kommissionsausschuß III/4 während dessen 4. Sitzung, Sitzungsprotokoll abgedruckt in UNCIO, Band 12, S. 698.

201 Dinh, RGDIP 52 (1948), S. 237. (Hervorhebung im Original); a.A. wohl Goodrich, The United Nations, S. 169, der von einer "exception to the Council's responsibility introduced by Article 51" spricht, was sich mit dem System des Kapitels VII und dem Sinn und Zweck der Charta insgesamt aber schwerlich vereinbaren lassen dürfte; umfassend zu den "responsibilities", aber auch den "legal duties" des Sicherheitsrats siehe Murphy, C., GYBIL 35 (1992), S. 190 ff., dessen Schlußfolgerung mit dem hiesigen Untersuchungsergebnis übereinstimmt: "The crisis created by Iraq's invasion of Kuwait provided an excellent opportunity for the Security Council to exercise its enforcement responsibilities under the provisions of Chapter VII of the Charter of the United Nations."

übergeht. Ab diesem Zeitpunkt ist das Krisenmanagement als in den Händen des von der Völkergemeinschaft gerade für diesen Fall geschaffenen zuständigen Organs zentralisiert und monopolisiert anzusehen, so daß ein rechtmäßiges unilaterales Vorgehen des angegriffenen UN-Mitglieds und seiner Verbündeten gegen den Aggressor nach Art. 51 Satz 1 nicht mehr möglich ist. Während des Zweiten Konflikts am Persischen Golf von 1990/91 endete das Recht Kuwaits und der ihm zur Seite stehenden Staaten zur Ausübung der Selbstverteidigung mithin am 6. August 1990, als der Sicherheitsrat die Resolution 661 (1990) verabschiedete, mit der er nach Art. 41 ein umfassendes Handels- und Finanzembargo gegen den Irak beschloß und damit weitreichende rechtsverbindliche wirtschaftliche Sanktionen gegen den Aggressor in Kraft setzte.[202] Bemerkenswerterweise wird dieser Standpunkt sogar von vielen geteilt, die selbst angesichts der überraschenden Entschlußkraft des Sicherheitsrats während der Golfkrise im Herbst 1990 nicht mit herber und zum Teil sogar schriller Kritik am UN-Sicherheitsrat sparen.[203] Denn sie bewerten die die Mitgliedstaaten zum Einsatz von Gewalt ermächtigende Resolution 678 (1990) vom 29. November 1990 zwar auf höchst unterschiedliche Weise (vgl. dazu die Ausführungen unten im Vierten Teil), sind sich jedoch zum großen Teil darüber einig, daß die Voraussetzungen der Subsidiaritätsklausel mit der Verhängung des Wirtschafts- und Finanzembargos nach Art. 41 zunächst als erfüllt

---

[202] dieser Lösung zustimmend Lavalle, Netherlands Yearbook of International Law 23 (1992), S. 15: "It follows that the resolution 661 should be considered to have brought the limiting clause of Article 51 into play." Gleichzeitig tritt der Autor hier auch möglichen Einwänden, daß Kuwait als der angegriffene Staat durch diese Anwendung der Subsidiaritätsklausel über Gebühr benachteiligt werde, nachdrücklich entgegen mit dem zutreffenden Hinweis: "The argument is specious. For it overlooks the fundamental fact that, at the same time as it provisionally deprived Kuwait of the right to defend itself, it gave it a valuable *quid pro quo*, namely, the imposition of an economic embargo on Iraq and the occupied territory of Kuwait. When resolution 661 (1990) was adopted, this measure, whose execution involved far less potential detriment and suffering for Kuwait and its people than the expulsion of Iraq from Kuwait by force of arms, did not appear to be foredoomed to failure as a means of liberating Kuwait." (Hervorhebung im Original). Zur Gegenansicht siehe McCoubrey, Rules of Engagement, New Law Journal 140 (1990-II), S. 1527, der unterstreicht, daß "the passing of resolutions cannot be considered to be 'measures necessary' to maintain international peace and security."

[203] vgl. Conforti, EJIL 2 (1991), S. 110, der aus seiner Ansicht über die Ermächtigungsresolution 678 (1990) vom 29. November 1990 keinen Hehl macht: "This was undoubtedly a declaration of impotence. But ultimately Article 51, and self-defence actions, are nothing but an acknowledgment by the authors of the Charter of the Council's likely powerlessness, considering that even in 1945 it was easy to foresee that a system for centralizing the use of force only when there is unanimous agreement among the great powers would be condemned to paralysis."

anzusehen waren[204] und eine fortgesetzte Selbstverteidigung nach Art. 51 Satz 1 deswegen nicht in Frage kommen konnte.[205]

## F. Die erforderlichen Maßnahmen und das Problem der Beurteilungskompetenz

Nachdem bis hierhin geklärt werden konnte, welche möglichen Handlungen des Sicherheitsrats im einzelnen die auflösende Bedingung der Subsidiaritätsklausel eintreten lassen, stellt sich nunmehr die das Problem weiterführende Frage nach der Zuständigkeit für die Beurteilung in einer gegebenen Situation, ob die von Art. 51 Satz 1 verlangten "erforderlichen Maßnahmen" getroffen worden sind oder nicht. Je nachdem, wie diese Beurteilung ausfällt, ergeben sich daraus zwanglos die oben besprochenen Rechtsfolgen der Subsidiaritätsklausel mit dem bereits beschriebenen Schicksal des Rechts zur Selbstverteidigung. Der Text des Art. 51 schweigt jedoch zu der Frage, wem die Charta die Einschätzung und Bewertung darüber, ob die erforderlichen Maßnahmen getroffen wurden, überlassen wollte. Zwar spricht Art. 51 Satz 2 ausdrücklich von der Pflicht und Befugnis des Sicherheitsrats, jederzeit die Maßnahmen zu treffen, die er, d.h. der Rat selbst, zur Wahrung oder Wiederherstellung des Weltfriedens und der internationalen Sicherheit für erforderlich hält. Daraus lassen sich jedoch zwei divergierende Schlußfolgerungen ziehen, die in gegensätzliche Richtungen weisen und mithin hier nicht weiterführen: Zum einen ließe sich argumentieren, der Begriff der Erforderlichkeit werde von der Charta in den beiden Sätzen des gleichen Absatzes des gleichen Artikels des Vertragstextes wohl kaum in zwei verschiedenen Varianten gebraucht, so daß die in Art. 51 Satz 2 dem Sicherheitsrat zuerkannte Einschätzungsprärogative entsprechend auch für die Aussage in Art. 51 Satz 1 zu gelten habe und daher der Rat für die hier in Frage stehende Beurteilung nach Satz 1 ebenfalls zuständig sein müsse. Andererseits jedoch könnte man

---

204 so auch Mullerson, Self-Defence in the Contemporary World, in: Damrosch/Scheffer (Hrsg.), Law and Force in the New International Order, S. 22: "The Security Council took measures necessary to maintain international peace and security; it adopted trade and financial sanctions against Irak; and it authorized measures to enforce these sanctions. From the moment the Security Council adopted these measures and imposed them on Iraq, the inherent right of self-defence was replaced by these collective measures."

205 Conforti, a.a.O. (vgl. die vorvorige Anmerkung), wobei er die Subsidiaritätsklausel des Art. 51 als eine "procedural limitation" versteht, die zwar zunächst eingegriffen habe, dann aber vom Sicherheitsrat mit der Resolution 678 (1990) vom 29. November 1990 wieder aufgehoben worden sei. Diesen Weg lehnt der Autor aber als nicht chartakonform ab, da man seiner Ansicht nach bei den das Selbstverteidigungsrecht verdrängenden wirtschaftlichen Sanktionen hätte bleiben sollen: "It is Article 41 that should be made the centre of the United Nations collective security system."

dem entgegenhalten, daß die Charta in zwei Fällen von Kompetenzzuweisungen auch den gleichen Wortlaut verwendet hätte, wenn sie denn die Zuständigkeit in der gleichen Weise hätte regeln wollen. Daß sie dies aber gerade nicht getan hat, könne folglich nur bedeuten, daß die Kompetenzverteilung in beiden Fällen eben nicht dieselbe sei.

I. Gerade angesichts der bestehenden Ungewißheiten über die präzisen Voraussetzungen einer Suspendierung des Rechts zur Selbstverteidigung und der zahlreichen dazu vertretenen, in sich wiederum variierenden Ansichten kommt damit der Frage, wer darüber entscheidet, ob die vom Sicherheitsrat ergriffenen Schritte die nach Art. 51 Satz 1 "erforderlichen Maßnahmen" darstellen, oder, mit anderen Worten, ausreichend waren, um den Weltfrieden und die internationale Sicherheit wiederherzustellen, eine Schlüsselrolle zu.[206] Soweit dieses Problem von den Kommentatoren, die - wie oben bereits erwähnt - in den meisten Fällen nicht einmal auf die Subsidiaritätsklausel des Art. 51 Satz 1 eingehen und sich folgerichtig dann auch nicht mit der damit verbundenen Zuständigkeitsproblematik auseinandersetzen, überhaupt gesehen wird, werden dazu verschiedene Standpunkte vertreten.

1. Auf der einen Seite wird argumentiert, daß das Recht, darüber zu entscheiden, ob der Sicherheitsrat die "erforderlichen Maßnahmen" ergriffen hat, dem angegriffenen Staat zustehen müsse. Andernfalls würde er sich wegen des im Gange befindlichen gegen ihn gerichteten bewaffneten Angriffs der Gefahr eines irreparablen Schadens aussetzen.[207] Diese Auffassung wird anscheinend von der amerikanischen Bundesregierung geteilt. In einem Hearing vor dem Committee on Foreign Relations des Senats der Vereinigten Staaten zur Reichweite des Mutual Defense Treaty mit Korea wurde der amerikanische Außenminister Dulles gefragt, wem die Entscheidung darüber zukomme, ob der Sicherheitsrat die zur Wahrung und Wiederherstellung des Weltfriedens und der internationalen Sicherheit erforderlichen Maßnahmen getroffen habe. Er unterstrich in seiner Antwort, "that the determination as to that adequacy (...) would be ours to make".[208] Sein Statement läßt bei näherer Betrachtung jedoch im unklaren, ob er dabei meinte, daß jeder Nation dieses Recht zustehe oder aber das Vetorecht der

206 Murphy, J.F., Force and Arms, in: Schachter/Joyner (Hrsg.), United Nations Legal Order, Vol. 1, S. 285.

207 Bentwich, Commentary on the Charter, Art. 51, S. 108.

208 U.S. Secretary of State Dulles, zitiert bei Goodrich/Hambro/Simons, Charter of the United Nations, Art. 51, S. 352 unter Berufung auf die Protokolle des Hearings des Committee on Foreign Relations (CFR) of the United States Senate (USS)-CFR/83C2 (1954), S. 22-23.

Ständigen Mitglieder es dem Sicherheitsrat aus rein praktischen Gründen unmöglich machen würde, einen Beschluß ohne Zustimmung der Vereinigten Staaten zu fassen.[209] Andere Stimmen wollen die Beurteilungskompetenz zwar ebenfalls dem angegriffenen Staat zuerkennen, verweisen aber auf die damit verbundenen Risiken. Denn wenn der Sicherheitsrat einerseits zwar tätig geworden sei, andererseits aber noch keine rechtsverbindliche Entscheidung getroffen habe, die eine Einstellung der Feindseligkeiten für beide Seiten verpflichtend anordne, habe der sich verteidigende Staat keine Obligation, den Gebrauch von Gewalt einzuschränken. Jedoch "the defending State still acts at its own risk, perhaps more so than before. Continued hostilities may precipitate a decision by the Council that a breach of international peace has been committed, thus laying the ground for the introduction of enforcement action."[210] Nach diesem Ansatz scheint die Belastung mit dem Risiko, durch die Fortsetzung der Selbstverteidigungshandlung eine Verletzung des Völkerrechts zu begehen, der Preis dafür zu sein, daß der sich verteidigende Staat andererseits dafür zuständig sein soll und darf, die nach Art. 51 Satz 1 "erforderlichen Maßnahmen" zu beurteilen. Wieder andere sehen die fragliche Beurteilungskompetenz quasi als Annexzuständigkeit des "droit naturel de la légitime défense" an: "Nous inclinons cependant à penser que ce sont les Etats en exercise de légitime défense qui décident quelles mesures doivent être considérées comme nécessaires pour rétablir la sécurité et la paix internationales."[211]

2. Andere Kommentatoren suchen nach vermittelnden Lösungsansätzen entweder durch Objektivierung der Entscheidung oder durch die Kompetenzzuweisung ausgleichende Pflichten. "A state contemplating the use of force after the Council has acted under Chapter VII would appear to have an obligation to consider in good faith whether the Council measures

---

209 so kritisch hinterfragt von Goodrich/Hambro/Simons, Charter of the United Nations, Art. 51, S. 352.

210 Dinstein, War, Aggression and Self-Defence (1988), S. 197, was indessen leicht zu Verwirrung führen kann: Mit der hier angesprochenen Feststellung eines Friedensbruchs kann der Autor wohl nur eine *erneute* Feststellung nach Art. 39 meinen, die sich diesmal auf die Verteidigungshandlungen des vormals angegriffenen Staates bezieht und diese wegen ihrer zu langen Dauer ihrerseits als (erneuten?) Friedensbruch qualifiziert. Die Notwendigkeit für eine solche erneute Feststellung wird in der Charta allerdings nirgends statuiert. Eine erstmalige Feststellung nach Art. 39 kann hier aber nicht gemeint sein, da eine solche bereits in dem vorherigen Tätigwerden des Sicherheitsrats mitenthalten sein muß, um das es hier als das Recht zur Selbstverteidigung möglicherweise beendenden Faktor gerade geht.

211 Krezdorn, Les Nations Unies et les Accords Régionaux, S. 127.

are sufficient. To this end, there would also seem to be an obligation on such a state to wait to see whether the Council measures are clearly not sufficient before resorting to force in self-defence."[212] Man könne jedenfalls bei allen Zuweisungsschwierigkeiten nicht dem angegriffenen Staat erlauben, der einzige Richter darüber zu sein, ob der Sicherheitsrat die erforderlichen Maßnahmen ergriffen habe, weil dies das Risiko in sich berge, daß unilaterale Maßnahmen kollektive Aktionen auf einem Gebiet verdrängen, das zum Kernbereich von Fragen des Weltfriedens und der internationalen Sicherheit gehöre, und "this would plainly contravene the very spirit of the Charter".[213] Die vorzugswürdige und auch von der Charta nicht verschlossene Lösung sei es daher, die Frage, ob die erforderlichen Maßnahmen getroffen worden sein, anhand eines objektivierten Maßstabes als eine Tatsachenfrage ("question of fact") zu entscheiden, die sowohl der Sicherheitsrat als auch der sich verteidigende Staat jeder für sich beantworten könne. Sollten ihre Ansichten miteinander in Konflikt treten, müsse der Gewalt ausübende Mitgliedstaat zwar zugegebenermaßen das Risiko auf sich nehmen, daß seine fortgesetzte Verteidigungshandlung als Friedensbedrohung, Friedensbruch oder gar als Angriffshandlung nach Art. 39 angesehen werden könnte, aber dies sei nur ein relativ größeres Risiko als dasjenige, das ein Staat bei jeder von ihm selbst so empfundenen Verteidigungshandlung eingehe und einer vollständigen Auslöschung durch den Aggressor wahrscheinlich immer noch vorzuziehen.[214]

3. Die Gegenmeinung hält den Sicherheitsrat für ausschließlich zuständig für die Beurteilung, ob die von ihm eingeleiteten Schritte die "erforderlichen Maßnahmen" im Sinn von Art. 51 Satz 1 darstellen. Dies folge schon aus dem Rechtsgrundsatz *"nemo iudex in sua causa"*.[215] Die Zuständigkeit des Sicherheitsrats ergebe sich zudem aus dem Sinn und Zweck der ihm zugewiesenen Aufgaben und Befugnisse: "How effectively the decision of the Security Council has been implemented, i.e. how effectively international

---

212 Murphy, J.F., Force and Arms, in: Schachter/Joyner (Hrsg.), United Nations Legal Order, Vol. 1, S. 285, der aber keine Leitlinien nennt, an denen sich die von ihm geforderte Betrachtung unter Berücksichtigung der Grundsätze von Treu und Glauben ("consideration in good faith") orientieren könnte, so daß offenbleibt, welcher konkretisierende Inhalt diesem hier völkerrechtlich verwendeten Begriff zu geben ist.

213 Bowett, Self-Defence in International Law, S. 196.

214 Bowett, a.a.O., der aber leider ebenso wie Dinstein (s.o.) die Frage offen läßt, was denn den Sicherheitsrat zu der rechtlich nicht erforderlichen erneuten Feststellung nach Art. 39 bewegen sollte, die er gerade im Rahmen seiner hier diskutierten vorherigen Tätigkeit zu demselben Konflikt bereits getroffen haben muß, weil andernfalls von einem Vorliegen der "erforderlichen Maßnahmen" überhaupt keine Rede sein kann.

215 Stone, Legal Controls of International Conflict, S. 244.

peace and security have been maintained or restored, will have to rest with that organ if the issue is not to revert to unilateral assessement and resolution"[216], die zu beenden und für die Zukunft zu verhindern gerade Aufgabe der Charta ist. Denn es sei nicht die Absicht der Gründer der UN gewesen, ihren in Ausübung ihres Rechts zur Selbstverteidigung handelnden Mitgliedern die Befugnis zu übertragen, darüber zu entscheiden, ob die vom Sicherheitsrat getroffenen Maßnahmen adäquat sind. Ihre Intention sei es vielmehr gewesen, die Ausübung des Rechts zur Selbstverteidigung nur zu erlauben, bis der Sicherheitsrat diejenigen Maßnahmen ergriffen habe, die er selber für erforderlich halte, um den Frieden wiederherzustellen.[217]

Das andernorts vielfach vorgebrachte Argument, bei dem Sicherheitsrat handele es sich letztlich nicht um ein juristisch arbeitendes, sondern um ein politisches Organ, bei dem die Anforderungen an rechtlich relevante Überlegungen nicht zu hoch geschraubt werden dürften[218], ist überzeugend entkräftet worden: Die Relevanz des hochpolitischen Charakters dürfe *de lege lata* nicht überstrapaziert werden, wie es geschehe, wenn man mit ihrer Hilfe die Geltung des Art. 2 Ziffer 4 in Zweifel ziehe, oder in Eröffnung der Möglichkeit, dasselbe Ergebnis zu erzielen, eine staatliche Selbstinterpretationskompetenz postuliere. Denn damit werde verkannt, daß völkerrechtliche Normen zur Gewaltanwendung, indem sie die Völkerrechtsordnung mindesten in einer bestimmten Qualität fundierten, auch einen "hochrechtlichen" Charakter hätten, welcher eine Selbstinterpretationskompetenz schlechterdings ausschließe.[219] Mit gutem Grund ließe sich daher sagen, daß vollwertige Rechtspositionen innerhalb einer Völkerrechtsordnung nur unter der Voraussetzung bestehen könnten,

---

216 Asrat, Prohibition of Force under the UN Charter, S. 201.

217 Kelsen, AJIL 42 (1948), S. 793, der seiner historischen Auslegung und den daraus gezogenen Schlüssen aber leicht einschränkend hinzufügt, daß "this idea is not unambiguously expressed in Article 51".

218 zu der in der Politikwissenschaft problematisierten Frage nach dem Verhältnis von internationaler Politik zum Völkerrecht siehe Doeker, Friedensvölkerrecht und internationale Beziehungen - Zum Verhältnis von Völkerrecht und internationaler Politik, in: derselbe/Volger (Hrsg.), Die Wiederentdeckung der Vereinten Nationen, S. 29-31, mit der These, Völkerrecht sei als ein politisches Recht von der internationalen Politik gar nicht zu trennen. Friedensvölkerrecht sei Friedenspolitik, weil diese die vorgegebenen Gestaltungsregeln und Formen zur Strukturierung der Weltgesellschaft nutze. Die gegenseitige Abhängigkeit von Friedensvölkerrecht und Außenpolitik bzw. internationalen Beziehungen könne damit nicht nur nicht geleugnet, sondern müsse geradezu zum kategorischen Imperativ, zur "Grundnorm" jeden außenpolitischen Handelns gemacht werden.

219 Kreß, Gewaltverbot und Selbstverteidigungsrecht nach der Satzung der Vereinten Nationen bei staatlicher Verwicklung in Gewaltakte Privater, S. 31.

daß Normen gelten, die die zulässige Gewaltanwendung auf Fälle der Rechtsverteidigung und -durchsetzung beschränkten. Von der Geltung derartiger Normen könne aber bei Anerkennung einer Befugnis der Staaten zu verbindlicher Selbstinterpretation nicht gesprochen werden, weshalb jene abzulehnen sei.[220] Auch der IGH hat in seinem Urteil Nicaragua v. United States aus dem Jahr 1984 im Zusammenhang mit Art. 51 eine staatliche Selbstinterpretationskompetenz als unvereinbar mit dem Rechtscharakter dieser Norm der Charta zurückgewiesen[221] in Erwiderung einer These der USA, daß ein Urteil des Gerichtshofs, welches die Rechtmäßigkeit der Behauptung eines Staates verneine, er habe in Ausübung seines individuellen oder kollektiven Selbstverteidigungsrechts gehandelt, notwendigerweise dessen von Art. 51 garantiertes naturgegebenes Recht zur Selbstverteidigung beschränke.[222]

In der internationalen Rechtsprechung ist dieser Ansatz keineswegs neu. Schon der internationale Militärgerichtshof von Nürnberg hatte zur Justitiabilität eines Staatenverhaltens unter dem Régime des Briand-Kellogg-Paktes geurteilt, daß der Weg zu einer gerichtlichen Untersuchung und rechtlichen Beurteilung letztlich offen stehen müsse, wenn es um die Frage gehe, ob eine unter Behauptung des Rechts zur Selbstverteidigung vorgenommene Handlung in Wahrheit tatsächlich aggressiver oder defensiver Natur war, falls man das Völkerrecht überhaupt jemals durchsetzen wolle.[223]

II. In der Tat spricht neben dem Sinn und Zweck des Systems des Kapitels VII nicht nur die Formulierung des Art. 51 Satz 2, nach der der Sicherheitsrat sowohl befugt als auch verpflichtet ist, jederzeit die *vom ihm für erforderlich gehaltenen Maßnahmen*[224] zu ergreifen, dafür, ihm auch die hier in Rede stehende Beurteilungskompetenz ausschließlich zuzuweisen. Hinzu kommt, daß nach hiesigem Verständnis der Begriff der Erforderlichkeit in Art. 51 Satz 1 ebenso auszulegen ist wie in Art. 42 Satz

---

220 Kreß, a.a.O., S. 32.

221 vgl. IGH im Urteil Military and Paramilitary Activities in and against Nicaragua, Nicaragua v. United States of America, ICJ Rep. 1984, S. 435-436.

222 vgl. zu diesem amerikanischen Rechtsstandpunkt ICJ Pleadings 1984, Abschnitt Nr. 517; zu einer amerikanischen Einschätzung desjenigen prozessualen Verfahrens vor dem IGH, welches sich auf die Anwendung von Gewalt in zwischenstaatlichen Beziehungen konzentriert, siehe ausführlich Bilder, Judicial Procedures Relating to the Use of Force, in: Damrosch/Scheffer (Hrsg.), Law and Force in the New International Order, S. 269 ff..

223 Urteil des International Military Tribunal at Nuremberg, abgedruckt in AJIL 41 (1947), S. 207.

224 Hervorhebungen durch den Verfasser.

1[225], dessen französische Textfassung ausdrücklich von *"tout action qu'il juge nécessaire"*[226] spricht, was eindeutig auf eine Einschätzungsprärogative des Sicherheitsrats betreffend die Frage der "Erforderlichkeit" hindeutet, die es auch gebieten würde, gerade ihm die Zuständigkeit zur nach Art. 51 Satz 1 zu treffenden Beurteilung zuzuweisen.

Dennoch ist ein objektiver Maßstab zu wählen, der auch den nicht geringfügigen Vorteil einer deutlich höheren Rechtssicherheit mit sich bringt. Wenn man nämlich wie hier die "Erforderlichkeit" der Maßnahmen im Rahmen des Art. 51 Satz 1 schon in materieller Hinsicht nicht als eigenständige Voraussetzung dieser Norm ansieht, sondern in Wirklichkeit als aus Art. 42 Satz 1 stammende, nur dort eine bestimmte, oben näher beschriebene rechtliche Funktion einnehmende, in Art. 51 aber lediglich als feststehende Wendung wiederholte Klausel[227], dann gebieten es Konsequenz und Stringenz der Auslegung, bei der Lösung der formellen Frage zur Beurteilungskompetenz nicht anders zu entscheiden. Die "Erforderlichkeit" der Maßnahmen hat im Rahmen von Art. 42 Satz 1 die Funktion, die Beachtung des Verhältnismäßigkeitsprinzips als Rechtmäßigkeitsmaßstab für Beschlüsse des Sicherheitsrats zur Voraussetzung zu machen. Keine andere oder weitergehende Bedeutung kommt ihr auch im Rahmen der Subsidiaritätsklausel des Art. 51 Satz 1 zu. Daraus ergibt sich, daß es für den Eintritt der auflösenden Bedingung des Art. 51 Satz 1 am Ende lediglich rein objektiv auf die Rechtstatsache ankommt, daß der Sicherheitsrat entweder nichtmilitärische Sanktionen nach Art. 41 oder militärische Zwangsmaßnahmen nach Art. 42 zur Wahrung oder Wiederherstellung des Weltfriedens und der internationalen Sicherheit getroffen hat. Sobald der objektive Tatbestand eines oder mehrerer entsprechender Beschlüsse des Sicherheitsrats gegeben ist, sind die Voraussetzungen der Subsidiaritätsklausel als erfüllt anzusehen, ohne daß es diesbezüglich auch eine subjektive Einschätzung oder gar Zustimmung des sich verteidigenden Staates oder aber des Sicherheitsrats ankäme. Dieses Auslegungsergebnis ist nicht nur divergierenden subjektiven Einschätzungen und rechtlichen

---

225 vgl. dazu ausführlich oben D. II..

226 Hervorhebungen durch den Verfasser.

227 die in Art. 42 Satz 1 und Art. 51 Satz 1 in identischem Wortlaut vorkommende Klausel lautet: "die zur Wahrung (oder Wiederherstellung) des Weltfriedens und der internationalen Sicherheit erforderlichen Maßnahmen", wobei Art. 51 Satz 1 aus den oben eingehend beschriebenen Umständen seiner Entstehungs- und Verhandlungsgeschichte heraus die beiden Wörter "oder Wiederherstellung" nicht enthält, was aber am Ergebnis der hier vorgenommenen Auslegung nichts zu ändern vermag, zumal nach wie vor die realistische Möglichkeit eines bloßen Redaktionsversehens nicht von der Hand zu weisen ist, vgl. dazu oben die Einführung zu diesem Dritten Teil.

Schlußfolgerungen auf beiden Seiten gar nicht mehr zugänglich und schafft damit ein Maximum an möglicher Rechtssicherheit. Es wird vielmehr auch dem Sinn und Zweck der Charta sowie den in Art. 1 Ziff. 1 genannten Zielen der UN gerecht, um deretwillen der Sicherheitsrat nach dem eindeutigen Mandat des Art. 51 Satz 2 nicht nur befugt, sondern im Einklang mit Art. 24 Abs. 1, 39 2. Halbsatz als Inhaber des Gewaltmonopols der Vereinten Nationen[228] überdies rechtlich verpflichtet ist, zu jedem Zeitpunkt ein im Rahmen des auch für ihn geltenden Verhältnismäßigkeitsprinzips gebotenes Krisenmanagement zu übernehmen. Den früher dargestellten subjektiven Formulierungen in Art. 51 Satz 2 ("..., die er (...) für erforderlich hält") sowie in der französischen Übersetzung von Art. 42 Satz 1 ("...qu'il juge nécessaire") kommt damit nur noch die Aufgabe zu, eine Einschätzungprärogative des Sicherheitsrats hinsichtlich der innerhalb der anzustellenden Verhältnismäßigkeitsprüfung vorzunehmenden rechtlichen Wertungen zum Ausdruck zu bringen. Diese Wertungen werden jedoch bei einer Anwendung des Art. 42 Satz 1 vorgenommen und spielen für die Subsidiaritätsklausel des Art. 51 Satz 1 keine Rolle.

## G. Möglichkeit eines späteren Wiederauflebens des Rechts zur Selbstverteidigung

Sind die Voraussetzungen der Subsidiaritätsklausel des Art. 51 Satz 1 am Ende einmal erfüllt, steht dem angegriffenen Staat und seinen Verbündeten das Recht zur Selbstverteidigung wie oben dargelegt nicht mehr zur Verfügung, da es unter den hier erläuterten Bedingungen der ausschließlichen Zuständigkeit des Sicherheitsrats zu weichen hat. Es fragt sich dann aber, was zu geschehen hat, wenn der Sicherheitsrat zwar zunächst die nach Art. 51 Satz 1 erforderlichen Maßnahmen trifft und beispielsweise ein Wirtschaftsembargo nach Art. 41 gegen den Aggressor verhängt, sich aber anschließend nicht in der Lage sieht, im Fall der Erfolglosigkeit der wirtschaftlichen Sanktionen weiter erforderliche Folgemaßnahmen zu ergreifen. Als Gründe für eine solche Tatenlosigkeit des Sicherheitsrats kommt zum einen die Möglichkeit in Frage, daß sich unter seinen gemäß Art. 23 Abs. 1 fünfzehn Mitgliedern keine Mehrheit für eine Folgeresolution findet, zum anderen besteht das wesentlich größere Risiko, daß weitere Entschließungen des Rats durch ein Veto eines der fünf Ständigen Mitglieder nach Art. 27 Abs. 3 blockiert werden.

---

[228] vgl. Dominicé, EJIL 2 (1991), S. 96: "... l'esprit du système est de conférer au Conseil de Sécurité, s'il est en mesure d'intervenir, *le monopole de la réaction à l'agression.*" (Hervorhebungen durch den Verfasser)

I. Da eine Hinnahme des durch den bewaffneten Angriff geschaffenen rechtswidrigen Zustandes offensichtlich nicht akzeptabel ist, wird in der Literatur vereinzelt darüber diskutiert, ob in einem solchen Extremfall an ein späteres Wiederaufleben des Selbstverteidigungsrechts nach Art. 51 zu denken ist. Obwohl die Charta zu diesem Problem keinerlei Vorschriften enthalte, so gebiete doch die Vernunft die Annahme, daß das naturgegebene Recht zur Selbstverteidigung wieder aufleben könne, nachdem es während der Dauer einer Polizeiaktion der Völkergemeinschaft suspendiert gewesen sei, falls der Sicherheitsrat beispielsweise durch die Einlegung eines Vetos sich daran gehindert sehe, die weiterhin erforderlichen Maßnahmen zu ergreifen.[229] Während der Golfkrise wurde das Problem nicht relevant, da der Sicherheitsrats mit seiner Entschließung 678 (1990) vom 29. November 1990 weitere Schritte ergriff oder zumindest autorisierte. Dennoch stellt sich die heikle Frage, welche rechtmäßigen Optionen andernfalls zur Verfügung gestanden hätten: "But would a right to act in self-defence would have revived if the economic sanctions later proved to be inadequate to achieve their objective, and the Council failed to adopt a resolution authorizing the use of force?"[230] Diejenigen, die sich an einer Antwort auf diese Frage versucht haben, stoßen allesamt auf das Problem, daß die Charta dazu völlig schweigt, und merken damit sehr wohl, daß sie sich schnell in das Reich spekulativer und subjektiver Ungenauigkeiten begeben: "If, however, the Security Council had balked a proposed resolution of authorization and had drifted into a state of perpetual indecision while Iraq's aggression against and occupation of Kuwait remained unchallenged, then the United States and its allies could have fallen back on Article 51 and employed armed force in collective self-defence of Kuwait. When that point would have been reached would have been a speculative and subjective determination. It would be futile to define the point where sole reliance upon collective security can be legally abandoned in favor of sole reliance upon the right of collective self-defence. But this imprecision in international law does not deny the legitimacy of the distinction. The Iraq-Kuwait crisis at least established the important precedent that collective security can be implemented within a reasonable period of time."[231] Keine präziseren Kriterien haben auch jene herausarbeiten können, die wirtschaftlichen Sanktionen des Sicherheitsrats nach Art. 41 jede nur denkbare Chance geben wollen, ihre Effektivität im Sinn von Art. 1 Ziff. 1 der Charta unter Beweis zu stellen. Nach dem Ablauf eines im einzelnen unbestimmten, aber von ihnen immerhin als

---

229 Franck/Patel, AJIL 85 (1991), S. 63.

230 so wörtlich gefragt von Greig, ICLQ 40 (1991), S. 398.

231 Scheffer, Commentary on Collective Security, in: derselbe/Damrosch (Hrsg.), Law and Force in the New International Order, S. 102.

außerordentlich lang angesetzten Zeitraumes stoßen auch sie an die Zumutbarkeitsgrenzen des Art. 51 Satz 1: "The more fundamental of the two aims at accomplishing the *primary objective* of the clause: the latter should operate in such a way as to ensure that the Security Council action that brought it into play has had a reasonable chance to prove itself. A corollary of this is that if after an *excessively protracted period of time* has elapsed the status quo has not been restored the limiting clause should become inoperative."[232] Maßstäbe, nach denen die unbestimmten Begriffe der "reasonable chance" und der "excessively protracted period of time" näher definiert werden können, werden indessen auch hier nicht genannt. Die Rückkehr zur Selbstverteidigung soll auch nicht etwa nur einer Duldung durch das Völkerrecht entsprechen oder als Ausdruck eines Billigkeitsgedankens aufgefaßt werden, sondern durchaus als aus Art. 51 Satz 1 fließendes Recht im technischem Sinn: "If the Security Council had not ultimately adopted a "use of force" resolution, as it did on November 29, 1990, what then? In this case the inherent right of self-defence - which was dormant while the Security Council acted and states applied measures authorized by the Council - would have reappeared. If for some reason the Security Council had not ultimately authorized the armed measures necessary to enforce compliance with the Security Council's demands, then in that case states (Kuwait and its allies) could apply armed measures in collective self-defense against Iraq, and they would have had the right under international law to do so."[233]

II. Es darf mit guten Gründen bezweifelt werden, ob die beschriebene Situation einer rechtlichen Regelung nach den Vorschriften der UN-Charta oder nach geltendem allgemeinen Völkerrecht überhaupt zugänglich ist. Dem angegriffenen und sich vormals selbst verteidigenden Staat sowie seinen Verbündeten sind wegen des Eintritts der auflösenden Bedingung des

---

232 Lavalle, Netherlands Yearbook of International Law 23 (1992), S. 12-13, wobei der von dem Autor verwendete Begriff der "limiting clause" die Subsidiaritätsklausel des Art. 51 Satz 1 am Ende meint, die das Recht zur Selbstverteidigung zeitlich begrenzt und von ihm deswegen als "Begrenzungsklausel" verstanden wird. Bemerkenswert ist, daß Lavalle das Recht zur Selbstverteidigung erst wieder aufleben lassen möchte, nachdem ein "über alle Maßen in die Länge gezogener Zeitraum" vergangen ist, während dessen die Zwangsmaßnahmen des Rats die erfolglose Chance hatten, sich als effektiv zu erweisen. Dieses Erfordernis erklärt sich daraus, daß damit dem vorrangigen Ziel des Art. 51 gedient werden soll, die Hauptverantwortung des Sicherheitsrats für die Wiederherstellung des Weltfriedens und der internationalen Sicherheit unangetatstet zu lassen. Hervorhebungen durch den Verfasser.

233 Mullerson, Self-Defence in the Contemporary World, in: Damrosch/Scheffer (Hrsg.), Law and Force in the New International Order, S. 22-23.

Art. 51 Satz 1 die Hände gebunden, Selbstverteidigung ist zumindest zunächst versagt. Die vom Sicherheitsrat getroffenen Maßnahmen haben (noch) nicht zum gewünschten Erfolg geführt, ihre weiteren Auswirkungen in der vernünftigerweise überschaubaren nahen Zukunft sind ungewiß. Zu weiteren Durchsetzungs- oder Folgemaßnahmen sieht der Sicherheitsrat sich aus den oben erläuterten Gründen nicht in der Lage. In der Charta und auch in anderen völkerrechtlichen Verträgen, Resolutionen, Erklärungen und in den Travaux Préparatoires sowohl von Dumbarton Oaks als auch von der Gründungskonferenz der Vereinten Nationen in San Francisco finden sich keine Normen, Aussagen oder andere Hinweise jeglicher Art, die einer Auslegung fähig wären und eine auch nur vertretbare Antwort auf die gestellte Frage ermöglichen würden, die über reine Spekulation hinausgeht: Dieser Fall wurde von den Autoren der Charta schlichtweg nicht gesehen. Die Rolle und Funktion des Sicherheitsrats und seine Stellung innerhalb des Normengefüges der Charta machen den Eintritt einer solchen Pattsituation an sich unmöglich, ein chartakonformes Funktionieren der Organe der UN einmal vorausgesetzt.

Tritt die Pattsituation dann doch ein, so scheint es das sowohl im Völkerrecht allgemein geltende als auch für die Zwecke der Charta von Art. 1 Ziff. 1 bekräftigte aus dem Naturrecht stammende Grundprinzip der Gerechtigkeit[234] zu gebieten, dem Angriffsopfer und seine Nothelfern dann, wenn der Sicherheitsrat *nicht mehr* die zur Wiederherstellung des Weltfriedens erforderlichen Maßnahmen zu treffen in der Lage ist, das gleiche Recht zur Seite zu stellen, das sie bereits vorher hatten, als der Sicherheitsrat die erforderlichen Maßnahmen *noch nicht* getroffen hatte. Aus dem Blickwinkel der Intentionen der Charta ist diese Situation vollkommen

---

[234] vgl. dazu Simma/Wolfrum, Charta, Art. 1, Rdnr. 11, dort auch mit dem Hinweis, daß ursprünglich sogar geplant war, in die Charta die Zielsetzung aufzunehmen, "internationalen Frieden und Sicherheit in Einklang mit den Prinzipien der Gerechtigkeit und des Völkerrechts aufrechtzuerhalten", was aber mit der Begründung abgelehnt wurde, dies würde die Kompetenzen des Sicherheitsrats unangemessen einschränken, wobei vor allem die späteren Ständigen Ratsmitglieder einen weniger deutlichen Hinweis auf die rechtlichen Bindungen wünschten. Zur Problematik des grundsätzlichen Konflikts zwischen Krieg und dem Prinzip der Gerechtigkeit, welches für den Einsatz von Gewalt in Ausübung der Notwehr streiten kann, siehe weiterführend Ruiz, Pazifismus, gerechter Krieg und Notwehr, in: Krawietz/Wright (Hrsg.), Öffentliche oder private Moral, S. 429-451 sowie grundsätzlich für eine Unvereinbarkeit der Idee des "gerechten Krieges" mit den Regeln des modernen Völkerrechts plädierend Przetacznik, Revue de droit international 79 (1992), S. 245 ff.. Die Frage legitimer Gegengewalt wird als ethisches und politisches Problem diskutiert von Krell, Aus Politik und Zeitgeschichte 44 (1994), B 2, S. 29-36.

paradox, wie ein zurückhaltender Vergleich mit dem innerstaatlichen Recht zeigt: Nach einem bewaffneten Angriff auf einen Mitbürger durch einen Straftäter eilen die staatlichen Autoritäten mit Blaulicht und Martinshorn herbei und greifen in Ausübung ihres Gewaltmonopols umgehend in das Geschehen ein, wodurch sie die Erforderlichkeit einer vorher gerechtfertigten Notwehrhandlung des Angriffsopfers entfallen lassen. Anstatt aber nun die Gefahrensituation auch einer endgültigen Klärung zuzuführen, ziehen sie sich plötzlich aus ihrer durch Rechtsnormen begründeten obligatorischen Verantwortung zurück und überlassen die weitere Entwicklung des Geschehens dem Recht des Stärkeren. Ebenso wie in diesem Beispielsfall würde die hier betrachtete Situation auf der Ebene der Völkerrechts einen paradoxen und nicht erklärbaren Rückfall[235] in den Naturzustand der Völker bedeuten, der gerade durch das institutionalisierte System der Charta von San Francisco beseitigt werden sollte.[236] Auch der oben zitierte der Hinweis von *Scheffer*, daß die hier auf Lücken im Völkerrecht beruhenden Ungenauigkeiten der rechtlichen Regelungen dem Vorschlag, zur Notwehr zurückzukehren, seine *Legitimität* nicht zu nehmen vermögen, hilft kaum weiter. Die Aussage mag für sich genommen zwar stimmen, aber hier geht es demgegenüber um eine rechtliche Analyse der durch bestimmte Voraussetzungen und Grenzen bestimmten völkerrechtlichen *Legalität* staatlichen Handelns, die mit der von *Scheffer* betonten *Legitimität* nicht identisch ist.

Denn selbst wenn man einer grundsätzlichen Rückkehr zum Notwehrrecht unter bestimmten Bedingungen, von denen vollkommen unklar ist, welchen genauen Inhalt diese haben sollen und wie er methodisch präzise nachvollziehbar zu gewinnen sein soll, zustimmen wollte, so wären damit die anstehenden Probleme noch lange nicht gelöst: "The difficulty that ermerges at this point is of course that of determining *whether it is the Council or the victim State that authoritatively decides* that the measures taken by the former have proved ineffective and that accordingly the limiting clause has become inoperative."[237] Der Ausweg aus dieser Pattsituation, wenn es einen solchen denn überhaupt geben kann, ist daher wegen der Unmöglichkeit einer Bestimmung seiner Voraussetzungen und Grenzen nicht in rechtlichen,

---

235 für immerhin "zumindest erstaunlich", wenn auch "nicht vollkommen unerklärbar" hält diesen Rückfall dagegen Verhoeven, AFDI 36 (1990), S. 188: "Il serait en effet pour le moins étonnant, même si ce ne serait pas totalement inexplicable, qu'il faille s'en remettre à la légitime défense après que les responsables de la sécurité collective on été dûment saisis de l'atteinte portée à la paix et la sécurité internationales."

236 vgl. Dupuy, AFDI 28 (1982), S. 348-349: "...revenir ainsi à l'état de nature..".

237 Lavalle, Netherlands Yearbook of International Law 23 (1992), S. 13, dort Anmerkung 20; Hervorhebungen durch den Verfasser.

sondern allenfalls in politischen Handlungskategorien zu suchen und spielt sich deswegen notgedrungen außerhalb der Normen der Charta ab: "It would be for the international community, *perhaps* expressing its views through the General Assembly or reacting to the situation in a *less institutionalised form* to restrain the conduct of States within the less than precise principles of international law governing the scope of the right of self-defence. Particularly as far as the *duration of that right* is concerned, the international community, if deprived of the decision-making authority of the Security Council by disagreements among its permanent members, *is ill suited for the task.*"[238] Wie das Wort "perhaps" in dem Zitat bereits andeutet, ist der Vorschlag *de lege lata* rechtlich nicht zu begründen, sondern stellt eine sich ihrer Überzeugungsschwäche wohl bewußte, um Pragmatismus bemühte politische Lösungsalternative dar, die einer juristischen Analyse nach geltendem Völkerrecht nicht zugänglich ist.

---

238 Greig, ICLQ 40 (1991), S. 399; Hervorhebungen durch den Verfasser.

# Vierter Teil
# Ermächtigungen der Mitgliedstaaten zum Einsatz militärischer Maßnahmen durch den Sicherheitsrat nach Kapitel VII als legalisierender Grund für den Gebrauch von Gewalt

## A. Delegationsbefugnis des Sicherheitsrats als chartakonformer Weg zur Anwendung des Systems der kollektiven Sicherheit?

Das dargestellte Zusammenspiel des subsidiären Rechts zur Selbstverteidigung im Völkerrecht und der dem Sicherheitsrat nach Kapitel VII der Charta zur Verfügung stehenden Handlungsoptionen als der eigentlich von der Charta intendierten Methode eines im UN-System zentralisierten internationalen Krisenmanagements hat die nach der geltenden Völkerrechtsordnung zu beachtenden Grenzen des Selbstverteidigungsrechts aufgezeigt: Es steht dem Opfer des bewaffneten Angriffs sowie seinen Verbündeten nicht mehr zu und macht demnach einen völkerrechtskonformen unilateralen Einsatz von staatlicher Gewalt unmöglich, sobald der Sicherheitsrat nichtmilitärische Sanktionen nach Art. 41 oder aber ihrerseits die Anwendung von Waffengewalt beinhaltende militärische Zwangsmaßnahmen nach Art. 42 ergriffen hat.[1] Aus dem Blickwinkel des hier vor allem interessierenden völkerrechtlichen Gewaltverbots des Art. 2 Ziff. 4 stellt sich daher die Frage, ob und inwieweit die rechtlichen Voraussetzungen für eine chartakonforme Anwendung des Art. 42 und damit der neben dem Selbstverteidigungsrecht zweiten und letzten Ausnahme vom Gewaltverbot[2] in der jüngeren Praxis der UN vorlagen.

Das Problem einer Anwendung der Regeln über die kollektive Sicherheit nach Kapitel VII der Charta ist in den Jahren nach der Zweiten Golfkrise von 1990/91 vor allem deswegen bedeutsam geworden, weil die Entwicklung der völkerrechtlichen Praxis dabei anhand von Fällen stattfand, in denen - anders als während der Golfkrise - kein bewaffneter Angriff gegen einen Mitgliedstaat der UN vorlag. Eine Rechtfertigung des bei mehreren Gelegenheiten stattgefundenen Gebrauchs von Gewalt in zwischenstaatlichen Beziehungen durch das Recht zur Selbstverteidigung nach Art. 51 Satz 1 muß zumindest für diese Fälle von vornherein ausscheiden[3], so daß sich die aufgeworfene Frage nach dem Vorliegen der rechtlichen Voraussetzungen des einzigen weiteren Rechtfertigungsgrundes,

---

[1] siehe dazu im einzelnen oben Dritter Teil, Abschnitt D III, IV.

[2] vgl. zu den Einzelheiten der beiden Ausnahmen vom Gewaltverbot und ihrem rechtlichen Verhältnis zueinander oben Zweiter Teil, Abschnitt F II 5,6.

[3] zustimmend Bothe, Friedenssicherung und Kriegsrecht, in: Graf Vitzthum (Hrsg.), Völkerrecht, 7. Abschnitt, Rdnr. 21.

den das Völkerrecht für den Einsatz von Gewalt kennt, umso dringlicher stellt.[4]

Wie oben bereits erläutert, kann der Sicherheitsrat nach Art. 42 Satz 1 mit Luft-, See- oder Landstreitkräften die zur Wahrung oder Wiederherstellung des Weltfriedens und der internationalen Sicherheit erforderlichen Maßnahmen durchführen, wenn er der Auffassung ist, daß die in Art. 41 vorgesehenen Maßnahmen unzulänglich sein würden oder diese sich bereits als unzulänglich erwiesen haben.[5] In dem von den Autoren der Charta angedachten Idealfall sollte der Sicherheitsrat demnach in der Lage sein, *selber* durch und mit den ihm von den UN-Mitgliedstaaten aufgrund von nach Art. 43 abzuschließenden Sonderabkommen zur Verfügung gestellten *eigenen* Truppen tätig zu werden. Dieser Idealfall konnte aber bis heute nicht realisiert werden, weil es bislang nicht zum Abschluß der dafür nach der Charta erforderlichen Sonderabkommen gekommen ist.[6] Der Sicherheitsrat verfügt deswegen *nicht* über *eigene* Truppen, mit denen er *selber* nach Art. 42 Satz 1 militärische Zwangsmaßnahmen im Sinn von Kapitel VII durchführen könnte. Zwar kann der Rat das Vorliegen einer Friedensbedrohung, eines Friedensbruch oder einer Angriffshandlung nach Art. 39 1. Halbsatz feststellen und damit den Weg zur Anwendung des Kapitels VII eröffnen[7], auch kann er nach Art. 41 nichtmilitärische Sanktionen anordnen[8], die für die Mitgliedstaaten nach Art. 25, 48

---

[4] vgl. dazu Corten/Klein, EJIL 4 (1993), S. 510: "...le caractère révolutionnaire de ces instruments a été déduit du recours au chapitre VII, et en l'occurrence de la qualification d'une situation de menace contre la paix, *en l'absence de la mention d'une attaque militaire perpétrée par un Etat contre un autre.*" (Hervorhebungen durch den Verfasser)

[5] siehe dazu die ausführliche Darstellung der Handlungsinstrumente des Sicherheitsrats nach Kapitel VII oben Zweiter Teil, Abschnitt D II 2, 3, 4.

[6] vgl. dazu oben Zweiter Teil, Abschnitt D II 5 mit weiteren Nachweisen.

[7] zu neueren Tendenzen in der Praxis des UN-Sicherheitsrats, den Begriff der Friedensbedrohung in Art. 39 nicht nur weit auszulegen, sondern anders als in früheren Jahren nunmehr bereits dann zu bejahen und damit den Weg zu einer Anwendung des Kapitels VII freizumachen, wenn einer Krisensituation ein ausdrücklicher grenzüberschreitender Bezug fehlt, sie mithin keine auf den ersten Blick erkennbare internationale Komponente im klassischen Sinn enthält, siehe Freudenschuß, Austrian Journal of Public and International Law 46 (1993), S. 1 ff.; anders demgegenüber noch Heintze/Worku, Vierteljahresschrift für Sicherheit und Frieden 1991, S. 17, die konstatieren, daß nach Auffassung des Rates nicht die Menschenrechtsverletzungen an sich, *sondern* erst der *grenzüberschreitende* Flüchtlingsstrom die Friedens- und Sicherheitsbedrohung hervorgerufen habe (Hervorhebungen im Original).

[8] zu den wirtschaftlichen Sanktionen der UN gegen den Irak während der Zweiten Golfkrise von 1990/91 siehe Fleischhauer, VN 39 (1991), S. 41-44.

verbindlich sind.[9] Jedoch ist es ihm nach dieser Rechtslage nicht möglich, *selber* militärische Zwangsmaßnahmen im Sinn von "enforcement measures" gegen den Willen des betroffenen Staates[10] als das schärfste Schwert und effektivstes Handlungsinstrument des Kapitels VII zu ergreifen. Als Ausweg aus dieser Situation und gleichzeitig als Weg hin zu einer Anwendung des Systems der kollektiven Sicherheit hat der Sicherheitsrat sich deswegen für die Option entschieden, anstatt die nach Art. 42 erforderlichen Maßnahmen *selber* vorzunehmen, die *Mitgliedstaaten* zur Vornahme bestimmter Maßnahmen unter Einschluß des Gebrauchs militärischer Gewalt zu ermächtigen. Die aktive Beteiligung der Mitgliedstaaten an militärischen Sanktionen wird in der Charta von Art. 42 Satz 2 zwar erwähnt, nach dem die oben beschriebenen Maßnahmen des Sicherheitsrats nach Art. 42 Satz 1 Demonstrationen, Blockaden und sonstige Einsätze der Luft-, See- oder Landstreitkräfte von Mitgliedern der Vereinten Nationen *einschließen* können.[11] Ungewiß ist indessen, ob militärische Maßnahmen der Mitgliedstaaten auch dann unter Art. 42 fallen, wenn sie nicht in einem unterstützenden Kooperationsverhältnis zu eigenen Maßnahmen des Sicherheitsrats stehen und, wie Art. 42 Satz 2 es verlangt, von diesen *eingeschlossen* werden, sondern die Mitgliedstaaten allein, ohne aktive Beteiligung des Sicherheitsrats und seines nach Art. 47 eingesetzten Generalstabsausschusses[12] tätig werden, dies allerdings aufgrund einer vorherigen Ermächtigung durch den Rat in Form einer entsprechenden Resolution. Die möglichen Präzedenzfälle für ein solches in der Völkerrechtslehre äußerst umstrittenes Vorgehen[13] sowie deren juristische Ein-

---

[9] allgemein zu Begriff und Erscheinungsformen der Sanktion vgl. Schröder, Verantwortlichkeit, Völkerstrafrecht, Streitbeilegung und Sanktionen, in: Graf Vitzthum (Hrsg.), Völkerrecht, 6. Abschnitt, Rdnr. 97-111.

[10] wie der IGH in seinem Urteil Certain Expenses of the United Nations zu Art. 17 Abs. 2 der Charta ausgeführt hat, sind Sanktionsmaßnahmen nach Art. 42 als "enforcement measures" gegen einen Staat und gegen dessen Willen zu verstehen, siehe dazu ICJ Reports 1962, S. 164-165.

[11] vgl. Art. 42 Satz 2; Hervorhebung durch den Verfasser.

[12] Infolge des Kalten Krieges seit 1948 hat der Generalstabsausschuß nach seiner Einsetzung gemäß Art. 47 Abs. 1, 2 nur noch eine sehr geringe praktische Rolle gespielt, nachdem er sich anfänglich um eine Implementierung der Art. 43 ff. und damit vor allem um einen Abschluß der von Art. 43 vorgesehenen Sonderabkommen bemüht hatte, vgl. dazu Simma/Bryde, Charta, Art. 47, Rdnr. 1, 5-7. Dennoch tagt der Ausschuß nach wie vor regelmäßig.

[13] wobei manche ausdrücklich auf eine Subsumtion unter eine bestimmte Norm oder Normengruppe der Charta als Rechtsgrundlage für solche Maßnahmen verzichten, sondern wesentlich allgemeiner formulieren, daß "solche Aktionen, die langsam zur ständigen Praxis der Vereinten Nationen geworden sind, aber eine wegen der Genehmigung durch den Sicherheitsrat ausnahmweise zulässige Form der humanitären Intervention" darstellen,

ordnung in den von den Vorschriften der Charta gezogenen Rahmen sollen nun näher beleuchtet werden. Dabei erhebt die Arbeit keinen Anspruch auf Nennung aller im einzelnen vom Sicherheitsrat erteilten Ermächtigungen, sondern beschränkt sich auf die zu einer begründeten rechtlichen Charakterisierung erforderlichen wesentlichen Fälle und der wichtigsten Details ihres jeweiligen historischen Kontextes.

## B. Ermächtigungen der Mitgliedstaaten durch die UN in der jüngeren Praxis des Sicherheitsrats

Die Option, einzelne Mitgliedstaaten oder Gruppen von Mitgliedstaaten zur Um- und Durchsetzung von Sicherheitsratsbeschlüssen heranzuziehen, ist keineswegs - wie allerdings vielfach irrig angenommen wird - *die* innovative Neuerung im Völkerrecht des Sommers 1990 schlechthin. Zwar kann dieser Zeitpunkt mit Recht als der Beginn einer neuen Ära für die Arbeit des Sicherheitsrats unter Kapitel VII nach dem Ende des Kalten Krieges bezeichnet werden[14], für die Möglichkeit, daß "a single state may be mandated to use force on behalf of the Organization"[15] existiert jedoch ein wenig beachteter früherer wichtiger Präzedenzfall.

I. Die ehemalige britische Kolonie **Rhodesien**, vormals Südrhodesien genannt, wurde am 18. April 1980 unter dem Namen Zimbabwe unabhängig. Dieser Unabhängigkeit ging ein äußerst langwieriger und schmerzhafter Entkolonialisierungsprozeß voraus, der schon am 11. November 1965 zu einer einseitigen Unabhängigkeitserklärung durch Rhodesien führte, die noch am selben Tag durch die Generalversammlung der UN als Verstoß gegen das Völkerrecht verurteilt wurde.[16] Das Vereinigte Königreich berief eine Sitzung des Sicherheitsrats für den darauffolgenden Tag ein, der dann

---

siehe dazu Bothe, Friedenssicherung und Kriegsrecht, in: Graf Vitzthum (Hrsg.), Völkerrecht, 7. Abschnitt, Rdnr. 21. Abgesehen davon, daß eine konkrete Herausarbeitung der in Frage kommenden Rechtsgrundlage einer erhöhten Rechtssicherheit vor allem in zukünftigen, ähnlich gelagerten Fällen dienlich sein könnte, wird dabei aber übersehen, daß der Sicherheitsrat seine Zustimmung in den hier genannten Fällen keineswegs erst nachträglich erteilt, d.h. die Aktionen genehmigt hat, sondern er hat a priori in den Gebrauch militärischer Gewalt eingewilligt und mehr oder minder konkrete Ermächtigungen ausgesprochen, die mit nachträglichen Genehmigungen nicht viel gemeinsam haben dürften, wie noch im einzelnen zu zeigen sind wird.

14 vgl. dazu mit weiteren Nachweisen oben Erster Teil, Abschnitt A.

15 Brownlie, The Principle of Non-Use of Force in Contemporary International Law, in: Butler (Hrsg.), The Non-Use of Force in International Law, S. 22 sowie S. 27, dort Anmerkung 16.

16 vgl. GA/Res 2024 (XX) vom 11. November 1965.

auch diverse wirtschaftliche Sanktionen nach Art. 41 beschloß.[17] Als trotzdem im April 1966 mehrere Öltanker auf den Hafen von Beira in Mozambique zusteuerten, der mit Rhodesien durch eine Pipeline verbunden war, erklärte der Sicherheitsrat gemäß Art. 39 in seiner Resolution 221 (1966) vom 9. April 1966, daß diese Situation eine Friedensbedrohung darstellte und forderte alle Staaten auf, dafür Sorge zu tragen, daß mit Brennstoffen beladene und auf Rhodesien zulaufende Tanker am Anlaufen ihres Bestimmungsortes gehindert würden.[18] Absatz 5 des operativen Teils der Resolution enthielt dann die entscheidende Textpassage: "*Calls upon* the Government of the United Kingdom to prevent, *by use of force if necessary*, the arrival at Beira of vessels reasonably believed to be carrying oil destined for Rhodesia, and empowers the United Kingdom to arrest and detain the tanker known as Joanna V upon her departure from Beira in the event her oil cargo is discharged there."[19] Der Wortlaut der Resolution zeigt dabei eindeutig, daß sie gegenüber Großbritannien lediglich als Ermächtigung, nicht aber als Verpflichtung zum Einsatz der ausdrücklich von dem Beschluß mitumfaßten militärischen Mittel wirken sollte.[20] Wie ein Vergleich mit dem Wortlaut der Korearesolution des Sicherheitsrats[21] deutlich macht, handelte es sich auch nicht um eine bloße Empfehlung nach Art. 39 2. Halbsatz, denn einer solchen hätte Großbritannien zu einer juristischen Rechtfertigung seines nachfolgenden Einsatzes militärischer Mittel nicht bedurft und hätte im Zweifel auch viel früher gehandelt, wenn es der Auffassung gewesen wäre, daß dies ohne eine legalisierende Ermächtigung durch den Sicherheitsrat möglich gewesen wäre.[22] Die Entschließung des

---

17 zu den Einzelheiten und Hintergründen der Rhodesien-Krise siehe Stoll, Conflicts, Rhodesia/Zimbabwe, in: Wolfrum (Hrsg.), United Nations: Law, Policies and Practice, Vol. 1, Abschnitt Nr. 32, Rdnr. 2 ff..

18 siehe SC/Res 221 (1966) vom 9. April 1966, abgedruckt in International Legal Materials (ILM), Band 5 (1966), S. 534.

19 SC/Res 221 (1966) vom 9. April 1966, a.a.O., Absatz 5 des operativen Teils; Hervorhebungen durch den Verfasser.

20 Simma/Frowein, Charta, Art. 39, Rdnr. 35.

21 zur rechtlichen Bewertung der Koreakrise als internationaler Krieg in Ausübung des kollektiven Selbstverteidigungsrechts zugunsten der Republik Südkorea siehe oben Dritter Teil, Abschnitt D I 2.

22 anderer Auffassung ist Fischer in: Cot/Pellet (Hrsg.), Commentaire de la Charte des Nations Unies, Art. 42, S. 715, der im vorliegenden Fall die Resolution 221 (1966) ohne nähere Begründung unter Art. 39 subsumiert: "Lorsque dans le cadre du Chapitre VII, le Conseil a prié le Royaume-Uni d'empêcher, au besoin par la force, l'arrivée des pétroliers à Beira, on a bien souligné qu'il s'agissait d'une recommendation qui ne relevait en rien de l'article 42 mais plutôt de l'article 39."

Sicherheitsrats 221 (1966) vom 9. April 1966 ist daher mehrheitlich als eine Entscheidung auf der Grundlage von Art. 42 angesehen worden.[23]

II. Während der in wesentlichen Aspekten schon früher besprochenen und in ihren historischen Zusammenhang eingeordneten Zweiten Golfkrise von 1990/91 in **Irak und Kuwait**[24] hat der Sicherheitsrat nicht eine, sondern zwei Resolutionen verabschiedet, die sich auf den Einsatz militärischer Gewalt bezogen. Die erste davon betraf exakt die gleiche Problematik wie Resolution 221 (1966) während der Rhodesien-Krise, nämlich die Überwachung und Durchsetzung von vorher nach Art. 41 verhängten wirtschaftlichen Sanktionen[25]: Am 25. August 1990 beschloß der Sicherheitsrat: "*...calls upon* those Member States co-operating with the Government of Kuwait which are deploying maritime forces to the area *to use such measures commensurate to the specific circumstances as may be necessary under the authority of the Security Council* to halt all inward and outward maritime shipping in order to inspect and verify their cargoes and destinations and to ensure strict implementation of the provisions related to such shipping laid down in Resolution 661 (1990)."[26] In der Folge dieser Resolution initiierten die USA noch am gleichen Tag eine vollständige Seeblockade des Irak. Beachtenswert ist, daß der Text der Resolution weder in seiner Präambel noch in seinem operativen Teil eine Bezugnahme auf Kapitel VII oder gar direkt auf Art. 42 enthielt, obwohl Frankreich während der Verhandlungen im Sicherheitsrat darauf gedrängt hatte.[27]

---

23 Simma/Frowein, Charta, Art. 42, Rdnr. 19.

24 siehe dazu oben Dritter Teil, Abschnitt C I.

25 zum Problem der Einhaltung und Überwachung wirtschaftlicher Sanktionen, insbesondere im Fall von Embargomaßnahmen, die nach aller Erfahrung vor allem infolge mangelnder Solidarität in der Staatengemeinschaft leicht unterlaufen werden können, siehe Schröder, Verantwortlichkeit, Völkerstrafrecht, Streitbeilegung und Sanktionen, in: Graf Vitzthum (Hrsg.), Völkerrecht, 6. Abschnitt, Rdnr. 111, wo der Autor aus diesem Grund Zweifel an der Effektivität von Wirtschaftssanktionen, speziell Embargomaßnahmen, auch dann für angebracht hält, wenn es sich um solche kollektiver Art handelt. Letztlich müsse die Effektivität aber von der eingesetzten Sanktion und der ökonomischen 'Empfindlichkeit' des betroffenen Völkerrechtssubjekts abhängen.

26 siehe den operativen Absatz 1 der Entschließung SC/Res 665 (1990) vom 25. August 1990, in englischer Originalfassung abgedruckt bei J.N. Moore, Crisis in the Gulf, S. 403 ff. sowie in deutscher Übersetzung in AVR 28 (1990), S. 503 ff.; Hervorhebungen durch den Verfasser.

27 zu den unterschiedlichen Rechtspositionen Frankreichs auf der einen und der Regierungen der USA und Großbritanniens auf der anderen Seite bereits während der ersten Tage des Golfkonflikts siehe oben Dritter Teil, Abschnitt C II 1.

Nachdem auch die verschärfte Um- und Durchsetzung der wirtschaftlichen Sanktionen sowie deren Überwachung aufgrund der zitierten Resolution 665 (1990) in den darauffolgenden Wochen und Monaten nicht zum gewünschten Erfolg führte, verabschiedete der Sicherheitsrat am 29. November 1990 schließlich die "große" Ermächtigungsresolution 678 (1990): Der Sicherheitsrat "*authorizes* Member States co-operating with the Government of Kuwait, unless Iraq on or before 15 January 1991 fully implements, as set forth in paragraph 1 above, the foregoing resolutions, *to use all necessary means to uphold and implement Resolution 660 (1990)* and all subsequent relevant resolutions and to restore peace and security in the area."[28] Zwar verpflichtete die Resolution in ihrem weiteren Text die beteiligten Staaten, den Sicherheitsrat regelmäßig über die auf ihrer Grundlage ergriffenen Maßnahmen zu unterrichten, jedoch verzichtete sie ebenfalls auf eine Benennung ihrer Rechtsgrundlage und bezieht sich weder auf Art. 42, noch auf Kapitel VII insgesamt, noch enthält sie die in Resolution 665 (1990) auffallende Formulierung, daß die unternommenen Schritte unter der Weisungsbefugnis des Sicherheitsrats ("under the authority of the Security Council") stattzufinden haben. Ein Hinweis auf eine mögliche Beteiligung des nach Art. 47 Abs. 1 eingesetzten Generalstabsausschusses fehlt ebenfalls, was gegen die Annahme von Art. 42 als Rechtsgrundlage dieser Maßnahme spricht. Andererseits postuliert die Entschließung das ausdrückliche Ziel, die Resolution 660 (1990) sowie alle vorangegangenen relevanten Resolutionen zu implementieren *und* Frieden und Sicherheit in der betroffenen Region des Nahen Ostens wiederherzustellen, was als Zielbeschreibung einer Selbstverteidigungsmaßnahme nicht nur vollkommen atypisch wäre, sondern vor allem auch über die Grenzen der zulässigen Ziele einer Selbstverteidigung, d.h. die Zurückschlagung und effektive Beendigung des bewaffneten Angriffs, weit hinausginge und daher nach Art. 51 Satz 1 gar nicht möglich wäre.[29] In Abgrenzung zu der oben bereits erläuterten Korearesolution beachtlich und in hohem Maß wesentlich für alle nachfolgend hier beschriebenen Fälle ist auch, daß es sich bei Resolution 678 (1990) vom 29. November 1990 um eine Autorisierung oder Ermächtigung und ganz ausdrücklich keineswegs um eine Empfehlung

---

[28] siehe den operativen Absatz 2 der Resolution SC/Res 678 (1990) vom 29. November 1990, abgedruckt bei Moore, a.a.O. sowie AVR a.a.O (siehe die vorvorige Anmerkung); Hervorhebungen durch den Verfasser.

[29] zustimmend Heinz/Philip/Wolfrum, VN 39 (1991), S. 126, die in diesem Kontext von einem über die Selbstverteidigung hinausgehenden "doppelten Mandat" sprechen, das den Koalitionsmächten am Golf durch die Resolution 678 erteilt worden sei.

handelte[30], was für die spätere präzise Subsumtion unter eine in Frage kommende Rechtsgrundlage in Kapitel VII der Charta[31] nachdrücklich zu unterstreichen ist.

III. Der in ihrer politischen und rechtlichen Bedeutung weitreichenden schweren Krise im **früheren Jugoslawien** liegt ein komplexer und vielschichtiger historischer Sachverhalt zugrunde, der hier nur in äußerst geraffter Form grob zusammengefaßt werden kann. Nach dem Tod des jugoslawischen Staatspräsidenten Tito im Jahr 1980 wurde die jugoslawische Bundesregierung von einem Präsidentschaftsrat geleitet, dessen Vorsitz unter den Chefs der autonomen Republiken und Provinzen rotierte. Am 27. September 1990 erklärte das slowenische Parlament, daß die von den Bundesinstitutionen verabschiedete Gesetzgebung in der slowenischen Republik ab sofort keine Anwendung mehr finden werde. In einer Volksabstimmung am 23. Dezember 1990 votierten 88,5 Prozent der slowenischen Wähler für eine Unabhängigkeit Sloweniens, nachdem das kroatische Parlament bereits einen Tag zuvor seine legislativen Akte in der Rangfolge über die Bundesgesetzgebung gestellt hatte. Während des Frühlings 1991 wurden ergebnislose Verhandlungen unter den diversen Republiken geführt mit dem Ziel, eine lockere Federation von "halb-souveränen Staaten" zu schaffen. Dabei wurde die serbische Position, die territoriale Integrität Jugoslawiens zu erhalten, von den meisten westlichen Staaten einschließlich der Europäischen Gemeinschaft (EG) und der damaligen Konferenz für Sicherheit und Zusammenarbeit in Europa (KSZE)[32] nachdrücklich unterstützt. Im Mai 1991 kam eine Wahl des

---

30 siehe Pyrich, HILJ 32 (1991), S. 268: "Resolution 678 is neither a command, nor a recommendation to use force after January 15. It represents a prior legitimization of the decision to use force. It is also not an explicit authorization to remove Saddam Hussein from power. The use of force is tied specifically to the purposes of the Security Council resolutions (...)."

31 vgl. dazu unten Abschnitte C, D in diesem Teil.

32 die KSZE wurde mit Wirkung vom 31. Dezember 1994 in "Organisation für Sicherheit und Zusammenarbeit in Europa" (OSZE) umbenannt und erhielt stärker institutionalisierte Strukturen, vgl. ausführlich zu dieser Entwicklung vom Konferenzprozeß zur internationalen Organisation Wenig, Möglichkeit und Grenzen der Streitbeilegung ethnischer Konflikte durch die OSZE, S. 27-58. Zu der im Kontext des Geltungsbereichs des Gewaltverbots und seiner Ausnahmen interessierenden Frage, ob die OSZE eine "regionale Abmachung oder Einrichtung" im Sinne des Kapitels VIII der Charta ist, vgl. die eingehende Darstellung bei Körbs, AVR 33 (1995), S. 459 ff., der anders als die herrschende Meinung Art. 52 Abs. 1 1. Halbsatz als eine materielle Befugnisnorm versteht, nach der eine Staatenverbindung mit dem Ziel der Aufrechterhaltung des Weltfriedens und der internationalen Sicherheit auf regionaler Ebene nicht erst dann unzulässig sein soll, wenn sie im Sinn des Art. 52 Abs. 1 2. Halbsatz den Zielen und

Kroaten Stipe Mesic im Präsidentschaftsrat nicht zustande, obwohl er turnusmäßig mit der Übernahme des Vorsitzes an der Reihe gewesen wäre. Serbien, Kosovo und die Provinz Vojvodina stimmten gegen den Kandidaten und Montenegro enthielt sich der Stimme, so daß Jugoslawien plötzlich kein Staatsoberhaupt mehr hatte. Am 19. Mai 1991 entschieden sich 93 Prozent der Wähler Kroatiens für die Unabhängigkeit, bevor am 25. Juni 1991 Slowenien und Kroatien sich zu unabhängigen Staaten erklärten.[33] Nach dem Scheitern weiterer Verhandlungen griffen Truppenverbände der jugoslawischen Bundesarmee die provisorisch aufgestellte slowenische Miliz am 27. Juni 1991 an. Die Behörden in Slowien riefen den Kriegszustand aus und baten international um Unterstützung, wobei sie sich unter anderem an die Europäische Gemeinschaft, die KSZE und die Vereinten Nationen wandten. Zur gleichen Zeit brachen auch in Kroatien Kämpfe aus. Die europäischen Reaktionen auf das Geschehen auf dem Balkan reichten von der Einberufung von Friedenskonferenzen bis zur Entsendung von Beobachtern.[34]

Die Vereinten Nationen verabschiedeten im Verlauf der Jugoslawienkrise eine ganze Anzahl von Entschließungen, obwohl der Sicherheitsrat zu Beginn des Krieges lange auf erste Maßnahmen warten ließ. Am 13. August 1992 beschloß der Rat nach Kapitel VII der Charta mit zwölf Ja-Stimmen und drei Enthaltungen die Resolution 770 (1992), in der er zunächst eine Bedrohung des Weltfriedens und der internationalen Sicherheit

---

Grundsätzen der Charta widerspricht, sondern schon dann, wenn sie sich nicht als "regionale Abmachung oder Einrichtung" im Sinn des Kapitels VIII den Vereinten Nationen unterordnet und in deren Rahmen integriert; vgl. ebendort, S. 467.

[33] zu den mit diesem Prozeß der Erlangung der staatlichen Unabhängigkeit verbundenen zahlreichen und zum Teil nur unbefriedigend zu lösenden Problemen siehe Hillgruber, Die Aufnahme neuer Staaten in die Völkerrechtsgemeinschaft. Der Autor behandelt dabei ausführlich die Unabhängigkeit Sloweniens und Kroatiens auf S. 603 ff., Bosnien-Herzegowinas auf S. 662 ff., sowie Mazedoniens auf S. 676 ff.. Vgl. auch S. 697-698 zu der widersprüchlichen Haltung der EG-Mitgliedstaaten in der Frage der Anerkennung der auf dem Balkan neu entstandenen Staaten als Völkerrechtssubjekte.

[34] zu den weiteren Einzelheiten des historischen Sachverhalts vgl. die eingehende Darstellung bei Philip/Plesmann, Conflicts, Yugoslavia, in: Wolfrum (Hrsg.), United Nations: Law, Policies and Practice, Vol. 1, Abschnitt Nr. 35, S. 338-340, an die sich die hiesige Darstellung der wesentlichen Fakten anlehnt. Weitere Hintergründe aus dem geschichtlichen Zusammenhang sowie im Jahr 1991 noch denkbare Handlungsalternativen der Europäischen Gemeinschaft werden dargestellt bei Sakellariou/ Williams, Vierteljahresschrift für Sicherheit und Frieden 1991, S. 207-211. Ausführlich zu Entwicklung und Verlauf der Krise unter Einbeziehung der wahrhaft internationalen Dimensionen des Konflikts und der rechtlichen Verhaltensanforderungen der Staaten auch Weber, Humanitäres Völkerrecht 1993, S. 4-13.

feststellte, zu deren Bewältigung der Bereitstellung humanitärer Hilfe in Bosnien und Herzegowina durch den Sicherheitsrat eine bedeutende Rolle im Rahmen der Versuche der Vereinten Nationen zukomme, den Frieden und die Sicherheit in dem betreffenden Gebiet wiederherzustellen. In ihrem operativen Absatz 2, die Resolution "*calls upon* States, *to take* nationally or through regional agencies or arrangements *all measures necessary to facilitate in coordination with the UN the delivery* by relevant humanitarian organizations and other humanitarian assistance to Sarajevo and wherever needed in other parts of Bosnia and Herzegovina".[35] In den Statements zum Abstimmungsverhalten (explanation of vote) unterstrichen die Mitglieder des Sicherheitsrats ihre Auffassung, daß die Vereinten Nationen selber bei der Um- und Durchsetzung der Resolution eine prominente Rolle spielen sollten. Der Delegierte Indiens hob hervor, daß der Einsatz militärischer Gewalt unter dem Kommando und der Kontrolle der UN stattfinden müsse, um den Anforderungen der Regeln des Kapitels VII der Charta zu genügen. Der Staatenvertreter Zimbabwes kritisierte, daß der Sicherheitsrat sich mit seinem Beschluß in die Rolle eines hilflosen Zuschauers versetzt habe, während der Abgesandte Chinas den operativen Absatz 2 der Resolution als einen Blankoscheck bezeichnete, der zu einem Verlust der Kontrolle über die Situation führen könne, was das öffentliche Ansehen der UN in Mitleidenschaft ziehen werde, zumal Grund zu ernsthaften Zweifeln an der Sicherheit der vor Ort befindlichen Kräfte der UNPROFOR bestünde.[36]

Von den Vereinten Nationen mit weiteren Resolutionen nach Art. 41 in Kraft gesetzte Wirtschaftssanktionen gegen Restjugoslawien drohten durch Unterwanderung und offene Nichtbeachtung wirkungslos zu werden, so daß der Sicherheitsrat Gegenmaßnahmen ergreifen mußte.[37] Am 16. November 1992 verabschiedete er auf Vorschlag Belgiens mit 13 Ja-Stimmen und zwei Enthaltungen (Zimbabwe und China) auf der Grundlage von Kapitel VII

---

[35] vgl. SC/Res 770 (1992) vom 13. August 1992, abgedruckt in International Legal Materials (ILM), Band 31 (1992), S. 1468-1470; in deutscher Übersetzung abgedruckt in VN 40 (1992), S. 216; Hervorhebungen durch den Verfasser.

[36] vgl. dazu im einzelnen das Sitzungsprotokoll des Sicherheitsrats vom 13. August 1992, Procedure Verbal, S/PV.3106 of 13th August 1992.

[37] von daher ist es nicht zutreffend, wenn Weber, Humanitäres Völkerrecht 1993, S. 4 noch im darauffolgenden Jahr ausführt, daß die UNO, die bislang nur Peace-Keeping-Operationen in Kroatien und Bosnien-Herzegowina durchgeführt habe, d.h. UN-Kontingente nur zur Einhaltung von Waffenstillstandsvereinbarungen sowie zum Schutz von Kriegsgefangenen und zur Sicherstellung der Grundversorgung der Zivilbevölkerung entsandt habe, bislang vor einem bewaffneten Eingreifen in den Jugoslawien-Konflikt zurückschrecke. Von einer solchen Beschränkung der UN kann spätestens seit November 1992 keine Rede mehr sein.

handelnd die Entschließung 787 (1992), die "*calls upon States to use such measures commensurate with the specific circumstances as may be necessary under the authority of the Security Council* to halt all inward and outward shipping in order to inspect and verify their cargoes and to ensure strict implementation of the provisions of Resolution 713 and 757".[38] Sie lehnt sich damit schon rein sprachlich unübersehbar an ihren relevanten Präzedenzfall, nämlich die im Wortlaut fast übereinstimmende Resolution 665 (1990) vom 25. August 1990 an, was die Schlußfolgerung nahelegt, daß sie auch auf derselben Rechtsgrundlage wie die frühere Entschließung beruht. Trotz dieser Embargomaßnahmen lief die Entwicklung der Situation in Jugoslawien den Vereinten Nationen regelrecht davon. Nicht nur, daß die wirtschaftlichen Sanktionen kaum Wirkung zeigten, oder die Maßnahmen die falschen Personen, nämlich die unter ihnen leidende Zivilbevölkerung, zu treffen schienen. Hinzu kam, daß die militärische Bedrohung unschuldiger Menschen durch Kampfflugzeuge der jugoslawischen Bundesarmee in einem solchen Maß zunahm, daß Frankreich schon vor der Verabschiedung der Resolution 787 (1992) vom 16. November 1992 bereits Anfang Oktober 1992 durch inoffizielle diplomatische Kanäle die anderen Ständigen Mitglieder des Sicherheitsrats wissen ließ, es werde dieser Situation nicht länger zuschauen. Angesichts des drohenden moralischen Gesichtsverlustes schwenkte das Weiße Haus überraschend auf diese Linie ein und brüskierte innerhalb der eigenen Regierung sowohl das U.S. Pentagon als auch das State Department, die sich gegen ein noch weiter verstärktes Engagement auf dem Balkan ausgesprochen hatten, mit der neuen Zielvorgabe, daß man nun eine Resolution nach Kapitel VII anstrebe, die alle militärischen Flüge über Bosnien und Herzegowina verbiete und die UN-Mitgliedstaaten ermächtige, dieses Flugverbot mit allen erforderlichen Mitteln zu implementieren. Diese harte Linie konnte sich in den Ratsverhandlungen indessen (noch) nicht durchsetzen. Am 9. Oktober 1992 nahm der Sicherheitsrat "acting pursuant to the provisions of Resolution 770 aimed at ensuring the safety of the delivery of humanitarian assistance in Bosnia and Herzegovina" mit 14 Ja-Stimmen und einer Enthaltung (China) die Resolution 781 (1992) an, ohne sich auf Kapitel VII zu berufen, in der er ein Verbot militärischer Flüge über dem Gebiet von Bosnien-Herzegowina verhängte, die vor Ort tätigen Einheiten der UNPROFOR damit beauftragte, die Einhaltung dieses Verbots zu überwachen und damit drohte, umgehend und mit höchster Dringlichkeit weitere erforderliche Maßnahmen in Betracht

---

[38] vgl. den operativen Absatz 12 der Resolution SC/Res 787 (1992) vom 16. November 1992, abgedruckt in International Legal Materials (ILM), Band 31 (1992), S. 1481-1484; deutsche Übersetzung abgedruckt in VN 40 (1992), S. 220-221; Hervorhebungen durch den Verfasser.

zu ziehen, sollte das Flugverbot verletzt werden.[39] Der Vertreter der USA im Sicherheitsrat, der nun offenbar den Eindruck hatte, er sei vorher zu schnell und zu weit vorgeprescht, beeilte sich nach dieser diplomatischen Niederlage umgehend zu Protokoll zu geben, daß diese Resolution den Sicherheitsrat dazu verpflichte, im Fall ihrer Verletzung weitere Schritte zu ergreifen, und daß die USA dann den Antrag stellen würden, im Sicherheitsrat eine weitere Entschließung zu verabschieden, die zur militärischen Durchsetzung der Flugverbotszone über Bosnien-Herzegowina ermächtige.[40]

Die UNPROFOR führten ihr Mandat nach besten Kräften aus[41] und berichteten noch bis Ende des Jahres 1992 von mehreren hundert Verletzungen des Flugverbots durch Luftstreitkräfte der Armee Restjugoslawiens. Einigkeit bestand über weiteren Handlungsbedarf; existierende Meinungsverschiedenheiten darüber, wer das Kommando über die weiteren Schritte übernehmen sollte und wie diese zu kontrollieren seien, wurden durch die rein faktische Entwicklung der Ereignisse auf dem Balkan überholt: Jeder verstrichene Tag kostete Menschenleben, und die öffentliche Meinung begann sich gegen die UN zu wenden. Der Zeitverlust ging zu einem nicht geringen Teil auf das Konto russischer Bestrebungen, den traditionellen russischen Panslawismus, oft aus innenpolitischen Gründen, in proserbischen Stellungnahmen und immer weiteren Belgrad gewährten Gnadenfristen zum Ausdruck zu bringen. Daher dauerte es bis zum 31.März 1993, als der Sicherheitsrat schließlich die Resolution 816 (1993) mit zwölf Ja-Stimmen und einer Enthaltung (China) verabschiedete, die "*authorizes Member States*, seven days after the adoption of this resolution (...) *to take, under the authority of the Security Council and subject to close coordination with the Secretary-General and UNPROFOR, all necessary measures in the airspace in the Republic of Bosnia and Herzegovina*, in the event of further violations, *to ensure compliance* with the ban on flights (...), and *proportionate to the specific circumstances* and the nature of the flights".[42]

---

[39] vgl. dazu SC/Res 781 (1992) vom 9. Oktober 1992, abgedruckt in International Legal Materials (ILM), Band 31 (1992), S. 1477-1479; deutsche Übersetzung abgedruckt in VN 40 (1992), S. 219.

[40] vgl. das Sitzungsprotokoll des UN-Sicherheitsrats vom 9. Oktober 1992, Procedure Verbal, S/PV.3122 of 9th October 1992, S. 9.

[41] zu einer Einschätzung der professionellen Diensterfüllung durch die UN-Soldaten, die weder 'blaue Engel' noch 'Rambos' sind, vgl. Debiel, Aus Politik und Zeitgeschichte 44 (1994), B 2, S. 14.

[42] vgl. dazu den operativen Absatz 4 der Resolution SC/Res 816 (1993) vom 31. März 1993, abgedruckt in deutscher Übersetzung in VN 41 (1993), S. 73-74; Hervorhebungen durch den Verfasser.

Nach den Ereignissen von Srebrenica mit grausamen, zum Teil bis heute nicht aufgeklärten Verlusten unter der Zivilbevölkerung beschloß der Sicherheitsrat am 6. Mai 1993 einstimmig in seiner Resolution 824 (1993), Sarajevo, Srebrenica und vier andere Städte zu "geschützten Gebieten" (safe areas) zu erklären und 50 weitere Militärbeobachter dorthin zu entsenden[43], ohne daß dies die fortgesetzten Angriffe unter den Augen der Medien und der Weltöffentlichkeit auf diese Orte zu unterbinden vermocht hätte. Diese Entwicklung führte schließlich zu der weitreichendsten Entschließung des Sicherheitsrats während der Jugoslawienkrise, die am 4. Juni 1993 nach Kapitel VII mit 13 Ja-Stimmen und zwei Enthaltungen (Venezuela und Pakistan) als Resolution 836 (1993) angenommen wurde und schließlich zu den nachfolgenden massiven Luftschlägen der NATO insbesondere gegen mit schwerer Artillerie ausgerüstete serbische Stellungen führte.[44]

---

[43] siehe dazu SC/Res 824 (1993) vom 6. Mai 1993, in deutscher Übersetzung abgedruckt in VN 41 (1993), S. 155.

[44] zu der vollkommen neuen Rolle als "Exekutionsorgan der UNO", die der NATO erstmals während des Jugoslawienkonflikts auf der Grundlage von vorherigen Beschlüssen des UN-Sicherheitsrats zukam, siehe Weidenfeld, Europe '96 - Pour une réforme de l'Union européenne, S. 46: "De plus en plus, l'OTAN, autrefois simple organe coopératif de défense, se mue en un instrument de diplomatie collective et de contrôle des conflits internationaux, ce qui constitue par ailleurs une modification évidente du rôle qu'il s'était imparti en matière de politique de sécurité. Parallèlement à la redéfinition indispensable des problèmes apparaît la nécessité d'une définition des interêts communs." An dieser Stelle verdient auch der hinsichtlich der Völkerrechtskonformität alles entscheidende Unterschied zwischen der Jugoslawienkrise 1993 und dem Kosovokonflikt 1999 einen nachdrücklichen Hinweis: Während die in der NATO verbündeten Mitgliedstaaten der UN im Jahr 1993 auf dem Balkan aufgrund einer vorherigen Ermächtigung des Sicherheitsrats tätig wurden, die in der nachfolgend näher beschriebenen Resolution 836 (1993) vom 4. Juni 1993 enthalten war, existierte im Frühling 1999 eben keine solche Entschließung des Sicherheitsrats, weshalb die Luftschläge der NATO während der Kosovo-Krise als Verstoß gegen das Gewaltverbot zu werten sind und nach geltendem Völkerrecht nicht gerechtfertigt werden können. Zustimmend Ambos, Website-Version von EJIL 10 (1999) nach Literaturverzeichnis, Druckseite 1-2. "It is clear, however, that such a rule did not exist at the beginning of the NATO air strikes against the FRY (Serbia and Montenegro) and it can hardly be said that it exists at the moment. (...) Thus, as international law stands today, the NATO attacks cannot be justified in the absence of an explicit Chapter VII resolution of the Security Council." Eine Zukunftschance für ein Zusammenspiel zwischen UN und NATO sieht auch Moniac, UNO erkennt Grenzen, in: Die Welt vom 20. September 1995, S. 6, nach dem die UN sich künftig als Friedensagentur verstehen könnte, die Aufträge zu dessen Sicherung an regionale Organisationen vergibt. Eines solchen Auftrages bedarf es aber jedenfalls im Rahmen einer völkerrechtlichen Untersuchung der Legalität der von der regionalen Organisation vorgenommenen Maßnahmen zumindest dann, wenn diese den Schutzbereich des Gewaltverbots berühren; zur Gegenansicht vgl. Weller, Clearing the fog in Iraq, New Law Journal 143 (1993), S. 136: "A breach of an international obligation, other than the prohibition of the use of

Die wesentlichen Entscheidungen der Resolution 836 (1993) sind die folgenden: Erstens wurde das Mandat der UNPROFOR ausgedehnt, "in order to enable it, in the safe areas referred to in Resolution 824, to deter attacks, to monitor the ceasefire, to promote the withdrawal of military or paramilitary units other than those of the Government of Bosnia and Herzegovina, and to occupy some key points on the ground, in addition to participating in the delivery of humanitarian relief".[45] Zweitens erfolgte eine konkrete Ermächtigung *der UNPROFOR-Verbände* zum Gebrauch von Gewalt, allerdings ganz nach dem klassischen Muster der UN-Friedenstruppen begrenzt auf den Fall der Selbstverteidigung: "(...) *to authorize UNPROFOR, in carrying out the mandate* defined (...) above, *acting in self-defense*[46]*, to take the necessary measures, including the use of force*, in reply to bombardements of the safe areas by any of the parties or to armed incursion into them or in the event of any deliberate obstruction in or around those areas to the freedom of movement of UNPROFOR or of protected humanitarian convoys."[47] Schließlich folgte dann drittens die Ermächtigung der *Mitgliedstaaten* zur Durchführung von Luftschlägen mit dem Ziel, die geschützten Gebiete zu garantieren: "(...) *decides that (...) Member States (...) may take, under the authority of the Security Council and subject to close coordination with the Secretary-General and UNPROFOR, all necessary measures, through the use of air power*, in and around the safe areas (...), to support UNPROFOR (...)."[48]

Während der umfangreichen Vorbereitungen zur Verhandlung und Formulierung der verschiedenen Entschließungen des Sicherheitsrats während der Jugoslawienkrise wurde das Recht zur Selbstverteidigung nach Art.

---

force, can never be remedied through military means, unless there is Security Council authorisation *or an overwhelming humanitarian need to act*." (Hervorhebungen durch den Verfasser)

45 vgl. dazu den operativen Absatz 5 der Resolution 836 (1993) vom 4. Juni 1993, in deutscher Übersetzung abgedruckt in VN 41 (1993), S. 156-157.

46 rein vorsorglich wird darauf hingewiesen, daß in diesem Zusammenhang *keinesfalls* das Recht zur *Selbstverteidigung von Staaten* nach einem bewaffneten Angriff gemäß Art. 51 Satz 1 gemeint ist, sondern die Verteidigung der eigenen Person und Ausrüstung sowie der in der Entschließung genannten geschützten humanitären Transporte von Hilfsgütern durch die Soldaten der UNPROFOR.

47 vgl. dazu den operativen Absatz 9 der Resolution 836 (1993) vom 4. Juni 1993, in deutscher Übersetzung abgedruckt in VN 41 (1993), S. 156-157; Hervorhebungen durch den Verfasser.

48 vgl. dazu den operativen Absatz 10 der Resolution 836 (1993) vom 4. Juni 1993, abgedruckt a.a.O. (vgl. die vorige Anmerkung); Hervorhebungen durch den Verfasser.

51 Satz 1, anders als noch während des Golfkonflikts von 1990/91, praktisch nicht erwähnt, obwohl es nach der internationalen Anerkennung Bosnien-Herzegowinas als souveräner Staat wegen des gegen diesen unternommenen bewaffneten Angriffs durch die Truppen Restjugoslawiens unter dem Oberbefehl Belgrads durchaus hätte in Betracht gezogen werden können.[49] Auffällig ist insbesondere, daß vor allem von US-amerikanischer Seite kein Versuch unternommen wurde, das Selbstverteidigungsrecht, dessen Suspendierung durch Maßnahmen der kollektiven Sicherheit nach Kapitel VII der Charta man während des Golfkonflikts argumentativ so sorgsam zu verhindern gesucht hatte[50], ins Spiel zu bringen. Statt dessen bestand unausgesprochene Einigkeit darüber, daß zu ergreifende militärische Maßnahmen auf der Grundlage von vorherigen autorisierenden Beschlüssen des Sicherheitsrats stattzufinden hatten. Der Grund für diese prima facie erstaunlich gewandelte Präferenz der amerikanischen Bundesregierung mag darin zu sehen sein, daß ihr während während der Jugoslawienkrise anders als noch während des Golfkonflikts nicht an einer dezentralen Meinungsbildung durch einzelne Staaten oder Gruppen von Staaten nach Art. 51 Satz 1 gelegen war, sondern sie vielmehr in diesem Fall ein konkretes Interesse an einem im Sicherheitsrat zentralisierten Entscheidungsfindungsprozeß hatte, den sie diplomatisch und notfalls rechtlich mittels ihres Vetorechts nach Art. 27 Abs. 3 als Ständiges Mitglied maßgeblich kontrollieren konnte. Zudem standen in Jugoslawien anders als am Persischen Golf essentielle amerikanische Interessen weniger deutlich im Vordergrund, so daß eine amerikanische militärische Beteiligung samt allen damit verbundenen Kosten und Risiken vor allem innenpolitisch weniger leicht zu vermitteln war, und eine dementsprechende Ermächtigung durch den Sicherheitsrat ein nicht zu unterschätzendes Element der politischen Rechtfertigung gegenüber dem Repräsentantenhaus, dem Senat und der eigenen Öffentlichkeit darstellte.

IV. Im ostafrikanischen Staat **Somalia** war bis Ende November 1992 deutlich geworden, daß die dort bereits im Gang befindliche Peace-Keeping-Operation der UN nach traditionellem Blauhelmmuster unter dem Namen UNOSOM I angesichts der zunehmenden Unruhen im Land und Fehden

---

49 dies ist in der Literatur dagegen durchaus geschehen, vgl. nur Nagan, Rethinking Bosnia and Herzegovina's Right of Self-Defense: A Comment, in: The Review, Nr. 52 (1994), S. 34-46, der dieses Recht ohne Auseinandersetzung mit den in der Subsidiaritätsklausel des Art. 51 Satz 1 verborgenen Rechtsproblemen als fortbestehend ansieht.

50 vgl. zu den unterschiedlichen Rechtsauffassungen der Staatenvertreter bei der UN in New York und der Regierungen der verschiedenen am Persischen Golf versammelten Koalitionsmächte die eingehende Darstellung oben Dritter Teil, Abschnitt C II 1.

unter verfeindeten Stämmen und Kriegsfürsten ("war lords"), die eine auch nur annähernd ausreichende Unterstützung der Bevölkerung wenigstens mit Trinkwasser und Lebensmitteln unmöglich machten, zum Scheitern verurteilt war. Wegen des großen Medieninteresses an diesem humanitären Desaster vor allem in den USA[51] und der schlechten Erfahrungen, die man während des Jugoslawien-Konflikts mit zu langem Abwarten gemacht hatte, verstärkte der UN-Generalsekretär den Druck auf den Sicherheitsrat, daß seitens der Vereinten Nationen schnell gehandelt werden müsse. Bei den Verhandlungen im Sicherheitsrat kam mehrfach die Option zur Sprache, nunmehr eine klassische "enforcement operation" nach Kapitel VII einzusetzen, die von Frankreich, Belgien, Marokko und Österreich auch ausdrücklich unterstützt wurde. Der Generalsekretär war jedoch gezwungen, auf die Durchführungsschwierigkeiten dieses an sich gerade von ihm selbst favorisierten Instruments hinzuweisen, da die UN mangels der von Art. 43 vorgesehenen Sonderabkommen nicht über eigene Truppen verfügte und demgemäß auch kaum in der Lage war, ein zentrales Kommando über fremde Truppen der Mitgliedstaaten zu führen.[52] Man entschied sich daher

---

[51] dieses Interesse konnte indessen nicht darüber hinwegtäuschen, daß es in den USA eine innenpolitisch starke Strömung gab und gibt, die die Versorgung der notleidenden Bevölkerung eines fremden und fernen Landes grundsätzlich als lokales Problem ansieht, für dessen Bewältigung weder die USA zuständig noch die UN geschaffen worden seien; zu einer prominenten und bereits früh sich kritisch äußernden Stimme vgl. den früheren Assistant Solicitor of the Department of State, Borchard, in: Yale Law Journal 55 (1945/46), S. 968: "Whereas non-intervention was the keynote both of international law and American policy, universal intervention in other people's local affairs and in matters of which an understanding is quite wanting is now presented as the desired key to international tranquility. The idea of enforcing peace in analogy to a municipal system is only theoretically tolerable when a superstate controls all others, a condition which it is impossible to assume." Überwiegend kritisch zum Komplex der humanitären Intervention im Spannungsfeld des Gewaltverbots auch Beyerlin, Humanitarian Intervention, in: Bernhardt (Hrsg.), EPIL, Vol. II (1995), S. 926-933. Eingehend zu dem Gesamtproblem auch Damrosch, Commentary on Collective Military Intervention to Enforce Human Rights, in: dieselbe/Scheffer (Hrsg.), Law and Force in the New International Order, S. 215-223 sowie Farer, An Inquiry into the Legitimacy of Humanitarian Intervention, ebendort, S. 185-201; großzügiger demgegenüber Tomuschat, Recht auf Intervention? in: Lutz (Hrsg.), Völkerrecht und Friedensordnung, S. 68, nach dem der Sicherheitsrat sich bereits in der Vergangenheit vielfach mit Menschenrechtsproblemen befaßt habe, die nichts mit Frieden und Sicherheit im klassischen Sinn zu tun gehabt hätten, wobei diese Praxis bis 1990 allerdings auf Israel und Südafrika beschränkt geblieben sei. Es erscheine daher nur folgerichtig, wenn nunmehr die Ansätze der Vergangenheit generalisiert und auf eine breitere Grundlage gestellt würden.

[52] dazu sowie zu den sonstigen Fakten und Hintergründen der Somalia-Krise und der Beteiligung der UN daran siehe die Darstellung bei Sorel, La Somalia et les Nations Unies, AFDI 38 (1992), S. 61-68.

erneut für den Weg einer Ermächtigung der Mitgliedstaaten durch den Sicherheitsrat. Am 3. Dezember 1992 nahm dieser einstimmig die Resolution 794 (1992) nach Kapitel VII tätig werdend ("acting under Chapter VII") an und, im operativen Absatz 10, "*authorized the Secretary-General and Member States (...) to use all necessary means to establish (...) a secure environment for humanitarian relief operations*". Der operative Absatz 12 ermächtigte "*the Secretary-General and the Member States* concerned to make the *necessary arrangements for the unified command and control of the forces involved*".[53] Der Hinweis auf die zentrale Kommandogewalt und Kontrolle meint nicht etwa eine UN-Institution, sondern spielt auf die bereits zum Zeitpunkt der Beschlußfassung vorliegende Planung an, daß den US-Streitkräften die logistische und organisatorische Leitung der Operation obliegen sollte. Der Text der Entschließung selbst konnte nicht deutlicher formuliert werden, weil Frankreich sich der ausdrücklichen Ernennung eines amerikanischen Oberkommandeurs für die gesamte Operation nachdrücklich widersetzt hatte. Beachtenswert ist, daß China sich bei dieser Gelegenheit zum ersten Mal während der Schlußabstimmung im Sicherheitsrat nicht der Stimme enthielt, sondern aufgrund der stärkeren Rolle des Generalsekretärs und des Sicherheitsrats bei der Ausführung des Mandats die Entschließung befürwortete. Schon am 9. Dezember 1992 gingen die ersten Einheiten der Unified Task Force (UNITAF) in Somalia an Land und begannen mit der Ausführung und Umsetzung der Operation "*Restore Hope*".

Nachdem man geglaubt hatte, mit der UNITAF hinreichend sichere Arbeitsbedingungen für die eigentlich angestrebte humanitäre Hilfsaktion geschaffen zu haben, wurde mit Resolution 814 (1993) vom 26. März 1993 unter Kapitel VII vom Sicherheitsrat die humanitäre Folgeaktion von UNOSOM I, nämlich UNOSOM II beschlossen, die das Mandat von UNOSOM I ausdehnte und dabei einer Reihe von weitreichenden Vorschlägen des UN-Generalsekretärs folgte, die auf die fortschreitende und unumkehrbare Entwaffnung aller Kriegsstämme und eine Unterdrückung des Wiederaufflackerns der Gewalt gegen die Zivilbevölkerung Somalias abzielten.[54] Damit wurden deutliche Elemente einer "enforcement action" in das Mandat für UNOSOM II übernommen, was in dieser Form zu ersten Mal geschah. Bislang waren Peace-Keeping-Operationen als sogenannte Blauhelmmandate nämlich auf Berichterstattung und bloßes Monitoring

---

[53] vgl. SC/Res 794 (1992) vom 3. Dezember 1992, abgedruckt in UN Yearbook 1992, S. 209; deutsche Übersetzung abgedruckt in VN 41 (1993), S. 65-66; Hervorhebungen durch den Verfasser.

[54] vgl. dazu SC/Res 814 (1993) vom 26. März 1993, in deutscher Übersetzung abgedruckt in VN 41 (1993), S. 66-68.

beschränkt; sie sollten als Puffer zwischen verfeindeten Gruppen dienen und diese nach Möglichkeit schon räumlich trennen, durften in sie nicht unmittelbar berührendes gewalttätiges Geschehen nicht direkt eingreifen und hatten die Erlaubnis zum Eigengebrauch militärischer Gewalt nur für den Fall einer unmittelbaren Selbstverteidigung ihrer Person und der von ihnen benutzten UN-Einrichtungen.[55] Neu an UNOSOM II war zum einen, daß sie zwar an sich als Peace-Keeping-Operation intendiert war und damit eigentlich nach Kapitel VI hätte beschlossen werden müssen, während der Sicherheitsrat für die Resolution 814 (1993) vom 26. März 1993 ausdrücklich unter Kapitel VII tätig geworden ist. An dieser neuartigen "Chapter VII-Peace-Keeping-Operation" hat China im Sicherheitsrat deutliche Kritik geübt und seine Befürchtungen geäußert, die geplante Ermächtigung des *unter nationalem Befehl* handelnden Operationskommandeurs könnte zu einem Kontrollverlust des Sicherheitsrats über die Situation führen.[56]

---

[55] ausführlich zu den damit verbundenen Problemen van Hegelsom, The Law of Armed Conflict and UN Peace-Keeping and Peace-Enforcement Operations, in: The Hague Yearbook of International Law 6 (1993/94), S. 45-58: "...that the Force is authorized to use force in self-defense, which includes resistance to attempts by forceful means to prevent it from discharging its duties under the mandate of the Security Council." Die neue Art von Friedenstruppen und ihre Tätigkeit wird von dem Autor nicht mehr unter den klassischen Begriff der Friedensoperationen gefaßt, sondern wegen ihrer vollkommenen Andersartigkeit der neu geschaffenen Kategorie der Peace-Enforcement-Operations zugewiesen (auch in der Bundesrepublik war vielfach von sogenannten "Friedensoperationen der zweiten Generation" die Rede): "Should peace-keeping fail, peace-enforcement might prove necessary. It is submitted that the law of armed conflict is applicable in such cases. The prerequisites are, first, an explicit decision by the UN Security Council under Chapter VII of the Charter and, second, an unmistakable mandate to force one of the parties to the conflict to *submit* to the political and military authority of the UN forces. In such instances, the majority of provisions of the law of armed conflict apply fully to both the UN command and the national contingents involved due to their customary law status" (ibidem, S. 57; Hervorhebung im Original). Kühne, Aus Politik und Zeitgeschichte 44 (1994), B 2, S. 21 hält UNOSOM II für so weitgehend, daß er sogar schon von einem Peace-Keeping der dritten Generation spricht. Zu einer älteren und erstaunlich frühen Verwendung des Terminus "peace enforcement" vgl. Possony, Yale Law Journal 55 (1945/46), S. 910 ff., dort auch mit einer historischen Herleitung des Begriffs vom Mittelalter bis in die Zeit der Vereinten Nationen. Eine Darstellung der modernen Probleme im Spannungsfeld zwischen Peace-Keeping and Peace-Enforcement bietet Krylov, International Peacekeeping and Enforcement Actions After the Cold War, in: Damrosch/ Scheffer (Hrsg.), Law and Force in the New International Order, S. 94-100.

[56] in diese Richtung argumentiert mit nicht zu überhörender Skepsis auch Terwiesche, Humanitäres Völkerrecht 1993, S. 131: Die in Somalia mit der notfalls zwangsweisen Sicherung von Hilfslieferungen befaßten Streitkräfte könnten nicht als Organe der UN angesehen werden. Dies ergebe sich schon aus den umfangreichen Ko-

Zum anderen war dem Sicherheitsrat zur Zeit seiner Beschlußfassung bereits klar, daß die Ausübung des Mandats von UNOSOM II nicht von der Zustimmung der örtlichen Stammesfürsten abhängig war und die geplante Entwaffnung der in den militärischen Konflikt verwickelten Kriegsstämme notfalls oder sogar vorhersehbar zwangsweise durchgesetzt werden würde, was beides mit traditionellen UN-Friedensoperationen nach herkömmlichen Verständnis unvereinbar ist.[57]

Die Maßnahmen der UN konnten einen Angriff von Truppen des somalischen Generals Aidid gegen zu UNOSOM II gehörende Einheiten am 5. Juni 1993 nicht verhindern, der zu schweren Verlusten führte. Nur einen Tag später verabschiedete der Sicherheitsrat einstimmig die Resolution 837 (1993) vom 6. Juni 1993 unter Kapitel VII. Sie enthielt keine neue Ermächtigung zum Einsatz militärischer Gewalt, sondern bezog sich auf die vorangegangene, oben besprochene Resolution 814 (1993) vom 26. März 1993. Sie ist aber wegen der außerordentlichen Reichweite der in dieser autorisierten Handlungen trotzdem als Meilenstein in der Ermächtigungspraxis des Sicherheitsrats und überdies wohl auch als endgültiger Abschied von den Friedensoperationen nach traditionellem Muster zu bewerten. In ihrem operativen Absatz 5, die Resolution "reaffirmed that the Secretary-General *is authorized under Resolution 814 to take all necessary measures against all those responsible for the armed attacks* referred to above, *including against those responsible for publicly inciting* such attacks, to *establish the effective authority of UNOSOM II throughout*

---

ordinationsmaßnahmen und der Einrichtung eines Verbindungsbüros zum Gemeinsamen Oberkommando in den anderen, hier nicht im einzelnen zitierten operativen Absätzen der Resolution 794 (1992) vom 3. Dezember 1992. Denn diese Koordinationsmaßnahmen und das Verbindungsbüro wären überflüssig gewesen, wenn die jeweiligen Kontingente bereits in das Organisationsgefüge der UN integriert gewesen wären und ihre Befehle von einem entweder dem Sicherheitsrat selbst oder dem UN-Generalsekretär verantwortlichen General empfangen hätten.

57 zu der aus diesen Gründen notwendigen scharfen Abgrenzung des humanitären Einsatzes in Somalia von friedenserhaltenden Maßnahmen (peacekeeping, Blauhelmaktionen) nach traditionellem Muster siehe auch Bernhardt/Platzer, Humanitäres Völkerrecht 1993, S. 67-69, wo die Autoren es als einen signifikanten Unterschied werten, daß Zwangsmaßnahmen des Sicherheitsrats nach Kapitel VII der hier in Frage stehenden Art keiner Zustimmung der Inhaber staatlicher Souveränität bzw. der Hoheitsgewalt in Somalia bedurften. Dies folge schon daraus, daß es sich eben um eine "Zwangs-Maßnahme" auf der Grundlage von Art. 42 gehandelt habe.

*Somalia*, including to secure the investigation of their action and *their arrest and detention for prosecution, trial and punishment*".[58]

V. In **Haiti** hatte sich die UN mit umfangreichen Bemühungen an dem international unterstützten Versuch beteiligt, die legitime Regierung des demokratisch gewählten Präsidenten Aristide wieder an die Macht zu bringen.[59] Ihre United Nations Mission in Haiti (UNMIH) wurde jedoch von den die Insel beherrschenden Militärmachthabern ständig an der Ausübung der ihnen übertragenen Funktionen gehindert. Als nach einer weiteren Verschärfung dieser Schikanen dann auch noch der Justizminister Haitis ermordet wurde, gab die US-Regierung am 15. Oktober 1993 die Entsendung von sechs Kriegsschiffen in die Region bekannt, um den Seeverkehr mit Haiti zu unterbinden.[60] Gleichzeitig beantragte Präsident Aristide beim Sicherheitsrat, dieser möge die Mitgliedstaaten in einer Entschließung aufrufen, die erforderlichen Maßnahmen zu ergreifen, um die Durchsetzung der Resolution 873 zu gewährleisten[61], mit der der Sicherheitsrat die

---

58 vgl. SC/Res 837 (1993) vom 6. Juni 1993, in deutscher Übersetzung abgedruckt in VN 41 (1993), S. 221, wobei dieser Wortlaut etwas verwirrend ist, da die Resolution 814 (1993), anders als die Textfassung von Resolution 837 (1993) vermuten läßt , gar keine spezifische Ermächtigung des UN-Generalsekretärs enthielt; Hervorhebungen durch den Verfasser.

59 vgl. zu den mit einer solchen Zielsetzung verbundenen Schwierigkeiten im Spannungsfeld des Nichteinmischungsgebots Czempiel, Einmischung ist möglich, in: Lutz (Hrsg.), Völkerrecht und Friedensordnung, S. 85 ff., der die Berechtigung zur Einmischung daraus abzuleiten versucht, daß es nicht einleuchten könne, daß man die Untaten eines Diktators im Ausland blutig zurückweise, seine Bluttaten im Inland aber müßig hinnehmen solle. Noch viel weniger sei verständlich, daß es Rechtens sein solle, die außenpolitischen Folgen einer Diktatur mit Krieg zu korrigieren, aber verboten, die Ursache des Krieges, nämlich die Diktatur selbst, mit sehr viel kleinerem Aufwand zu beseitigen.

60 zu dem besonderen, hier nicht weiter relevanten Rechtsproblem der Intervention gegen diktatorische und systematisch die Menschenrechte verletzende Regime siehe Franck, Intervention against Illegitimate Regimes, in: Scheffer/Damrosch (Hrsg.), Law and Force in the New International Order, S. 159 ff., der sich ausführlich mit dem "Recht auf Demokratie" und den Möglichkeiten seiner kollektiven Implementierung durch die Völkergemeinschaft zugunsten eines Volkes auseinandersetzt, das nicht mehr in der Lage ist, sich aus seiner Unterdrückung selbst zu befreien. Den Vereinigten Staaten komme in diesem Prozeß als "the world's oldest functioning constitutional democracy" eine besondere Verantwortung zur Ergreifung der Initiative zu.

61 zu der Rolle gerade der Vereinten Nationen bei Interventionen zum Schutz der Menschenrechte siehe Lukashuk, The United Nations und Illegitimate Regimes: When to Intervene to Protect Human Rights, in: Scheffer/Damrosch (Hrsg.), Law and Force in the New International Order, S. 143 ff., der anhand von Parallelen zum Kampf gegen das Nazi-Regime des Deutschen Reichs sowie die Herrschaft Francos in Spanien versucht,

zwischenzeitlich erfolgte Suspendierung eines Waffen- und Ölembargos nach Art. 41 vorläufig beendet hatte[62], das er vormals mit seiner Resolution 841 gegen die Machthaber auf Haiti verhängt hatte.[63] Noch am gleichen Tag legten die USA, Frankreich, Kanada und Venezuela einen Resolutionsentwurf vor, der unproblematisch vom Sicherheitsrat am 16. Oktober 1993 unter Kapitel VII handelnd als Resolution 875 (1993) einstimmig angenommen wurde. Die Formulierung seines operativen Absatzes 1 erinnert stark an die Resolution 665 (1990) vom 25. August 1990 aus der Zeit des Golfkonflikts sowie an die oben ebenfalls bereits besprochene Resolution 787 (1992) vom 16. November 1992 aus der Zeit der Jugoslawienkrise: "(...) *Calls upon Member States*, acting nationally or through regional agencies or arrangements, cooperating with the legitimate Government of Haiti, *to use such measures commensurate with the specific circumstances as may be necessary under the authority of the Security Council* to ensure strict implementation of the provisions of Resolution 841

---

allgemeingültige Kriterien zur Bestimmung der Grenzlinie herauszuarbeiten, bis zu der eine Einmischung in die inneren Angelegenheiten eines Staates vom Völkerrecht verboten wird, ab der sie hingegen gestattet oder sogar geboten ist. Umfassend zum Problemkomplex der Intervention von außen nach einer dahingehenden vorherigen Einladung der zwar legitimen, aber *de facto* nicht mehr herrschenden Regierung eines Staates Hargrove, Intervention by Invitation and the Politics of the New World Order, ebendort, S. 113-126.

[62] Der Sicherheitsrat hatte zunächst mit seiner Entschließung 841 (1993) ein umfassendes Erdöl- und Waffenembargo gegen Haiti verhängt, vgl. dazu SC/Res 841 (1993), abgedruckt in International Legal Materials (ILM), Band 32 (1993), S. 1206-1209. Mit seiner Resolution 861 (1993) vom 27. August 1993 setzte der Sicherheitsrat die Fortwirkung dieser Sanktionen im Hinblick auf die zwischen dem Präsidenten der Republik Haiti und dem Oberbefehlshaber der Streitkräfte Haitis geschlossene Vereinbarung von Governors Island (Governor's Island Agreement) aus. Dabei handelte der Sicherheitsrat nach den Vorschriften des Kapitels VII. Nachdem der UN-Generalsekretär jedoch berichten mußte, daß die Militär- und Polizeibehörden Haitis die Vereinbarung von Governors Island nicht eingehalten hatten, wurde mit Resolution 873 (1993) vom 13. Oktober 1993 die Wiedereinsetzung des Erdöl- und Waffenembargos zunächst angedroht und dann auch umgesetzt, wiederum ausdrücklich nach Kapitel VII der Charta. Schon in der Formulierung der Resolution 841 (1993) hatte der Sicherheitsrat vorher seine grundsätzliche Bereitschaft erkennen lassen, die Aufhebung der Sanktionen für den Fall zu erwägen, daß die De-facto-Behörden in Haiti ein Abkommen zur Wiedereinsetzung von Präsident Aristide schließen würden; vgl. zu diesem Problemkomplex der (teilweisen) Wiederaufhebung von Sanktionen ausführlich Reschke, Humanitäres Völkerrecht 1994, S. 138-139.

[63] ausführlich zu den Fakten des Sachverhalts, den historischen Hintergründen und der rechtlichen Bewertung der Krise in und um Haiti siehe im einzelnen Glennon, AJIL 89 (1995), S. 70-74 sowie mit einem überwiegend kritischen Unterton Falk, HILJ 36 (1995), S. 341-358.

and 873 relating to the supply of petroleum or petroleum products or arms and related material of all types, and in particular *to halt inward maritime shipping as necessary in order to inspect* and verify their cargoes and destinations."[64] Diese Entschließung führte in den westlichen Staaten bereits zu umfangreicher Kritik an der neuen Praxis des Sicherheitsrats, da keine Grenzen erkennbar seien, an denen eine Eingriffsbefugnis der Völkergemeinschaft beginne und überdies unklar sei, wie weit diese überhaupt reichen solle.[65]

Obwohl der Sicherheitsrat in den folgenden Monaten noch weitere Sanktionen beschloß, stabilisierte sich die Lage auf Haiti noch nicht einmal soweit, daß die UNMIH die ihr zugedachten Aufgaben wahrnehmen konnte, ganz zu schweigen von der Ablösung der drei unrechtmäßig herrschenden und die Menschenrechte mißachtenden Militärführer, die von Beginn an erklärtes Ziel der Involvierung der Vereinten Nationen in die Krise gewesen war. Der Generalsekretär der UN machte dem Sicherheitsrat im Juli 1994 klar, daß entweder das Mandat der UNMIH dramatisch ausgeweitet werden müsse, um überhaupt in der Lage zu sein, einige der gewünschten Ziele zu erreichen, oder aber eine internationale Streitmacht beauftragt werden müsse, sich der aussichtlos gewordenen Lage in Haiti anzunehmen, um damit Raum für eine anschließende, weitere Phase zu schaffen, in der die UNMIH dann ihr bereits bestehendes und für diesen Fall auch ausreichendes Mandat ausüben könne. Der Sicherheitsrat entschied sich für die zweite Option. Am 31. Juli 1994 nahm er mit zwölf Ja-Stimmen und zwei Enthaltungen (darunter China) unter Kapitel VII agierend die Resolution 940 (1994) an und "*authorized Member States to form a multilateral force under unified command and control and, in this framework, to use all necessary means* to facilitate the departure from Haiti of the military leadership (...), the prompt return to the legitimately elected president and the restoration of the legitimate authorities of the Government of Haiti, *and to establish and maintain a secure and stable environment* that will permit the implementation of the Governors Island Agreement (...)".[66] Bemerkenswert an der Verhandlungsgeschichte und dem Wortlaut der Entschließung ist, daß

[64] siehe SC/Res 875 (1993) vom 16. Oktober 1993, in deutscher Übersetzung abgedruckt in VN 42 (1994), S. 35; Hervorhebungen durch den Verfasser.

[65] vgl. Burley, Commentary on Intervention Against Illegitimate Regimes, in: Scheffer/Damrosch (Hrsg.), Law and Force in the New International Order, S. 177-178, mit einem entschiedenen Hinweis auf die "hard question: when is it appropriate to use force to help a population throw off a regime sponsored or maintained by another power?"

[66] siehe SC/Res 940 (1994) vom 31. Juli 1994, abgedruckt in International Peacekeeping 1 (1994), S. 104-105; deutsche Übersetzung abgedruckt in VN 42 (1994), S. 195; Hervorhebungen durch den Verfasser.

der UN-Generalsekretär dem Sicherheitsrat für den Fall ihrer Verabschiedung vorgeschlagen hatte, eine kleine Gruppe von UN-Beobachtern einzusetzen, deren spezifische Aufgabe es sein sollte, die Art und Weise zu überwachen, in der die durch die Resolution 940 (1994) ermächtigten Staaten ihr Mandat ausübten. Die Annahme dieses Vorschlags stellt den bislang weitreichendsten Beschluß dieser Art dar.

VI. Stammesfehden und bürgerkriegsähnliche Zustände in dem afrikanischen Staat **Ruanda** führten im Sommer 1994 zu der ebenfalls auf der Grundlage einer Ermächtigung durch den Sicherheitsrat von Frankreich ausgeführten und umgesetzten "Operation Türkis". Die Unruhen, die mit einigen Pausen schon seit dem Beginn des Bürgerkriegs im Oktober 1990 angedauert hatten, als die von der Bevölkerungsminderheit dominierte *Front Patriotique Rwandaise (FPR)* vom Nachbarland Uganda aus nach Ruanda eingedrungen war und Teile des Nordens unter ihre Kontrolle gebracht hatte, verschärften sich insbesondere hinsichtlich der festzustellenden Verluste unter der Zivilbevölkerung bis Ende April 1994 in einem international besorgniserregenden Maß. Konkreter Anlaß für die Eskalation der Ereignisse im April 1994, die Hunderttausende zur Flucht in die umliegenden Nachbarländer veranlaßte, war der bis heute mysteriöse Abschuß eines Flugzeuges am 6. April 1994, unter dessen Passagieren sich die Präsidenten von Ruanda und Burundi befanden, die bei diesem Vorfall beide ums Leben kamen.[67] Der UN-Generalsekretär berichtete daraufhin dem Sicherheitsrat, man müsse nun Maßnahmen entweder seitens des Rats selbst in Betracht ziehen oder aber Mitgliedstaaten zu solchen Maßnahmen ermächtigen, um zur Wiederherstellung von Recht und Gesetz beizutragen, die Massaker an schutzlosen Zivilisten zu beenden und für die Zukunft zu unterbinden sowie einen Waffenstillstand zwischen den verfeindeten Gruppen zu fördern. Personal und Ausrüstung der Friedenstruppe United Nations Assistance Mission in Rwanda (UNAMIR), die nur kurze Zeit vorher reduziert worden waren, wurden nun schnellstmöglich erneut aufgestockt und das Mandat von UNAMIR ausgeweitet, ohne daß diese Schritte in der Folgezeit jedoch einen sichtbaren Erfolg erzielen konnten. Der Generalsekretär schlug dem Sicherheitsrat daher schließlich vor, ein Angebot Frankreichs näher in Betracht zu ziehen, eine multinationale militärische Operation nach Kapitel VII unter französischem Kommando zu unternehmen zu dem Zweck, die Sicherheit vertriebener Personen und Zivilisten nach dem Vorbild der von amerikanischen Kräften angeführten UNITAF in Somalia zu garantieren. Am 22. Juni 1994 nahm der Sicherheitsrat daraufhin die Resolution 929 (1994)

---

[67] zu den Fakten und weiteren Einzelheiten der "Operation Türkis" in Ruanda siehe Czarnecki, Humanitäres Völkerrecht 1994, S. 195-198.

mit zehn Ja-Stimmen und fünf Enthaltungen (darunter Chinas) an, bei der er unter Kapitel VII tätig wurde und "*authorized the Member States* co-operating with the Secretary-General *to conduct an operation* limited to a period of two months *under national command and control* aimed at contributing, in an impartial way, to the security and protection of displaced persons, refugees and civilians at risk, *using all necessary means to achieve these humanitarian objectives*".[68] Ein Selbstverteidigungsszenario war in Ruanda mangels eines bewaffneten Angriffs gegen diesen UN-Mitgliedstaat nicht gegeben, ein Rückgriff auf Art. 51 Satz 1 als Rechtfertigungsgrund daher von vornherein ausgeschlossen. Obwohl die Resolution 929 (1994) als ihre Basis nur Kapitel VII nennt und darüberhinaus nicht genauer eingrenzt, kommt als Rechtsgrundlage für diese militärischen Zwangsmaßnahmen nur Art. 42 in Betracht.[69]

## C. Das Problem der Sonderabkommen nach Art. 43 als Voraussetzung für militärische Zwangsmaßnahmen

Das System der kollektiven Sicherheit bedarf zu seiner Funktionsfähigkeit in dem Sinn, wie sie von den Gründern der UN beabsichtigt und angestrebt war, konkreter subjektiver wie objektiver Bedingungen. Zentrale subjektive Bedingung ist die Solidarität seiner Mitglieder, insbesondere der Konsens der Ständigen Ratsmitglieder. Konflikte zwischen den Großmächten wurden durch die Konstruktion des Vetorechts von vornherein dem Streitbeilegungs- und Sanktionsmechanismus der UN entzogen.[70] Wichtigste objektive Bedingung ist dagegen die institutionelle Ausgestaltung des in Kapitel VII normativ verankerten Systems, vor allem der Abschluß der in Art. 43 vorgesehenen Sonderabkommen und damit die verpflichtende Bereitstellung nationaler Truppenkontingente zur Bildung einer UN-Force. Dazu ist es infolge des mangelnden Konsenses der Großmächte nicht gekommen mit der Konsequenz, daß der Sicherheitsrat eine bindende Anordnung zur Durchführung militärischer Zwangsmaßnahmen im Sinne von Art. 42 zu treffen niemals in der Lage war, und das System folglich a priori seiner tragenden institutionellen Säule beraubt war.[71] Die

---

[68] siehe SC/Res 929 (1994) vom 22. Juni 1994, abgedruckt in International Peacekeeping 1 (1994), S. 103-104; deutsche Übersetzung abgedruckt in VN 42 (1994), S. 153-154; Hervorhebungen durch den Verfasser.

[69] übereinstimmend Czarnecki, Humanitäres Völkerrecht 1994, S. 197.

[70] so Schaefer, Die Funktionsfähigkeit des Sicherheitsmechanismus der Vereinten Nationen, S. 399.

[71] ibidem; vgl. auch Eagleton, Yale Law Journal 55 (1945/46), S. 993, der die Fähigkeit zum Einsatz militärischer Sanktionen als "the ultimate test of an organization designed to stop aggression" bezeichnet, der aber bereits vor 55 Jahren und nur wenige Monate nach der Gründung der UN Zweifel an der Wahrscheinlichkeit eines baldigen

zutreffende Tatsache allein, daß die von Art. 43 verlangten Sonderabkommen, die dem Sicherheitsrat die von Art. 42 Satz 1 vorausgesetzte Möglichkeit an die Hand geben sollten, *selber* mit *eigenen* UN-Truppen militärische Zwangsmaßnamen ergreifen zu können, bislang noch nicht abgeschlossen worden sind, stellt aber noch keine Antwort auf die weitergehende Frage nach der generellen Anwendbarkeit von Art. 42 in Abwesenheit dieser Sonderabkommen dar. Zu ihr werden ganz unterschiedliche Lösungsansätze vertreten.

I. Einerseits wird Art. 42 unter den Gegebenheiten der heutigen politischen und rechtlichen Situation der UN für unanwendbar gehalten, da er sich in einer unauflöslichen Abhängigkeitsbeziehung zu den von Art. 43 geforderten Sonderabkommen befinde. Dies wurde bereits im Golfkonflikt von 1990/91 während der Suche nach einer Rechtsgrundlage für die Resolution 678 (1990) vom 29. November 1990 deutlich: "Yet Article 42, which authorizes the Security Council to take military action when economic sanctions 'would be inadequate or have proved to be inadequate' was not, it appears, the legal basis for the resolution. Why? Because of the article's dependent relationship with Article 43, pursuant to which the UN membership consents to provide the Security Council 'on its call and in accordance with a special agreement or agreements' with armed forces, assistance and facilities to effectuate Article 42. The members having failed in this respect, mainly because of the Cold War, Article 42 had become, it is widely agreed, a dead letter. Whatever military action the Security Council might take to ensure international peace and security, it had to be premised otherwise.[72] Der Abschluß von Sonderabkommen nach Art. 43 sei die Grundvoraussetzung für die Durchführung von kollektiven Maßnahmen nach Kapitel VII.[73] Dieser Ansatz ist bereits während der Koreakrise im Jahr 1950 und den sich mit ihr befassenden Verhandlungen im Sicherheitsrat deutlich geworden. Die oben bereits erörterte Resolution, die den UN-Mitgliedern eine Unterstützung Südkoreas gegen den bewaffneten Angriff aus dem Norden empfahl, bereitete schon damals den Mitgliedern des Sicherheitsrats Schwierigkeiten bei der Suche nach einer konkreten Rechtsgrundlage, bevor der Rat später dazu überging, keinen bestimmten Vertragsartikel der Charta mehr zu zitieren, sondern sich auf Kapitel VII

---

Abschlusses von Sonderabkommen nach Art. 43 anmeldet: "(...) one may justifiably wonder whether these doubly difficult agreements will ever be made." (ibidem, S. 994)

72 Weston, AJIL 85 (1991), S. 519, wobei angesichts des schillernden Meinungsstandes in Literatur und Staatenpraxis von einer "weitreichenden Übereinstimmung" keine Rede sein dürfte.

73 Statz VN 39 (1991), S. 129.

insgesamt zu stützen: "Had the Charter come fully into force and had the agreements provided for in Article 43 of the Charter been concluded, we should, of course, have proceeded differently, and the action to be taken by the Security Council to repel the armed attack would no doubt have been founded on Art. 42. As it is, however, the Council can naturally act only under Article 39, which enables the Security Council to recommend what measures should be taken to restore international peace and security."[74] Der Vertreter Großbritanniens ging damit davon aus, daß jede Anwendung von Art. 42 in der Praxis des Sicherheitsrats nur auf dem Fundament der von Art. 43 vorgesehenen Sonderabkommen stattfinden konnte.[75] Damit blieb nichts anderes übrig als "afirmar que en tales circunstancias el Consejo de Seguridad no puede ejercitar las acciones coercitivas previstas en el artículo 42 dada la relación esencial existente entre dicho artículo y el 43".[76] Alternative Vorgehensweisen wie beispielsweise die Aufstellung freiwilliger Peace-Keeping-Einheiten durch die Generalversammlung und den Sicherheitsrat können "not compensate for the fact that Article 42 has become a dead letter. The knowledge that the Council had armed forces at its disposal and the expectation that they would be used, if necessary, was intendend to make it easier for the Council to handle conflicts without having to resort to armed force. Thus, the inability to apply Article 42 has weakened the essential foundation of the whole United Nations system for maintaining peace and security, including its provisions for the pacific settlement of disputes."[77] Eine Auslösung militärischer Sanktionen im Sinne des Art. 42 sei ohne die gemäß Art. 43 dem Sicherheitsrat zuzuordnenden Truppen der Mitgliedstaaten, die dann einem UN-Oberkommando unterstehen würden, systemwidrig. Denn die verbindliche Anordnung von Sanktionen nach Realisierung des Art. 43, und nur eine solche Anordnung sei vorgesehen gewesen, müsse sich auch und gerade in einem System kollektiver Sicherheit, wie jede Polizeimaßnahme in der binnenstaatlichen Sphäre, auf eine jederzeit zur Verfügung stehende und somit berechenbare und steuerbare Macht der friedensstiftenden Institution stützen können.[78]

---

74 so der britische Gesandte im UN-Sicherheitsrat während der Koreakrise bei den Verhandlungen der "Korearesolution", zitiert bei Seyersted, United Nations Forces in the Law of Peace and War, S. 130.

75 übereinstimmend in der Auslegung des oben zitierten Statements Seyersted, a.a.O., S. 130, der sich selber allerdings dieser Auffassung nicht anschließen möchte.

76 Dastis Quecedo, Vertreter des Königreichs Spanien am Hauptsitz der Vereinten Nationen in New York, in: Revista Española de Derecho Internacional 43 (1991), S. 112.

77 Goodrich/ Hambro/ Simons, Charter of the United Nations, Art. 42, S. 317.

78 Menk, Der Staat 32 (1993), S. 413, wobei noch im einzelnen zu klären sein wird, ob sein Argument der Systemwidrigkeit sich nicht letztlich gegen den Autor selber wendet, wenn er zur Vermeidung einer "völkersicherheitsrechtlichen mélange im Niemandsland

Danach wäre Art. 42 nach der gegenwärtigen Rechtslage insgesamt unanwendbar.

II. Diese Schlußfolgerung wird auch daraus gezogen, daß die Sonderabkommen nach Art. 43 an einer anderen Stelle der Charta ausdrücklich erwähnt werden: Gemäß Art. 106 konsultieren die Parteien der am 30. Oktober 1943 in Moskau unterzeichneten Vier-Mächte-Erklärung und Frankreich nach Absatz 5 dieser Erklärung untereinander und gegebenenfalls andere Mitglieder der Vereinten Nationen, um gemeinsam alle etwa erforderlichen Maßnahmen zur Wahrung des Weltfriedens und der internationalen Sicherheit im Namen der Organisation zu treffen, *bis das Inkrafttreten von Sonderabkommen der in Artikel 43 bezeichneten Art den Sicherheitsrat nach seiner Auffassung befähigt, mit der Ausübung der ihm in Artikel 42 zugewiesenen Verantwortlichkeiten zu beginnen.*[79] Diese Vorschrift sei speziell für den Fall der Übergangszeit bis zum Inkrafttreten der Sonderabkommen nach Art. 43 geschaffen worden, und "pending these agreements, the Organization can only rely upon such joint military action as the five Great Powers, and possibly some other Member, may, under Article 106, take on its behalf".[80] Die Lücke, die durch die Unanwendbarkeit des Art. 42 entstünde, würde demzufolge von Art. 106 geschlossen. Dieser Lösungsansatz begegnet aber gerade angesichts der jüngeren Ermächtigungspraxis des Sicherheitsrats in und nach der Golfkrise durchgreifenden Bedenken. Nicht nur, daß Art. 106 von Beginn an nur für eine Übergangszeit gedacht war und er heute weithin für obsolet gehalten wird, weshalb im Rahmen der Beratung von Vorschlägen über eine Revision der Charta im Sechsten Ausschuß der Generalversammlung bereits angeregt wurde, den Artikel aufzuheben.[81] Hinzu kommt, daß beispielsweise während

---

zwischen Art. 42 und 51 in Form der Empfehlung oder Legalisierung militärischer Gewalt der Mitgliedstaaten durch den Sicherheitsrat" vorschlägt, daß man alle militärischen Maßnahmen, die im Irak-Kuwait-Konflikt mit der Charta in Verbindung gebracht wurden, ohne Begleitmaßnahmen des Sicherheitsrats im Rahmen des Art. 51 für rechtmäßig halten dürfe. Denn dies läßt nicht nur alle mit der Subsidiaritätsklausel des Art. 51 Satz 1 zusammenhängenden Rechtsprobleme außer Betracht, sondern kehrt zu dem Zustand zurück, wie er bereits vor dem Bestehen der UN existierte. Wenn aber die Vermeidung von Systemwidrigkeiten lediglich dazu führt, das System mit allen seinen hinter ihm stehenden Intentionen gar nicht anzuwenden, dann muß die Frage gestattet sein, was dadurch gewonnen ist.

79 vgl. Art. 106 UN-Charta; Hervorhebungen durch den Verfasser.

80 Bentwich, Commentary on the Charter, Art. 43, S. 97-98.

81 siehe dazu den entsprechenden Hinweis bei Simma/Ress, Charta, Art. 106, Rdnr. 14, der zwar die Übergangszeit aufgrund des rein formalen Umstandes, daß die von Art. 43 anvisierten Sonderabkommen nicht geschlossen wurden, für noch nicht beendet hält, aber trotzdem dieser Norm jegliche praktische Bedeutung abspricht.

des Golfkonflikts dem militärischen Vorgehen der Koalitionsmächte in Kuwait und Irak keine gemeinsame Erklärung der Fünf Mächte nach Art. 106 zugrunde lag. Die USA und ihre Verbündeten beriefen sich zur Rechtfertigung ihres militärischen Gegenangriffs gegen den Irak auf die Resolution 678 (1990) vom 29. November 1990, die vom Sicherheitsrat als Organ der UN, nicht aber gemeinsam von den Fünf Mächten unter Inanspruchnahme der Kompetenzen aus Art. 106 beschlossen wurde. Denn die Resolution 678 (1990) stützt sich ausdrücklich auf das Kapitel VII der Charta, überschrieben mit "Maßnahmen bei Bedrohung oder bei Bruch des Friedens und bei Angriffshandlungen", und eben nicht etwa auf das Kapitel XVII unter dem Titel "Übergangsbestimmungen betreffend die Sicherheit". Eine gemeinsame Aktion der fünf in Art. 106 genannten Mächte hätte zudem eine Beteiligung der Sowjetunion und Chinas an den Maßnahmen gegen den Irak erfordert, eine solche hat es indesssen nicht gegeben.

Es kann daher festgehalten werden, daß es sich bei Art. 106, wie auch die Überschrift des Kapitels XVII ausweist, um eine "Übergangsbestimmung" handelt, die auf die unmittelbare Nachkriegszeit bezogen war, in der es nach der militärischen Niederwerfung des nationalsozialistischen Deutschlands und seiner Verbündeten als "Feindstaaten des Zweiten Weltkrieges"[82] um die Re-Etablierung der internationalen Völkerrechtsordnung und die Errichtung eines Systems der allgemeinen Sicherheit ging. Das legt nahe, daß nach Art. 106 nur solche Maßnahmen von den Fünf Mächten gemeinsam getroffen werden konnten, die dieser während der unmittelbaren Nachkriegszeit aktuellen Zielsetzung dienten.[83] Eine Heranziehung des Art. 106 zur Schließung der durch eine mögliche Unanwendbarkeit des Art. 42 verursachten Lücke ist demnach im Ergebnis trotz des die gegenteilige Lösung nahelegenden Wortlauts des Art. 106 nicht möglich.

III. Die extreme Gegenposition zu der oben unter I. dargestellten Auffassung wird von jenen vertreten, die eine Teilnahmepflicht der UN-Mitgliedstaaten an militärischen Zwangsmaßnahmen des Sicherheitsrats auch in Abwesenheit der von Art. 43 angesprochenen Sonderabkommen annehmen. Die Art. 39, 42, 47, 48 schließen die Möglichkeit nicht *expressis verbis* aus, daß der Sicherheitsrat sich dafür entscheidet, die Mitgliedstaaten auch ohne Sonderabkommen von ihm vorherbestimmte Zwangsmaßnahmen ausführen zu lassen. Kraft seiner aus Art. 39 und 42 fließenden allgemeinen

---

82 vgl. dazu Art. 107 sowie die Darstellung der Problematik der sogenannten "Feindstaatenklauseln" oben Zweiter Teil, Abschnitt D III 1.

83 Deiseroth, Blätter für deutsche und internationale Politik 36 (1991), S. 309.

Kompetenzen könne der Sicherheitsrat nämlich auch eine Streitmacht der Organisation aufstellen, die sich grundsätzlich von der unterscheide, die Art. 42 eigentlich im Sinn gehabt habe.[84] Denn die UN-Charta verpflichte prinzipiell jeden Mitgliedstaat zu militärischen Beistandsleistungen, was sich bereits aus Art. 2 Ziff. 5 ergebe, und wer - wie beispielsweise die Bundesrepublik Deutschland - der UN und ihrer Charta ohne jede Einschränkung beigetreten sei und diese Verpflichtung trotzdem nicht anerkennen wolle, der drücke sich mit Scheinargumenten um die Einlösung seiner verbindlichen Pflichten herum.[85] Wenn ein Staat diese Pflichten nicht habe übernehmen wollen, so hätte er anläßlich seines Beitritts zu UN einen entsprechenden Vorbehalt ausdrücklich formulieren müssen.[86] Nach dieser Auffassung wäre Art. 42 nicht nur auch in Abwesenheit der Sonderabkommen nach Art. 43 vollständig und insoweit unproblematisch anwendbar, sondern die Mitgliedstaaten wären überdies verpflichtet, dem Sicherheitsrat auf Anforderung Truppenkontingente für die Durchführung militärischer Zwangsmaßnahmen zur Verfügung zu stellen.

IV. Die Mehrzahl der Kommentatoren im internationalrechtlichen Schrifttum differenziert das Problem in zwei von ihnen unterschiedlich beantwortete Rechtsfragen: Ausgehend von der hinzunehmenden Tatsache, daß keine Sonderabkommen nach Art. 43 abgeschlossen wurden, wird zum einen die allgemeine Anwendbarkeit des Art. 42 untersucht und bejaht, die Frage nach einer verbindlichen Pflicht der Mitgliedstaaten zur Truppenstellung aber davon vollkommen getrennt behandelt und verneint. ”Article 42 does not even provide that the Force must necessarily consist of national contingents, but leaves the way open, e.g. also for individual enlistment by the Organization. Still less does Article 42 require that any national contingents must be provided under obligations undertaken pursuant

---

[84] Kelsen, The Law of the United Nations, S. 756.

[85] so Scholz, Das deutsche Zögern, in: Die Welt vom 23. November 1992, S. 6 im Kontext der von ihm befürworteten verbindlichen Verpflichtungen der Bundesrepublik Deutschland, auch in Abwesenheit von Sonderabkommen nach Art.43 an militärischen UN-Operationen teilzunehmen; diese Pflicht zu Recht verneinend Lutz, Vierteljahresschrift für Sicherheit und Frieden 1990, S. 233-237 sowie ausführlich zu diesem Problemkomplex an der Nahtstelle zwischen Völkerrecht und nationalem Verfassungsrecht derselbe, Deutschland und die kollektive Sicherheit. Zu einer differenzierten Darstellung der sich auf der globalen UN-Ebene, der regionalen NATO-Ebene und der deutschen Grundgesetz-Ebene stellenden Probleme siehe Pechstein, JURA 1991, S. 461-467.

[86] vgl. die nähere Darstellung des Streitstandes bei Riedel, Zeitschrift für Rechtspolitik 1991, S. 6-7 mit weiteren Nachweisen in Anmerkung 23 auf S. 7, obwohl der Autor selbst wohl zur gegenteiligen Auffassung neigt.

to Article 43, rather than *voluntarily*. (...) Article 42 does not even appear to exclude a force composed of national contingents under *national* command. (...) Indeed, the *duty* of Member States to contribute contingents is confined to the cases laid down in Articles 43-45."[87] Das Erfordernis, daß Sonderabkommen abgeschlossen sein müssen, bevor Mitgliedstaaten zur Teilnahme an Zwangsmaßnahmen *verpflichtet* werden können, folge systematisch aus dem Verhältnis von Art. 43 als lex specialis zu Art. 39 2. Halbsatz und Art. 42 sowie überdies im Umkehrschluß aus der bloßen Existenz von Art. 106, der von Beginn an sinnlos gewesen wäre, wenn der Sicherheitsrat seine Streitkräfte im Beschlußwege zusammenstellen könnte.[88] Zudem wurde auf der Gründungskonferenz der UN von San Francisco ein Vorschlag Chiles diskutiert, die in Art. 48 normierte Verpflichtung ausdrücklich auf die nach Art. 43 abgeschlossenen Abkommen zu beziehen, der nur deswegen nicht im späteren Text der Charta umgesetzt wurde, weil sich Art. 48 nicht nur und ausschließlich auf militärische, sondern auch auf andere Maßnahmen bezieht.[89] Zwar ergibt sich aus Art. 25, wonach die Mitglieder der Vereinten Nationen verpflichtet sind, "die Beschlüsse des Sicherheitsrats im Einklang mit dieser Charta anzunehmen und auszuführen", daß die Beschlüsse des Sicherheitsrats gegenüber den Mitgliedstaaten bindende Wirkung haben.[90] Für alle gerade nach Kapitel VII

---

[87] ausdrücklich Seyersted, United Nations Forces in the Law of Peace and War, S. 131 sowie die dortige Anmerkung 20; Hervorhebungen im Original.

[88] Brunner, Neue Zeitschrift für Wehrrecht 1992, S. 12.

[89] vgl. zu diesem historischen Argument Simma/Bryde, Charta, Art. 48, Rdnr. 2-4, der dem hier gewonnenen Auslegungsergebnis beipflichtet mit dem ergänzenden Hinweis, daß es durch den Sinn des Art. 43 geboten werde, so zu entscheiden, da dieser gerade den Zweck habe, zu verhindern, daß der Sicherheitsrat auf Streitkräfte von Mitgliedstaaten ohne deren Zustimmung zurückgreife.

[90] so Riedel, Zeitschrift für Rechtspolitik 1991, S. 7, der aber dann überraschend fortfährt: "Diese Bindungswirkung gilt jedoch nicht für Beschlüsse nach dem VII. Kapitel der UN-Charta. Art 43 ist die spezielle und damit ausschließliche Bestimmung und verdrängt deshalb Art. 25 im Bereich der Zwangsmaßnahmen." Dies kann nicht unwidersprochen bleiben: Zum einen wären nach dieser Aussage auch wirtschaftliche Zwangsmaßnahmen nach Art. 41 der Charta in Abwesenheit der von Art. 43 angesprochenen Sonderabkommen nicht rechtsverbindlich, was keinen Sinn machen würde, da Art. 43 sich nur auf Art. 42 und damit auf die militärischen Sanktionen bezieht (vgl. zur Rechtsverbindlichkeit der wirtschaftlichen Sanktionen statt aller nur Verdross/Simma, Universelles Völkerrecht, § 238, S. 146). Zweitens läßt diese Aussage die Rolle von Art. 48 völlig außer Betracht, der ganz im Gegenteil die aus Art. 25 herrührende Rechtsverbindlichkeit von Beschlüssen des Sicherheitsrats für die Zwecke der Anwendung des Kapitels VII bekräftigt und präzisiert, vgl. dazu Simma/
Bryde, Charta, Art. 48, Rdnr. 1, so daß diese Verbindlichkeit wohl kaum für alle nach Kapitel VII ergangenen Beschlüsse durch Art. 43 wieder aufgehoben werden soll.

verabschiedeten Resolutionen des Sicherheitsrats wird diese Rechtsverbindlichkeit durch Art. 48 Abs. 1 aufgegriffen und bekräftigt[91], der insoweit gegenüber der Aussage von Art. 25 enger ist und daher diesem gegenüber die speziellere Norm darstellt.[92] Davon macht jedoch Art. 43 lediglich in Bezug auf die militärischen Sanktionen nach Art. 42 eine Ausnahme dahingehend, daß die Mitgliedstaaten vom Sicherheitsrat zur aktiven Teilnahme daran ohne den vorherigen Abschluß von Sonderabkommen nach Art. 43 nicht verpflichtet werden können.[93]

Die Ablehnung einer solchen Pflicht der Staaten zur Stellung von Truppenkontingenten impliziert hingegen nicht die Verneinung der generellen Anwendbarkeit von Art. 42.[94] Der oben erläuterte Ansatz, daß man eine Auslegung des Art. 42 stets nur aus der Perspektive der aus Art. 43 resultierenden Pflichten vornehmen dürfe, ist mit Recht zurückgewiesen worden: "Dans ces conditions, la conception combinant l'article 42 avec l'article 43 fait appel à un mécanisme qui pourrait être lourd pour un résultat qui ne pourrait être que mince, ce qui ne peut être un objectif essentiel de la Charte. Celle-ci constitue un cadre suffisament souple pour permettre, si la volonté politique de coopération se manifeste, d'atteindre les buts et objectifs, toujours valable, qu'elle proclame."[95] Zwischen Art. 42 und Art. 43

---

91 siehe dazu die vorangegangene Anmerkung.

92 siehe dazu bereits die Ausführungen zur Rechtsverbindlichkeit der Beschlüsse des Sicherheitsrats nach Kapitel VII oben Zweiter Teil, Abschnitt D II 1, 4.

93 zustimmend Kunig, Jura 1991, S. 218.

94 dazu eindeutig Seyersted, United Nations Forces in the Law of Peace and War, S. 130, dort Anmerkung 18: "This is an entirely different question...."

95 so Fischer in: Cot/Pellet (Hrsg.), La Charte des Nations Unies, Art. 42, S. 710-716, hier: S. 716. Merkwürdig ist, daß dieser Autor fast überall maßgeblich zur Unterstützung der Gegenansicht zitiert wird, so beispielsweise bei Dominicé, EJIL 2 (1991), S. 99 oder bei Weston, AJIL 85 (1991), S. 519. Eine aufmerksame Lektüre seiner Kommentierung zu Art. 42 offenbart indessen, daß er die hier entscheidende Frage ausdrücklich formuliert: "Quoiqu'il en soit, faut-il admettre que la mise en oeuvre de l'article 42 dépend de la conclusion des accords faisant l'objet de l'article 43?" (ibidem, S. 710). Nachdem er dann mehrere mögliche Lösungsansätze dargestellt hat, kommt er zu dem Ergebnis der "non-application de l'article 42 et conclusion" (ibidem, S. 714). Das heißt aber nur, daß er bislang keinen Fall erkennen kann, in dem Art. 42 tatsächlich zur Anwendung gekommen *ist*, ohne jedoch die Möglichkeit auszuschließen, daß dieser auch ohne Sonderabkommen nach Art. 43 angewandt werden *kann*. Fischer spricht von tatsächlicher "non-application" und keineswegs von rechtlicher "non-applicabilité" des Art. 42. Im Gegenteil stellt er über mehrere Seiten zahlreiche Argumente zusammen, die für eine Anwendung des Art. 42 auch unabhängig von jeglichen Sonderabkommen sprechen: "On pourrait ajouter à ces arguments un autre tiré de l'article 51 suivant lequel le Conseil a le devoir en vertu de la Charte, 'd'agir à tout moment de la manière qu'il juge nécessaire pour maintenir ou

besteht nämlich keineswegs eine zwingende Verbindung.[96] Die mangelnde Realisierung der Maximalvorstellungen der Satzungsgeber kann nicht sinnvoll bedeuten, daß deswegen das gesamte Sicherheitssystem der UN, jedenfalls soweit es Zwangsmaßnahmen umfaßt, paralysiert wäre. Unter der Voraussetzung, daß die Mitgliedstaaten dem Sicherheitsrat Militärverbände freiwillig zur Verfügung stellen, steht einem Vorgehen nach Art. 42 rechtlich nichts im Weg.[97] Der Sicherheitsrat kann, wenn er als das für die Wahrung des Weltfriedens und der internationalen Sicherheit hauptverantwortliche Organ tätig wird und andere Maßnahmen nicht erfolgversprechend sind, unabhängig von Art. 43 nationale Kontingente, die entweder unter einem internationalen oder nationalen Oberkommando stehen, zur Durchführung militärischer Sanktionsmaßnahmen nach Art. 42 ermächtigen.[98]

Die generelle Anwendbarkeit von Art. 42 hängt demnach nicht von einem vorherigen Abschluß von Sonderabkommen nach Art. 43 ab, dessen Funktion in Bezug auf Art. 42 sich darin erschöpft, daß er für den Bereich militärischer Sanktionen eine Ausnahme von dem Gebot des Art. 48 Abs. 1 schafft, demzufolge die Beschlüsse des Sicherheitsrats nach Kapitel VII für die Mitgliedstaaten rechtsverbindlich sind. Für die zahlreichen oben in Abschnitt B. aufgeführten Fälle, in denen der Sicherheitsrat in seiner jüngeren Praxis die Mitgliedstaaten der UN oder Gruppen solcher Mitgliedstaaten zum Einsatz aller zur Erreichung eines bestimmten, von ihm definierten Ziels erforderlichen Mittel unter Einschluß des Gebrauchs militärischer Gewalt autorisiert hat, bedeutet dies, daß sie durchaus noch

---

rétablir la paix et la sécurité internationales' (ce qui reprend presque intégralement la phraséologie de l'article 42)." (ibidem, S. 712)

96 Schaefer, Die Funktionsfähigkeit des Sicherheitsmechanismus der Vereinten Nationen, S. 131, der als das einzige Bindeglied zwischen Art 42 und Art. 43 die Vorschrift des Art. 106 ansieht, dessen Aufgabe sich aber darin erschöpfe, klarzustellen, daß die Mitgliedstaaten *nicht* zu militärischen Maßnahmen nach Art. 42 *verpflichtet* werden können, bevor sie nicht einem von Art. 43 vorgesehenen Sonderabkommen beigetreten sind. Insoweit müsse Art. 106 in die Systematik des Kapitels VII miteinbezogen werden.

97 übereinstimmend Deiseroth, Blätter für Deutsche und Internationale Politik 1991, S. 308; zu diesem dem gesamten Programm der Vereinten Nationen immanenten Element der freiwilligen Kooperation als notwendiges Bindeglied zwischen Nationalismus und Weltbewußtsein siehe Goodrich, Yale Law Journal 55 (1945/46), S. 951: "The United Nations program seeks to combine nationalism and world-consciousness by providing for voluntary co-operation among independent states for common purposes." Dies schließt nicht aus, daß diesen gemeinsamen Zielsetzungen im Einzelfall divergierende, egoistische oder rein wirtschaftliche Motive zugrunde liegen, da Zieldefinitionen und deren Motive trennbar sind.

98 Heintschel von Heinegg, Zeitschrift für vergleichende Rechtswissenschaft 90 (1991), S. 126.

unter die Vorschriften des Kapitels VII der Charta subsumiert werden und dort ein positives Urteil ihrer Völkerrechtskonformität finden können: Die Tatsache der fehlenden Sonderabkommen allein steht dem jedenfalls nicht im Weg.

## D. Die Mitgliedstaaten als eingebundene Kooperationspartner von UN-Kampftruppen oder Ermächtigte im Alleingang

Die oben in Abschnitt C. herausgearbeitete bejahende Antwort auf die Frage nach der generellen Anwendbarkeit des Art. 42 auch in Abwesenheit der von Art. 43 vorgesehenen Sonderabkommen sagt für sich genommen noch nichts über Art und Umfang der rechtlichen Voraussetzungen einer Anwendung des Art. 42 aus. Fest steht damit bislang lediglich, daß der Weg zu einer Anwendung des Art. 42 als "tragende institutionelle Säule des Systems der kollektiven Sicherheit"[99] der UN-Charta nicht zwangsläufig über Art. 43 führen muß und deswegen auch nicht durch die fehlende Existenz der in dieser Norm angesprochenen Sonderabkommen verschlossen wird.

I. Die unkomplizierteste Möglichkeit, Art. 42 in der Praxis zur Anwendung zu bringen, bestünde nun darin, daß die Mitgliedstaaten unter Verzicht auf den Abschluß von Sonderabkommen dem Sicherheitsrat nationale Truppenkontingente zur Verfügung stellen, so daß diese zu echten UN-Kampftruppen unter einem UN-Oberkommando würden und es dem *Sicherheitsrat* damit ermöglichten, in enger Anlehnung an den Wortlaut des Art. 42 Satz 1 *selbst* die zur Wahrung oder Wiederherstellung des Weltfriedens und der internationalen Sicherheit erforderlichen Maßnahmen[100] durchzuführen. Die Stellung der Truppenkontingente müßte dabei auch keineswegs zur allgemeinen freien Verfügung des Sicherheitsrats erfolgen, sondern könnte durchaus in zeitlicher Hinsicht oder auf bestimmte Einsatzfälle beschränkt sein[101], wobei der Abschluß solcher Vereinbarungen zwischen dem Sicherheitsrat und den entsendenden Mitgliedstaaten den Sonderabkommen nach Art. 43 so nahe käme, daß man auch gleich diese

---

[99] so charakterisiert von Schaefer, Die Funktionsfähigkeit des Sicherheitsmechanismus der Vereinten Nationen, S. 399.

[100] zur Auslegung der "Erforderlichkeit" bei Art. 42 Satz 1 siehe bereits oben Dritter Teil, Abschnitt D II sowie Simma/Frowein, Charta, Art. 42, Rdnr. 11.

[101] zu der ganzen Variantionsbreite von Möglichkeiten der Aufstellung einer internationalen Streitmacht in all ihren Nuancierungen siehe ausführlich Bowett, International Military Force, in: Bernhardt (Hrsg.), EPIL, Vol. II (1995), S. 1267-1271.

abschließen und damit den von der Charta selber vorgegebenen Rahmen (endlich) nutzen könnte.[102]

II. Diesen Weg konnte der Sicherheitsrat jedoch mangels eigener, ihm von den Mitgliedstaaten zur Verfügung gestellter Streitkräfte nicht gehen. Statt dessen mußte er sich darauf beschränken, Mitgliedstaaten oder Gruppen von Mitgliedstaaten in einer jeweiligen Krisensituation zum Einsatz aller erforderlichen Mittel unter Einschluß des Gebrauchs militärischer Gewalt zu ermächtigen, ohne diese Maßnahmen *selber* durchführen zu können. Nach der Charta kommt jedoch den Streitkräften der Mitgliedstaaten bei der ursprünglich intendierten Durchführung von Maßnahmen durch den Sicherheitsrat auch eine eigene Rolle zu: Nach Art. 42 Satz 2 können diese Maßnahmen Demonstrationen, Blockaden *und sonstige Einsätze* der Luft-, See- oder Landstreitkräfte *von Mitgliedern der Vereinten Nationen einschließen.*[103] Der Wortlaut dieser Vorschrift geht dabei offenbar davon aus, daß die Streitkräfte der Mitgliedstaaten dabei in einem Kooperationsverhältnis zu den Kampftruppen der UN stehen und ihre Einsätze in die Durchführung der UN-Maßnahmen durch den Sicherheitsrat und den Generalstabsausschuß eingebunden werden. Den in den oben beschriebenen internationalen Krisen eingetretenen Fall aber, daß die Mitgliedstaaten durch den Sicherheitsrat zwar vorher zum Einsatz aller erforderlichen Mittel unter Einschluß des Gebrauchs militärischer Gewalt ermächtigt, anschließend aber bei der Umsetzung der Beschlüsse des Sicherheitsrats im Alleingang tätig werden und sich dabei lediglich an die in den sie autorisierenden Beschlüssen bereits enthaltenen Begrenzungen und prozeduralen Auflagen zu halten haben, regelt die Charta nicht ausdrücklich. Der einzige, allerdings wesentliche Hinweis auf ein Tätigwerden der Mitgliedstaaten aufgrund vorheriger Entschließungen des Sicherheitsrats möglicherweise auch ohne dessen weitere Beteiligung findet sich in Art. 48 Abs. 1. Danach nämlich *werden die Maßnahmen*, die für die Durchführung der Beschlüsse des Sicherheitsrats zur Wahrung des Weltfriedens und der internationalen Sicherheit erforderlich sind, je nach seinem Ermessen *von allen oder von einigen Mitgliedern der Vereinten Nationen getroffen.*[104] Es ist nunmehr der fallentscheidenden zentralen Frage nachzugehen, ob aus Art. 42 Satz 2, 48 Abs. 1 eine materielle Kompetenz des Sicherheitsrats zur

---

[102] für ein Vorgehen nach Art. 42, wenn Mitgliedstaaten dem Sicherheitsrat freiwillig Militärverbände zur Durchführung von Operationen im Namen und unter dem Kommando des Sicherheitsrats zur Verfügung stellen, ist auch Deiseroth, Blätter für Deutsche und Internationale Politik 36 (1991), S. 308; dem zustimmend Klein, AVR 29 (1991), S. 428.

[103] vgl. Art. 42 Satz 2; Hervorhebungen durch den Verfasser.

[104] vgl. Art. 48 Abs. 1; Hervorhebungen durch den Verfasser.

Ermächtigung der Mitgliedstaaten zur Durchführung militärischer Zwangsmaßnahmen nach dem System der kollektiven Sicherheit zu gewinnen ist, oder aber ob Art. 48 Abs. 1 bloße verfahrensrechtliche Bedeutung bei der Auswahl der an der Durchführung der erforderlichen Maßnahmen beteiligten Mitgliedstaaten durch den Sicherheitsrat zukommt und Art. 42 Satz 2 wortgetreu eng dahingehend auszulegen ist, daß nach dieser Vorschrift die Streitkräfte der Mitgliedstaaten nur als in echte UN-Kampfoperationen eingebundene und diese unterstützende Kooperationspartner tätig werden können.

III. Einerseits wird zur Lösung dieser Frage betont, daß die Charta den Einsatz militärischer Mittel dem Sicherheitsrat selbst, d.h. Einheiten unter einem UN-Oberbefehl, vorbehalten wollte, da es sich dabei um das schärfste Sanktionsmittel handele, das der kollektiven Kontrolle bedürfe und den Machtinteressen der einzelnen Staaten entzogen sein sollte.[105] Soweit Art. 48 Abs. 1 regele, daß der Sicherheitsrat auch einzelne Mitglieder mit der Durchführung von friedenssichernden Maßnahmen betrauen kann, beziehe sich dies nur auf die in Art. 39 ff. beschriebenen Maßnahmen. Eine Kompetenz, einzelne Staaten zur Durchführung militärischer Sanktionen zu ermächtigen, ergebe sich hieraus nicht.[106] Dieser Vorschlag erklärt indessen nicht, warum er gerade die militärischen Sanktionen nach Art. 42, die auch und gerade zu den friedenssichernden Maßnahmen nach Art. 39 ff. gehören, von der Reichweite des Art. 48 Abs. 1 ausnehmen möchte. Als hilfreicher erweist sich in diesem Zusammenhang eine Auslegung des Art 48 Abs. 1, nach der dessen Bedeutung sich in dem rein verfahrensrechtlichen Zweck erschöpft, die bindende Verpflichtung der Mitgliedstaaten zur Umsetzung der Maßnahmen des Sicherheitsrats für die Anwendung des Kapitels VII in bekräftigender und spezieller Ausprägung des aus Art. 25 stammenden

---

105 Schiermeyer, Forum Recht 1991, S. 40.

106 Schiermeyer, a.a.O., S. 41, Anmerkung 2, wo der Autor seine Auffassung auf Goodrich/Hambro/Simons, Charter of the United Nations, Art. 48, S. 334 ff. stützt. Diese Kommentierung spricht das hier in Rede stehende Problem der Ermächtigungskompetenz des Sicherheitsrats jedoch gar nicht an, sondern faßt die Bedeutung des Art. 48 Abs. 1 knapp zusammen: "The initial paragraph serves a dual purpose. First, it emphasizes the obligations of all members of the United Nations to take action. Second, it introduces an element of flexibility into the Charter arrangements by giving the Security Council discretionary authority to decide which members shall be called upon to take action." (ibidem, Art. 48, S. 334) Vor allem sagt die Kommentierung an keiner Stelle, daß es sich dabei unbedingt um "joint action" oder "action included in the measures of the Security Council" handeln muß.

Gebots zu statuieren.[107] Außerdem gebe Art. 48 Abs. 1 dem Sicherheitsrat die Möglichkeit, flexibel und situationsgebunden nach seinem Ermessen darüber zu entscheiden, ob alle oder nur einige und im letzteren Fall welche Mitgliedstaaten zur Durchführung seiner Beschlüsse herangezogen werden.[108] Wegen dieser nur verfahrensrechtlichen Relevanz stelle Art. 48 keine eigenständige Ermächtigungsgrundlage mit materiellem Gehalt dar. Denn die Norm gehe von der Durchführung der Beschlüsse des Sicherheitsrats aus und setze damit stets voraus, daß bereits solche Ratsbeschlüsse vorliegen, die durchgeführt werden sollen. Welche Arten von Beschlüssen des Rats bei Bedrohung oder Bruch des Friedens oder Angriffshandlungen zulässig seien, sei in Kapitel VII der Charta ausdrücklich geregelt. Grundlage für solche Maßnahmen könnten neben Empfehlungen nach Art. 39 nur Beschlüsse nach Art. 41 und 42 sein. Damit betreffe Art. 48 Abs. 1 nur die Durchführung jener Beschlüsse, vermöge diese jedoch nicht zu ersetzen[109], wobei maßgeblich zu berücksichtigen sei, daß "Article 48 cannot be regarded as free-standing but rather forms part and parcel of the enforcement provisions in Chapter VII".[110]

Danach bleibt als in Betracht zu ziehende materielle Rechtsgrundlage für eine Ermächtigung der Mitgliedstaaten durch den Sicherheitsrat nur Art. 42 Satz 2. Dieser verlange aber, daß die dort vorgesehenen militärischen Zwangsmaßnahmen vom Sicherheitsrat selbst im eigenen Namen zur Wahrung oder Wiederherstellung der Sicherheit durchgeführt werden, sie könnten Einsätze von Streitkräften der Mitgliedstaaten lediglich einschließen, letztere dürften erstere aber nicht ersetzen.[111] Dies folge daraus, daß der Sicherheitsrat weder Gewalterm ächtigungsbehörde noch gerichtliches Organ der Staatengesellschaft sei, sondern ein dem Vertragswillen nach im engen Rechtsrahmen operierendes Organ der Friedenssicherung, ausgestattet mit den von der Charta vorgesehenen spezifischen Kompetenzen der Kapitel VI und VII. Die Annahme einer "Legalisierungskompetenz" widerspreche diesem Grundgedanken: Indem der Sicherheitsrat die Einzelstaaten zur Gewaltanwendung außerhalb der ihnen durch Art. 51

[107] zu dem gegenüber Art. 25 spezielleren Art. 48, der im Sicherheitsrat die Entscheidungskompetenz darüber zentralisiert, welche Mitgliedstaaten die von ihm nach Kapitel VII beschlossenen Maßnahmen auszuführen haben, vgl. Schachter, AJIL 85 (1991), S. 463.

[108] zu dem verfahrensrechtlichen Charakter des Art. 48 Abs. 1 vgl. Brunner, Neue Zeitschrift für Wehrrecht 1991, S. 14.

[109] vgl. zur ausführlichen Herleitung dieses Auslegungsergebnisses Deiseroth, Blätter für Deutsche und Internationale Politik 36 (1991), S. 310.

[110] Freudenschuß, EJIL 5 (1994), S. 525.

[111] Deiseroth, a.a.O., S. 307.

auferlegten Grenzen der individuellen und kollektiven Abwehr eines bewaffneten Angriffs ermächtige, gebe er den Einzelstaaten zumindest de facto das durch die Charta eigentlich auf ein *ius ad defensionem* beschränkte *ius ad bellum* zurück.[112] Gerade die Ausübung dieses Rechts habe aber nach dem Willen der Satzungsgeber nicht mehr stattfinden sollen. Eine okkasionelle Rückgabe dieses Rechts konterkariere das System der kollektiven Sicherheit und führe auf die überwunden geglaubte Ebene dezentralisierter Friedenssicherung der Völkerbundsatzung zurück. Im Falle eines bewaffneten Angriffs schließlich sei die Legalisierung wegen Art. 51 ebenso überflüssig wie die Empfehlung und erzeuge ausschließlich einen politischen Mehrwert.[113] Im Ergebnis müsse Art. 42 daher systematisch als eine Norm für Zwangsmaßnahmen der Organisation selbst verstanden werden und seine Anwendung auf diejenigen Fälle beschränkt bleiben, in denen der Sicherheitsrat eine effektive operative Kontrolle über die Streitkräfte ausübe und damit wegen der Entscheidungsstränge tatsächlich Herr des Verfahrens sei.[114] Das Problem der "effektiven Kontrolle" über das Vorgehen der Mitgliedstaaten durch den sie ermächtigenden Sicherheitsrat, auf das noch zurückzukommen sein wird, ist in der Tat für viele das ausschlaggebende Hindernis auf dem Weg zu einer Anwendung des Art. 42: "A dire vrai, l'intervention d'une coalition 'autorisée' par le Conseil de sécurité ne peut guère être considérée comme une modalité de l'action collective, à tout le moins tant que les Nations Unies se refusent à en assurer un contrôle effectif."[115]

IV. Die gegenteilige Ansicht möchte dem Sicherheitsrat die Kompetenz zusprechen, nach Art. 42 Satz 2, 48 Abs. 1 im Einzelfall bei Vorliegen der

---

112 Menk, Der Staat 32 (1993), S. 413-414.

113 ibidem, S. 414, womit der Autor sich auf einer Linie mit der oben erläuterten Argumentation der U.S. Bundesregierung vom Herbst 1990 befindet, die davon ausgegangen war, rechtlich habe es der Resolution 678 (1990) vom 29. November 1990 nicht bedurft, ihr Zweck sei lediglich in der politischen Unterstützung der rechtlich bereits nach Art. 51 zulässigen Maßnahmen zu suchen gewesen. Wie gezeigt, trifft dies wegen des Eingreifens der Subsidiaritätsklausel des Art. 51 Satz 1 am Ende nicht zu, vgl. dazu eingehend oben Dritter Teil, Abschnitt D I 2. Der hier dargestellte Ansatz von Menk übersieht zudem die aus Art. 24, 51 Satz 2 fließende *Pflicht* des Sicherheitsrats, jederzeit die zur Wahrung oder Wiederherstellung des Weltfriedens und der internationalen Sicherheit erforderlichen Maßnahmen zu ergreifen und damit das den Staaten zustehende unilaterale Recht zur Selbstverteidigung zugunsten einer Aktivierung des zentralisierten Krisenmanagements durch die UN zu beenden, vgl. dazu die ausführliche Darstellung oben Dritter Teil, Abschnitt E III.

114 so ausdrücklich Brunner, Neue zeitschrift für Wehrrecht 1992, S. 12-13.

115 Verhoeven, AFDI 36 (1990), S. 189.

sonstigen Voraussetzungen des Kapitels VII[116] die oder bestimmte Mitgliedstaaten zum Einsatz bestimmter Mittel zu ermächtigen.[117] Art 42 verbiete ein solches Verfahren nicht, und wer eine dahingehende Beschränkung in die Norm hineinlese, überdehne ihren Wortlaut: "Indeed, it would be stretching the words of Article 42 and the intention of their drafters too far to attempt to deduce from them any restriction upon the right of the Security Council and the States providing contingents to adopt such procedures of command and jurisdiction as may be found effective and legally and politically acceptable to the Member States concerned."[118] Die Durchführung der Zwangsmaßnahmen durch die Mitgliedstaaten stelle gegenüber der an sich von der Charta gewollten Selbstvornahme durch den Sicherheitsrat ein Minus dar, und nach dem Grundsatz *a maiore ad minus* sei deswegen davon auszugehen, daß der Sicherheitsrat zur Gewährleistung seiner primären Verantwortung für den Weltfrieden in Abwesenheit der Möglichkeit, selber nach Art. 42 Satz 1 tätig zu werden, wenigstens den einzelnen Mitgliedstaaten Empfehlungen des Inhalts erstatten könne, die in Art. 42 vorgesehenen Zwangsmaßnahmen kollektiv durchzuführen.[119] Der Wortlaut von Art. 42 schließe sogar die Bildung einer UN-Force aus nationalen Kontingenten und unter nationalem Kommando nicht ausdrücklich aus, und jede engere Interpretation befände sich im Konflikt mit der weiten Formulierung des Art. 42 und werde auch von den Travaux Préparatoires keineswegs verlangt.[120] Auch der Sicherheitsrat selbst lege Art. 42 Satz 2 offenbar weit aus.[121] Im Licht von Staatenpraxis, Völkerrechtslehre

---

[116] dazu ist beispielsweise die Feststellung des Vorliegens einer Friedensbedrohung, eines Friedensbruchs oder einer Angriffshandlung nach Art. 39 1. Halbsatz zu zählen sowie die nach Art. 42 Satz 1 vorzunehmende Einschätzung, daß die in Art. 41 vorgesehenen nichtmilitärischen Maßnahmen unzulänglich sein würden oder sich als unzulänglich erwiesen haben, vgl. dazu oben Zweiter Teil, Abschnitt D II 2-5.

[117] Verdross/Simma, Universelles Völkerrecht, § 238, S. 146.

[118] Seyersted, United Nations Forces in the Law of Peace and War, S. 98.

[119] Schaefer, Die Funktionsfähigkeit des Sicherheitsmechanismus der Vereinten Nationen, S. 131-132, wobei der Autor sich an dieser Stelle deswegen auf Empfehlungen und nicht auf Ermächtigungen bezieht, weil er die Problematik im Rahmen der Koreakrise von 1950 erörtert, während der, wie oben dargestellt, der Sicherheitsrat sich nur zu einer Empfehlung durchringen konnte, vgl. dazu oben Dritter Teil, Abschnitt D I 2. Hier wird demgegenüber an der früher aufgezeigten grundsätzlichen Differenzierung zwischen der Empfehlung von bereits aus anderen Rechtsgründen völkerrechtskonformen Vorgehensweisen einerseits und der zur Legalisierung fähigen und intendierten Ermächtigung zu Maßnahmen andererseits festgehalten.

[120] Seyersted, United Nations Forces in The Law of Peace and War, S. 130-131.

[121] vgl. Partsch, EuGRZ 1991, S. 470, nach dem Art. 42 Satz 2 in der Tat einer Auslegung fähig - und wohl auch bedürftig - ist. Er könne zwar dahin verstanden werden, daß der Einsatz nationaler Truppenkontingente nur neben dem Einsatz eigener Streitkräfte

und auch der internationalen Rechtsprechung sei dieser Standpunkt der realistischere und flexiblere: "Algunos autores optan por interpretaciones más flexibles y realistas conforme a las cuales el Consejo podría pese a todo decidir el uso de la fuerza armada; para avalar estas posiciones se esgrimen argumentos tales como los poderes implícitos, el principio del efecto útil e incluso algunas desiciones del TIJ[122] bien conocidas."[123] Der Gedanke, Art. 42 auf diese Weise zur Anwendung zu bringen, stammt nicht etwa erst aus der Zeit des Konflikts am Persischen Golf nach der Invasion des Scheichtums Kuwaits durch den Irak. Bereits während der Suez-Krise im Jahr 1956 schlug der sowjetische Delegierte am 5. November 1956 während einer Sitzung des Sicherheitsrats vor, "*that in accordance with Article 42* (...) all States Members of the United Nations (...) should give military and other assistance to the Republic of Egypt".[124] Dieser Vorschlag wurde später dahingehend erklärt, daß er eine Beteiligung an der Unterstützung Ägyptens durch die Streitkräfte aller derjenigen Mitgliedstaaten im Auge hatte, die freiwillig bereit waren, an der Operation teilzunehmen.[125] Genau dies war aber auch die Situation der Verbündeten Kuwaits am Persischen Golf, so daß kein Grund erkennbar ist, deren Vorgehen nicht ebenfalls auf die Grundlage des Art. 42 zu stellen.

Manche versuchen, die aus dem Wort "einschließen" in Art. 42 Satz 2 resultierenden Auslegungsprobleme zu vermeiden, indem sie die Formulierung "von Mitgliedern der Vereinten Nationen" in diesem Satz lediglich als einen Verweis auf Art. 48 Abs. 1 verstehen, diesem dann umfassende Qualitäten einer materiellrechtlichen Rechtsgrundlage für eine Ermächtigung der Mitgliedstaaten durch den Sicherheitsrat zuweisen und demzufolge eine solche Ermächtigung im Ergebnis nur auf Art. 48 Abs.1 stützen.[126] Es stehe demnach im Ermessen des Sicherheitsrats, auf welche Weise er Maßnahmen ergreife, ob er selber tätig werde oder die Mitgliedstaaten mit der Ausführung und Umsetzung der Maßnahmen beauftrage sowie in welcher Form der Anbindung an den Sicherheitsrat sie ihren Auf

der UN zulässig sei. Der Sicherheitsrat selbst lege sie jedoch dahin aus, der Einsatz nationaler Kontingente anstelle seiner eigenen werde nicht ausgeschlossen.

122 TIJ = Tribunal Internacional de Justicia = Internationaler Gerichtshof (IGH).

123 Andrés Sáenz de Santa María, Revista Española de Derecho Internacional 43 (1991), S. 119.

124 vgl. das Statement des sowjetischen Delegierten im Sicherheitsrat, abgedruckt in: Repertory of the Practice of the Security Council, Supplement 1956-1958, S. 172; Hervorhebungen durch den Verfasser.

125 ibidem.

126 Heinz/Philipp/Wolfrum, VN 39 (1991), S. 126.

trag auszuführen haben.[127] Durch eine Ermächtigung der Mitgliedstaaten könne der Sicherheitsrat sich Vollzugsorgane zur Durchsetzung seiner Sanktionen verschaffen, die bezüglich des Umfangs legitimer Zwangsmaßnahmen an den Inhalt der sie ermächtigenden Resolution gebunden sein sollen und bei deren Vollzug das Privileg genössen, gleich dem Sicherheitsrat von den Verpflichtungen des Gewalt- und Interventionsverbotes befreit zu sein. Die aus einer Parallele zur innerstaatlichen Figur der verwaltungsrechtlichen Beleihung zum Ausdruck kommende Möglichkeit zur Übertragung genuiner Kompetenzen eines Hoheitsträgers auf einen grundsätzlich Gewaltunterworfenen finde ihre Entsprechung in der dem Sicherheitsrat zustehenden Befugnis zum Vollzug von Zwangsmaßnahmen, der grundsätzlich alle Staaten, also auch die zur Durchsetzung in Anspruch genommenen Alliierten, unterworfen seien.[128] Obwohl dieser Weg in der Charta so nicht angelegt sei, zeigten doch sowohl Art. 48 als auch Art. 106, daß die Durchsetzung von Sanktionen nach Art. 42 nicht notwendig unter der Direktive des Sicherheitsrats erfolgen müsse. Lege dieser aber immerhin Art und Umfang des Vollzuges fest, so müsse diese Vorgehensweise als ein dem Prinzip der 'primary resonsibility' des Sicherheitsrats gemäß Art. 24 näheres Verfahren durchaus zulässig erscheinen, und die materielle Kompetenz des Sicherheitsrats nach Art. 42 könne zum Tragen kommen.[129]

---

[127] ibidem, wobei Art. 48 offenbar in so weitgehendem Maße als eigenständige Ermächtigungsgrundlage des Sicherheitsrats zum Tätigwerden nach Kapitel VII verstanden wird, daß für den Anwendungsbereich des Art. 42 nur solche Maßnahmen übrigbleiben, die tatsächlich *vom Sicherheitsrat selber* ausgeführt werden. Dies könnte aber zu Zweifeln Anlaß geben, ob damit nicht die materiellrechtliche Komponente des Art. 48 Abs. 1 zum Nachteil des Art. 42 Satz 2 überdehnt wird. Ebenso effektiv und flexibel, aber wesentlich chartakonformer wäre die Auslegung, Art. 42 Satz 2 als die materiellrechtliche Ermächtigungsgrundlage anzusehen, für die Art. 48 Abs. 1 den maßgeblichen Auslegungshinweis dahingehend beisteuert, daß militärische Operationen der Mitgliedstaaten nicht nur neben und in Kooperation mit eigenen Maßnahmen des Sicherheitsrats, sondern auch an deren Stelle möglich sind.

[128] Fink, AVR 29 (1991), S. 473, wo der Autor in der dortigen Anmerkung 98 trotz seiner These von den Vollzugsorganen aber wohl mit Recht bezeifelt, daß die handelnden Staaten damit zu Hilfsorganen im Sinne von Art. 7 Abs. 2 werden, weil ein solches Hilfsorgan eines ausdrücklichen Kreationsaktes des zuständigen Hauptorgans bedarf, wodurch es ein integrativer Bestandteil der Organisation werden soll.

[129] ibidem, S. 473-474, wobei Fink die einzige Beschränkung einer Anwendung des Art. 42 in der Voraussetzung des Abschlusses vorheriger Sonderabkommen nach Art. 43 sieht, dessen Zweck es sei, das Interesse der Mitgliedstaaten daran zu schützen, nicht gegen ihren Willen in einen militärischen Konflikt verwickelt zu werden. Bestehe jedoch die freiwillige Bereitschaft zum Vollzug solcher ermächtigender Resolutionen, sei dem Regelungszweck des Art. 43 genüge getan. Mit einer ähnlichen Argumentation möchte auch Wolfrum, Aus Politik und Zeitgeschichte 41-II, B 36 (1991), S. 5-7 das Vorgehen der Alliierten am Golf auf die Grundlage von Art. 42 Satz 2, 48 Abs. 1 stellen, schlägt

V. Ursprung und Reichweite der dem UN-Sicherheitsrat unter anderem nach Kapitel VII zustehenden Kompetenzen waren bereits Gegenstand mehrerer Entscheidungen des IGH, die die eben erläuterte extensive Auslegung des Art. 42 Satz 2, 48 Abs. 1 im Licht der Ziele der UN und des Effektivitätsgebots bestätigten. Dabei hat der IGH gerade im Hinblick auf die UN und deren überragende Bedeutung für die internationale Staatengemeinschaft die Tatsache ausdrücklich anerkannt, daß ihre Kompetenzen und Befugnisse nicht auf diejenigen beschänkt sind, die in der Charta als ihrem grundlegenden Vertragsdokument ausdrücklich spezifiziert sind. In seiner Advisory Opinion im Fall *Reparation for Injuries Suffered in the Service of the United Nations* führte die Mehrheit der Richter aus: "Under international law, the Organization must be deemed to have those powers which, though not expressly provided in the Charter, are conferred upon it by necessary implication as being essential to the performance of its duties."[130] Zwar enthält die Charta beispielsweise keine Norm, die es der Organisation *expressis verbis* gestattet, ein UN-Verwaltungsgericht zur Beilegung interner Streitigkeiten zu etablieren, aber ebensowenig findet sich ein Artikel, der dies ausdrücklich verbietet. Nach Auffassung des IGH liegt der Ursprung einer solchen Kompetenz der UN zur Schaffung eines juristischen Spruchkörpers mit dem Ziel, für die zwischen der Organisation und ihren Angestellten bestehenden Streitigkeiten einen Rechtsweg zu schaffen, auf der Hand: "(...) it arises by necessary intendment out of the Charter."[131] In seiner zu Art. 17 Abs. 2 der Charta verfaßten Advisory Opinion im Fall *Certain Expenses of the United Nations* wies der IGH das Argument zurück, der Sicherheitsrat könne in einer friedensbedrohenden Situation nicht handeln, ohne daß die von Art. 43 vorgesehenen Sonderabkommen geschlossen worden sind: "La Cour ne peut pas accepter une vue aussi limitée des pouvoirs que le Conseil de sécurité détient de la Charte. On ne peut pas dire que la Charte ait laissé le Conseil de sécurité impuissant en face d'une situation d'urgence en l'absence des accords conclus en vertu de l'article 43."[132] Zur Frage, ob die damals in Frage

---

angesichts der dabei bestehenden Subsumtionsprobleme aber den baldmöglichen Abschluß von gegenüber Sonderabkommen nach Art. 43 weniger weitgehenden und detaillierten Rahmenabkommen vor, die dem Sicherheitsrat mehr Kontrolle über die Ausführungshandlungen der von ihm ermächtigten Staaten geben würden.

130 IGH, Advisory Opinion, Reparation for Injuries Suffered in the Service of the United Nations, ICJ Reports 1949, S. 182.

131 IGH, Advisory Opinion, Effect of Awards of Compensation made by the United Nations Administrative Tribunal, ICJ Reports 1954, S. 56-57.

132 IGH, Avis Consultatif, *Certaines dépenses des Nations Unies*, Cour International de Justice (CIJ), Recueil 1962, S. 167.

stehende und die im Gerichtsverfahren umstrittenen Kosten verursachende Maßnahme von den der Organisation durch die Charta gewährten Zuständigkeiten umfaßt war, führte der IGH weiter aus: "Lorsque l'Organisation prend des mesures dont on peut dire à juste titre qu'elles sont appropriées à l'accomplissement des buts déclarés des Nations Unies, il est à présumer que cette action ne dépasse pas les pouvoirs de l'Organisation."[133] Die Gegenmeinung hat zur Entkräftung dieser Rechtsprechung kritisch angemerkt, daß dieses Diktum bei der Lösung des hier untersuchten Problems nicht weiterhelfe, da der IGH Art. 42 in diesem Zusammenhang nicht erwähne.[134] Wortlaut und systematische Stellung des Art. 43 innerhalb der Charta sowie seine Zielsetzung, einen Beitrag zur "Wahrung des Weltfriedens und der internationalen Sicherheit"[135] zu leisten, machen aber klar, daß Art. 42 der Bezugspunkt ist, auf den Art. 43 sich bezieht: die durch die Sonderabkommen nach Art. 43 dem Sicherheitsrat zur Verfügung gestellten Truppenkontingente sollen diejenigen sein, mit denen er in die Lage versetzt wird, nach Art. 42 Satz 1 selber Zwangsmaßnahmen vorzunehmen. Wenn der IGH in dem Rechtsgutachten *Certain Expenses* zu den Optionen und Befugnissen des Sicherheitsrats in Ermangelung der nach Art. 43 zu schließenden besonderen Abkommen Stellung nimmt, dann kann dies nur bedeuten, daß er damit trotz eines fehlenden ausdrücklichen Hinweises auch Art. 42 gemeint hat.[136] Eine Lektüre der "opinions individuelles" des IGH im Fall *Certain Expenses* bestätigt diese Schlußfolgerung: Der IGH-Richter Bustamante unterstrich in seinem Sondervotum, daß die Existenz der Sonderabkommen nach Art. 43 keine absolute Bedingung dafür darstellt, daß der Sicherheitsrat in der Lage ist, auf die von Art. 42 vorgesehenen Instrumente zurückzugreifen. Der Sicherheitsrat könne das durch die fehlenden Abkommen nach Art. 43 entstandene Vakuum vielmehr dadurch auffüllen, daß er nach effektiven Mitteln suche, die Ziele der Charta zu erreichen, indem er sich unter Beachtung des Prinzips institutioneller Effektivität und des Geistes des Art. 1 für den Einsatz militärischer Gewalt entscheide.[137]

Diese Rechtsprechung des Gerichtshofes ist in der Literatur weithin auf Zustimmung gestoßen und wird dort in der Regel im Kontext der *Implied Powers Doctrine* herangezogen, die sich an den Zielen der Organisation und der Effektivität der Zielerreichung orientiert und erst dann an ihre Grenzen

---

[133] ibidem, S. 168.
[134] Menk, Der Staat 32 (1993), S. 412.
[135] diese Formulierung wird allein in Art. 43 Abs. 1 zweimal in exakt dieser Fassung verwendet
[136] übereinstimmend Simma/Frowein, Charta, Art. 42, Rdnr. 16.
[137] IGH, Avis Consultatif, *Certaines dépenses des Nations Unies*, opinion individuelle, CIJ Recueil 1962, S. 298.

stößt, wenn sie den Mitgliedstaaten zusätzliche Pflichten auferlegt oder die Grundsätze der internen Gewaltenteilung verletzt: "The problem so far discussed has been whether the United Nations is competent *under its constitution* to establish and operate an international force in cases other than those specified in the Charter. The conclusion arrived at is that in this as in other respects the United Nations as an Organization has an inherent power, but that it cannot impose obligations upon Member States to contribute contingents or services to the Force, or to receive it in their territories, without basis in specific provisions of the relevant articles of the Charter, and that the provisions on internal distribution of powers must be observed.[138] Natürlich dürfe der klare Wortlaut der Charta den nach der *Implied Powers Doctrine* gewählten Handlungsinstrumenten nicht diametral entgegenstehen, aber dieses Problem stelle sich in der Praxis nicht wirklich, da "the elasticity of the Charter language allows such choices to be relatively free of restraints".[139] Nicht ausschlaggebend sei gegenüber dem Sinn und Zweck der individuellen Vorgehensweise, welchen genauen Weg die Gründer der UN bei der Verhandlung der Charta im Sinn gehabt hätten: "The intention of the drafters is not decisive if the terms are broader and a broader interpretation is in accordance with the purposes of the Charter."[140]

Diese Ziele der Charta sprechen im Fall des vorliegenden Problems aber nachdrücklich dafür, dem Sicherheitsrat in weiter Auslegung des Wortes "einschließen" in Art. 42 Satz 2 die Kompetenz zuzugestehen, bei Vorliegen der sonstigen Voraussetzungen des Kapitels VII die Mitgliedstaaten zum Einsatz aller erforderlichen Mittel unter Einschluß des Gebrauchs militärischer Gewalt unter seiner Aufsicht nach Art. 42 Satz 2, 48 Abs. 1 zu ermächtigen. Denn gerade in Situationen wie der des Herbstes 1990 stellt sich bei aller im Prinzip nicht angezweifelten Suche nach Systemkonformität die Frage nach der realistischen Alternative: Wäre es am 29. November 1990 im Sicherheitsrat nicht zur Verabschiedung der Ermächtigungsresolution 678 (1990) gekommen, hätte die militärische Eskalation am Persischen Golf unter strategischer Führung der US-amerikanischen Streitkräfte keinesfalls verhindert werden können, wie das Department of State und das Pentagon dem UN-Generalsekretär schon vor dem 29. November 1990 hinreichend klar gemacht hatten: "The actions against Iraq would have proceeded with or

---

138 Seyersted, United Nations Forces in the Law of Peace and War, S. 172-173; Hervorhebungen im Original.

139 Schachter, AJIL 88 (1994), S. 7, der dort das "principle of effectiveness" als ein "overarching principle of interpretation to govern the choices of UN organs" diskutiert mit dem Ziel "to give priority to achieving the major purposes of the Organization and subordinating restrictive provisions of the Charter".

140 Seyersted, United Nations Forces in the Law of Peace and War, S. 140.

without Resolution 678 (1990), and the composition and command of the forces would have been the same.[141] Mit einer solchen Vorgehensweise wäre aber weder dem Buchstaben noch dem Geist der Charta gedient gewesen, ganz im Gegenteil: Bei einer auch nach offizieller Lesart ausschließlich unter der Ägide der Vereinigten Staaten und des Weißen Hauses stattfindenden Militäroperation wäre nicht nur die durch die starke Involvierung der UN als globaler kleinster gemeinsamer Nenner zusammengehaltene Solidarität im arabischen Lager schnell aufgebrochen, und zwar mit verheerenden Konsequenzen für den gerade erst äußerst zögerlich in Gang gekommenen Friedensprozeß im Nahen Osten, der bereits unter der neu ausgebrochenen Intifada in den besetzten Gebieten Palästinas schwer zu leiden hatte[142]. Es wäre schwerlich wünschenswert gewesen, als Gegenpol zu Präsident Hussein in Baghdad lediglich Präsident Bush im Weißen Haus zu haben anstelle den vielerorts im Nahen Osten mit Blauhelmeinheiten präsenten und mit relativ positivem Image verbundenen Vereinten Nationen, zu deren Mitgliedern auch die arabischen Staaten zählen. Andernfalls hätte Husseins Plan, zum Führer der arabischen Gemeinschaft im Kampf gegen den "imperialistischen Erzfeind" in Washington D.C. zu werden, nur zu leicht aufgehen können.[143]

Wer dies als rein politische Argumentation beiseite schieben möchte[144], muß aber weiter in Betracht ziehen, daß in einem solchen Fall die gesamte Operation "Desert Storm" außerhalb einer zumindest rechtlichen, wenn schon nicht faktischen Kontrolle durch den Sicherheitsrat stattgefunden hätte, daß die beteiligten Staaten in einem solchen Fall ihre Kriegsziele[145]

---

141 Hilaire, Revue de droit international, de sciences diplomatiques et politiques 71 (1993), S. 87.

142 zu einer Einschätzung, daß Israel nach dem Golfkonflikt auch in der Form, in der er tatsächlich stattgefunden hat, mit der Palästinenserfrage mit deutlich mehr Nachdruck als früher konfrontiert werden würde, siehe Eberhard, EA B 46, S. 77, der die Auseinandersetzung als Teil einer Doppelkrise am Baltikum und am Persischen Golf bewertet.

143 weiterführend zum veränderten regionalpolitischen Hintergrund im Nahen Osten nach dem Golfkrieg siehe Tibi, Die politische Meinung, Nr. 257, S. 4-11.

144 zu der Frage, ob solche politischen Hintergrundbetrachtungen aus dem politikwissenschaftlichen Bereich der "Internationalen Beziehungen" von grundsätzlichen völkerrechtlichen Leitentscheidungen getrennt werden können, vgl. Schachter, AJIL 88 (1994), S. 7, der die Frage zutreffend verneint: "(...) the entire history of the United Nations supports the common perception that interpretation in UN bodies is essentially political in the sense that disputes about interpretation are resolved mainly by what members states desire as a matter of policy."

145 denn dann hätte es sich bei dem Konflikt am Persischen Golf in der Tat um einen "echten" zwischenstaatlichen Krieg gehandelt und nicht, wie hier vorgeschlagen, um eine

selber definiert hätten und daß zu Beginn eines krisenreichen letzten Jahrzehnts des 20. Jahrhunderts[146] ein mehr als zweifelhafter Präzedenzfall für den Einsatz unilateraler staatlicher Gewalt durch eine außerhalb des UN-Systems operierende Staatenkoalition geschaffen worden wäre. Demgegenüber erscheint es den Zielen der UN, die Entscheidung über den Einsatz von Gewalt im Sicherheitsrat zu zentralisieren und zu monopolisieren, wesentlich angemessener, die Resolution 678 (1990) vom 29. November 1990 bei weiter Auslegung des Buchstabens der Charta und in Übereinstimmung mit ihrem Geist als Zwangsmaßnahme auf der Basis von Art. 42 Satz 2, 48 Abs. 1 anzusehen. Denn so konnte nicht nur der Golfkonflikt zumindest in rechtlich nicht unwesentlichen Teilen unter der Ägide der UN abgewickelt werden, sondern es konnte sich zudem die wenigstens bis zum Kosovo-Konflikt vom April 1999 nicht nennenswert in Frage gestellte[147] juristische Grundeinstellung durchsetzen, daß ein militärisches Vorgehen gegen einen Staat ohne sein Einverständnis[148] außerhalb einer Selbstverteidigungssituation eines vorherigen Mandats des Sicherheitsrats bedarf und in dessen Ermangelung aus dem Kreis der zur Verfügung stehenden Handlungsoptionen auszuscheiden hat: Frankreich hatte, wie oben dargelegt, hinreichend deutlich gemacht, daß es dem Sicherheitsrat *anbot*, in der Ruanda-Krise[149] mit französischen Krisenreaktionskräften zu intervenieren, es setzte sich auch für das Zustandekommen einer entsprechenden Ermächtigungsresolution ein, die schließlich

---

internationale Polizeiaktion der Völkergemeinschaft; zustimmend und dabei ebenfalls den Begriff der "UN Police Action" verwendend Franck/Patel, AJIL 85 (1991), S. 63. In diesem Sinn auch Singleton, New Law Journal 141 (1990-I), S. 87, die sich zur Begründung der These, daß sich Großbritannien keineswegs im Krieg mit dem Irak befunden habe, nicht nur auf das Fehlen einer formellen Kriegserklärung beruft, sondern auch auf eine Presseerklärung des Lord Chancellor's Department, die betonte, daß "we are not at war with Iraq, but we are participating in an enforcement action on behalf of the UN pursuant to a Security Council resolution".

[146] wegen der vielen Krisen und ungelösten Rechtsfragen handelte es sich für den Völkerrechtler zweifellos um ein Jahrzehnt der Herausforderungen, während die hoffnungsvolle Prognose von Brus/Muller/Wiemers (Hrsg.), The United Nations Decade of International Law, S. 13, daß "the coming decade will be a happy one for international lawyers" sich leider nicht erfüllte.

[147] in der Wissenschaft wird diese Grundeinstellung vollkommen zu Recht auch heute nicht bezeifelt, vgl. dazu die Beiträge von Simma, Ambos und Cassese in EJIL 10 (1999), S. 1 ff. zur militärischen Intervention der NATO im Kosovo ab April 1999.

[148] d.h. im Sinn einer "enforcement measure", vgl. dazu bereits das oben zitierte Gutachten des IGH im Fall *Certain Expenses of the United Nations*, ICJ Reports 1962, S. 164-165.

[149] vgl. dazu die ausführliche Darstellung m.w.N. oben in Abschnitt B VI.

mit der Entschließung 929 (1994) vom 22. Juni 1994[150] verabschiedet wurde. Ohne ein solches Mandat aber, so darf realistischerweise aus den Äußerungen des Palais d'Elysée vom Frühjahr 1994 gefolgert werden, hätte der Staatspräsident den französischen Streitkräften den entsprechenden Einsatzbefehl für die "Operation Türkis" nicht erteilt. Diese Praxis stimmt mit den Zielen und Prinzipien der UN überein, weshalb auch ganz überwiegend davon ausgegangen wird, daß die Resolution 929 (1994) nicht etwa gegen das völkerrechtliche Interventionsverbot verstieß, sondern in Art. 42 eine tragfähige und ausreichende Rechtsgrundlage fand.[151]

VI. Ein weiterer Argumentationsansatz dafür, Art. 42 Satz 2 weit auszulegen und in Verbindung mit Art. 48 Abs. 1 daraus auf eine Kompetenz des Sicherheitsrats zur Ermächtigung der Mitgliedstaaten zur Durchführung militärischer Sanktionen nach Kapitel VII zu schließen, findet sich in der besonderen Rangstellung der UN-Charta. Denn nach einer Studie des UN-Generalsekretärs räumen die Mitgliedstaaten der Vereinten Nationen der Charta in ihrer rechtlichen Einordnung fast ausnahmslos einen über den bloßen völkerrechtlichen Vertrag hinausgehenden Rang ein.[152] Für eine ganze Anzahl von Staaten stellt die Charta dabei ein "unique universal instrument", "the basis of the international community", und "the foundation of a new international order" dar, deren Natur als "integriertes Ganzes" sie zum "constituent instrument of the international community" macht.[153] Demnach ist die Charta nicht als gewöhnlicher völkerrechtlicher Vertrag aufzufassen, sondern als Verfassung der Völkerrechtsgemeinschaft schlechthin.[154] Diese Kennzeichnung soll nicht darüber hinwegtäuschen, daß

---

150 siehe SC/Res 929 (1994) vom 22. Juni 1994, abgedruckt in International Peacekeeping 1 (1994), S. 103-104; deutsche Übersetzung abgedruckt in VN 42 (1994), S. 153-154.

151 so ausdrücklich Czarnecki, Humanitäres Völkerrecht 1994, S. 197-198.

152 siehe dazu Analytical Study submitted by the Secretary-General pursuant to General Assembly Resolution Res/GA 3499 (XXX), abgedruckt in UN Doc. A/AC. 182/L.2 vom 2. Februar 1976.

153 so dargestellt und im einzelnen zitiert bei Schaefer, Funktionsfähigkeit des Sicherheitsmechanismus der Vereinten Nationen, S. 349-350.

154 Schaefer, a.a.O., S. 350. Allgemein zur Problematik von völkerrechtlichen Verträgen, die nach und nach Verfassungscharakter annehmen, siehe Schröder, Grundsatzfragen einer europäischen Verfassungsgebung, in: Ipsen/Rengeling/Mössner/Weber (Hrsg.), Verfassungsrecht im Wandel, S. 511-513, der - allerdings im grundsätzlich etwas anders gelagerten Zusammenhang der Gründungsverträge der Europäischen Gemeinschaft - für eine Charakterisierung eines völkerrechtlichen Vertrages als Verfassung fordert, daß dieser als identitätsstiftender Gründungsakt einer alle Lebens- und Rechtsbereiche umfassenden Gemeinschaft im Sinne eines Verfassungsbewußtseins begriffen wird. Der Autor räumt jedoch ein, daß das Ergebnis einer Interpretation eines

dies eine nachträgliche juristische Deutung eines völkerrechtlichen Gründungsvertrages darstellt[155], sie vermag indessen zu Recht hervorzuheben, daß die UN-Charta als Handlungsrahmen konzipiert und auf eine dynamische Entwicklung angelegt ist und damit nicht zu übersehende *Verfassungselemente* aufweist.[156] Dabei wird dem politischen Gestaltungsspielraum der Organe der Vereinten Nationen ein weiter Raum eröffnet, so daß der Praxis der Vereinten Nationen eine die Charta ausfüllende, sie weiterentwickelnde Funktion zukommt.[157] Auf einen Fall der Fortentwicklung der Charta durch die Völkerrechtspraxis wurde bereits an einer früheren Stelle dieser Untersuchung hingewiesen, als begründet wurde, daß die heute noch in der Charta enthaltenen Feindstaatenklauseln als weitere Ausnahme vom Gewaltverbot nicht in Betracht kommen[158], da sie bereits mit dem Beitritt der ehemaligen Feindstaaten zu den Vereinten Nationen gegenstandslos geworden sind.[159]

---

völkerrechtlichen Vertrages als Verfassung für seine Fortentwicklung belangvoll sein kann (S. 512).

155 vgl. in diesem Sinn auch zurückhaltend Schröder, a.a.O.(vorige Anmerkung), S. 512.

156 Wolfrum, Ursprüngliche Aufgabenzuweisung und jetzige Aktivitäten der Vereinten Nationen: Faktischer Wandel und normative Bewertung, in: Doeker/Volger (Hrsg.), Die Wiederentdeckung der Vereinten Nationen, S. 66; Hervorhebung durch den Verfasser; vgl. zu dieser Frage auch Bothe, Völkerrecht und Frieden - Brauchen wir ein neues Völkerrecht? in: Lutz (Hrsg.), Völkerrecht und Friedensordnung, S. 22, der darauf verweist, daß die so verstandene "Verfassung" mit staatlichen Verfassungen soviel gemeinsam habe, daß sie ein System von "checks and balances" etabliere, dessen Funktionieren sich wie in der staatlichen Verfassung mit ihren politischen Faktoren ändere. Eines der Elemente dieses Systems von "checks and balances", der Anfang der neunziger Jahre einem raschen Wandel unterworfen gewesen sei, sei der Antagonismus der Supermächte gewesen, ein anderes der Nord-Süd-Konflikt. Man habe während des Golfkonflikts sehen können, wie das System der Vereinten Nationen unter diesen modifizierten Bedingungen nun in veränderter Weise funktioniert habe, wobei zu beobachten sei, daß sich die Normen im Laufe ihrer praktischen Anwendung auch inhaltlich wandelten.

157 ibidem; umfassend zu einem Zusammenspiel von Staatenpraxis und dem Recht der Charta bei der Weiterentwicklung des Völkerrechts insgesamt siehe Hubert, RdC 222 (1990-III), S. 9 ff.; zu einer instruktiven Gesamtdarstellung der bisherigen Entwicklung der Vereinten Nationen und der Bewältigung ihrer Aufgabe, bewaffnete Konflikte zu verhindern und zu lösen, siehe Väyrynen, The United Nations and the Resolution of International Conflicts, in: Falk/Kim/Mendlovitz (Hrsg.), The United Nations and a Just World Order, S. 222-239 mit einer Einteilung in verschiedene Zeitphasen und Heraushebung ihrer jeweiligen charakteristischen historischen und politischen Umstände.

158 siehe dazu die eingehende Darstellung oben Zweiter Teil, Abschnitt D III 2.

159 kritisch demgegenüber Schmidt-Kaler, Criticón 132 (1992), S. 171-174, der die Feindstaatenklauseln daraufhin untersucht, ob sie sich als "mögliche Spätzünder" erweisen könnten.

Doch dabei geht es nicht nur um eine Fortentwicklung: selbst eine Erneuerung der Charta durch Staatenpraxis und die Praxis der UN ist möglich und hat auch bereits stattgefunden, was letztlich nur durch eine dynamische Interpretation der Befugnisse des Sicherheitsrats nach Kapitel VII möglich war und ist.[160] Eine solche Dynamik wurde bereits bei der jüngeren Praxis des Sicherheitsrats festgestellt, eine Bedrohung oder einen Bruch des Friedens nach Art. 39 nicht nur dann festzustellen, wenn es sich um einen grenzüberschreitenden kriegerischen Konflikt zwischen Staaten handelt, sondern bereits dann, wenn es ganz ohne Vorliegen einer grenzüberschreitenden Komponente zu schweren und unerträglichen Menschenrechtsverletzungen kommt oder es um die Bekämpfung und Verhinderung des internationalen Terrorismus geht.[161] Die Anlegung der gleichen Maßstäbe gestattet es, den Anwendungsbereich des Art. 42 Satz 2 und damit des Kapitels VII als dem bereits zitierten Kernstück der Charta[162] insgesamt dahingehend weiter- und fortzuentwickeln, daß er nicht nur die Durchführung militärischer Maßnahmen in Kooperation mit und Unterordnung zu eigenen Truppenverbänden der UN unter dem Kommando des Sicherheitsrats selbst und des UN-Generalstabsausschusses zuläßt, sondern eben auch ein Tätigwerden allein der Streitkräfte der Mitgliedstaaten unter nationalem Kommando aufgrund einer vorherigen legalisierenden Ermächtigung des Sicherheitsrats.

Diese noch maßvolle progressive Auslegung der Charta wahrt auch ihre Grenzen, auf deren Existenz und strikte Einhaltung gerade im Bereich der Regeln über die Anwendung militärischer Gewalt zu Recht mit Nachdruck hingewiesen worden ist. Einerseits sei nämlich zwar zuzugestehen, daß "unlike judicial interpretation, UN interpretation does not usually have an adjudicative character. The task faced by most UN bodies is practical and instrumental - that is, to prepare a plan of action or to recommend state behaviour to achieve a goal."[163] Diese weniger rechtlich betonte und gebundene, sondern überwiegend praktisch-politisch-instrumentelle Auslegung und Anwendung der Vorschriften der Charta kann jedoch nicht

---

160 vgl. dazu Fleck, Ziele und Grenzen einer aktiven deutschen Völkerrechtspolitik, in: Souchon (Hrsg.), Völkerrecht und Sicherheit, S. 96-97.

161 siehe dazu die Ausführungen m.w.N. oben Zweiter Teil, Abschnitt D II 2.

162 vgl. Uerpmann, AVR 33 (1995), S. 109.

163 Schachter, AJIL 88 (1994), S. 6, der diesen Ansatz illustrierend fortfährt: "These functions, like building a house or picking a football team, are not performed by deciding if a rule applies to a particular situation. Problems are analyzed, proposed solutions negotiated, decisions reached. Interpretation is implicit in the measures adopted, which are centered largely on the relation between means and ends in the specific contexts."

für alle ihre Bereiche gelten: "There are important exceptions, however, where interpretation of a more explicit adjudicative character is a matter of great concern. These cases have related mainly to the UN Charter provisions and to some major treaties. The most virulent controversies have involved the competence and powers of the Security Council and (...) general international law in regard to the use of force, intervention, self-determination and human rights."[164] Dieser Anforderung an ausdrücklich stärker juristische geprägte Auslegungen und Entscheidungen im sensiblen Bereich des Kapitels VII wird die hiesige Interpretation von Art. 42 Satz 2, 48 Abs. 1 gerecht. Sie entspringt nämlich nicht dem Ziel einer "desired policy", die das Ergebnis vorgibt und entsprechende Rechtsnormen nur noch insoweit heranzieht, als daß diese das Resultat zu stützen vermögen und das Gesamtgebilde daher zu "passen" scheint, sondern sie hat ausgehend von einer teleologischen Auslegung des Art. 42 und des Kapitels VII *erst im Nachhinein* festgestellt, daß sie sich im Einklang mit den heranzuziehenden "policy objectives" befindet und darin eine Bestätigung ihrer in der Praxis wünschenswerten Anwendung gefunden. Eine mit dieser Methode und vor allem in dieser Reihenfolge erarbeitete Begründung für eine Weiterentwicklung der Charta durch ein Zusammenspiel von Staatenpraxis und zweckkonformer Auslegung ist durchaus in der Lage, zur Anpassung der der UN zur Verfügung stehenden Handlungsinstrumente an gegenwärtige rechtliche und politische Rahmenbedingungen und damit zum Erfolg der Weltorganisation als Ganzes beizutragen: "The accomplishments and failures of past efforts at world organization should, therefore, be judged by their success (1) in meeting the political and economic problems arising from the impact of new discoveries and inventions on customary modes of thought and (2) in changing those modes of thought better adapted to contemporary conditions."[165] Es ist daher im Ergebnis festzuhalten, daß die Anordnung oder Ermächtigung des Sicherheitsrats nach Kapitel VII der Charta Voraussetzung für die Ausübung von militärischen Zwangsbefugnissen durch die Mitgliedstaaten ist[166], dort allerdings auch in Art. 42 Satz 2, 48 Abs. 1 eine hinreichende und ihre Völkerrechtskonformität sichernde Rechtsgrundlage findet.[167]

---

164 ibidem, wobei die vier hier genannten Aspekte Gewalteinsatz, Nichteinmischung, Selbstbestimmungsrecht und Menschenrechte bei allen der oben geschilderten Ermächtigungsfälle jeweils das oder die zentralen Probleme darstellten.

165 Wright, Yale Law Journal 55 (1945/46), S. 873.

166 übereinstimmend Fleck, Ziele und Grenzen einer aktiven deutschen Völkerrechtspolitik, in: Souchon (Hrsg.), Völkerrecht und Sicherheit, S. 104.

167 trotz zögerlicher Skepsis im Ergebnis zustimmend Uerpmann, AVR 33 (1995), S. 130, nach dem die Charta als Verfassung einer politisch geprägten Organisation, die sich wandelnden Aufgabenstellungen anpassen müsse, nicht statisch verstanden werden könne.

VII. Dieses Zwischenresultat führt auf der Grundlage der früheren Ausführungen zum Zeitpunkt des Eintritts der auflösenden Bedingung des Art. 51 Satz 1 am Ende[168] unmittelbar zu einer weiteren wichtigen Schlußfolgerung: Wenn nämlich eine Ermächtigung der Mitgliedstaaten durch den UN-Sicherheitsrat zum Einsatz aller zur Erreichung der vom Sicherheitsrat in der ermächtigenden Resolution genannten Ziele erforderlichen Mittel unter Einschluß bewaffneter Gewalt als Autorisierung einer militärische Zwangsmaßnahme auf der Basis von Art. 42 Satz 2, 48 Abs. 1 anzusehen ist, dann hat der Sicherheitsrat mit Verabschiedung dieser Ermächtigung "die zur Wahrung des Weltfriedens und der internationalen Sicherheit erforderlichen Maßnahmen" getroffen. Dies bedeutet vor allem aber auch, daß im Fall eines bewaffneten Angriffs gegen ein UN-Mitglied spätestens ab diesem Zeitpunkt eine völkerrechtskonforme Ausübung des Rechts zur Selbstverteidigung nach Art. 51 Satz 1 nicht mehr in Frage kommen kann und diese Ausnahme vom Gewaltverbot des Art. 2 Ziff. 4 als Rechtfertigungsgrund für ein entsprechendes militärisches Vorgehen nicht mehr zur Verfügung steht.[169] Als Grundlage dafür bietet sich lediglich noch die gemäß Art. 42 Satz 2, 48 Abs. 1 ergangene Autorisierung durch den Sicherheitsrat an, deren in ihr selbst enthaltene Bedingungen und Begrenzungen selbstverständlich zu beachten sind: So setzte die Resolution 678 (1990) vom 29. November 1990 in der Golfkrise eine Frist bis zum 15. Januar 1991, um dem Irak ausreichend Zeit für eine Befolgung der an ihn gerichteten Gebote zum vollständigen Rückzug aus Kuwait und damit zur Vermeidung der verhängnisvollen Konsequenzen ihrer Ignorierung zu geben. Vor dem Ablauf dieser "grace period" wäre ein militärisches Vorgehen der Koalitionsmächte am Golf demzufolge nicht rechtmäßig gewesen, da Art. 51 Satz 1, wie oben dargestellt, als Rechtsgrundlage dafür zu diesem Zeitpunkt nicht mehr zur Verfügung stand. Resolution 816 (1993) vom 31. März 1993 sprach während der Jugoslawienkrise *expressis verbis*

---

Daher biete der Text der Charta in Art. 42 Satz 2 und Art. 48 "durchaus Ansatzpunkte für eine Fortentwicklung".

168 vgl. dazu oben Dritter Teil, Abschnitt E IV.

169 dies folgern manche bereits aus dem Wortlaut der Resolution 678 (1990) vom 29. November 1990: "Je ne crois pas que le rattachement de la résolution 678 à l'article 51, au concept de la légitime défense, soit justifié par le texte même de cette résolution. En effet, il est dit que les membres sont autorisés à employer la force pour faire respecter et faire appliquer la résolution 660 et les autres résolutions. Donc l'emploi de la force a eu pour objet de mettre en ouvre les décisions du Conseil demandant à l'Irak de se retirer du Koweit. C'est donc une mesure d'éxecution qui a été prise." Siehe dazu den Diskussionsbeitrag von Thierry, in: Stern (Hrsg.), Les aspects juridiques de la guerre et de la crise du Golfe, S. 149-150.

aus, daß die Rechtswirkungen der in ihr erteilten Autorisierung erst sieben Tage nach der Annahme der Entschließung in Kraft treten sollten. Vor dem Ablauf dieser Frist konnte das Flugverbot über dem Luftraum von Bosnien-Herzegowina folglich nicht mit Gewalt durchgesetzt werden. Ein weiteres Beispiel für eine zeitliche Begrenzung einer Ermächtigung enthält Resolution 919 (1994) vom 22. Juni 1994, als der Sicherheitsrat *de facto* Frankreich zur Durchführung der "Operation Türkis" in Ruanda autorisierte. Diese Resolution sprach ausdrücklich aus, daß sie auf die Dauer von zwei Monaten begrenzt war und konnte mithin alle nach Ablauf dieser Frist stattfindenden militärischen Operationen nicht decken, wobei anzumerken ist, daß im Fall Ruandas ein Selbstverteidigungsszenario ohnehin nicht gegeben war.

## E. Die Kontrollverantwortung des Sicherheitsrats als begrenzendes Moment der Delegationsreichweite

Die Gegner einer weiten Interpretation des Art. 42 Satz 2 in Verbindung mit Art. 48 Abs. 1 mit dem Ziel, dem Sicherheitsrat die Kompetenz zur Ermächtigung der Mitgliedstaaten zur Durchführung militärischer Zwangsmaßnahmen zu gewähren, verweisen regelmäßig auf das Problem der nicht gegebenen oder wenigstens unzureichenden Kontrolle des Sicherheitsrats über die tatsächliche Art und Weise, in der die von ihm autorisierten Mitgliedstaaten von ihrem Mandat Gebrauch machen[170]. Dadurch, daß die Staaten nicht verpflichtet, sondern lediglich ermächtigt seien, militärische Gewalt anzuwenden und die Entscheidung über diesen Einsatz durch die jeweiligen nationalen Regierungen getroffen werde, werde sie vollständig aus den Vereinten Nationen herausverlagert. Dies mache es schwer, die tatsächliche Aufnahme und Durchführung der militärischen Aktion als eine auf der Resolution des Sicherheitsrats beruhende Zwangsmaßnahme zu definieren.[171] Vor allem während des Golfkonflikts habe der Verlauf der Operation keinerlei Hinweise auf einen steuernden Einfluß des Sicherheitsrats gegeben. Damit werde der Anknüpfungspunkt, den Art. 48 voraussetze, problematisch.[172] Nachdem sich die Praxis des Sicherheitsrats, Mitgliedstaaten zur Durchführung militärischer Maßnahmen

[170] wobei die daraus resultierenden Streitigkeiten bereits bei dem Begriff der "Kontrolle" beginnen, siehe dazu Butler (Hrsg.), Control over Compliance with International Law, S. 2: "The term 'control' already creates problems between English and Russian, for in the latter tongue it has rather the French meaning of 'supervision' rather than the very strong elements of subordination and responsibility connoted by the expression in English."

[171] Klein, AVR 29 (1991), S. 429.

[172] ibidem, woraus der Autor folgert, daß aus diesem Grund eine Zwangsmaßnahme nach Art. 42 insgesamt nicht vorgelegen habe.

zu ermächtigen, einmal zu etablieren begonnen hatte, verschob sich der Fokus der internationalen Diskussion zugunsten des Problems von Kommando und Kontrolle: "(...) the question of whether or not to authorize the use of force has, after Resolution 678, become less important and less controversial than the question of command and control over the forces employed."[173]

I. Dieser Kritik wird insbesondere für das Vorgehen der Alliierten am Persischen Golf eine gewisse Berechtigung kaum abzusprechen sein: Im gesamten Zeitraum der kriegerischen Auseinandersetzungen, also über 42 Tage, war der Weltsicherheitsrat zumindest nach außen hin auf eine mehr oder weniger passive Zuschauerrolle beschränkt. Obgleich die Ermächtigungsresolution 678 (1990) vom 29. November 1990 mit dem Beschluß endet, "to remain seized of the matter"[174], gelang es den einzelnen Sicherheitsratsmitgliedern nicht, den sich im Gange befindlichen gewalttätigen Konflikt auf die Tagesordnung einer Sicherheitsratssitzung zu setzen, um so die Initiative wieder an sich zu ziehen.[175] Manchen mag dies zu der Frage veranlaßt haben, wo in einem solchen Krieg das für den Weltfrieden zuständige Organ der UN sei.[176] Dies erscheint zum Teil etwas übertrieben, zumal der operative Absatz 4 der Resolution 678 (1990) "request the states concerned to keep the Security Council regularly informed on the progress of actions undertaken pursuant to paragraphs 2 and 3 of the present resolution" und der Sicherheitsrat mit der Angelegenheit laufend befaßt blieb.[177] Dieser Berichts- und Informationspflicht kamen die im Golfkonflikt militärisch engagierten Staaten regelmäßig nach.[178] Berücksichtigt man jedoch, daß der

---

173 Freudenschuß, EJIL 5 (1994), S. 527.

174 vgl. dazu den operativen Absatz 5 der Resolution SC/Res 678 (1990) vom 29. November 1990, abgedruckt bei Moore, J.N., Crisis in the Gulf, S. 420-421; in deutscher Übersetzung abgedruckt bei Harttung (Hrsg.), Die VN-Resolutionen zum Nahost-Konflikt, S. 525-526.

175 Lutz/Müller, Sicherheit und Frieden 1991, S. 124.

176 Wilhelm Bruns, Weltpolizist UNO, in: loyal 6/1991, S. 5, zitiert bei Lutz/ Müller, a.a.O., S. 124.

177 vgl. Seidel, AVR 33 (1995), S. 48.

178 der Verfasser weiß aus eigener Anschauung vom Februar und März 1991 zu berichten, daß am Hauptquartier der Vereinten Nationen in New York City beinahe täglich eine Vielzahl von "operation progress reports" einging, die dem UN-Generalsekretär, dem Office of The Legal Counsel und seinen Mitarbeitern sowie den Mitgliedern des Sicherheitsrats umgehend zugänglich gemacht wurden, wobei anzumerken ist, daß sie durch die in dieser Form während des Golfkonflikts erstmals stattgefundene minutenaktuelle Berichterstattung durch den Fernsehsender Cable News Network (CNN) und dessen vor Ort befindlichen Korrespondenten Peter Arnett zum Zeitpunkt ihres Eintreffens bei der UN in aller Regel bereits überholt waren; zur regelmäßigen

Sicherheitsrat mit der Ermächtigungsresolution 678 (1990) die ihm in der Charta zugedachte Monopolstellung bei der Ausübung militärischer Gewalt aus der Hand gab, erscheint es bedenklich, daß er sich keine wirksameren Kontrollbefugnisse vorbehielt; eine bloße Informationspflicht über den Fortschritt der Aktion könnte man als kaum ausreichend betrachten.[179]

Das beschriebene Vorgehen hat wohl in erster Linie den politischen Wünschen der sowohl im Sicherheitsrat an der Entschließung 678 (1990) mitwirkenden als auch an der militärischen Durchführung der Operation "Desert Storm" beteiligten Staaten entsprochen, vor allem der US-Bundesregierung und dem Pentagon. Dazu wurde jedoch auch zutreffend angemerkt, daß es für diese Selbstbeschränkung des Sicherheitsrats durchaus einen objektiven Grund gibt: Da bislang weder die in Art. 43 genannten Sonderabkommen abgeschlossen wurden noch der Generalstabsausschuß gemäß Art. 47 die ihm zugewiesene militärische Beratungsfunktion übernehmen konnte, fehlt dem Sicherheitsrat die einer effektiven tatsächlichen Kontrolle entsprechende militärische Kompetenz.[180] Zumindest teilweise war er daher gezwungen, sich auf eine rechtliche Aufsicht über die von den von ihm autorisierten Staaten ergriffenen Durchführungsmaßnahmen zu beschränken, deren Fortgang er ohnehin jederzeit durch einen Widerruf des erteilten Mandats in Form einer neuen Resolution hätte beenden können.[181]

II. Auf der einen Seite sind zu hohe Anforderungen an Aufsichtsbefugnisse und eine effektive Kontrolle durch den Sicherheitsrat bei der Umsetzung einer von ihm erteilten Ermächtigung durch die Mitgliedstaaten zu vermeiden. In diesem Zusammenhang ist daran zu erinnern, daß der Sicherheitsrat keineswegs *selber* die militärischen Sanktionen um- und durchsetzt und die Rechtsgrundlage für den Einsatz von Gewalt nicht in Art. 42 Satz 1 zu suchen ist. Verfehlt wäre daher auch ein theoretisch durchaus denkbarer analytischer Ansatz, der versuchte, in übertrieben an dem Wortlaut der Charta haftender Weise das Geschehen "so nah wie möglich" an Art. 42 Satz 1 heranzuführen, indem er annimmt, zwar handele der Sicherheitsrat mangels Sonderabkommen nach Art. 43 nicht durch und mit

---

resolutionskonformen Berichterstattung der Koalitionsmächte an den Sicherheitsrat siehe bestätigend Lowe/Warbrick, ICLQ 40 (1991), S. 967.

179 Partsch, EuGRZ 1991, S. 471.

180 so zu Recht unterstrichen von Heinz/Philipp/Wolfrum, VN 39 (1991), S. 126.

181 wobei diese Möglichkeit wohl angesichts des in einem solchen Fall mit sehr hoher Wahrscheinlichkeit zu erwartenden Vetos der USA im Sicherheitsrat lediglich theoretischer Natur war; dem zustimmend Heinz/Philipp/Wolfrum, a.a.O. (vgl. die vorige Anmerkung), S. 126.

eigenen "echten" UN-Truppen, aber letztlich handele er durch die Mitgliedstaaten hindurch quasi mit deren Händen. Aus dieser Perspektive wäre dann in der Tat eine auch tatsächliche Aufsicht sowie eine weitgehende effektive Kontrolle durch den Sicherheitsrat über jede von den für ihn handelnden Mitgliedstaaten ergriffene Maßnahme zu fordern.

Diesem theoretischen Ansatz entspricht das Vorgehen in den hier diskutierten Ermächtigungsfällen hingegen nicht: Die militärischen Operationen werden von mitgliedstaatlichen Truppen unter einem jeweiligen nationalen Kommando durchgeführt[182] aufgrund einer nationalen Entscheidung über den zwar vom Sicherheitsrat autorisierten, für die Mitgliedstaaten aber nicht verbindlichen Militäreinsatz. Während des Golfkonflikts standen die Streitkräfte der Koalitionsmächte unter dem koordinierenden Befehl von US-General Schwarzkopf, der seine Anweisungen unmittelbar vom amerikanischen Präsidenten empfing. Der Beginn der Kampfhandlungen wurde nach intensiven Konsultationen zwischen den Hauptverbündeten und direkter Absprache zwischen Präsident Bush und Premierminister Major angeordnet, und der Befehl zur Einstellung aller Kampfhandlungen wurde von Präsident Bush erteilt.[183] Keine der mittlerweile zahlreich ergangenen Ermächtigungsresolutionen sah vor, daß die in die Krisenregion zu entsendenden bewaffneten Kräfte dem Sicherheitsrat selber zur Verfügung gestellt werden oder sich unter seine Kontrolle begeben sollten.[184] Ein solches Vorgehen wird von den Mitgliedstaaten auch nicht erwünscht und würde zumindest derzeit kaum akzeptiert werden: "It seems only natural that States jealously guard their decision-making power

---

[182] was indessen eine staatenübergreifende Koordinierung des Einsatzes durch gemeinsame (aber von den Mitgliedstaaten außerhalb des UN-Systems aufgestellte) Planungsstäbe wie in Somalia ebensowenig ausschließt wie die Möglichkeit, sich einer anderen, außerhalb der UN und unabhängig von dieser bereits bestehenden Planungs- und Organisationsstruktur zu bedienen wie beispielsweise der NATO während des Jugoslawienkonflikts.

[183] siehe Terwiesche, Humanitäres Völkerrecht 1993, S. 131. Unzutreffend demgegenüber Paech, Vierteljahresschrift für Sicherheit und Frieden 1991, S. 12, der unterstreicht, der Golfkonflikt sei unter der Fahne der UNO ausgetragen worden. Dies war zwar in Korea im Jahr 1950 der Fall, ganz sicher aber nicht am Persischen Golf im Herbst und Winter 1990/91. Die blaue UN-Flagge tauchte während der Kampfhandlungen weder in Kuwait noch im Irak auf. Alle Kampfeinheiten der Koalitionsmächte operierten unter ihren jeweiligen nationalen Flaggen.

[184] so mit Nachdruck Schachter, Authorized Uses of Force by the United Nations and Regional Organizations, in: Damrosch/Scheffer (Hrsg.), Law and Force in the New International Order, S. 79, der aber die übertriebene und allein daraus nicht zu begründende Schlußfolgerung zieht, deswegen müsse es sich wohl um eine Anwendung des Rechts zur Selbstverteidigung nach Art. 51 Satz gehandelt haben.

out of concern for risking the lives of their troops in operations distant from home in possibly controversial interventions. Then there is the issue of the adequacy of the UN's existing machinery for controlling military operations that require considerable logistical back-up, intelligence-gathering capabilities and close coordination between fighting units who may be from different countries. These things are much more likely to be achieved through pre-existing national armed forces, alliances and military relationships than within the structures of a UN command.[185] Dabei werden weder die Mitgliedstaaten selbst noch ihre am Krisenherd vor Ort operierenden Streitkräfte zu Organen der UN oder zu Nebenorganen im Sinn von Art. 7 Abs. 2.[186] Die juristischen Voraussetzungen für eine völkerrechtliche Zurechnung von Maßnahmen zur Durchsetzung eines Beschlusses des UN-Sicherheitsrats zu den Vereinten Nationen selbst lassen sich weder auf der Basis einer Organstellung durch den Grundsatz der Effektivität oder den Grundsatz der völkerrechtlichen Verantwortlichkeit noch auf der Grundlage des Prinzips von Treu und Glauben begründen.[187] Der Sicherheitsrat handelt auch schon deswegen nicht "durch die Mitgliedstaaten hindurch mit deren Händen", weil ihm trotz des formalen Bestehens des UN-Generalstabsausschusses dazu in der Tat nicht nur die oben erwähnte militärische Kompetenz, sondern auch die für eine effektive faktische Kontrolle erforderlichen organisatorischen Strukturen fehlen. Die handelnden und von der Ermächtigung zum Einsatz von Gewalt Gebrauch machenden Völkerrechtssubjekte sind daher allein die autorisierten Mitgliedstaaten der UN auf dem rechtlichen Fundament der Art. 42 Satz 2, 48 Abs. 1.

III. Andererseits läßt sich das Bedürfnis nach wenigstens einem Minimum an Aufsicht und Kontrolle durch den Sicherheitsrat auch rechtlich und nicht lediglich politisch[188] damit begründen, daß die wegen der weiten Auslegung des Art. 42 Satz 2 stattgefundene Entfernung vom Wortlaut der Charta und den ursprünglichen Intentionen ihrer Autoren zumindest teilweise dadurch kompensiert werden kann, daß man quasi als ausgleichendes Element für

---

185 Freudenschuß, EJIL 5 (1994), S. 527.

186 in die gleiche Richtung argumentiert auch Fink, AVR 29 (1991), S. 473.

187 so eingehend nachgewiesen von Terwiesche, Humanitäres Völkerrecht 1993, S. 128-131 m.w.N..

188 anders aber wohl Freudenschuß, EJIL 5 (1994), S. 527, der "the issue of command of and control over the forces employed" unter der Überschrift "Political Aspects" diskutiert und in Abweichung von der hier vorgeschlagenen rechtlichen Lösung der Ermächtigungsproblematik die vorherige Autorisierung der Mitgliedstaaten durch den Sicherheitsrat bewertet als "international political cover or political authority which was desirable for reasons of both domestic and international politics".

diese Entfernung dem Sicherheitsrat im Gegenzug bestimmte Pflichten zur Beaufsichtigung der zur Ausführung seines Mandats ermächtigten Mitgliedstaaten auferlegt. Auf diese Weise wird nicht nur ein weiteres Argument für die oben begründete zweckkonforme Subsumtion unter Art. 42 Satz 2, 48 Abs. 1 als Rechtsgrundlage für das militärische Vorgehen der Mitgliedstaaten in den jeweiligen Krisenregionen gewonnen. Ein weiterer unmittelbarer Vorteil dieses Verfahrens besteht darin, daß durch die so erreichte Rückkopplung der von den Mitgliedstaaten ergriffenen militärischen Sanktionen an das UN-System und seine Organe der tatsächliche kollektive Charakter der Zwangsmaßnahmen nicht nur in ihrer vorherigen Autorisierung durch den Sicherheitsrat als das nach der Charta dafür ausschließlich zuständige Gremium zum Ausdruck kommt, sondern zudem durch seine begleitende und nachträgliche Kontrolle der unternommenen Schritte innerhalb seiner auch ohne Sonderabkommen und effektiv arbeitendem Generalstabsausschuß gegebenen Kompetenzen. Denn das Bewußtsein, unter der Aufsicht und Kontrolle des Sicherheitsrats tätig zu werden, zu ergreifende Maßnahmen mit dem UN-Generalsekretär koordinieren, eine logistische Abstimmung mit vor Ort bereits im Einsatz befindlichen Peace-Keeping-Einheiten herbeiführen sowie dem Sicherheitsrat gegenüber laufend Bericht erstatten zu müssen ist zweifellos nicht nur geeignet, den kollektiven Charakter der gesamten Operation zu betonen, sondern auch bei den handelnden Mitgliedstaaten einen Rechtfertigungsbedarf gegenüber der UN zu erzeugen, der ihnen die Reichweite und Grenzen des ihnen erteilten Mandats deutlich macht. Die rechtfertigende Wirkung der Art. 42 Satz 2, 48 Abs. 1 gegenüber dem Gewaltverbot des Art. 2 Ziff. 4 reicht nämlich nur so weit wie das die Mitgliedstaaten autorisierende Mandat. Darüber hinausgehende Maßnahmen werden von der Reichweite des Erlaubnistatbestandes der den kollektiven Zwangsmaßnahmen zugrundeliegenden Rechtsnormen nicht erfaßt, verstoßen daher gegen das Gewaltverbot und sind deswegen als völkerrechtliches Delikt zu qualifizieren. Keinen unwesentlichen Aspekt dürfte schließlich der auf der politischen Ebene wertvolle Faktor darstellen, daß die geschilderte Rückkopplung der mitgliedstaatlichen Ausführungshandlungen an das UN-System gut geeignet ist, die Legitimität der immerhin massiv in den Schutzbereich des Gewaltverbots eingreifenden Operation positiv zu unterstreichen und damit auch bei demjenigen Staat, gegen den die Zwangsmaßnahmen sich möglicherweise richten, Überlegungen zu fördern, ob eine Befolgung der nach Art. 25, 48 ohnehin rechtsverbindlichen Gebote des Sicherheitsrats nicht einer militärischen Auseinandersetzung vorzuziehen ist. Die "öffentliche Moral" jedenfalls würde bei einer stärkeren Einbindung der gewaltsamen Maßnahmen der

Mitgliedstaaten in das System und Rückkopplung an die Organe der UN leichter für die vom Sicherheitsrat definierten Ziele und die dazu von ihm gewählten Mittel streiten.[189]

IV. Dem Sicherheitsrat und auch dem UN-Generalsekretär waren diese Argumente spätestens seit dem Ende der Golfkrise von 1990/91 aufgrund der oben in Abschnitt I dargelegten Kritik bekannt und bewußt. Sie haben auf die Formulierung der späteren Ermächtigungsresolutionen und deren Umsetzung maßgeblichen Einfluß gehabt. Dabei hat die Praxis der UN eine ganze Reihe von Methoden[190] hervorgebracht, mit denen sich die erstrebte Anbindung der militärischen Sanktionen an die Vereinten Nationen erreichen ließ.

Die erste und einfachste Möglichkeit, diesem Ziel näherzukommen, ist die ausdrückliche Betonung in der ermächtigenden Resolution, daß die von den Mitgliedstaaten ergriffenen Maßnahmen unter der Weisungsbefugnis des Sicherheitsrats durchgeführt werden sollen. Während der Jugoslawienkrise autorisierte der Sicherheitsrat die Mitgliedstaaten "to use such measures commensurate with the specific circumstances as may be necessary *under the authority of the Security Council* to halt all (...) shipping".[191] Diese Formulierungsweise war nicht nur bereits aus dem Golfkkonflikt bekannt[192], sondern tauchte auch später während der Haitikrise in Resolution 875 (1993) erneut auf.[193] Andere Entschließungen forderten die Mitgliedstaaten auf, ihre Maßnahmen mit den Vereinten Nationen zu koordinieren: "to take nationally or through regional agencies or arrangements all measures necessary to

---

189 zu dem Problem des moralischen Dilemmas des Golfkonflikts siehe eingehend Negt, Vorgänge 30 (1991), S. 31 ff..

190 Corten/Klein, EJIL 4 (1993), S. 527 sprechen in diesem Zusammenhang treffend von "les garanties prévues pour limiter le caractère unilatéral des actions humanitaires" mit dem grundsätzlichen Ziel "d'éviter que les Etats soient seuls juges en pratique des opérations qui seraient nécessaires à l'acheminement de l'aide humanitaire (...)." (ibidem, S. 529)

191 vgl. dazu die Resolution SC/Res 787 (1992) vom 16. November 1992, abgedruckt in ILM 31 (1992), S. 1481-1484; deutsche Übersetzung abgedruckt in VN 40 (1992), S. 220-221; Hervorhebungen durch den Verfasser.

192 vgl. dazu den Text der Resolution SC/Res 665 (1990) vom 25. August 1990, abgedruckt bei Harttung (Hrsg.), Die VN-Resolutionen zum Nahost-Konflikt, S. 510.

193 siehe dazu die Resolution SC/Res 875 (1993) vom 16. Oktober 1993, in deutscher Übersetzung abgedruckt in VN 42 (1994), S. 35.

facilitate *in coordination with the UN* the delivery of (...) humanitarian assistance....".[194]

Je heftiger umstritten eine Ermächtigungsresolution vor ihrer Verabschiedung im Sicherheitsrat insbesondere unter seinen fünf Ständigen Mitgliedern gewesen war, desto deutlicher wurde die "présence onusienne" auch bei ihrer Durchsetzung: Die Resolution 816 (1993) vom 31. März 1993 verband die o.g. Weisungsbefugnisse des Sicherheitsrats mit der ausdrücklichen Pflicht zu einer "engen Koordination" und bezog erstmals auch den UN-Generalsekretär und mit UNPROFOR bereits im ehemaligen Jugoslawien befindliche Kräfte der UN-Friedenstruppen in die Ermächtigung mit ein: "(...) authorizes Member States, seven days after the adoption of this resolution (...) to take, *under the authority of the Security Council and subject to close coordination with the Secretary-General and UNPROFOR*, all necessary measures in the airspace of Bosnia and Herzegovina (...) to ensure compliance with the ban on flights(...)."[195] Die "große Jugoslawienresolution" schließlich nahm nur neun Wochen später in ein und derselben Entschließung ganz unterschiedliche Ermächtigungen auf verschiedenen Ebenen vor. Sie beschloß zum einen "(...) *to authorize UNPROFOR*, in carrying out the mandate defined above (...), acting in self-defence, to take the necessary measures, including the use of force, in reply to bombardements of the safe areas by any of the parties or to armed incursion into them or in the event of any deliberate obstruction in or around those areas *to the freedom of movement of UNPROFOR or of protected humanitarian convoys*."[196] Zum anderen jedoch legte sie im darauffolgenden operativen Absatz weitergehend fest, daß "*Member States (...) may take, under the authority of the Security Council, and subject to close coordination with the Secretary-General and UNPROFOR*, all necessary measures, through the use of air power, in and around the safe areas (...) to support UNPROFOR."[197] Hierbei wurden demnach Weisungsbefugnisse des Sicherheitsrats nicht nur mit Koordinationspflichten der Mitgliedstaaten

---

194 vgl. dazu die Resolution 770 (1992) vom 13. August 1992, abgedruckt in ILM 31 (1992), S. 1468-1470; deutsche Übersetzung abgedruckt in VN 40 (1992), S. 216; Hervorhebungen durch den Verfasser.

195 siehe dazu den operativen Absatz 4 der Resolution SC/Res 816 (1993) vom 31. März 1993, in deutscher Fassung abgedruckt in VN 41 (1993), S. 73-74; Hervorhebungen durch den Verfasser.

196 vgl. den operativen Absatz 9 der Resolution SC/Res 836 (1993) vom 4. Juni 1993, in deutscher Übersetzung abgedruckt in VN 41 (1993), S. 156-157; Hervorhebungen durch den Verfasser.

197 ebendort, siehe den operativen Absatz 10 der Entschließung; Hervorhebungen durch den Verfasser.

unter Beteiligung des UN-Generalsekretärs und der ihm unterstehenden Friedenstruppen verbunden, sondern hinzu kam ein *eigenes Mandat* zugunsten der Friedenstruppen zum Gebrauch von Gewalt. Dieses unterschied sich qualitativ einerseits von der den Mitgliedstaaten erteilten Ermächtigung dadurch, daß es zumindest nominell auf Gewalteinsatz zum Zweck der Selbstverteidigung beschränkt war, andererseits jedoch schien der Kreis der in Selbstverteidigung ergriffenen Maßnahmen wesentlich weiter gezogen zu sein als nach traditionellen Maßstäben üblich: Die Verteidigung war nämlich nicht mehr auf die eigene Person und ihre persönliche Ausrüstung beschränkt, sondern erstreckte sich nunmehr auf die Bewegungs- und Operationsfreiheit der Friedenstruppen insgesamt und vor allem auf diejenige der von ihnen zu schützenden humanitären Konvoys.[198]

Andere Ermächtigungen gingen noch weiter und machten den UN-Generalsekretär nicht lediglich zum Anknüpfungspunkt für eine zwischen den ermächtigten Mitgliedstaaten auf der einen und den Vereinten Nationen auf der anderen Seite angeordnete Koordination, sondern bezogen den Generalsekretär in den von der Ermächtigung selbst gezogenen Kreis mit ein: Während der Somaliakrise erfolgte eine Ermächtigung zugunsten von "*the Secretary-General and Member States* (...) to use all necessary means to establish (...) a secure environment for humanitarian relief operations".[199] Auf eine Ermächtigung des Generalsekretärs durch den Sicherheitsrat während der Somaliakrise, die in dieser Form allerdings nicht wirklich erfolgt war[200], nahm auch die Entschließung 837 (1993) vom 6. Juni 1993 Bezug: "(...) reaffirming that *the Secretary-General is authorized* under Resolution 814 to take all the necessary measures against all those responsible for the armed attacks referred to above(...)."[201]

---

198 Ramcharan, The Review, Nr. 48, Juni 1992, S. 34 verweist dazu bereits auf den Namen "UNPROFOR" (=United Nations Protection Force). Anders als klassischen Peace-Keeping-Missionen, die traditionellerweise die Funktion hatten, als eher passiver "Puffer" zwischen den Konfliktparteien zu fungieren, komme der "Protection Force" eine wesentlich aktivere Rolle bei dem Schutz nicht nur ihrer eigenen Personen, sondern auch ihrer Mission und dem ihr zugrundeliegenden Ziel insgesamt sowie allen ihrem Schutz anvertrauten Personen zu.

199 siehe dazu den operativen Absatz 10 der Resolution SC/Res 794 (1992) vom 3. Dezember 1992, abgedruckt in UN Yearbook 1992, S. 209; deutsche Übersetzung abgedruckt in VN 41 (1993), S. 65-66; Hervorhebungen durch den Verfasser.

200 siehe dazu die Ausführungen oben in diesem Teil, Abschnitt B IV.

201 siehe den operativen Absatz 5 der Resolution SC/Res 837 (1993) vom 6. Juni 1993, in deutscher Übersetzung abgedruckt in VN 41 (1993), S. 221; Hervorhebungen durch den Verfasser.

Auf die ebenfalls effektive weitere Möglichkeit einer Kontrolle über den Verlauf der tatsächlichen Ereignisse durch sowohl eine vorherig-aufschiebende[202] als auch eine nachherig-auflösende[203] Befristung der rechtlichen Wirksamkeit der Ermächtigung wurde bereits früher hingewiesen.[204]

Im Ergebnis liegt es daher in der Verantwortung des Sicherheitsrats, sich wenigstens bis zu einem gewissen Maß die Aufsicht und Kontrolle über die von den Mitgliedstaaten aufgrund seiner Ermächtigung ergriffenen Schritte zu sichern und damit die Reichweite des von ihm erteilten Mandats verfahrensmäßig zu begrenzen. Dies kann auf eine Vielzahl von Arten wie beispielsweise durch bestimmte Berichts- und Koordinationspflichten oder eine zeitliche Befristung der autorisierten Vorgehensweise geschehen oder auch durch eine unmittelbare Rückkopplung der ergriffenen Maßnahmen an das UN-System und seine Organe durch Beteiligung und Einbindung des UN-Generalsekretärs sowie direkt den Vereinten Nationen unterstehenden Peace-Keeping/Peace-Enforcement-Einheiten.

## F. Alternative Handlungsinstrumente des Sicherheitsrats nach Kapitel VII: Ermächtigung zur Selbstverteidigung?

Die geschilderten Unsicherheiten und Streitigkeiten über Voraussetzungen und Grenzen der Anwendbarkeit der Handlungsinstrumente des Systems der kollektiven Sicherheit gemäß Kapitel VII der Charta[205] haben

---

[202] so wie während der Golfkrise, als Resolution 678 (190) vom 29. November 1990 ein militärisches Vorgehen der Koalitionsmächte erst ab dem 15. Januar 1991 gestattete und vorher eben noch nicht; vgl. in eben diesem Sinn auch den operativen Absatz 4 der bereits mehrfach zitierten Resolution 816 (1993) vom 31. März 1993, der eine militärische Gewalt einschließende Durchsetzung des Flugverbots im Luftraum von Bosnien-Herzegowina frühestens sieben Tage nach ihrer Verabschiedung im Sicherheitsrat gestattete und vorher eben noch nicht.

[203] so wie während der Ruandakrise, als die bereits zitierte Resolution 919 (1994) vom 22. Juni 1994 *de facto* Frankreich zu militärischen Maßnahmen im Rahmen der "Operation Türkis" autorisierte, dies aber nur für die Dauer von längstens zwei Monaten und danach eben nicht mehr.

[204] siehe dazu oben in diesem Teil den Abschnitt D VII.

[205] vgl. dazu Klein, AVR 29 (1991), S. 430, der folgert, daß "alle diese Unklarheiten gegen eine Verankerung des militärischen Vorgehens in Art. 42" sprechen, denn schon aus Gründen der Rechtssicherheit sollten im Hinblick auf die schwerwiegendste Maßnahme, die die Vereinten Nationen gegen einen Staat richten können, keinerlei Zweifel bestehen. Bei aller Berechtigung übersieht diese Argumentation jedoch, daß das Ziel der Rechtssicherheit sich ebenfalls maßgeblich an dem Buchstaben und Geist der Charta zu orientieren hat und nicht auf deren Kosten angestrebt werden kann. Im Gegenteil dürfte eine teleologische Auslegung unter Beachtung der Systematik der Vorschriften des

dazu geführt, daß in der internationalrechtlichen Literatur in der Folge des Zweiten Golfkonflikts von 1990/91 eine Vielzahl von stark divergierenden Versuchen unternommen worden ist, die Maßnahmen des Sicherheitsrats vom Herbst und Winter 1990 in den rechtlichen Rahmen der Charta einzufügen und für sie dort eine tragfähige Rechtsgrundlage zu finden. Nicht immer wurden bei solchen Subsumtionsbemühungen die Systematik der Charta sowie ihre oben herausgearbeiteten Ziele hinreichend berücksichtigt. Im hier interessierenden Kontext der dem Sicherheitsrat nach Kapitel VII zur Verfügung stehenden Handlungsinstrumente sollen diese Lösungsvorschläge daher abschließend zusammenfassend beleuchtet werden, wobei sie jeweils an der Systematik sowie den früher dargestellten und begründeten Zielsetzungen der Vereinten Nationen auf dem Hintergrund ihrer Entstehungsgeschichte zu messen sein werden.

I. Die erste größere Gruppe von Autoren kommt mit sehr unterschiedlichen Begründungen zu der Schlußfolgerung, bei den militärischen Operationen der Alliierten am Persischen Golf im Rahmen der Operation "Desert Storm" habe es sich um eine völkerrechtskonforme Ausübung des Rechts zur Selbstverteidigung gehandelt. Einerseits wird dazu angeführt, die Handlungen des Sicherheitsrats nach der Invasion des Scheichtums Kuwait durch den Irak hätten nicht die im Sinn von Art. 51 Satz 1 "erforderlichen Maßnahmen zur Bewahrung des Weltfriedens und der internationalen Sicherheit" dargestellt, so daß die Voraussetzungen der Subsidiaritätsklausel nicht erfüllt gewesen seien und daher das Selbstverteidigungsrecht Kuwaits und seiner Verbündeten zu keinem Zeitpunkt rechtlich eingeschränkt oder gar vollständig suspendiert gewesen sei: "And it should be noted that the language "until the Security Council has taken measures necessary to maintain international peace and security" can most reasonably be interpreted in defensive settings as not being satisfied while the aggression continues - as it continued against Kuwait despite passage of resolution 660 and subsequent Security Council resolutions."[206] Dieser Standpunkt ist

Vertrages bei der Suche nach und Subsumtion unter in Betracht kommende Rechtsgrundlagen für den Gebrauch von Gewalt der Rechtssicherheit förderlich sein, weil sich nur auf diese Weise ein wenigstens hinreichender Gleichklang zwischen der Interpretation nach dem Wortlaut, der Systematik, des Vertragszwecks und seiner Entstehungsgeschichte nach dem Gebot des Art. 31 WVRK und einer Ausrichtung an dem anzustrebenden *effet utile* herstellen läßt.

206 Moore, J.N., Crisis in the Gulf, S. 154, wo der Autor das Recht zur Selbstverteidigung trotz der Subsidiaritätsklausel des Art. 51 Satz 1 durch die vom Sicherheitsrat ergriffenen Maßnahmen unbeeinträchtigt sieht und daher diese Vorschrift als Rechtsgrundlage für das militärische Vorgehen der Alliierten am Persischen Golf heranziehen möchte. Erstaunlich und demgegenüber schlicht als widersprüchlich zu

indessen unvereinbar mit dem hiesigen Verständnis des Art. 51 Satz 1, dessen auflösende Bedingung nach seinem Wortlaut, seiner systematischen Stellung, Funktion und Entstehungsgeschichte mit der Verabschiedung zunächst wirtschaftlicher Sanktionen sowie anschließend mit der Einleitung militärischer Zwangsmaßnahmen auf der Grundlage von Art. 42 Satz 2, 48 Abs. 1 als eingetreten anzusehen ist, so daß das Recht zur Selbstverteidigung nicht mehr chartakonform ausgeübt werden konnte. Denn wenn erst die vollständige und effektive Beendigung des bewaffneten Angriffs die Tatbestandsvoraussetzungen der Subsidiaritätsklausel erfüllen soll, wie es hier vorgeschlagen wird, verliert dieser Satzteil von Art. 51 seine eigenständige Bedeutung. Ohne einen fortdauernden bewaffneten Angriff gibt es nämlich ohnehin kein Notwehrrecht nach Art. 51 mehr[207], so daß der zweite Teil von dessen Satz 1, die sogannte "limiting clause"[208], bedeutungslos und damit überflüssig wäre. Dieses Auslegungsergebnis ist nicht haltbar.

Zudem vermag diese Meinung nicht zu erklären, weshalb im Herbst 1990 weithin davon ausgegangen wurde, daß eine Autorisierung durch den Sicherheitsrat vor dem Beginn großangelegter militärischer Operationen seitens der Alliierten zu deren Legalität erforderlich war, da "such a use of force would have been unlawful if not so authorized"[209], denn die Selbstverteidigung bedarf weder eine vorherigen Ermächtigung noch überhaupt einer Befassung des Sicherheitsrats mit der Krise: "...la légitime défense (...) est indépendante de toute autorisation."[210] Dieses Argument wird auch von jenen zugestanden, die zwar einräumen, daß das Recht zur Selbstverteidigung ende, sobald der Sicherheitsrat die notwendigen Maßnahmen zur Erhaltung des Weltfriedens ergreife. In der Praxis habe der Rat die Staaten allerdings von dieser aus der Satzung "eigentlich folgenden

---

bewerten ist dagegen seine resümierende Feststellung auf S. 352, daß "above all, we should rejoice that the UN Security Council *has* effectively and decisively prevailed against the truly evil aggression of Saddam Hussein's totalitarian dictatorship. That victory, too, is cause for hope." (Hervorhebung im Original)

207 zur ausführlichen Begründung, warum die von Moore vorgeschlagene Auslegung des Art. 51 Satz 1 der Subsidiaritätsklausel ihre eigenständige Relevanz nehmen und damit die Grundaussage der zeitlichen Limitierung des Rechts zur Selbstverteidigung ihres Wesensgehalts berauben würde siehe oben Dritter Teil, Abschnitt E I.

208 so bezeichnet von Lavalle, Netherlands Yearboook of International Law 23 (1992), S. 12.

209 siehe Lavalle, a.a.O. (vgl. die vorige Anmerkung), S. 34.

210 siehe Verhoeven, ADFI 36 (1990), S. 178; zustimmend Heinz/Philipp/Wolfrum, VN 39 (1991), S. 126.

Einschränkung des Selbstverteidigungsrechts dispensiert"[211] und ihnen damit die Rückkehr zur Inanspruchnahme dieses Rechts gestattet. So habe es sich bei den militärischen Ereignissen am Golf um eine Maßnahme der kollektiven Selbstverteidigung gehandelt, die der Sicherheitsrat ausdrücklich autorisiert habe. Je nach Einschätzung liege in der Resolution 678 (1990) vom 29. November 1990 eine deklaratorische Vereinbarkeitsfeststellung oder eine konstitutive (Wieder-) Freigabe des Selbstverteidigungsrechts, wobei sich die unterschiedliche Qualifikation auf die Reichweite der zulässigen militärischen Maßnahmen auswirke. Werde nämlich das Selbstverteidigungsrecht konstitutiv wiederhergestellt, so ziehe der Rahmen der Ermächtigung den Verteidigungsmaßnahmen selbst materielle Schranken, die durch die Zweckerreichung der verschiedenen vorangegangenen Resolutionen definiert seien. Jede darüber hinausgehende Aktion wäre ohne Rechtsgrundlage und damit ihrerseits eine völkerrechtswidrige Gewaltanwendung.[212] Handele es sich dagegen um eine deklaratorische Bestätigung des ohnehin gegebenen Selbstverteidigungsrechts, so seien bei aller Beachtung des Verhältnismäßigkeitsprinzips doch über die bloße Vertreibung des Aggressors aus dem besetzten Gebiet hinaus Maßnahmen rechtmäßig, die darauf abzielten, den Angriffswillen und die Angriffsfähigkeit des Aggressors zu brechen.[213] Jedenfalls habe am Golf ein Krieg und keine internationale Polizeiaktion stattgefunden.[214] Dem haben manche beigepflichtet: "According to Article 51, self-defense is permissible when it repels an armed attack, and it is subject to a procedural limitation only in the sense that it must cease once the Security Council takes the necessary steps to maintain international peace and security. It is clear that by Resolution No. 678 of 29 November 1990 the Security Council, by authorizing states to intervene militarily against Iraq to liberate Kuwait, removed this limit. In other words, in Resolution No. 678 the Security Council declared that it did not want, or no longer wanted, to take the necessary measures to restore peace directly."[215] Der Sicherheitsrat habe sich bewußt dazu entschlossen, die Subsidiaritätsklausel des Art. 51 Satz 1 fallbezogen außer Kraft zu setzen, von der eine ganze Anzahl von Autoren einräumen, daß sie vor dem Wirksamwerden der Ermächtigungsresolution durchaus eingegriffen und legale Selbstverteidigungsmaßnahmen unmöglich

---

[211] Bothe, Friedenssicherung und Kriegsrecht, in: Graf Vitzthum (Hrsg.), Völkerrecht, 7. Abschnitt, Rdnr. 16.

[212] Klein, AVR 29 (1991), S. 431.

[213] derselbe, a.a.O., S. 432 unter Berufung auf Dahm, Völkerrecht, Band 2 (1961), S. 417-418.

[214] ibidem, S. 433; a.A. demgegenüber und wie hier auf Art. 42 abstellend sind Lowe/Warbrick, ICLQ 40 (1991), S. 965-966.

[215] Conforti, EJIL 2 (1991), S. 110.

gemacht habe: "(...) by virtue of Resolution 678 (1990) *the limiting clause of Article 51 ceased*, as of 15 January 1991, *to operate as an impediment to action under that article* to expel the Iraqi forces occupying Kuwait (...) being regarded as within the scope of Article 51."[216]

Für eine solche Auslegung der Intentionen des Sicherheitsrats bei der Verabschiedung der Resolution 678 (1990) vom 29. November 1990 fehlt aber nicht nur in deren Wortlaut jeder Hinweis, der angesichts der auf der Hand liegenden Tatsache, daß Maßnahmen in Ausübung eines Selbstverteidigungsrechts grundsätzlich keiner vorherigen Autorisierung bedürfen, in diesem Fall wohl geboten gewesen wäre. Sie stellt überdies eine Vernachlässigung der unmißverständlichen Aussage der Art. 24, 51 Satz 2 dar, nach der der Sicherheitsrat rechtlich *verpflichtet* ist, jederzeit die Maßnahmen zu ergreifen, die zur Wahrung oder Wiederherstellung des Weltfriedens und der internationalen Sicherheit erforderlich sind. Er ist weder in der Lage, ohne Verletzung der Charta diese *Pflicht* per Beschluß einfach ruhen zu lassen noch sich ihr und der aus ihr folgenden Verantwortlichkeiten dadurch zu entziehen, daß er die an sich gerade bei ihm monopolisierte und zentralisierte Entscheidung über den Einsatz militärischer Mittel an die Mitgliedstaaten zurückgibt, sie zur Ausübung des Selbstverteidigungsrechts ermächtigt und damit quasi den schon vor dem Bestehen der UN-Charta herrschenden Zustand wiederherstellt, den die Völkergemeinschaft mit der Gründung der UN gerade überkommen wollte. Im Rahmen des bereits früher geschilderten Beispiels in Analogie zum innerstaatlichen Recht[217] würde dies bedeuten, daß die am Tatort eines bewaffneten Überfalls eingetroffenen staatlichen Autoritäten sich nach Befassung mit der Situation ihrer Rechtspflicht zum Tätigwerden dadurch entledigen, daß die den Überfallenen und eventuell zu seiner Hilfe bereitwillige Dritte dazu ermuntern, nunmehr das Recht wieder in die eigenen Hände zu nehmen und in Selbstverteidigung gegen den Straftäter vorzugehen, selber dagegen untätig bleiben. Die in der staatlichen Gemeinschaft organisierten Mitglieder und vor allem das Angriffsopfer würden sich in einer solchen Lage zu Recht fragen, warum sie überhaupt auf die Hilfe der staatlichen Autoritäten gewartet haben, ihr vertrauten und insbesondere in der Zwischenzeit stillgehalten haben, während deren Dauer sich der durch den Überfall geschaffene rechtswidrige Zustand möglicherweise noch zu ihrem Nachteil zementieren konnte. Die vorgeschlagene Interpretation würde zudem kaum eine Motivation für ein

---

216 Lavalle, Netherlands Yearbook of International Law 23 (1992), S. 36; Hervorhebungen durch den Verfasser.

217 siehe dazu oben Dritter Teil, Abschnitt G II.

Angriffsopfer bedeuten, sich mit der Bitte um Unterstützung durch eine Aktivierung des Systems kollektiver Sicherheit nach Kapitel VII an den Sicherheitsrat der Vereinten Nationen zu wenden, wenn es befürchten muß, nach einer Periode fruchtloser Verhandlungen nicht mehr erreichen zu können als eine Ermächtigung, den bewaffneten Angriff allein oder im Konzert mit seinen Verbündeten zurückschlagen zu dürfen und damit bei der "Erledigung des Jobs" schließlich doch auf sich allein gestellt zu sein.

Gegen die Theorie von einer "Ermächtigung zur Selbstverteidigung" spricht aber noch ein weiteres Argument: Wie die späteren Ermächtigungsfälle in den auf dem Golfkonflikt von 1990/91 folgenden Jahren gezeigt haben, sind es keineswegs immer nur Staaten, die vom Sicherheitsrat zum Einsatz aller erforderlichen Mittel unter Einschluß militärischer Maßnahmen zur Bewältigung einer Friedensbedrohung oder eines Friedensbruchs ermächtigt werden. Abgesehen davon, daß in den meisten anderen Fällen gar kein bewaffneter Angriff gegen ein UN-Mitglied im Spiel war und ein Vorgehen nach Art. 51 Satz 1 schon allein aus diesem Grund ausscheiden mußte, ermächtigte der Sicherheitsrats in einer Vielzahl von Fällen beispielsweise den *Generalsekretär* der Vereinten Nationen[218] oder den *Generalsekretär gemeinsam mit den Mitgliedstaaten*[219] oder die bereits unmittelbar vor Ort befindlichen *Einheiten einer der direkt der UN unterstehenden Peace-Keeping-Operation.*[220] Die Parallelität des jeweiligen Wortlauts dieser Ermächtigungen zur Entschließung 678 (1990) vom 29. November 1990 legt aber die Schlußfolgerung nahe, daß es sich bei der

[218] siehe dazu die Resolution SC/Res 837 (1993) vom 6. Juni 1993, in deutscher Übersetzung abgedruckt in VN 41 (1993), S. 221, ausführlich im historischen Kontext dargestellt oben in Abschnitt B IV, in der der Sicherheitsrat ausführt, "that the *Secretary-General* is authorized under Resolution 814 to take all necessary measures against....''; Hervorhebungen durch den Verfasser.

[219] siehe dazu die Resolution SC/Res 794 (1992) vom 3. Dezember 1992, abgedruckt in UN Yearbook 1992, S. 209, in deutscher Übersetzung abgedruckt in VN 41 (1993), S. 65-66, ausführlich dargestellt im historischen Kontext oben in Abschnitt B IV, in der der Sicherheitsrats beschloß, zu "authorize *the Secretary-General and Member States* (...) to use all necessary means to establish (...) a secure environment for humanitarian relief operation"; Hervorhebungen durch den Verfasser.

[220] siehe dazu die Resolution SC/Res 836 (1993) vom 4. Juni 1993, in deutscher Übersetzung abgedruckt in VN 41 (1993), S. 156-157, ausführlich im historischen Zusammenhang dargestellt oben in Abschnitt B III, in der der Rat eine Ermächtigung zugunsten der Mitglieder einer bereits bestehenden und durch die Entwicklung der Krise im früheren Jugoslawien bedrohten Peace-Keeping-Einheit aussprach: "to authorize (...) UNPROFOR, in carrying out the mandate defined (...) above, to take the necessary measures, including the use of force, in reply to bombardements of the safe areas by any of the parties...."

letztgenannten nicht um eine "Ermächtigung zur Selbstverteidigung" nach Art. 51 Satz 1 gehandelt haben kann, da eine solche Ermächtigung dann in den folgenden späteren Fallen ebenfalls nur zugunsten von Staaten hätte ausgesprochen werden können[221], weil es lediglich Staaten sind, die aus Art. 51 Satz 1 bei Vorliegen seiner Vorausetzungen eine Rechtfertigung zum Einsatz militärischer Gewalt ableiten können.[222] Ein Vergleich des Wortlauts, der Verhandlungsgeschichte und der Travaux Préparatoires der verschiedenen Ermächtigungsresolutionen läßt es überdies fernliegend erscheinen, sie ohne in Frage kommende nachvollziehbare Begründung auf ganz unterschiedliche Rechtsgrundlagen zu stüzten, d.h. die Entschließung 665 (1990) vom 25. August 1990 sowie die Resolution 678 (1990) vom 29. November 1990 als eine "Ermächtigung zur Selbstverteidigung" zu begreifen und dann alle folgenden oben dargestellten Ermächtigungsresolutionen unter Art. 42 Satz 2, 48 Abs. 1 zu subsumieren nur aus dem einen Grund, daß in den späteren Fällen der den Weg zu Art. 51 Satz 1 eröffnende bewaffnete Angriff fehlte. Zu einer solchen Differenzierung besteht nicht nur weder ein nachvollziehbarer Anlaß noch gibt es dafür eine vertetbare Begründung, sondern sie würde überdies Art. 42 Satz 2, 48 Abs. 1 eine gegenüber Art. 51 Satz 1 subsidiäre Rolle zuweisen, während das früher ausführlich analysierte Rechtsverhältnis zwischen den beiden Ausnahmen vom Gewaltverbot[223] die zwischen ihnen in der Tat bestehende Subsidiarität gerade in umgekehrter Richtung verteilt.

II. Andere Kommentatoren kommen zu dem überraschenden Ergebnis, daß die Maßnahmen des Sicherheitsrats im Golfkonflikt sich gleichzeitig sowohl auf Art. 51 als auch auf Art. 42 stützen können. "The resolution authorizing 'all necessary means' to compel Iraqi withdrawal was consistent with collective self-defense, even though no reference was made to Article 51. Significantly, it did not provide that the armed forces to be deployed were to be placed at the disposal or under the control of the Security Council. It was an authorization to use force that under the Charter was compatible both with

---

221 in diesem Sinn auch argumentierend Freudenschuß, EJIL 5 (1994), S. 525.

222 dies immer unter der nicht zu vergessenden Prämisse, daß wenigstens in den Fällen Somalia, Haiti und Ruanda Maßnahmen auf der Grundlage von Art. 51 Satz 1 schon deswegen nicht in Frage kamen, weil es bereits an dem von dieser Norm geforderten "bewaffneten Angriff" eindeutig fehlte: Sogar eine "Ermächtigung zur Selbstverteidigung" durch den Sicherheitsrat kommt in diesen Fällen daher nicht einmal *arguendo* in Betracht. Warum sollte dies aber dann während des Golfkonflikts anders gewesen sein, nur weil dort der für eine Anwendung des Art. 51 Satz 1 unbedingt notwendige "bewaffnete Angriff" gegen ein UN-Mitglied vorlag?

223 zu einer eingehenden Darstellung dieses Rechtsverhältnisses siehe oben Zweiter Teil, Abschnitt F II 6.

collective self-defense under Article 51 and 'action' under Article 42. Under either article, the Council retains the authority and responsibility to adopt other measures that would be binding on the states deploying armed force."[224] Die Vereinigten Staaten und ihre Koalitionspartner hätten im Golfkonflikt sowohl gemäß ihrem Recht zur kollektiven Selbstverteidigung als auch nach dem System kollektiver Sicherheit gehandelt. Kollektive Selbstverteidigung deswegen, weil die Koalitionsmitglieder von der Regierung Kuwaits dazu aufgefordert worden waren, ihr bei ihrer Verteidigung gegen die irakische Invasion und die Besetzung ihres Staatsgebiets beizustehen. Kollektive Sicherheit deswegen, weil die Maßnahmen durch den Sicherheitsrat autorisiert worden seien.[225]

Eine derartige gleichzeitige Anwendung der beiden Ausnahmen vom Gewaltverbot würde indessen voraussetzen, daß sie überhaupt parallel anwendbar sind, wozu sie als gleichberechtigte Rechtfertigungsgründe für den Einsatz militärischer Gewalt in zwischenstaatlichen Beziehungen nebeneinander stehen müßten. Dies ist jedoch, wie oben ausführlich aus dem Zweck und der Systematik der UN-Charta hergeleitet, gerade nicht der Fall.[226] Das Recht zur Selbstverteidigung kommt neben Maßnahmen des UN-Sicherheitsrats lediglich subsidiär, provisorisch und kontrolliert zur Anwendung und muß den Gemeinschaftssanktionen nach Kapitel VII der Charta weichen. Ein nur subsidiär heranzuziehender Rechtfertigungsgrund kann nicht gleichzeitig mit einem vorrangigen Ausnahmetatbestand zur Anwendung kommen. Insofern ist es systemwidrig, die Resolution 678 (1990) des Sicherheitsrats gleichzeitig als innerhalb des Anwendungsbereichs des Art. 51 Satz 1 ergangen anzusehen.[227] Zwischen den beiden zur Verfügung stehenden Möglichkeiten einer Rechtfertigung des Einsatzes militärischer Mittel muß man sich entscheiden.[228]

---

224 so Schachter, Authorized Uses of Force by the United Nations and Regional Organizations, in: Damrosch/Scheffer (Hrsg.), Law and Force in the New International Order, S. 79; ebenso derselbe, AJIL 85 (1991), S. 459.

225 Hilaire, Revue de droit international, de sciences diplomatiques et politiques 71 (1993), S. 87, der seiner zweiten oben zitierten Begründung jedoch auf S. 88 selbst widerspricht: "Security Council resolution 678 (1990) of November 29, 1990 authorizing the use of force against Iraq after January 15, 1991, is not an authorization for collective security, but an authorization for collective self-defense." Oben war die Ermächtigung durch den Sicherheitsrat demgegenüber als Begründung dafür genannt worden, daß es sich bei den militärischen Operationen der Alliierten um Maßnahmen nach dem System der kollektiven Sicherheit gehandelt habe.

226 siehe dazu die eingehende Darstellung oben Zweiter Teil, Abschnitt F II.

227 zustimmend Heinz/Philipp/Wolfrum, VN 39 (1991), S. 126.

228 so nachdrücklich betont von Partsch, EuGRZ 1991, S. 470.

III. Wieder andere Stimmen halten zwar eine Anwendung des Rechts zur Selbstverteidigung auf die militärischen Operationen der Koalitionsmächte am Persischen Golf für unanwendbar, da die Voraussetzungen der auflösenden Bedingung des Art. 51 Satz 1 am Ende vorgelegen hätten, möchten aber trotzdem der hier vorgenommenen Subsumtion unter die Vorschriften des Kapitels VII bei weiter Auslegung des Art. 42 Satz 2, 48 Abs. 1 nicht folgen, da ihnen die eigene Rolle des Sicherheitsrats und seine tatsächliche Präsenz bei den militärischen Ereignissen ab dem 17. Januar 1991 nicht deutlich genug sichtbar geworden sind. Von ihnen wird demgemäß vorgeschlagen, das Kapitel VII aus einer globalen Perspektive zu betrachten und das juristische Fundament für das Vorgehen der vom Sicherheitsrat ermächtigten Mitgliedstaaten in seinen allgemeinen Prinzipien zu finden: "Mais nous pensons aussi que le Conseil de Sécurité doit se voir reconnaître le droit d'autoriser le recours à la force par les Etats membres. Cependant, plutôt que de vouloir en trouver la base dans l'article 42, dont le texte nous paraît exagérément sollicité, nous préférons faire appel aux principes généraux du Chapitre VII, en prenant une vue globale de la régulation de l'usage de la force."[229] Diese Auffassung begegnet allerdings dem kaum konsequent zu lösenden Problem, daß sich mit Art. 51 Satz 1 und Art. 42 zwei jeweils mit ihren eigenen Prinzipien versehene Rechtsgrundlagen und Ausnahmetatbestände für den Einsatz von Gewalt in zwischenstaatlichen Beziehungen in Kapitel VII finden. Diese haben nicht nur keinen gemeinsamen, übereinstimmenden Bestand an verallgemeinerungsfähigen Prinzipien, sondern stehen sich inhaltlich geradezu diametral gegenüber in einem Rechtsverhältnis, das seinerseits durch das Merkmal der Subsidiarität gekennzeichnet ist: Das eine Recht kommt als temporäre Notlösung ausnahmweise unilateral zur Anwendung in einem dezentralen Verfahren aufgrund individueller Entscheidung, die nach der Charta nur vorläufig sein kann, während das andere Instrument kollektiver Natur ist, im Regelfall stets angewandt werden soll und auf einer zentralisierten Entscheidungsfindung innerhalb eines mit einem entsprechenden Monopol ausgestatteten Organs einer internationalen Organisation beruht. Eine "vue globale" beider Instrumente liefert für eine praktische Anwend- und Umsetzbarkeit der dabei gezogenen Schlußfolgerungen kein ausreichend homogenes Ergebnis, das einer detaillierten Subsumtion unter die einzelnen konkreten Rechtsgrundlagen des Kapitels VII vorzuziehen wäre. Denn wie gerade der Zweite Golfkonflikt gezeigt hat, ist eine solche Subsumtion durchaus möglich, wenn man nicht den Fehler begeht, sich durch ein zu starres Festhalten ausschließlich am Wortlaut der einzelnen Vorschriften

---

229 Dominicé, EJIL 2 (1991), S. 100.

unnötige Hindernisse auf dem Weg zu einer effektiven zielorienierten Anwendung der Chartavorschriften zu bereiten: "The Iraq-Kuwait crisis served to remind us that the Charter is a flexible document and can be interpreted as such. Narrow, rigid interpretations of the Charter (...) may have the unintended result of creating unnecessary obstacles to the effective implementation of the critical Charter provisions."[230]

IV. Andere Analysen suchen die im Rahmen des Kapitels VII bestehenden Subsumtionsprobleme dadurch zu lösen, daß sie sich weder auf Art. 51 noch auf Art. 42 Satz 2, 48 Abs. 1 festlegen noch sich auf Kapitel VII als Ganzes stützen möchten, sondern in den Ermächtigungsresolutionen des Sicherheitsrats seit 1990 die Schaffung und mittlerweile erfolgte Etablierung eines vollkommen neuen Handlungsinstruments *sui generis* sehen: "(...) a new instrument has been created out of the need to fill the gap between the invocation of an inapplicable or inopportune right to collective self-defence and the unwanted application of the system of collective security. The extent of the use of this new instrument was at first (...) limited to the traditional field of application of force, i.e. against an actual or potential aggressor. Later, it was extended, along with the expansion of 'threats to the peace' as the basis for Security Council involvement to apply also in humanitarian emergencies (...), to enforce the implementation of sanctions aimed at reversing aggression (...), to restore a legitimate government (...), to protect UN peacekeeping forces (...) or to 'avenge' attacks on them (...)."[231] In der Tat wurde diese Lösung über ein neuartiges Handlungsinstrument *sui generis* als sogenannte "dritte Schiene" dahingehend gelobt, daß sie sich von allen mit dem Recht zur Selbstverteidigung und der kollektiven Sicherheit verbundenen Problemen löse: "Faut-il considérer qu'il en va désormais autrement? Si cela devait se confirmer une troisième voie s'ouvrirait à l'usage de la force: indépendamment de la légitime défense et de l'action collective, le recours aux armes serait licite lorsque, sans être exercé par les Nations Unies, il est autorisé par ses organes."[232]

Wie alle Lösungsvorschläge, die juristische Probleme über neu geschaffene Instrumente *sui generis* anzugehen suchen, sieht sich aber auch dieser Ansatz dem berechtigten Vorwurf ausgesetzt, daß er die anstehenden Fragen nicht löst, sondern umgeht: Anstatt sich auf die in der Charta bereits existierenden, speziell für den Fall derartiger internationaler Krisen von den

---

230 Scheffer, Commentary on Collective Security, in: Damrosch/Scheffer (Hrsg.), Law and Force in the New International Order, S. 103-104.

231 Freudenschuß, EJIL 5 (1994), S. 522.

232 Verhoeven, AFDI 36 (1990), S. 188.

Gründern der UN geschaffenen und bislang kaum genutzten Instrumente zu verlassen und dabei deren Voraussetzungen, Ziele und Konturen, soweit sie bekannt sind, zu dem Zweck einer erhöhten und in diesem Bereich dringend erforderlichen Rechtssicherheit zu nutzen, wird dabei bestehenden Auslegungs- und Subsumtionsproblemen aus dem Weg gegangen, indem man sich bei dem Versuch, ein neues Instrument zu kreieren, dessen Anwendungsbereich und Konturen erst noch zu begründen wären (woraus zu begründen?), notwendigerweise in den Bereich der etwas nebulösen Ungewißheit flüchten muß. Nicht nur bezüglich des Golfkonflikts, sondern auch im Zusammenhang mit den Krisen in Somalia und im früheren Jugoslawien ist daher festgestellt worden, daß die von der Charta vorgesehenen Mechanismen ohne Schaffung eines neuen Instruments genutzt werden konnten: "...l'année 1992 a vu un renforcement des mécanismes prévus par la Charte, et *non une introduction d'un nouveau droit*, qu'on le nomme 'droit d'ingérence' ou autrement. Cette conclusion se justifie au regard de la qualification des situations opérées par le Conseil de sécurité pour fonder sa compétence dans le cadre du chapitre VII."[233]

Letztlich geht es dabei nur um die altbekannte und sich doch immer wieder neu stellende Aufgabe, einen funktionsfähigen kollektiven Krisenreaktionsmechanimus zur Verhinderung von Krieg, Leid und Tod zu definieren, und mit keiner anderen Herausforderung sahen sich die Autoren der Charta im Frühling 1945 in San Francisco konfrontiert. Denn im Kern geht es nicht um die Schaffung stets neuer Handlungsalternativen und Rechtsgrundlagen mit neuen, unbekannten Voraussetzungen und Anwendungsbereichen, die dann wiederum zu neuen, nicht endenden Streitigkeiten über deren Tiefe und Reichweite führen. Es geht vielmehr darum, und dazu wollte die vorliegende Arbeit einen Fingerzeig geben, die in der Charta bereits bestehenden Früchte der mühseligen Arbeit und langwierigen Verhandlungen ihrer Gründer endlich an ihrem Sinn und Zweck orientiert fallbezogen zur Anwendung zu bringen und damit dem Völkerrecht gegenüber seinen modernen Herausforderungen den ihm gebührenden Dienst zu erweisen.

233 Corten/Klein, EJIL 4 (1993), S. 521; Hervorhebungen durch den Verfasser.

# Fünfter Teil
# Zusammenfassende Schlußfolgerungen und Thesen im Überblick

## I. Das Verbot des Einsatzes von Gewalt im Völkerrecht und seine Ausnahmen

Das *Verbot der Drohung mit oder Anwendung von Gewalt* durch Staaten in ihren zwischenstaatlichen Beziehungen ist das wichtigste Mittel zur Bewahrung des Weltfriedens und der internationalen Sicherheit als die hauptsächlichen Ziele der Vereinten Nationen auf dem Hintergrund der beiden Weltkriege und dem Versagen des Völkerbundes. Das Gewaltverbot, dem im modernen Völkerrecht eine entscheidende und dieses insgesamt maßgeblich prägende Schlüsselrolle zukommt, ist zwar in Art. 2 Ziffer 4 UN-Charta als eine *Norm des Völkervertragsrechts* niedergelegt, gilt jedoch darüberhinaus als *zwingender Normsatz auch des Völkergewohnheitsrechts (ius cogens)* spätestens seit dem Briand-Kellogg-Pakt vom 27. August 1928 und schützt damit Mitgliedstaaten der UN ebenso wie Nichtmitglieder. Die Pflicht der Nichtanwendung von Gewalt besteht nicht gegenüber einzelnen Staaten, sondern gegenüber der internationalen Gemeinschaft als ganzer, es handelt sich damit um einen *erga omnes* wirkenden Rechtssatz.

Das Gewaltverbot ist seit der Gründung der Vereinten Nationen in einer Vielzahl von Kriegen und Konflikten immer wieder *mißachtet* worden. Dadurch hat es jedoch weder seinen Sinn verloren, noch wurden die Mitglieder der Völkergemeinschaft von seinen Beschränkungen entbunden. Die Staatenpraxis und die darin zum Ausdruck kommende *opinio iuris* zeigen vielmehr, daß Gewalt gebrauchende Staaten stets eine juristische Rechtfertigung für ihr Vorgehen angeben und damit ihrer Überzeugung von der als fortgeltend und verbindlich hinzunehmenden Norm des Art. 2 Ziffer 4 Ausdruck verleihen. Ein *Verstoß gegen eine Rechtsnorm* und die in ihr enthaltenen Ziele allein *setzt diese nicht außer Kraft*. Zudem besteht das rechtliche Verbot der Gewaltanwendung unabhängig von dem Funktionieren und der Effektivität des Systems der kollektiven Sicherheit.

Das Gewaltverbot kennt *zwei in der Charta festgeschriebene Ausnahmen*, nach denen eine Anwendung militärischer Gewalt durch Staaten zulässig und damit völkerrechtskonform ist. Die *erste Ausnahme* ist das *Recht zur Selbstverteidigung nach Art. 51 Satz 1*, das einen vorausgehenden bewaffneten Angriff gegen ein UN-Mitglied voraussetzt; die präventive Selbstverteidigung ist nicht rechtmäßig. Dabei gewährleistet die Charta nicht nur das Recht zur individuellen Selbstverteidigung durch das unmittelbare Angriffsopfer, sondern auch zur kollektiven Selbstverteidigung in dem Sinn, daß die selber nicht angegriffenen Verbündeten des Angriffsopfers ihm zur Seite stehen und sich an Verteidigungsmaßnahmen beteiligen können. Diese unterstützende Verteidigungshandlung ist Nothilfe als eine besondere Form der Notwehr im Völkerrecht.

Die *Ausübung des Rechts zur Selbstverteidigung unterliegt inhaltlich zwei rechtlichen Schranken*: Der oder die Verteidiger haben zunächst die Anforderungen der Erforderlichkeit und der Verhältnismäßigkeit zu beachten, die zwar aus dem Völkergewohnheitsrecht stammen, aber auch für die Selbstverteidigung nach der UN-Charta gelten, obwohl sie in Art. 51 Satz 1 nicht ausdrücklich genannt werden. Sie sind im Terminus der Notwehr selber als begriffsgebundenes Element wesensnotwendig enthalten. Zweitens ist bei der Verteidigungshandlung die Gesamtheit der Regeln des internationalen humanitäres Rechts, des *ius in bello* als des klassischen Kriegsrechts zu beachten.

Trotz seiner Anerkennung als Bestandteil auch des Völkergewohnheitsrecht gibt es heute *kein allgemeines, neben Art. 51 Satz 1 existierendes* und von seinen Voraussetzungen und Beschränkungen unabhängiges *Recht zur Selbstverteidigung im Völkerrecht*. Die Grenzen des in Selbstverteidigung Erlaubten sind stets aus der Charta heraus zu ermitteln. Die aus dem Völkergewohnheitsrecht stammende Notion der Selbstverteidigung wurde zwar in die Charta übernommen und blieb damit im Prinzip erhalten, durch sie jedoch gleichzeitig bestimmten *Bedingungen und Beschränkungen* unterworfen, um sie in das Régime des Vertrages einzupassen. Art. 51 Satz 1 hat damit das traditionelle Recht zur Selbstverteidigung, soweit es noch über die Reichweite dieser Vorschrift hinausging, überlagert und verdrängt. Der vielfach zusammenhanglos wiederholte und fehlende andere Argumentation ersetzende Hinweis, bei der Selbstverteidigung handele es sich auch nach dem Wortlaut der Charta um ein "inherent right", hilft demgegenüber nicht weiter: Unbeschadet seiner objektiven Anerkennung als existierendes Recht und seiner Herkunft aus dem Naturrecht *begrenzt Art. 51 das Selbstverteidigungsrecht* in mehrfacher Weise.

Die *zweite Ausnahme vom Gewaltverbot* findet sich ebenfalls in Kapitel VII der Charta, welches ein abgestuftes, situationsgebundenes und flexibles *System der kollektiven Sicherheit* etabliert, in dessen Mittelpunkt der Weltsicherheitsrat als das nach der Charta für die Wahrung oder Wiederherstellung des Weltfriedens und der internationalen Sicherheit hauptverantwortlich zuständige Organ der UN steht. Die Charta stellt ihm mit einer ganzen Reihe von Beschlußmöglichkeiten ein breit gefächertes Handlungsinstrumentarium zur Bewältigung internationaler friedensbedrohender Krisen oder bei Angriffshandlungen zur Verfügung, mittels dessen der Sicherheitsrat nicht nur befugt, sondern vielmehr verpflichtet sein soll, ein wirksames internationales Krisenmanagement durchzuführen.

*Voraussetzung* für ein Tätigwerden den Sicherheitsrats nach Kapitel VII ist die *konstitutive Feststellung* des Vorliegens einer Friedensbedrohung, eines Friedensbruchs oder einer Angriffshandlung, wobei der Sicherheitsrat in den vergangenen Jahren im Zuge seiner neuen praktischen Handlungsmöglichkeiten nach dem Ende des Ost-West-Konflikts vermehrt dazu übergegangen ist, den Rechtsbegriff der Friedensbedrohung weit auszulegen. Anders als früher verlangt der Sicherheitsrat für die Annahme einer solchen Bedrohung und damit einer *Eröffnung der ihm von Kapitel VII angebotenen Handlungsoptionen* nun nicht mehr, daß die jeweilige Krisensituation eine nachweisliche grenzüberschreitende Komponente und damit einen deutlichen internationalen Bezug haben muß. Diese Praxis verstößt auch nicht gegen das Interventionsverbot des Art. 2 Ziffer 7, der die Anwendung von Maßnahmen nach Kapitel VII ausdrücklich von seinem Geltungsbereich ausnimmt. Der Sicherheitsrat kann ferner Empfehlungen abgeben und vorläufige, provisorische Maßnahmen treffen.

Seine wichtigsten Handlungsinstrumente sind jedoch die *kollektiven Zwangsmaßnahmen oder Sanktionen im engeren Sinn*, die als nichtmilitärische oder militärische Maßnahmen ergriffen werden können, wobei dem Sicherheitsrat eine weite Einschätzungsprärogative dahingehend zukommt, ob und wie lange er zunächst von nichtmilitärischen Schritten, insbesondere wirtschaftlichen Sanktionen, Gebrauch macht, bevor er sich für eine Ausübung der militärischen Option entscheidet. *Kollektive militärische Zwangsmaßnahmen* werden nach dem Wortlaut der Charta *vom Sicherheitsrat selber* mit Truppenkontingenten unter dem Kommando des ebenfalls in Kapitel VII geregelten UN-Generalstabsausschusses durchgeführt. Die Streitkräfte sollten ihm auf der Grundlage besonderer Abkommen von den UN-Mitgliedstaaten als Beitrag für die Wahrung oder Wiederherstellung des Weltfriedens und der internationalen Sicherheit zur Verfügung gestellt werden. Diese *Sonderabkommen* sind jedoch bis heute *nicht geschlossen* worden, so daß der Sicherheitsrat über *keine eigenen Truppen* verfügt und daher *selber* keine militärischen Operationen nach Kapitel VII durchzuführen in der Lage ist.

Die heute noch in der Charta enthaltenen *Feindstaatenklauseln* stellen keine über die beiden oben genannten Fälle hinausgehende weitere Ausnahme vom Gewaltverbot dar, sondern sind mit dem Beitritt der ehemaligen "Feindstaaten" zu den Vereinten Nationen *obsolet* geworden. Dieser Prozeß stellt ein beachtliches und auch in anderem Zusammenhang argumentativ verwertbares Beispiel für eine progressive Modifikation der Charta als flexibles, einer Fortentwicklung durch die Völkerrechtspraxis zugängliches Vertragswerk dar.

Bei den beiden geschilderten Fällen der erlaubten Gewaltanwendung handelt es sich auch um *echte Ausnahmen vom Gewaltverbot* und nicht lediglich um bereits seinem Tatbestand immanente Einschränkungen. Der Begriff der Gewaltanwendung in Art. 2 Ziffer 4 ist mit dem des bewaffneten Angriffs in Art. 51 Satz 1 nicht identisch, sondern geht über diesen hinaus. Der Gebrauch von Gewalt ist ein nach außen hin wahrnehmbarer, zunächst rein objektiver Vorgang, dem sich nicht ansehen läßt, welche zu einer anderen Zeit oder an einem anderen Ort stattgefundenen Ereignisse wie beispielsweise ein tatsächlicher oder angeblicher bewaffneter Angriff zu ihm geführt haben. Er betrifft daher bei objektiver Betrachtung stets den Schutzbereich des Gewaltverbots, was nach einer echten Rechtfertigung in dem Sinn verlangt, daß sich das in Frage stehende Vorgehen des Gewalt einsetzenden Staates auf einen völkerrechtlichen Erlaubnistatbestand stützen können muß, dessen Voraussetzungen der handelnde Staat auch vorzutragen und gegebenenfalls nachzuweisen hat. Erlaubnistatbestände haben aber gegenüber ihnen korrelierenden Verbotstatbeständen echten Ausnahmecharakter dergestalt, daß es sich bei ihnen um Rechtfertigungsgründe im technischen Sinn und *nicht lediglich um tatbestandsimmanente Einschränkungen handelt.*

Das *rechtliche Verhältnis zwischen den beiden Ausnahmen vom Gewaltverbot zueinander* erweist sich beim Zusammentreffen eines bewaffneten Angriffs gegen ein UN-Mitglied mit nachfolgenden Maßnahmen des Sicherheitsrats nach Kapitel VII als problematisch. Eine fallbezogene Ad-Hoc-Interpretation dieses Rechtsverhältnisses ist jedoch in solchen Situationen ebenso abzulehnen wie eine vollständige Autonomie des Rechts zur Selbstverteidigung, seine parallele Anwendbarkeit neben kollektiven Maßnahmen des Sicherheitsrats oder der Ausgangspunkt, alle Normen der Charta hätten die gleiche rechtliche Gültigkeit. Das Selbstverteidigungsrecht stellt sich vielmehr als ein bloßes Residualrecht in einem neuen von der Charta geschaffenen System dar, das den Sicherheitsrat und seine Handlungsinstrumente in das Zentrum des internationalen

Krisenmanagements stellt, welches die *Selbstverteidigung* lediglich noch *subsidiär, provisorisch und kontrolliert* als Reservemöglichkeit zuläßt: subsidiär, weil kollektive Maßnahmen des Sicherheitsrats nach Kapitel VII ihr gegenüber Vorrang haben; provisorisch, weil ihre Ausübung später getroffenen Maßnahmen des Sicherheitsrats zu weichen hat; kontrolliert, weil alle in ihrer Ausübung unternommenen Schritte nach Art. 51 Satz 2 sofort dem Sicherheitsrats anzuzeigen sind und seiner Revision unterliegen.

## II. Die zeitliche Begrenzung des Rechts zur Selbstverteidigung als limitierender Faktor einzelstaatlicher Kompetenzen im Licht des Gewaltverbots

Die UN-Charta gewährleistet das Recht zur individuellen oder kollektiven Selbstverteidigung im Fall eines bewaffneten Angriffs gegen ein UN-Mitglied *nicht zeitlich unbeschränkt*, sondern nur *bis zu demjenigen Zeitpunkt*, zu dem der Sicherheitsrat als das dafür hauptverantwortliche Organ der Weltorganisation die zur Wahrung oder Wiederherstellung des Weltfriedens und der internationalen Sicherheit *erforderlichen Maßnahmen* getroffen hat. Diese zeitliche Begrenzung ist in Art. 51 Satz 1 in Form einer auflösenden Bedingung formuliert, mit deren Eintritt das dem angegriffenen Staat und seinen Verbündeten vorher zustehende Recht zur Selbstverteidigung erlischt und von ihnen ergriffene militärische Maßnahmen im Schutzbereich des Gewaltverbots sich zur Wahrung ihrer Völkerrechtskonformität nicht mehr auf den Rechtfertigungsgrund des Art. 51 Satz 1 zu stützen vermögen, der zu diesem Zeitpunkt als Ausnahme vom Gewaltverbot bereits nicht mehr zur Verfügung steht.

Die *besondere rechtliche Problematik* und potentiell große praktische Relevanz dieser sogenannten Subsidiaritätsklausel des Art. 51 Satz 1 wurde in der Vergangenheit bis zum Zweiten Golfkonflikt von 1990/91 zwar verschiedentlich als Schlüsselfrage auf dem Weg zu einer chartakonformen Beschränkung des Selbstverteidigungsrechts erkannt, in der Praxis aufgrund des vom Ost-West-Antagonismus beherrschten Abstimmungsverhaltens der fünf Ständigen Mitglieder im Sicherheitsrat jedoch nicht entscheidungserheblich, da es dort in fast allen denkbaren Anwendungsfällen erst gar nicht zum Beschluß von Maßnahmen gleich welcher Art und Intensität kam. Dies änderte sich im Zuge der neuen Kooperation zwischen den Großmächten nach dem Ende des Kalten Krieges mit dem Ausbruch der Golfkrise, in deren rechtlichen Mittelpunkt die zeitliche Begrenzung des Selbstverteidigungsrechts anders als während der nachfolgenden internationalen Krisen der neunziger Jahre deswegen zu rücken vermochte, weil ihr Auslöser unzweifelhaft ein den Anwendungsbereich des Art. 51 Satz 1 erst eröffnender *bewaffneter Angriff* war.

Die Subsidiaritätsklausel des Art. 51 muß gegenüber den anderen Tatbestandsvoraussetzungen der Norm zur Wahrung ihres Sinns und ihrer Existenzberechtigung einen *eigenständigen Anwendungsbereich* haben. Daher verbietet sich eine Auslegung des Begriffs der "erforderlichen Maßnahmen" dahingehend, daß diese erst dann vorliegen, wenn der bewaffnete Angriff effektiv und nachhaltig zurückgeschlagen oder gar beendet ist. Denn wenn es bereits an dem Merkmal des bewaffneten Angriffs fehlt, kann es schon allein aus diesem Grund keine rechtmäßige Selbstverteidigung mehr geben, da Art. 51 einen retaliatorischen Rachefeldzug nicht rechtfertigen würde. Nach dieser Auslegung würde der Subsidiaritätsklausel und den "erforderlichen Maßnahmen" gegenüber dem "bewaffneten Angriff" ein eigenständiger Anwendungsbereich verweigert, weshalb sie abzulehnen ist: Der fragliche Zeitpunkt muß demnach *deutlich früher* liegen und ist nach dem Sinn und Zweck der Charta unter Beachtung ihrer Systematik, ihres Wortlaut und ihrer Entstehungsgeschichte zu ermitteln.

Der *Rechtsbegriff der "Maßnahme"* ist auf dem Hintergrund von Art. 39, 42, 48, 51 zu interpretieren. Art. 39 nimmt eine klare Dreiteilung der dem Sicherheitsrat zu Eröffnung des Kapitels VII zur Verfügung stehenden Handlungsmöglichkeiten vor: Festellung eines Friedensbruchs, Abgabe von Empfehlungen und Anordnung von Maßnahmen nach Art. 41 und 42. Die hier angelegte Differenzierung zwischen den verschiedenen Beschlußmöglichkeiten des Sicherheitsrats ist konsequent zu beachten: Eine im Beschlußweg getroffene Feststellung wird von Art. 39 schon terminologisch scharf von der sich erst anschließenden Maßnahme getrennt und ist mit dieser niemals identisch. Eine Empfehlung ist unverbindlich, der Legalisierung nicht fähig und legt nur ein Vorgehen nahe, das auch ohne sie rechtmäßig gewesen wäre.Die Ermächtigung kann demgegenüber zwar verbindlich sein, muß es aber nicht, erlaubt jedoch immer ein Verhalten, welches ohne sie rechtswidrig gewesen wäre. Zwangsmaßnahmen nach Art. 41 und 42 auf der Basis von bloßen Empfehlungen kann es daher nicht geben, weshalb auch der Koreakrieg von 1950 nicht als Anwendungsfall des Systems der kollektiven Sicherheit in Frage kommt. Die nach Art. 40 zulässigen provisorischen Maßnahmen sind rein vorläufiger, den status quo sichernder Natur und stellen damit eine eigenständige Kategorie von Rechtshandlungen dar, die mit dem Maßnahmebegriff der Art. 39, 42, 48, 51 nichts gemeinsam hat und von ihm scharf zu trennen ist.

Das Ziel der Charta ist es, die *Entscheidung über den Einsatz militärischer Gewalt* bei dem Sicherheitsrat als dafür ausschließlich zuständiges Organ der UN zu *zentralisieren und zu monopolisieren*, um den Gebrauch unilateraler Gewalt durch Staaten außerhalb des UN-Systems der kollektiven Sicherheit in größtmöglichem Maß zu reduzieren. Dabei ist der *Rat* zur Ergreifung der erforderlichen Maßnahmen nicht nur *zuständig*, sondern nach dem klaren Auftrag der Art. 24, 51 Satz 2 auch *rechtlich verpflichtet*. Die systematische Stellung des im ursprünglichen Entwurf der Charta gar nicht vorgesehenen Art. 51 am Ende des Kapitels VII sowie seine durch die Travaux Préparatoires dokumentierte Entstehungs- und Verhandlungsgeschichte machen deutlich, daß die Charta ihrer Grundintention nach eine Anwendung des Rechts zur Selbstverteidigung sogar im Fall eines bewaffneten Angriffs *eigentlich gar nicht vorgesehen* hat, sondern lediglich als residuale Reservemöglichkeit im Sinne einer temporären Notlösung für den Fall beibehielt, daß der Sicherheitsrat als das für das internationale Krisenmanagement *ausschließlich zuständige Organ* nicht schnell genug reagieren konnte oder durch ein Veto eines seiner fünf Ständigen Mitglieder am Tätigwerden gehindert war. Wird der Rat aber durch eine Eröffnung des abgestuften Mechanismus der kollektiven Sicherheit des Kapitels VII tätig, so bezweckt die Charta eine Ersetzung der unilateralen Selbstverteidigungshandlungen durch kollektive Sanktionsmaßnahmen zum *frühestmöglichen Zeitpunkt*.

Der Frage der *Erforderlichkeit der Maßnahmen* kommt im Rahmen des Art. 51 Satz 1 keine eigenständige Bedeutung zu, insbesondere stellt sie keine von der Charta andernorts differenziert formulierte Effektivitätsanforderung dar. Bei ihr handelt es sich nämlich einen aus Art. 42 Satz 1 stammenden, von Art. 51 Satz 1 lediglich als feststehende und auch in Art. 39, 48, 51 Satz 2 vorkommende Wendung rezipierten Rechtmäßigkeitsmaßstab für die vom Sicherheitsrats nach Art. 42 Satz 1 zu ergreifenden Maßnahmen. Dort hat das Merkmal der Erforderlichkeit den Zweck, die Geltung des völkerrechtlichen Verhältnismäßigkeitsprinzips bei den vom Sicherheitsrat zu treffenden Entscheidungen zu verdeutlichen, ohne daß ihm bei der Subsumtion unter die Norm des Art. 51 Satz 1 eine demgegenüber abweichende eigenständige Funktion zukäme.

Die das Recht zur Selbstverteidigung suspendierende auflösende Bedingung des Art. 51 Satz 1 ist daher zu dem *Zeitpunkt* als eingetreten anzusehen, in dem der Sicherheitsrat nichtmilitärische Sanktionen nach Art. 41 verhängt oder militärische Zwangsmaßnahmen nach Art. 42 ergreift.

Bei der Zuweisung der *Kompetenz zur Beurteilung*, wann die "erforderlichen Maßnahmen" als getroffen und damit die hier untersuchte auflösende Bedingung des Art. 51 Satz 1 als eingetreten anzusehen sind, ist in konsequenter Fortführung der oben zur materiellen Problematik erarbeiteten Lösung ein objektiver Maßstab zu wählen. Mangels einer im Rahmen des Art. 51 Satz 1 eigenständigen Funktion der "Erforderlichkeit" der Maßnahmen und damit der Notwendigkeit, diese zu beurteilen, kommt es dort nur noch auf die objektive Rechtstatsache an, daß der Sicherheitsrat eine der oben geschilderten Zwangsmaßnahmen ergriffen hat, während die Erforderlichkeit nur bei Art. 42 Satz 1 eine Rolle spielt.

Ein *späteres Wiederaufleben des Rechts zur Selbstverteidigung* zugunsten des Angriffsopfers und seiner Verbündeten dann, wenn der Sicherheitsrat zunächst die "erforderlichen Maßnahmen" ergreift und damit das Recht nach Art. 51 Satz 1 am Ende suspendiert, später sich jedoch mangels Mehrheitsfindung oder wegen der Einlegung eines Vetos nicht in der Lage sieht, notwendige Folge- oder Durchsetzungsmaßnahmen zu treffen, insbesondere schärfere Sanktionen zu verhängen, scheint durch das auch im Völkerrecht im allgemeinen und dem Recht der Charta im besonderen zu beachtende Grundprinzip der Gerechtigkeit geboten, da der durch den fortbestehenden bewaffneten Angriff geschaffene rechtswidrige Zustand schlechterdings nicht hinnehmbar ist. Die Charta sieht den Eintritt eines solchen Falls jedoch nicht nur nicht vor, sondern er muß nach dem Grundgedanken des Systems der kollektiven Sicherheit als ein geradezu paradoxer Rückfall in den Naturzustand angesehen werden, auf den sich in sämtlichen heranzuziehenden Erklärungen, Sitzungsprotokollen, Travaux Préparatoires und vorbereitenden Verhandlungsdokumenten keinerlei Hinweise finden und der sich deswegen einer rechtlichen Regelung unter begründeter Angabe ihrer Voraussetzungen und Grenzen ohne einen Rückgriff auf das Reich der Spekulation entzieht.

Im Ergebnis griff demzufolge die Subsidiaritätsklausel des Art. 51 Satz 1 während des *Falklandkonflikts im Jahr 1982* nicht ein, da der Sicherheitsrat dort per Resolution zwar die nach Art. 39 erforderliche Feststellung einer Angriffshandlung traf und auch einen sofortigen Waffenstillstand und Rückzug des Angreifers anordnete, jedoch keine weiteren wirtschaftlichen oder militärischen Sanktionen traf, so daß Großbritannien sich bei seinem militärischen Vorgehen im Südatlantik zu Recht auf Selbstverteidigung berufen konnte. Demgegenüber beschloß der Sicherheitsrat während des *Zweiten Golfkonflikts von 1990/91* mit seiner Resolution 661 (1990) vom 6. August 1990 umfassende Wirtschafts- und

Finanzsanktionen gegen den Irak auf der Grundlage von Art. 41, worin die in Art. 51 genannten erforderlichen Maßnahmen und damit ein Eintritt der auflösenden Bedingung dieser Norm zu sehen sind, so daß das militärische Vorgehen der Alliierten am Persischen Golf nicht als Selbstverteidigung gegenüber dem Gewaltverbot gerechtfertigt werden konnte.

### III. Ermächtigungen der Mitgliedstaaten zum Einsatz militärischer Maßnahmen durch den Sicherheitsrat nach Kapitel VII als legalisierender Grund für den Gebrauch von Gewalt

Aus der Tatsache allein, daß der Sicherheitsrat mangels des Abschlusses der von Art. 43 vorgesehenen Sonderabkommen nicht über eigene Truppenkontingente verfügt und deshalb nicht selber nach Art. 42 Satz 1 militärische Sanktionen zu verhängen in der Lage ist, kann noch *nicht auf eine Unanwendbarkeit des Systems der kollektiven Sicherheit nach Kapitel VII* der Charta geschlossen werden. Denn dessen Vorschriften weisen *auch den Mitgliedstaaten und deren Streitkräften unter nationalem Kommando eine Rolle bei der Durchführung militärischer Zwangsmaßnahmen* auf der Grundlage von Kapitel VII zu. Nach Art. 42 Satz 2 schließen die Maßnahmen des Sicherheitsrats bestimmte Einsätze der Luft-, See- oder Landstreitkräfte von Mitgliedern der Vereinten Nationen ein, und gemäß Art. 48 Abs. 1 werden die Maßnahmen, die für die Durchführung der Beschlüsse des Sicherheitsrats zur Wahrung des Weltfriedens und der internationalen Sicherheit erforderlich sind, von allen oder von einigen Mitgliedern der Vereinten Nationen getroffen.

Einer Anwendung des Handlungsinstrumentariums der Art. 42, 48 steht auch ansonsten der *fehlende Abschluß der besonderen Abkommen nach Art. 43 nicht entgegen.* Es gibt nämlich zwischen Art. 42 und Art. 43 keine gegenseitige Abhängigkeit derart, daß die grundsätzliche Ergreifung militärischer Zwangsmaßnahmen nur und ausschließlich auf der Basis von vorher nach Art. 43 abzuschließenden Sonderabkommen in Betracht kommen kann. Die Frage nach der rechtlichen Funktion des Art. 43 ist vielmehr differenziert zu beantworten: Einerseits möchte er verhindern, daß die Streitkräfte der Mitgliedstaaten gegen deren Willen in einen militärischen Konflikt hineingezogen werden und stellt insofern eine Ausnahme von der aus Art. 25 stammenden und für die Zwecke des Kapitels VII von Art. 48 bekräftigten Rechtspflicht der Mitgliedstaaten zur Befolgung der vom Sicherheitsrat angeordneten Maßnahmen dar. Ohne den vorherigen Abschluß von Sonderabkommen ist kein Mitgliedstaat *rechtlich verpflichtet*, dem Sicherheitsrat Truppenkontingente für dessen Durchführung militärischer Zwangsmaßnahmen zur Verfügung zu stellen.

Andererseits bedeutet die Verneinung der Frage nach einer Rechtspflicht der soeben dargelegten Art noch *nicht gleichzeitig eine Verneinung der Frage nach der Anwendbarkeit des Art. 42*. Denn die Mitgliedstaaten sind nicht gehindert, auch in Abwesenheit der von Art. 43 verlangten Sonderabkommen dem Sicherheitsrat Truppenkontingente *freiwillig* zur Verfügung zu stellen oder sich anzubieten, vom Sicherheitsrat beschlossene Zwangsmaßnahmen mit eigenen Streitkräften unter nationalem Kommando aufgrund einer vorherigen legalisierenden Ermächtigung durch den Sicherheitsrat in Form einer Resolution durchzuführen. Für die Frage nach der Chartakonformität eines solchen Vorgehens aber spielt der Normzweck des Art. 43 keine Rolle mehr, sondern es kommt nur noch darauf an, ob es sich unter die davon getrennt zu untersuchenden Voraussetzungen der Art. 42 Satz 2, 48 Abs. 1 subsumieren läßt.

In der Tat hat der Sicherheitsrat in einer ganzen Anzahl von internationalen Krisen während der neunziger Jahre sowie in einem früheren wichtigen Präzedenzfall während des Rhodesienkonflikts die UN-Mitgliedstaaten, aber auch den UN-Generalsekretär sowie Einheiten von bereits bestehenden Peace-Keeping-Operationen *zum Einsatz aller zur Erreichung eines von ihm definierten Ziels erforderlichen Mittel* unter Einschluß des Einsatzes militärischer Gewalt *ermächtigt*. Problematisch daran ist, daß der Wortlaut des dafür als Rechtsgrundlage in Frage kommenden Art. 42 Satz 2 bei enger Auslegung an sich vorsieht, daß die vom Sicherheitsrat nach Art. 42 Satz 1 selber durchgeführten militärischen Operationen den Einsatz mitgliedstaatlicher Streitkräfte *lediglich einschließen* können. Die Charta ging dabei ursprünglich davon aus, daß die Mitgliedstaaten als in UN-Operationen unter dem Kommando des Sicherheitsrats und seines Generalstabsausschusses eingebundene Kooperationspartner tätig werden, und nicht als selbständig Handelnde aufgrund einer vorherigen Ermächtigung des nicht am militärischen Geschehen beteiligten Sicherheitsrats.

Die Charta als Verfassung der Völkergemeinschaft ist jedoch einer *flexiblen und sie an ihrem Sinn und Zweck ausgerichteten weiterentwickelnden Interpretation zugänglich*. Art. 42 Satz 2 kann auf dem Hintergrund der *Implied Powers Doctrine* und im Zusammenhang mit Art. 48 Abs. 1 *erweiternd* dahingehend *ausgelegt* werden, daß er nicht nur militärische Maßnahmen der Mitgliedstaaten zuläßt, die von UN-Operationen eingeschlossen werden, sondern darüberhinaus auch ein solches militärisches Vorgehen möglich macht, *das der Sicherheitsrat vorher durch eine entsprechende Resolution ausdrücklich autorisiert hat.* Durch eine Ermächtigung der Mitgliedstaaten kann der Sicherheitsrat sich Vollzugsorgane zur Durchsetzung seiner Sanktionen verschaffen, die bezüglich des Umfangs legitimer Zwangsmaßnahmen an den Inhalt der sie ermächtigenden Resolution gebunden sind und bei deren Vollzug das Privileg haben, gleich dem Sicherheitsrat von den Verpflichtungen des Gewalt- und Interventionsverbotes befreit zu sein.

*Art. 48 Abs. 1 allein* ist hingegen *nicht als Rechtsgrundlage* für militärische Maßnahmen aufgrund einer Ermächtigung durch den Sicherheitsrat heranzuziehen, da dies die materiellrechtliche Komponente der Vorschrift überdehnen würde: ihr Schwerpunkt liegt auf dem formellen Aspekt, dem Sicherheitsrat nach seinem Ermessen eine flexible Auswahl zu ermöglichen, *welche* Mitgliedstaaten zur Durchführung von Maßnahmen herangezogen oder autorisiert werden sollen.

Dabei liegt es in der Verantwortung des Sicherheitsrats, sich wenigstens zu einem gewissen Grad die *Aufsicht und Kontrolle* über die von den Mitgliedstaaten aufgrund seiner Ermächtigung ergriffenen Schritte zu sichern. Dies kann beispielsweise durch bestimmte *Berichts- und Koordinationspflichten* oder eine *zeitliche Befristung* der autorisierten Vorgehensweise geschehen oder auch durch eine *unmittelbare Rückkopplung* der ergriffenen Maßnahmen an das UN-System und seine Organe durch Beteiligung des UN-Generalsekretärs sowie direkt den Vereinten Nationen unterstehenden Peace-Keeping/Peace-Enforcement-Einheiten.

Wenn aber der Einsatz aller erforderlichen Mittel unter Einschluß bewaffneter Gewalt durch die Mitgliedstaaten aufgrund einer vorherigen Ermächtigung durch den Sicherheitsrat als militärische Zwangsmaßnahme auf der Grundlage der Art. 42 Satz 2, 48 Abs. 1 anzusehen ist, so *folgt daraus für das Recht zur Selbstverteidigung* nach dem oben Gesagten unmittelbar, daß dessen auflösende Bedingung des Art. 51 Satz 1 am Ende *mit Verabschiedung einer entsprechenden Ermächtigungsresolution durch den Sicherheitsrat* als eingetreten anzusehen ist. Der unilaterale Gebrauch militärischer Gewalt durch das Opfer eines bewaffneten Angriffs sowie seine Verbündeten kann nach diesem Zeitpunkt zur Begründung seiner Völkerrechtmäßigkeit nicht mehr auf das Recht zur Selbstverteidigung gestützt werden.

Die militärischen Maßnahmen der UN-Mitgliedstaaten in *Rhodesien, Somalia, Haiti* und *Ruanda* sowie im *früheren Jugoslawien* und am

*Persischen Golf* aufgrund einer jeweiligen vorherigen für den Einzelfall geltenden legalisierenden Ermächtigung durch den UN-Sicherheitsrat in Form einer Resolution stellen demnach im Ergebnis kollektive militärische Zwangsmaßnahmen nach Kapitel VII der Charta dar und stützten sich auf *Art. 42 Satz 2, 48 Abs. 1* als ihre rechtliche Grundlage.

Während des Konflikts am Persischen Golf, dem zu Beginn ein bewaffneter Angriff auf einen UN-Mitgliedstaat zugrunde lag, der zunächst alle Voraussetzungen für eine Entstehung des Rechts zur Selbstverteidigung erfüllte, konnte sich das Gewalt einsetzende Vorgehen der Alliierten *nicht auf eine unmittelbare Anwendung des Art. 51 Satz 1* stützen, weil der Sicherheitsrat bereits mit der Verhängung umfassender Wirtschafts- und Finanzsanktionen gegen den Aggressor im August 1990 die auflösende Bedingung des Art. 51 Satz 1 eintreten ließ und damit das Recht zur Selbstverteidigung beendete. Aber auch ein *mittelbarer Rückgriff auf Art. 51 Satz 1* kraft einer später erteilten dahingehenden *"Ermächtigung zur Selbstverteidigung" durch den Sicherheitsrat* ist ebenso als systemwidrig abzulehnen wie eine gleichzeitige *parallele Anwendung beider Ausnahmen vom Gewaltverbot.* Der Sicherheitsrat ist gemäß Art. 24, 51 Satz 2 rechtlich verpflichtet, ein konfliktlösendes Krisenmanagement durch Ergreifung der zur Wahrung oder Wiederherstellung des Weltfriedens und der internationalen Sicherheit erforderlichen Maßnahmen durchzuführen. Dieser obligatorischen Verantwortung kann er sich nicht dadurch entledigen, daß er die Mitgliedstaaten "zur Selbstverteidigung ermächtigt" und damit unter Umgehung des Sinns und Zwecks der Charta und der Intentionen der Gründer der UN exakt diejenige Rechtslage wiederherstellt, die bereits vor 1945 bestand und die man durch die Schaffung der Vereinten Nationen überwinden wollte. Eine parallele Anwendung beider Ausnahmen scheitert bereits an dem zwischen ihnen herrschenden *Subsidiaritätsverhältnis*, da eine subsidiäre Norm wie die des Art. 51 Satz 1 nicht gleichzeitig mit der ihr vorgehenden Vorschrift des Art. 42 herangezogen werden kann.

Die *allgemeinen Prinzipien des Kapitels VII* unter Vermeidung einer konkreten Entscheidung für Art. 51 oder Art. 42 können ebenfalls nicht als Rechtsgrundlage für die Operation "Desert Storm" dienen, da diese beiden in Kapitel VII enthaltenen Rechtfertigungsgründe nach ihrem Inhalt und ihren Voraussetzungen so grundverschieden sind, daß aus ihnen keine hinreichend übereinstimmenden und homogenen einer Generalisierung zugänglichen Prinzipien gewonnen werden können. Schließlich ist auch die Anerkennung eines durch die Praxis des Golfkonflikts *neu geschaffenen Handlungsinstruments sui generis* abzulehnen, da ein solcher Vorschlag die bestehenden Subsumtions- und Einordnungsprobleme nicht löst, sondern lediglich umgeht und nicht darzulegen vermag, welches die in der Praxis anwend- und umsetzbaren Voraussetzungen und Grenzen des neuen Instruments sind und wie diese zu begründen wären.

## Literaturverzeichnis

*Akehurst, Michael*: A Modern Introduction to International Law, 5. Auflage, London 1984 (zit.: *Akehurst*, Introduction to International Law)

*Ambos, Kai*: NATO, the UN and the Use of Force: Legal Aspects, in: European Journal of International Law 10 (1999), aufgeführt nur auf der Website-Ausgabe der Zeitschrift bei www.ejil.org/journal/vol10/ no1/coma.html, S. 1-3 der druckbaren Version (zit.: *Ambos*, Website-Version von EJIL 10 (1999))

*Andrés Sáenz de Santa María, Maria P.*: Replica - Cuestiones de Legalidad en las Acciones armadas contra Irak, in: Revista Espanola de Derecho Internacional 43 (1991), S. 117-222 (zit.: *Andrés Sáenz de Santa María*, REDI 43 (1991))

*Arnold, Hans*: Die Golf-Krise und die Vereinten Nationen, in: Außenpolitik - Zeitschrift für internationale Fragen 42 (1991), S. 69-78 (zit.: *Arnold*, Außenpolitik 42 (1991))

*Arntz, Joachim*: Der Begriff der Friedensbedrohung in Satzung und Praxis der Vereinten Nationen, Berlin 1975 (zit.: *Arntz*, Begriff der Friedensbedrohung)

*Asrat, Belatchew*: Prohibition of Force under the UN Charter - A Study of Art. 2(4), Uppsala 1991 (zit: *Asrat*, Prohibition of Force under the UN Charter)

*Bentwich, Norman*: A commentary on the Charter of the United Nations, London 1951 (zit.: *Bentwich*, Commentary on the Charter)

*Berber, Friedrich*: Lehrbuch des Völkerrechts, Band II - Kriegsrecht, München 1962 (zit.: *Berber*, Völkerrecht, Bd. II)

*Bernhardt, Bodo/Platzer, Martin*: Internationale humanitäre Hilfsaktion in Somalia - Intervention ausländischer Truppen mit Ermächtigung der Vereinten Nationen? in: Humanitäres Völkerrecht 1993, S. 63-71 (zit.: *Bernhardt/Platzer*, Humanitäres Völkerrecht 1993)

*Beyerlin, Ulrich*: Humanitarian Intervention, in: Bernhardt, Rudolf (Hrsg.): Encyclopedia of Public International Law (EPIL), Vol. II, Amsterdam, Lausanne, New York, Oxford, Shannon, Tokyo 1995, S. 926-933 (zit.: *Beyerlin*, Humanitarian Intervention, in: Bernhardt (Hrsg.), EPIL, Vol. II (1995))

*derselbe*: Sanctions, in: Wolfrum, Rüdiger (Hrsg.): United Nations: Law, Policies and Practice, München 1995, Vol. 2, Abschnitt Nr. 116, S. 1111-1128 (zit.: *Beyerlin*, Sanctions, in: Wolfrum (Hrsg.), United Nations: Law, Policies and Practice, Vol. 2)

*Bilder, Richard B.*: Judicial Procedures Relating to the Use of Force, in: Damrosch, Lori F./Scheffer, David J. (Hrsg.): Law and Force in the New International Order, Boulder, San Francisco, Oxford 1991, S. 269-297 (zit.: *Bilder*, Judicial Procedures, in: Damrosch/Scheffer (Hrsg.), Law and Force in the New International Order)

*Black, Henry C.*: Black's Law Dictionary - Definitions of the Terms and Phrases of American and English Jurisprudence, Ancient and Modern, coauthored by Joseph R. Nolan and Jacqueline M. Nolan-Haley, 6. Auflage, St. Paul 1990 (zit.: Black's Law Dictionary)

*Blumenwitz, Dieter*: Enemy States Clause in the United Nations Charter, in: Bernhardt, Rudolf (Hrsg.): Encyclopedia of Public International Law (EPIL), Vol. II, Amsterdam, Lausanne, New York, Oxford, Shannon, Tokyo 1995, S. 90-95 (zit.: *Blumenwitz*, Enemy States Clause, in: Bernhardt (Hrsg.), EPIL, Vol. II (1995))

*derselbe*: Enemy States Clauses, in: Wolfrum, Rüdiger (Hrsg.), United Nations: Law, Policies and Practice, München 1995, Vol. 1, Abschnitt Nr. 48, S. 470-475 (zit.: *Blumenwitz*, Enemy States Clauses, in: Wolfrum (Hrsg.), United Nations: Law, Policies and Practice, Vol. 1)

*Borchard, Edwin*: The Impracticability of "Enforcing" Peace, in: Yale Law Journal 55 (1945/46), S. 966-973 (zit.: *Borchard*, Yale Law Journal 55 (1945/46))

*Bothe, Michael*: Das Gewaltverbot im allgemeinen, in: Schaumann, Wilfried (Hrsg.): Völkerrechtliches Gewaltverbot und Friedenssicherung, Baden-Baden 1971, S. 11-31 (zit.: *Bothe*, Das Gewaltverbot im allgemeinen, in: Schaumann (Hrsg.), Völkerrechtliches Gewaltverbot)

*derselbe*: Völkerrecht und Frieden - Brauchen wir ein neues Völkerrecht? in: Lutz, Dieter S. (Hrsg.): Völkerrecht und Friedensordnung, Hamburger Beiträge zur Friedensforschung und Sicherheitspolitik, Bd. 59, Hamburg 1991, S. 19-24 (zit.: *Bothe*, Völkerrecht und Frieden, in: Lutz (Hrsg.), Völkerrecht und Friedensordnung)

*derselbe*: Friedenssicherung und Kriegsrecht, in: Wolfgang Graf Vitzthum (Hrsg.), Völkerrecht, Berlin 1997, 7. Abschnitt (zit.: *Bothe*, Friedenssicherung und Kriegsrecht, in: Graf Vitzthum (Hrsg.), Völkerrecht, 7. Abschnitt)

*Boven, Theo van*: The Security Council - The New Frontier, in: The Review. International Commission of Jurists, Nr. 48, Juni 1992, S. 12-23 (zit.: *Boven*, The Review, Juni 1992)

*Bowett, Derek W.*: Self-Defence in International Law, Manchester 1958 (zit.: *Bowett*, Self-Defence in International Law)

*derselbe*: International Military Force, in: Bernhardt, Rudolf (Hrsg.): Encyclopedia of Public International Law (EPIL), Vol. II, Amsterdam, Lausanne, New York, Oxford, Shannon, Tokyo 1995, S. 1267-1271 (zit.: *Bowett*, International Military Force, in: Bernhardt (Hrsg.), EPIL, Vol. II (1995))

*Brammer, Silke*: Conflicts, Korea, in: Wolfrum, Rüdiger (Hrsg.), United Nations: Law, Policies and Practice, München 1995, Vol. 1, Abschnitt Nr. 30, S. 278-285 (zit.: *Brammer*, Conflicts, Korea, in: Wolfrum (Hrsg.), United Nations: Law, Policies and Practice, Vol. 1)

*Braun, Ursula*: Epizentrum Kuwait - Die weltpolitische Dimension eines Regionalkonflikts, in: Außenpolitik - Zeitschrift für internationale Fragen 42 (1991), S. 59-68 (zit.: *Braun*, Außenpolitik 42 (1991))

*Brownlie, Ian*: International Law and the Use of Force by States, Oxford 1963 (zit.: *Brownlie*, International Law and the Use of Force by States)

*derselbe*: The Principle of Non-Use of Force in Contemporary International Law, in: Butler, William E. (Hrsg.): The Non-Use of Force in International Law, Dordrecht, Boston, London 1989, S. 17-27 (zit.: *Brownlie*, The Principle of Non-Use of Force, in: Butler (Hrsg.), The Non-Use of Force in International Law)

*derselbe*: Principles of public international law, 4. Auflage, Oxford 1990 (zit.: *Brownlie*, Principles of public international law)

*Bruha, Thomas*: Die Definition der Aggression, Berlin 1980 (zit.: *Bruha*, Definition der Aggression)

*derselbe*: Security Council, in: Wolfrum, Rüdiger (Hrsg.): United Nations: Law, Policies and Practice, München 1995, Vol. 2, Abschnitt Nr. 119, S. 1147-1161 (zit.: *Bruha*, Security Council, in: Wolfrum (Hrsg.), United Nations: Law, Policies and Practice, Vol. 2)

*derselbe*: Use of Force, Prohibition Of, in: Wolfrum, Rüdiger (Hrsg.): United Nations: Law, Policies and Practice, München 1995, Vol. 2, Abschnitt Nr. 149, S. 1387-1399 (zit.: *Bruha*, Use of Force, Prohibition Of, in: Wolfrum (Hrsg.), United Nations: Law, Policies and Practice, Vol. 2)

*Brunner, Stefan*: Militärische Maßnahmen nach Kapitel VII UN-Charta, in: Neue Zeitschrift für Wehrrecht 1992, S. 1-15 (zit.: *Brunner*, NZ Wehrr 1992)

*Brus, Marcel/Muller, Sam/Wiemers, Serv (Hrsg.)*: The United Nations Decade of International Law - Reflections on International Dispute Settlement, Dordrecht, Boston, London 1991 (zit.: *Brus/Muller/Wiemers (Hrsg.)*, The United Nations Decade of International Law)

*Bryde, Brun-Otto*: Self-Defence, in: Bernhardt, Rudolf (Hrsg.), Encyclopedia of public international law, Bd. 4 (Use of force, war and neutrality, peace treaties), Amsterdam, New York, Oxford 1982, S. 212-214 (zit.: *Bryde*, Self-Defence, in: Bernhardt (Hrsg.), EPIL 4 (1982))

*Buergenthal, Thomas/Doehring, Karl/Kokott, Juliane/Maier, Harold G.*: Grundzüge des Völkerrechts, Heidelberg 1988 (zit.: *Buergenthal/Doehring/Kokott/Maier*, Grundzüge des Völkerrechts)

*Burley, Anne-Marie*: Commentary on Intervention Against Illegitimate Regimes, in: Damrosch, Lori F./Scheffer, David J. (Hrsg.): Law and Force in the New International Order, Boulder, San Francisco, Oxford 1991, S. 177-180 (zit.: *Burley*, Intervention against Illegitimate Regimes, in: Damrosch/Scheffer (Hrsg.), Law and Force in the New International Order)

*Butler, William E. (Hrsg.)*: International law and the international system, Dordrecht 1987 (zit.: *Butler (Hrsg.)*, International law and the international system)

*derselbe (Hrsg.)*: Control over Compliance with International Law, Dordrecht 1991 (zit.: *Butler (Hrsg.)*, Control over Compliance with International Law)

*Caron, David D.*: Iraq and the Force of Law: Why give a Shield of Immunity?, in: American Journal of International Law 85 (1991), S. 89-92 (zit.: *Caron*, AJIL 85 (1991))

*Cassese, Antonio*: International Law in a Divided World, Oxford 1986 (zit.: *Cassese*, International Law in a Divided World)

*derselbe*: Ex iniuria ius oritur: Are We Moving towards International Legitimation of Forcible Humanitarian Countermeasures in the World Community? in: European Journal of International Law 10 (1999), S. 23-30 (zit.: *Cassese*, EJIL 10 (1999))

*Chande, Othman*: The Gulf Wars and Termination of Captivity for Prisoners of War, in: Revue de droit international, de sciences diplomatiques et politiques 71 (1993), S. 11-36 (zit.: *Chande*, Revue de droit international 71 (1993))

*Charpentier, Jean*: Pratique francaise du droit international 1990, in: Annuaire Francais de Droit International 36 (1990), S. 977-1099 (zit.: *Charpentier*, AFDI 36 (1990))

*Chayes, Abram*: The Use of Force in the Persian Gulf, in: Damrosch, Lori F./Scheffer, David J. (Hrsg.): Law and Force in the New International Order, Boulder, San Francisco, Oxford 1991, S. 3-12 (zit.: *Chayes*, The Use of Force in the Persian Gulf, in: Damrosch/Scheffer (Hrsg.), Law and Force in the New International Order)

*Coll, Alberto R./Arend, Antony C.*: The Falklands War - Lessons for Strategy, Diplomacy and International Law, Boston 1985 (zit.: *Coll/Arend*, The Falklands War)

*Condorelli, Luigi*: A propos de l'attaque américaine contre l'Irak du 26 juin 1993: Lettre d'un professeur désemparé aux lecteurs de JEDI, in: European Journal of International Law 5 (1994), S. 134-144 (zit.: *Condorelli*, EJIL 5 (1994))

*Conforti, Benedetto*: Non-Coercive Sanctions in the United Nations Charter: Some Lessons from the Gulf War, in: European Journal of International Law 2 (1991), S. 110-113 (zit.: *Conforti*, EJIL 2 (1991))

*Corten, Olivier/Klein, Pierre*: L'autorisation de recourir à la force à des fins humanitaires: droit d'ingérence ou retour aux sources? in: European Journal of International Law 4 (1993), S. 506-533 (zit.: *Corten/Klein*, EJIL 4 (1993))

*Cot, Jean-Pierre/ Pellet, Alain (Hrsg.)*: La Charte des Nations Unies, Commentaire article par article, 2. Auflage, Paris 1991 (zit.: Nachname des Bearbeiters, Artikel der UN-Charta, in: Cot/Pellet (Hrsg.), Charte des Nations Unies)

*Czarnecki, Ralph*: Der aktuelle Fall - Die Operation Türkis in Ruanda, in: Humanitäres Völkerrecht 1994, S. 195-198 (zit.: *Czarnecki*, Humanitäres Völkerrecht 1994)

*Czempiel, Ernst-Otto*: Die UN und die neue Weltordnung, in: Vereinte Nationen 39 (1991), S. 43 (zit.: *Czempiel*, VN 39 (1991)) *derselbe*: Einmischung ist möglich, in: Lutz, Dieter S. (Hrsg.): Völkerrecht und Friedensordnung, Hamburger Beiträge zur Friedensforschung und Sicherheitspolitik, Bd. 59, Hamburg 1991, S. 85-90 (zit.: *Czempiel*, Einmischung ist möglich, in: Lutz (Hrsg.), Völkerrecht und Friedensordnung)

*derselbe*: Kollektive Sicherheit - Mythos oder Möglichkeit, in: Merkur 48 (1994), S. 790-803 (zit.: *Czempiel*, Merkur 48 (1994))

*Dahm, Georg*: Völkerrecht, Band II, Stuttgart 1961 (zit.: *Dahm*, Völkerrecht)

*derselbe/Delbrück, Jost/, Wolfrum, Rüdiger*: Völkerrecht, Band I/1, begründet von Georg Dahm, fortgeführt von Jost Delbrück und Rüdiger Wolfrum, 2. Auflage, Berlin 1989 (zit.: *Dahm/Delbrück/Wolfrum*, Völkerrecht)

*Daillier, Patrick/Dinh, Nguyen Quoc/Pellet, Alain*: Droit international public, 3. Auflage, Paris 1987 (zit.: *Daillier/Dinh/Pellet*, Droit international public)

*Damrosch, Lori F.*: Commentary on Collective Military Intervention to Enforce Human Rights, in: dieselbe/Scheffer, David J. (Hrsg.): Law and Force in the New International Order, Boulder, San Francisco, Oxford 1991, S. 215-223 (zit.: *Damrosch*, Collective Military Intervention, in: dieselbe/Scheffer (Hrsg.), Law and Force in the New International Order)

*Danilenko, G.M.*: The Principle of Non-Use of Force in the Practice of the International Court of Justice, in: Butler, William E. (Hrsg.): The Non-Use of Force in International Law, Dordrecht, Boston, London 1989, S. 101-110 (zit.: *Danilenko*, Non-Use of Force in the Practice of the ICJ, in: Butler (Hrsg.), The Non-Use of Force in International Law)

*Dastis Quecedo, Alfonso M.*: El uso de la fuerza armada en el Golfo: una justificacion juridica, in: Revista Espanola de Derecho Internacional 43 (1991), S. 109-116 (zit.: *Dastis Quecedo*, REDI 43 (1991))

*David, E.*: La Guerre du Golfe et le droit international, in: Revue Belge de Droit International 20 (1987), S. 153-183 (zit.: *David*, RBDI 20 (1987))

*Debiel, Tobias*: Kriegerische Konflikte, friedliche Streitbeilegung und die Vereinten Nationen, in: Aus Politik und Zeitgeschichte 44 (1994), B 2, S. 3-16 (zit.: *Debiel*, Aus Politik und Zeitgeschichte 44 (1994))

*Deiseroth, Dieter*: Krieg im Namen der Vereinten Nationen? - Eine Kurzstudie zur völkerrechtlichen Lage, in: Blätter für Deutsche und Internationale Politik 36 I (1991), S. 303-316 (zit.: *Deiseroth*, Bl. für dt. u. int. Politik 36 I (1991))

*derselbe*: Die UN-Charta und der Golfkrieg, in: Betrifft Justiz 1991, S. 7-12 (zit.: *Deiseroth*, Betrifft Justiz 1991)

*Delbrück, Jost*: Collective Self-Defence, in: Bernhardt, Rudolf (Hrsg.): Encyclopedia of public international law, Bd. 3 (Use of force, war and neutrality, peace treaties), Amsterdam, New York, Oxford 1982, S. 114-117 (zit.: *Delbrück*, Collective Self-Defence, in: Bernhardt (Hrsg.), EPIL 3 (1982))

*derselbe*: Collective Measures, in: Berndhardt, Rudolf (Hrsg.): Encyclopedia of Public International Law (EPIL), Vol. I, Amsterdam, London, New York, Tokyo 1992, S. 643-644 (zit.: *Delbrück*, Collective Measures, in: Bernhardt (Hrsg.), EPIL, Vol. I (1992))

*derselbe*: Collective Security, in: Bernhardt, Rudolf (Hrsg.): Encyclopedia of Public International Law (EPIL), Vol. I, Amsterdam, London, New York, Tokyo 1992, S. 646-656 (zit.: *Delbrück*, Collective Security, in: Bernhardt (Hrsg.), EPIL, Vol. I (1992))

*derselbe*: Collective Self-Defence, in: Bernhardt, Rudolf (Hrsg.): Encyclopedia of Public International Law (EPIL), Vol. I, Amsterdam, London, New York, Tokyo 1992, S. 656-658 (zit.: *Delbrück*, Collective Self-Defence, in: Bernhardt (Hrsg.), EPIL, Vol. I (1992))

*Dinh, Nguyen Quoc*: La légitime défense d'après la Charte des Nations Unies, in: Revue générale de droit international public 52 (1948), S. 223-254 (zit.: *Dinh*, RGDIP 52 (1948))

*Dinstein, Yoram*: War, Aggression and Self-Defence, 1. Auflage, Cambridge 1988 (zit.: *Dinstein*, War, Aggression and Self-Defence (1988)) *derselbe*: War, Aggression and Self-Defence, 2. Auflage, Cambridge 1994 (zit.: *Dinstein*, War, Aggression and Self-Defence (1994))

*derselbe*: The legal lessons of the Gulf War, in: Austrian Journal of Public and International Law 48 (1995), S. 1-17 (zit.: *Dinstein*, Austrian Journal of Public and International Law 48 (1995))

*Doehring, Karl*: Kollektive Sicherheit, in: Wolfrum, Rüdiger (Hrsg.), Handbuch Vereinte Nationen, München 1991, Abschnitt Nr. 55, S. 405-410 (zit.: *Doehring*, Kollektive Sicherheit, in: Wolfrum (Hrsg.), Handbuch Vereinte Nationen)

*derselbe*: Systeme kollektiver Sicherheit, in: Isensee, Josef/Kirchhof, Paul (Hrsg.): Handbuch des Staatsrechts, Bd. VII (Normativität und Schutz der Verfassung - Internationale Beziehungen), Heidelberg 1992, S. 669-686 (zit.: *Doehring*, Systeme kollektiver Sicherheit, in: Isensee/Kirchhof (Hrsg.), Handbuch des Staatsrechts, Bd. VII)

*derselbe*: Neutralität und Gewaltverbot, in: Archiv des Völkerrechts 31 (1993), S. 193-205 (zit.: *Doehring*, AVR 31 (1993))

*derselbe*: Collective Security, in: Wolfrum, Rüdiger (Hrsg.): United Nations: Law, Policies and Practice, München 1995, Vol. 1, Abschnitt Nr. 14, S. 110-115 (zit.: *Doehring*, Collective Security, in: Wolfrum (Hrsg.), United Nations: Law, Policies and Practice, Vol. 1)

*Doeker, Günther*: Das Gewaltverbot in der Satzung der Vereinten Nationen und die zukünftige Friedensordnung, in: *derselbe* (Hrsg.), Die Vereinten Nationen - Rolle und Funktion in der internationalen Politik, München 1976 (zit.: *Doeker*, Das Gewaltverbot in der Satzung der Vereinten Nationen, in: *derselbe* (Hrsg.), Die Vereinten Nationen)

*derselbe*: Friedensvölkerrecht und internationale Beziehungen - Zum Verhältnis von Völkerrecht und internationaler Politik, in: derselbe/Volger, Helmut (Hrsg.): Die Wiederentdeckung der Vereinten Nationen - Kooperative Weltpolitik und Friedensvölkerrecht, Opladen 1990 (zit.: *Doeker*, Friedensvölkerrecht und internationale Beziehungen, in: derselbe/Volger (Hrsg.), Die Wiederentdeckung der Vereinten Nationen)

*Dolzer, Rudolf*: Falkland Islands (Malvinas), in: Bernhardt, Rudolf (Hrsg.): Encyclopedia of Public International Law (EPIL), Vol. II, Amsterdam, Lausanne, New York, Oxford, Shannon, Tokyo 1995, S. 352-357 (zit.: *Dolzer*, Falkland Islands, in: Bernhardt (Hrsg.), EPIL, Vol. II (1995))

*Dominicé, Christian*: La sécurité collective et la crise du Golfe, in: European Journal of International Law 2 (1991), S. 85-109 (zit.: *Dominicé*, EJIL 2 (1991))

*Donner, Michael*: Die Begrenzung bewaffneter Konflikte durch das moderne ius ad bellum, in: Archiv des Völkerrechts 33 (1995), S. 168-218 (zit.: *Donner*, AVR 33 (1995))

*Dupuy, René-Jean*: L'impossible Agression: Les Malouines entre l'O.N.U. et l'O.E.A., in: Annuaire Français de Droit International 28 (1982), S. 337-353 (zit.: *Dupuy*, AFDI 28 (1982))

*derselbe (Hrsg.)*: The development of the role of the Security Council, Académie de droit international de la Haye, Colloque/Workshop in La Haye 21.-23.07.1992, Dordrecht 1993 (zit.: *Dupuy (Hrsg.)*, The development of the role of the Security Council)

*Eagleton, Clyde*: The United Nations: Aims and Structure, in: Yale Law Journal 55 (1945/46), S. 974-996 (zit.: *Eagleton*, Yale Law Journal 55 (1945/46))

*Eibach, Gerhard*: Konflikte, Iran/Irak, in: Wolfrum, Rüdiger (Hrsg.): Handbuch Vereinte Nationen, 2. Auflage, München 1991, Abschnitt Nr. 60, S. 444-449 (zit.: *Eibach*, Konflikte Iran/Irak, in: Wolfrum (Hrsg.), Handbuch Vereinte Nationen)

*Eitel, Tonno*: The Escape and Parole of the Imprisoned God of War - An Overview of the Second Gulf War from the Perspective of International Law, in: German Yearbook of International Law 35 (1992), S. 170-189 (zit.: *Eitel*, GYIL 35 (1992))

*Falk, Richard A.*: Gewalt und Krieg im VN-System - Die Erfahrungen aus dem Golfkrieg, in: Militärpolitik Dokumentation 14 (1991), S. 39-50 (zit.: *Falk*, Militärpolitik Dokumentation 14 (1991))

*derselbe/Kim, Samuel S./Mendlovitz, Saul H. (Hrsg.)*: The United Nations and a Just World Order, Studies on a Just World Order, Bd. 3, Boulder, San Francisco, Oxford 1991 (zit: *Falk/Kim/Mendlovitz (Hrsg.)*, The United Nations and a Just World Order)

*derselbe*: The Haiti Intervention: A Dangerous World Order Precedent for the United Nations, in: Harvard International Law Journal 36 (1995), S. 341-358 (zit.: *Falk*, HILJ 36 (1995))

*Farer, Tom J.*: An Inquiry into the Legitimacy of Humanitarian Intervention, in: Damrosch, Lori F./Scheffer, David J. (Hrsg.): Law and Force in the New International Order, Boulder, San Francisco, Oxford 1991, S. 185-201 (zit.: *Farer*, Legitimacy of Humanitarian Intervention, in: Damrosch/Scheffer (Hrsg.), Law and Force in the New International Order)

*Ferencz, Benjamin*: Commentary on what International Law Demands and How States Respond, in: Damrosch, Lori F./Scheffer, David J. (Hrsg.): Law and Force in the New International Order, Boulder, San Francisco, Oxford 1991, S. 140-142 (zit.: *Ferencz*, What International Law Demands and How States Respond, in: Damrosch/Scheffer (Hrsg.), Law and Force in the New International Order)

*Fink, Udo*: Der Konflikt zwischen dem Irak und Kuwait und die internationale Friedensordnung, in: Archiv des Völkerrechts 29 (1991), S. 452-476 (zit.: *Fink*, AVR 29 (1991))

*Fischer, Horst*: Die Resolutionen des Sicherheitsrates der Vereinten Nationen zum Golfkrieg - Handlungsgrundlagen, Ziele, Akteure, in: Humanitäres Völkerrecht 1990, S. 121-124 (zit.: *Fischer*, Humanitäres Völkerrecht 1990)

*derselbe*: Das anwendbare humanitäre Völkerrecht im Golfkrieg, in: Humanitäres Völkerrecht 1991, S. 4-5 (zit.: *Fischer*, Humanitäres Völkerrecht 1991)

*Fleck, Dieter*: Ziele und Grenzen einer aktiven deutschen Völkerrechtspolitik, in: Souchon, Lennart (Hrsg.): Völkerrecht und Sicherheit, Schriftenreihe zur neuen Sicherheitspolitik der Bundeskademie für Sicherheitspolitik, Berlin, Bonn, Herford 1994, S. 95-105 (zit.: *Fleck*, Ziele und Grenzen einer aktiven deutschen Völkerrechtspolitik, in: Souchon (Hrsg.), Völkerrecht und Sicherheit)

*Fleischhauer, Carl-August*: Wirtschaftliche Zwangsmaßnahmen in Recht und Praxis der Weltorganisation, in: Vereinte Nationen 39 (1991), S. 41-44 (zit.: *Fleischhauer*, VN 39 (1991))

*Forde, F.M./Evatt, H.V.*: United Nations Conference on International Organization, held at San Francisco, U.S.A., from 25th April to 26th June 1945 - Report by the Australian Delegates (zit.: *Forde/Evatt*, UNCIO-Report by the Australian Delegates)

*Fox, William T.R.*: Collective Enforcement of Peace and Security, in: The American Political Science Review 39 (1945), S. 970-981 (zit.: *Fox*, The American Political Sciences Review 39 (1945))

*Franck, Thomas M.*: Who killed Article 2 (4)? or: Changing Norms governing the Use of Force by States, in: American Journal of International Law, Vol. 64/2 (1970), S. 809-837 (zit.: *Franck*, AJIL 64/2 (1970))

*derselbe*: Intervention Against Illegitimate Regimes, in: Damrosch, Lori F./Scheffer, David J. (Hrsg.): Law and Force in the New International Order, Boulder, San Francisco, Oxford 1991, S. 159-176 (zit.: *Franck*, Intervention against Illegitimate Regimes, in: Scheffer/Damrosch (Hrsg.), Law and Force in the New International Order)

*derselbe/Patel, Faiza*: UN Police Action in Lieu of War: "The Old Order Changeth", in: American Journal of International Law 85 (1991), S. 63-74 (zit.: *Franck/Patel*, AJIL 85 (1991))

*Freudenschuß, Helmut*: Article 39 of the UN Charter Revisited: Threats to the Peace and the Recent Practice of the UN Security Council, in: Austrian Journal of Public and International Law 46 (1993), S. 1-39 (zit.: *Freudenschuß*, Austr. Journal of Publ. and Int. Law 46 (1993))

*derselbe*: Between Unilateralism und Collective Security: Authorizations of the Use of Force by the UN Security Council, in: European Journal of International Law 5 (1994), S. 492-531 (zit.: *Freudenschuß*, EJIL 5 (1994))

*Frowein, Jochen Abr.*: Gulf Conflict (1990/91), in: Bernhardt, Rudolf (Hrsg.): Encyclopedia of Public International Law (EPIL), Vol. II, Amsterdam, Lausanne, New York, Oxford, Shannon, Tokyo 1995, S. 643-647 (zit.: *Frowein*, Gulf Conflict (1990/91), in: Bernhardt (Hrsg.), EPIL, Vol. II (1995))

*Gardner, Richard N.*: Commentary on the Law of Self-Defense, in: Damrosch, Lori F./Scheffer, David J. (Hrsg.): Law and Force in the New International Order, Boulder, San Francisco, Oxford 1991, S. 49-53 (zit.: *Gardner*, Commentary on the Law of Self-Defense, in: Damrosch/Scheffer (Hrsg.), Law and Force in the New International Order)

*Genoni, Maurizio A.M.*: Die Notwehr im Völkerrecht, Zürich 1987 (zit.: *Maurizio*, Notwehr im Völkerrecht)

*Gill, Terry D.*: De Golf-crisis - De volkenrechtelijke regels inzake het gebruik van militair geweld, in: Nederlands Juristenblad 65.II (1990), S. 1475-1478 (zit.: *Gill*, Nederlands Juristenblad 65.II (1990))

*Glennon, Michael J.*: Sovereignty and Community after Haiti: Rethinking the Collective Use of Force, in: Americal Journal of International Law 89 (1995), S. 70-74 (zit.: *Glennon*, AJIL 89 (1995))

*Goodrich, Leland M.*: The Amount of World Organization Necessary and Possible, in: Yale Law Journal 55 (1945/46), S. 950-965 (zit.: *Goodrich*, Yale Law Journal 55 (1945/46))

*Goodrich, Leland M.*: The United Nations, New York 1959 (zit.: *Goodrich*, The United Nations)

*derselbe/Hambro, Edvard/Simons, Anne-Patricia*: Charter of the United Nations - Commentary and Documents, 3. Auflage, New York, London 1959 (zit: *Goodrich/Hambro/Simons*, Charter of the UN, Artikel der UN-Charta)

*Gorgé, Rémy*: Saddam Husseins zweites Abenteuer - Iraks Überfall auf Kuwait, in: Vereinte Nationen 38 (1990), S. 197-201 (zit.: *Gorgé*, VN 38 (1990))

*Graf Vitzthum, Wolfgang*: Frieden und Krieg im Völkerrecht, in: Verfassung und Recht in Übersee 18 (1985), S. 421-439 (zit.: *Graf Vitzthum*, Verfassung und Recht in Übersee 18 (1985))

*Green, L.C.*: The Gulf "War", the U.N. and the Law of Armed Conflict, in: Archiv des Völkerrechts 28 (1990), S. 369-405 (zit.: *Green*, AVR 28 (1990))

*Greenwood, Christopher J.*: The Relationship between Ius ad Bellum and Ius in Bello, in: Review of International Studies 9 (1983), S. 221-234 (zit.: *Greenwood*, Review of International Studies 9 (1983))

*derselbe*: Self-Defence and the Conduct of International Armed Conflict, in: Dinstein, Yoram (Hrsg.) International Law at a Time of Perplexity, Essays in honour of Shabtai Rosenne, Dordrecht, Boston, London 1989, S. 273-288 (zit.: *Greenwood*, Self-Defence and the Conduct of International Armed Conflict, in: Dinstein (Hrsg.), International Law at a Time of Perplexity)

*derselbe*: Iraks Invasion in Kuwait - Einige Rechtsfragen, in: Neue Zeitschrift für Wehrrecht 33 (1991), S. 45-56 (zit.: *Greenwood*, Neue ZWehrR 33 (1991))

*derselbe*: Legal Limitations of the Prohibition of the Use of Force, in: Souchon, Lennart (Hrsg.): Völkerrecht und Sicherheit, Schriftenreihe zur neuen Sicherheitspolitik der Bundeskademie für Sicherheitspolitik, Berlin, Bonn, Herford 1994, S. 41-57 (zit.: *Greenwood*, Legal Limitations of the Prohibition of the Use of Force, in: Souchon (Hrsg.), Völkerrecht und Sicherheit)

*Greig, D. W.*: Self-Defence and the Security Council: What does Article 51 require? in: International and Comparative Law Quarterly 40 (1991), S. 366-402 (zit.: *Greig*, ICLQ 40 (1991))

*Gross, Leo*: Voting in the Security Council - Abstention from Voting and Absence from Meetings, in: Yale Law Journal 60 (1951), S. 210-257 (zit.: *Gross*, Yale Law Journal 60 (1951))

*Hahnfeld, Bernd*: Dieser Krieg war völkerrechtswidrig, in: Betrifft Justiz 1991, S. 13-16 (zit.: *Hahnfeld*, Betrifft Justiz 1991)

*Hargrove, John L.*: Intervention by Invitation and the Politics of the New World Order, in: Damrosch, Lori F./Scheffer, David J. (Hrsg.): Law and Force in the New International Order, Boulder, San Francisco, Oxford 1991, S. 113-126 (zit.: *Hargrove*, Intervention by Invitation, in: Damrosch/Scheffer (Hrsg.), Law and Force in the New International Order)

*Harttung, Arnold (Hrsg.)*: Die VN-Resolutionen zum Nahost-Konflikt, Bd. 2, 1978-1990, Berlin 1991 (zit.: *Harttung (Hrsg.)*, Die VN-Resolutionen zum Nahost-Konflikt)

*Hazard, John N.*: The Soviet Union and the United Nations, in: Yale Law Journal 55 (1945/46), S. 1016-1035 (zit.: *Hazard*, Yale Law Journal 55 (1945/46))

*Hegelsom, Gert-Jan F. van*: The Law of Armed Conflict and UN Peace-Keeping and Peace-Enforcing Operations, in: The Hague Yearbook of International Law 6 (1993/94), S. 45-58 (zit.: *Hegelsom*, The Hague YB of IL 6 (1993/94))

*Heintschel von Heinegg, Wolf*: Kriegsentschädigung, Reparation oder Schadensersatz? in: Zeitschrift für Vergleichende Rechtswissenschaft 90 (1991), S. 113-129 (zit.: *Heintschel von Heinegg*, Zeitschr. f. vglde. Rechtswiss. 90 (1991))

*derselbe*: Die Resolution 687 (1991) des Sicherheitsrats der Vereinten Nationen, in: Humanitäres Völkerrecht 1991, S. 38-42 (zit.: *Heintschel von Heinegg*, Humanitäres Völkerrecht 1991)

*derselbe*: Seekriegsrecht und Neutralität im Seekrieg, Berlin 1995 (zit.: *Heintschel von Heinegg*, Seekriegsrecht)

*Heintze, Hans-Joachim*: Fakten zur irakischen Invasion und Annexion Kuwaits, in: Humanitäres Völkerrecht 1990, S. 128-131 (zit.: *Heintze*, Humanitäres Völkerrecht 1990) *derselbe*: Die Resolution 688 (1991) des Sicherheitsrats der Vereinten Nationen und der internationale Menschenrechtsschutz, in: Humanitäres Völkerrecht 1991, S. 43-47 (zit.: *Heintze*, Humanitäres Völkerrecht 1991)

*derselbe*: Die vorherige Nichtbefolgung des Völkerrechts als förderndes Moment für die irakische Aggression gegen Kuwait am 2. August 1990, in: Archiv des Völkerrechts 29 (1991), S. 436-451 (zit.: *Heintze*, AVR 29 (1991))

*derselbe*: Brauchen wir ein neues Völkerrecht? in: Lutz, Dieter S. (Hrsg.): Völkerrecht und Friedensordnung, Hamburger Beiträge zur Friedensforschung und Sicherheitspolitik, Bd. 59, Hamburg 1991, S. 59-65 (zit.: *Heintze*, Brauchen wir ein neues Völkerrecht? in: Lutz (Hrsg.), Völkerrecht und Friedensordnung)

*derselbe/Worku, Messeletch*: Golfkrieg und Jugoslawienkrise - Einwirkungen auf das Völkerrecht, in: Vierteljahresschrift für Sicherheit und Frieden 1991, S. 16-20 (zit.: *Heintze/Worku*, Vjschr. f. Sicherheit und Frieden 1991)

*Heinz, Ursula/Philipp, Christiane/Wolfrum, Rüdiger*: Zweiter Golfkrieg: Anwendungsfall von Kapitel VII der UN-Charta, in: Vereinte Nationen 39 (1991), S. 121-128 (zit.: *Heinz/Philipp/Wolfrum*, VN 39 (1991))

*Henkin, Louis*: The Reports of the Death of Article 2 (4) are Greatly Exaggerated, in: American Journal of International Law, Vol. 65/2 (1971), S. 544-548 (zit.: *Henkin,* AJIL 65/2 (1971))

*derselbe /Pugh, Richard C./Schachter, Oscar/Smit, Hans (Hrsg.)*: International Law - Cases and Materials, 2. Auflage, St. Paul 1987 (zit.: *Henkin/Pugh/Schachter/Smit (Hrsg.)*, International Law)

*Heydte, Freiherr Friedrich August von der*: Die Feindstaatenklausel in der Satzung der UNO, in: Schaumann, Wilfried (Hrsg.): Völkerrechtliches Gewaltverbot und Friedenssicherung, Baden-Baden 1971, S. 247-256 (zit.: *Heydte*, Die Feindstaatenklausel in der Satzung der UNO, in: Schaumann (Hrsg.), Völkerrechtliches Gewaltverbot)

*Hilaire, Max*: Use of Force against Iraq: Collective Security or Collective Self-Defense under the United Nations Charter and Customary International Law? in: Revue de droit international, de sciences diplomatiques et politiques 71 (1993), S. 71-97 (zit.: *Hilaire*, Revue de droit interntional 71 (1993))

*Hilderbrand, Robert C.*: Dumbarton Oaks - The Origins of the United Nations and the Search for Postwar Security, Chapel Hill, London 1990 (zit.: *Hilderbrand*, Dumbarton Oaks - The Origins of the United Nations)

*Hilf, Meinhard*: Die Auslegung mehrsprachiger Verträge - Eine Untersuchung zum Völkerrecht und zum Staatsrecht der Bundesrepublik Deutschland, Berlin 1973 (zit.: *Hilf*, Die Auslegung mehrsprachiger Verträge)

*Hillgruber, Christian*: Die Aufnahme neuer Staaten in die Völkerrechtsgemeinschaft - Das völkerrechtliche Institut der Anerkennung von Neustaaten in der Praxis des 19. und 20. Jahrhunderts, Frankfurt, Berlin, Bern 1998 (zit.: *Hillgruber*, Die Aufnahme neuer Staaten in die Völkerrechtsgemeinschaft)

*Hottinger, Arnold*: Der Dauerkrieg zwischen Iran und Irak - Die Belastungsfähigkeit beider Regimes, in Europa-Archiv 43 (1988), S. 141-150 (zit.: *Hottinger*, EA 43 (1988))

*Hüfner, Klaus/Naumann, Jens*: Das System der Vereinten Nationen, Düsseldorf 1974 (zit.: *Hüfner/Neumann*, System der Vereinten Nationen)

*derselbe*: Neue Friedensordnung durch Revision der VN-Charta, in: Vierteljahresschrift für Sicherheit und Frieden 1992, S. 37-39 (zit.: *Hüfner*, Vjschrift für Sicherheit und Frieden 1992)

*Incesu, Lotte*: Die kurdische Frage aus völkerrechtlicher Sicht, in: Humanitäres Völkerrecht 1994, S. 171-186 (zit.: *Incesu*, Humanitäres Völkerrecht 1994)

*Ipsen, Knut*: Völkerrecht, 3. Auflage, München 1990 (zit.: *Ipsen*, Völkerrecht) *derselbe*: Völkerrechtlicher Individualschutz in Konfliktgebieten - Die Schutzbedürftigkeit von Menschen und Volksgruppen in der Anschlußphase des Golfkrieges, in: Vierteljahresschrift für Sicherheit und Frieden 1991, S. 119-123 (zit.: *Ipsen*, Vierteljahresschrift für Sicherheit und Frieden 1991)

*derselbe*: Völkerrechtlicher Individualschutz in Konfliktgebieten, in: Lutz, Dieter S. (Hrsg.): Völkerrecht und Friedensordnung, Hamburger Beiträge zur Friedensforschung und Sicherheitspolitik, Bd. 59, Hamburg 1991, S. 25-38 (zit.: *Ipsen*, Völkerrechtlicher Individualschutz, in: Lutz (Hrsg.), Völkerrecht und Friedensordnung)

*derselbe*: Gewaltverbot - Interventionsverbot - Nichteinmischung: Elemente der gemeinsamen Sicherheit, in: Heintze, Hans-Joachim (Hrsg.), Von der Koexistenz zur Kooperation - Völkerrecht in der Periode der Ost-West-Annäherung Ende der 80er Jahre, Bochumer Schriften zur Friedenssicherung und zum Humanitären Völkerrecht, Band 13, Bochum 1992, Seite 1-12 (zit.: *Ipsen*, Gewaltverbot - Interventionsverbot - Nichteinmischung: Elemente der gemeinsamen Sicherheit, in: Heintze (Hrsg.), Von der Koexistenz zur Kooperation)

*Jauernig, Othmar (Hrsg.)*: Bürgerliches Gesetzbuch, erläutert von Othmar Jauernig, Peter Schlechtriem, Rolf Stürner, Arndt Teichmann und Max Vollkommer, 7. Auflage, München 1994 (zit.: *Jauernig/Bearbeiter*, Vorschrift des BGB, Nummer der zitierten Anmerkung)

*Jennings, R.Y.*: The Caroline and McLeod Cases, in: American Journal of International Law 32 (1938), S. 82-99 (zit.: *Jennings*, AJIL 32 (1938))

*Jiménez de Aréchaga, Eduardo*: United Nations Security Council, in: Bernhardt, Rudolf (Hrsg.): Encyclopedia of public international law, Band 5 (International organizations in general/Universal international organizations and co-operation), Amsterdam, New York, Oxford 1983, S. 345-349 (zit.: *Jiménez de Aréchaga*, UN Security Council, in: Bernhardt (Hrsg.), EPIL 5 (1983))

*Kadelbach, Stefan*: Zwingendes Völkerrecht, Berlin 1992 (zit.: *Kadelbach*, Zwingendes Völkerrecht)

*Kaestner, Roland/Neuneck, Götz*: High Tech und der Krieg am Golf - die Kosten moderner Kriegsführung, in: Vierteljahresschrift für Sicherheit und Frieden 1991, S. 127-133 (zit.: *Kaestner/Neuneck*, Vjschrift für Sicherheit und Frieden 1991)

*Kartashkin, Vladimir*: Human Rights and Humanitarian Intervention, in: Damrosch, Lori F./Scheffer, David J. (Hrsg.): Law and Force in the New International Order, Boulder, San Francisco, Oxford 1991, S. 202-211 (zit.: *Kartashkin*, Human Rights and Humanitarian Intervention, in: Damrosch/Scheffer (Hrsg.), Law and Force in the New International Order)

*Kausch, Hans G.*: Embargo, in: Bernhardt, Rudolf (Hrsg.): Encyclopedia of Public International Law (EPIL), Vol. II, Amsterdam, Lausanne, New York, Oxford, Shannon, Tokyo 1995, S. 58-63 (zit.: *Kausch*, Embargo, in: Bernhardt (Hrsg.), EPIL, Vol. II (1995))

*Kelsen, Hans*: Limitations on the Functions of the United Nations, in: Yale Law Journal 55 (1945/46), S. 997-1015 (zit.: *Kelsen*, Yale Law Journal 55 (1945/46))

*derselbe*: Collective Security and Collective Self-Defense under the Charter of the United Nations, in: American Journal of International Law 42 (1948), S. 783-796 (zit.: *Kelsen*, AJIL 42 (1948))

*derselbe*: The Law of the United Nations, mit der Zusatzbeilage "Recent Trends in the Law of the United Nations", London 1950 (zit.: *Kelsen*, The Law of the United Nations)

*Kenny, Kevin C.*: Self-Defence, in: Wolfrum, Rüdiger (Hrsg.): United Nations: Law, Policies and Practice, München 1995, Vol. 2, Abschnitt Nr. 120, S. 1162-1170 (zit.: Kenny, Self-Defence, in: Wolfrum (Hrsg.), United Nations: Law, Policies and Practice, Vol. 2)

*Kewenig, Wilhelm*: Gewaltverbot und noch zulässige Gewalteinwirkung und Interventionsmittel, in: Schaumann, Wilfried (Hrsg.): Völkerrechtliches Gewaltverbot und Friedenssicherung, Baden-Baden 1971, S. 175-213 (zit.: *Kewenig*, Gewaltverbot und noch zulässige Gewalteinwirkung, in: Schaumann (Hrsg.), Völkerrechtliches Gewaltverbot)

*Kimminich, Otto*: Friedensforschung und Völkerrecht - Kritische Anmerkungen zu Dieter S. Lutz, in: Lutz, Dieter S. (Hrsg.): Völkerrecht und Friedensordnung, Hamburger Beiträge zur Friedensforschung und Sicherheitspolitik, Bd. 59, Hamburg 1991, S. 13-18 (zit.: *Kimminich*, Friedensforschung und Völkerrecht, in: Lutz (Hrsg.), Völkerrecht und Friedensordnung)

*derselbe*: Einführung in das Völkerrecht, 5. Auflage, Tübingen, Basel 1993 (zit.: *Kimminich*, Völkerrecht)

*derselbe*: Der Mythos der humanitären Intervention, in: Archiv des Völkerrechts 33 (1995), S. 430-458 (zit.: *Kimminich*, AVR 33 (1995))

*Kirk, Grayson*: The Enforcement of Security, in: Yale Law Journal 55 (1945/46), S. 1081-1096 (zit.: *Kirk,* Yale Law Journal 55 (1945/46))

*Klein, Eckart*: Völkerrechtliche Aspekte des Golfkonflikts 1990/91, in: Archiv des Völkerrechts 29 (1991), S. 421-435 (zit.: *Klein*, AVR 29 (1991))

*derselbe*: Sanctions by International Organizations and Economic Communities, in: Archiv des Völkerrechts 30 (1992), S. 101-113 (zit.: *Klein*, AVR 30 (1992))

*derselbe*: Die Internationalen und Supranationalen Organisationen als Völkerrechtssubjekte, in: Wolfgang Graf Vitzthum (Hrsg.), Völkerrecht, Berlin 1997, 4. Abschnitt (zit.: *Klein*, Die Internationalen und Supranationalen Organisationen als Völkerrechtssubjekte, in: Graf Vitzthum (Hrsg.), Völkerrecht, 4. Abschnitt)

*Körbs, Hartmut*: Ist die Organisation über Sicherheit und Zusammenarbeit in Europa (OSZE) eine "regionale Abmachung oder Einrichtung" im Sinne des Kapitels VIII der UN-Charta? in: Archiv des Völkerrechts 33 (1995), S. 459-538 (zit.: *Körbs*, AVR 33 (1995))

*Kolesnik, D.N.*: The Development of the Right to Self-Defence, in: Butler, William E. (Hrsg.): The Non-Use of Force in International Law, Dordrecht, Boston, London 1989, S. 153-159 (zit.: *Kolesnik*, The Development of the Right to Self-Defence, in: Butler (Hrsg.), The Non-Use of Force in International Law)

*Kolosov, Yuri M.*: Limiting the Use of Force: Self-Defense, Terrorism, and Drug-Trafficking, in: Damrosch, Lori F./Scheffer, David J. (Hrsg.): Law and Force in the New International Order, Boulder, San Francisco, Oxford 1991, S. 233-236 (zit.: *Kolosov*, Limiting the Use of Force, in: Damrosch/Scheffer (Hrsg.), Law and Force in the New International Order)

*Krell, Gert*: Wie der Gewalt widerstehen? - Die Frage legitimer Gegengewalt als ethisches und politisches Problem, in: Aus Politik und Zeitgeschichte 44 (1994), B 2, S. 29-36 (zit.: *Krell*, Aus Politik und Zeitgeschichte 44 (1994))

*Kreß, Claus*: Gewaltverbot und Selbstverteidigungsrecht nach der Satzung der Vereinten Nationen bei staatlicher Verwicklung in Gewaltakte Privater, Berlin 1995 (zit.: *Kreß*, Gewaltverbot und Selbstverteidigungsrecht)

*Krezdorn, Franz Joseph*: Les Nations Unies et les Accords Régionaux, Thèse No. 100 de l'Université de Genève, Genf 1954 (zit.: *Krezdorn*, Les Nations Unies et les Accords Régionaux)

*Krökel, Michael*: Die Bindungswirkung von Resolutionen des Sicherheitsrates der Vereinten Nationen gegenüber Mitgliedstaaten, Berlin 1977 (zit.: *Krökel*, Bindungwirkung von Resolutionen des Sicherheitsrates)

*Krylov, Nikolai B.*: Enhancing the Role and Effectiveness of the United Nations in Strengthening the International Legal Order, in: Butler, William E. (Hrsg.): The Non-Use of Force in International Law, Dordrecht, Boston, London 1989, S. 111-118 (zit.: *Krylov*, Enhancing the Role and Effectiveness of the United Nations, in: Butler (Hrsg.), The Non-Use of Force in International Law)

*derselbe*: International Peacekeeping and Enforcement Actions After the Cold War, in: Damrosch, Lori F./Scheffer, David J. (Hrsg.): Law and Force in the New International Order, Boulder, San Francisco, Oxford 1991, S. 94-100 (zit.: *Krylov*, International Peacekeeping and Enforcement Actions, in: Damrosch/Scheffer (Hrsg.), Law and Force in the New International Order)

*Kühne, Winrich*: Die Friedenssicherung der Vereinten Nationen in der Krise? - Eine Zwischenbilanz, in: Aus Politik und Zeitgeschichte 44 (1994), B 2, S. 18-27 (zit.: *Kühne*, Aus Politik und Zeitgeschichte 44 (1994))

*Küng, Manfred/Eckert, Martin K.*: Repetitorium zum Völkerrecht, Bern, Stuttgart, Wien 1993 (zit.: *Küng/Eckert*, Repetitorium zum Völkerrecht)

*Kunig, Philip*: Rechtsfragen der Vereinten Nationen, in: Juristische Ausbildung 13 (1991), S. 214-219 (zit.: *Kunig*, JURA 13 (1991))

*derselbe*: Völkerrecht und staatliches Recht, in: Wolfgang Graf Vitzthum (Hrsg.), Völkerrecht, Berlin 1997, 2. Abschnitt (zit.: *Kunig*, Völkerrecht und staatliches Recht, in: Graf Vitzthum (Hrsg.), Völkerrecht, 2. Abschnitt)

*Kunz, Josef L.*: Individual and Collective Self-Defense in Article 51 of the Charter of the United Nations, in: American Journal of International Law 41 (1947), S. 872-879 (zit.: *Kunz*, AJIL 41 (1947))

*Lagoni, Rainer*: Resolution, Declaration, Decision, in: Wolfrum, Rüdiger (Hrsg.): United Nations: Law, Policies and Practice, München 1995, Vol. 2, Abschnitt Nr. 113, S. 1081-1091 (zit.: *Lagoni*, Resolution, Declaration, Decision, in: Wolfrum (Hrsg.), United Nations: Law, Policies and Practice, Vol. 2)

*derselbe/Nunez-Müller, Marco*: Resolution, Erklärung, Beschluß, in: Wolfrum, Rüdiger (Hrsg.): Handbuch Vereinte Nationen, München 1991, 94. Abschnitt, S. 693-701 (zit.: *Lagoni/Nunez-Müller*, Resolution, Erklärung, Beschluß, in: Wolfrum (Hrsg.), Handbuch Vereinte Nationen, 94. Abschnitt)

*Langenfeld, Christine*: Embargo (Addendum 1992), in: Bernhardt, Rudolf (Hrsg.): Encyclopedia of Public International Law (EPIL), Vol. II, Amsterdam, Lausanne, New York, Oxford, Shannon, Tokyo 1995, S. 63-67 (zit.: *Langenfeld*, Embargo (Addendum 1992), in: Bernhardt (Hrsg.), EPIL, Vol. II (1995))

*Lapidoth, Ruth*: Some Reflections on the Law and Practice Concerning the Imposition of Sanctions by the Security Council, in: Archiv des Völkerrechts 30 (1992), S. 114-127 (zit.: *Lapidoth*, AVR 30 (1992))

*Lauterpacht, Elihu/Greenwood, Christopher J./Weller, Marc/ Bethlehem, Daniel (Hrsg.)*: The Kuwait Crisis - Basic Documents, Cambridge 1991 (zit.: *Lauterpacht/Greenwood/Weller/Bethlehem (Hrsg.)*, The Kuwait Crisis - Basic Documents)

*Lavalle, Robert*: The Law of the United Nations and the Use of Force, under the relevant Security Council Resolutions of 1990 and 1991, to resolve the Persian Gulf Crisis, in: Netherlands Yearbook of International Law 23 (1992), S. 3-65 (zit.: *Lavalle*, NYBIL 23 (1992))

*Levitt, Geoffrey M.*: Intervention to Combat Terrorism and Drug Trafficking, in: Damrosch, Lori F./Scheffer, David J. (Hrsg.): Law and Force in the New International Order, Boulder, San Francisco, Oxford 1991, S. 224-232 (zit.: *Levitt*, Intervention to Combat Terrorism, in: Damrosch/Scheffer (Hrsg.), Law and Force in the New International Order)

*Linde, Gerd*: Krieg um Kuwait - Der Weg zur "Mutter aller Schlachten", in: Berichte des Bundesinstituts für ostwissenschaftliche und internationale Studien, Bd. 14, Köln 1991 (zit.: *Linde*, Krieg um Kuwait)

*Lowe, A.V./Warbrick, Colin*: Current Developments - Public International Law: The Invasion of Kuwait by Iraq - Part II, in: International and Comparative Law Quarterly 40 (1991), S. 965-969 (zit.: *Lowe/Warbrick*, ICLQ 40 (1991))

*Lukashuk, Igor I.*: The United Nations and Illegitimate Regimes: When to Intervene to Protect Human Rights, in: Damrosch, Lori F./Scheffer, David J. (Hrsg.): Law and Force in the New International Order, Boulder, San Francisco, Oxford 1991, S. 143-158 (zit.: *Lukashuk*, The United Nations and Illegitimate Regimes, in: Damrosch/Scheffer (Hrsg.), Law and Force in the New International Order)

*Lutz, Dieter S.*: Die Golfkrise - Das Grundgesetz - Die Gemeinsame Sicherheit, in: Vierteljahresschrift für Sicherheit und Frieden 1990, S. 233-237 (zit.: *Lutz*, Vjschrift für Sicherheit und Frieden 1990) *derselbe*: Friedensforschung und Völkerrecht - Von einem Recht der Staaten zu einem Recht der Völker und Menschen, in: derselbe (Hrsg.): Völkerrecht und Friedensordnung, Hamburger Beiträge zur Friedensforschung und Sicherheitspolitik, Bd. 59, Hamburg 1991, S. 7-12 (zit.: *Lutz*, Friedensforschung und Völkerrecht, in: derselbe (Hrsg.), Völkerrecht und Friedensordnung)

*derselbe*: Ist der "klinisch saubere" Krieg verhältnismäßig? in: Vierteljahresschrift für Sicherheit und Frieden 1991, S. 134-138 (zit.: *Lutz*, Vjschrift für Sicherheit und Frieden 1991)

*derselbe*: Deutschland und die kollektive Sicherheit, Opladen 1993, (zit.: *Lutz*, Deutschland und die kollektive Sicherheit)

*derselbe/Müller, Erwin*: Die Vereinten Nationen nach dem Golf-Krieg, in: Vierteljahresschrift für Sicherheit und Frieden 1991, S. 124-127 (zit.: *Lutz/Müller*, Vjschrift für Sicherheit und Frieden 1991)

*Malanczuk, Peter*: The Kurdish Crisis and Allied Intervention in the Aftermath of the Second Gulf War, in: European Journal of International Law 2 (1991), S. 114-132 (zit.: *Malanczuk*, EJIL 2 (1991))

*Mariaschin, Daniel S.*: Wege zum Frieden, in: Die politische Meinung, Nr. 257, April 1991, S. 12-20 (zit.: *Mariaschin*, Die politische Meinung, Nr. 257, April 1991)

*Marston, Geoffrey*: United Kingdom Materials on International Law 1982, in: British Yearbook of International Law 53 (1982), S. 337 ff. (zit.: *Marston*, BYBIL 53 (1982))

*Maunz, Theodor/Dürig, Günther/Herzog, Roman/Scholz, Rupert*: Kommentar zum Grundgesetz, Band II., Art. 12a-37, von Theodor Maunz, Günther Dürig, Roman Herzog und Rupert Scholz (Loseblattsammlung) (zit.: *MDHS/Bearbeiter, Art. des GG*)

*McCoubrey, H.*: Rules of Engagement, in: New Law Journal 140 (1990), S. 1527-1532 (zit.: *McCoubrey*, New Law Journal 140 (1990))

*McDougal, Myres S*: The Soviet-Cuban Quarantine and Self-Defence, in: American Journal of Public International Law 57 (1963), S. 597-604 (zit.: *McDougal*, AJIL 57 (1963))

*derselbe/Feliciano, Florentino P.*: The International Law of War - Transnational Coercion and World Public Order, Dordrecht, Boston, London 1994 (zit.: *McDougal/Feliciano*, The International Law of War)

*Mendelson, Maurice H.*: The Nicaragua Case and Customary International Law, in: Butler, William E. (Hrsg.): The Non-Use of Force in International Law, Dordrecht, Boston, London 1989, S. 85-99 (zit.: *Mendelson*, The Nicaragua Case and Customary International Law, in: Butler (Hrsg.), The Non-Use of Force in International Law)

*Meng, Werner*: The Caroline, in: Bernhardt, Rudolf (Hrsg.): Encyclopedia of Public International Law (EPIL), Vol. I, Amsterdam, London, New York, Tokyo 1992, S. 537-538 (zit.: *Meng*, The Caroline, in: Bernhardt (Hrsg.), EPIL, Vol. I (1992))

*Menk, Thomas Michael*: Gewalt für den Frieden - Die Idee der kollektiven Sicherheit und die Pathognomie des Krieges im 20. Jahrhundert, Berlin 1992 (zit.: *Menk*, Gewalt für den Frieden)

*derselbe*: Frieden durch Weltlegalität, in: Der Staat 32 (1993), S. 401-429 (zit.: *Menk*, Der Staat 32 (1993))

*Menzel, Eberhard*: Kommentierung zu Art. 115a GG, in: Bonner Kommentar zum Grundgesetz, Bd. 10 (Art. 115a-130) (zit.: *Menzel* in BK, Art. 115a GG)

*Meron, Theodor*: Commmentary on Humanitarian Intervention, in: Damrosch, Lori F./Scheffer, David J. (Hrsg.): Law and Force in the New International Order, Boulder, San Francisco, Oxford 1991, S. 212-214 (zit.: *Meron*, Commentary on Humanitarian Intervention, in: Damrosch/Scheffer (Hrsg.), Law and Force in the New International Order)

*Messerli, Beat*: Nachlese zum Golfkrieg: Dellums v. Bush: Die amerikanische Gewaltenteilung auf dem Prüfstand, in: Schweizerische Juristen Zeitung 1991, S. 177-183 (zit.: *Messerli*, Schweizerische Juristen Zeitung 1991)

*Moniac, Rüdiger*: UNO erkennt Grenzen, in: DIE WELT 1995 vom 20. September 1995, S. 6 (zit.: *Moniac*, DIE WELT v. 20.9.95)

*Moore, John Norton*: Crisis in the Gulf - Enforcing the Rule of Law, New York, London, Rom 1992 (zit.: *Moore*, Crisis in the Gulf)

*Münch, Ingo von*: Völkerrecht, 2. Auflage, Berlin 1982 (zit.: *von Münch*, Völkerrecht)

*Mullerson, Rein A.*: The Principle of Non-Threat and Non-Use of Force in the Modern World, in: Butler, William E. (Hrsg.): The Non-Use of Force in International Law, Dordrecht, Boston, London 1989, S. 29-38 (zit.: *Mullerson*, The Principle of Non-Threat and Non-Use of Force, in: Butler (Hrsg.), The Non-Use of Force in International Law)

*derselbe*: Self-Defense in the Contemporary World, in: Damrosch, Lori F./Scheffer, David J. (Hrsg.): Law and Force in the New International Order, Boulder, San Francisco, Oxford 1991, S. 13-25 (zit.: *Mullerson*, Self-Defense in the Contemporary World, in: Damrosch/Scheffer (Hrsg.), Law and Force in the New International Order)

*derselbe*: Intervention by Invitation, in: Damrosch, Lori F./Scheffer, David J. (Hrsg.): Law and Force in the New International Order, Boulder, San Francisco, Oxford 1991, S. 127-134 (zit.: *Mullerson*, Intervention by Invitation, in: Damrosch/Scheffer (Hrsg.), Law and Force in the New International Order)

*Murphy, Cornelius*: The Conciliatory Responsibilities of the United Nations Security Council, in: German Yearbook of International Law 35 (1992), S. 190-204 (zit.: *Murphy, C.*, GYBIL 35 (1992))

*Murphy, John F.*: The United Nations and the Control of International Violence - A legal and political analysis, Totowa 1982 (zit.: *Murphy, J.F.*, The United Nations and the Control of International Violence) *derselbe*: Commentary on Intervention to Combat Terrorism and Drug Trafficking, in: Damrosch, Lori F./Scheffer, David J. (Hrsg.): Law and Force in the New International Order, Boulder, San Francisco, Oxford 1991, S. 241-243 (zit.: *Murphy, J.F.*, Intervention to Combat Terrorism and Drug Trafficking, in: Damrosch/Scheffer (Hrsg.), Law and Force in the New International Order)

*derselbe*: Force and Arms, in: Schachter, Oscar/Joyner Cristopher C. (Hrsg.): United Nations Legal Order, Cambridge 1995, S. 247-317 (zit.: *Murphy, J.F.*, Force and Arms, in: Schachter/Joyner (Hrsg.), United Nations Legal Order)

*Nagan, Winston P.*: Rethinking Bosnia and Herzegovina's Right of Self-Defence: A Comment, in: The Review, International Commission of Jurists, Nr. 52 (1994), S. 34-46 (zit.: *Nagan*, The Review, Nr. 52 (1994))

*Nanda, Ved*: Commentary on International Intervention to promote the Legitimacy of Regimes, in: Damrosch, Lori F./Scheffer, David J. (Hrsg.): Law and Force in the New International Order, Boulder, San Francisco, Oxford 1991, S. 181-184 (zit.: *Nanda*, International Intervention to promote the Legitimacy of Regimes, in: Damrosch/Scheffer (Hrsg.), Law and Force in the New International Order)

*Nassehi, Armin*: Der Golfkrieg und die Ungleichzeitigkeit der Weltgesellschaft, in: Merkur 1991, Nr. 4, S. 356-363 (zit.: *Nassehi*, Merkur 1991, Nr. 4)

*Negt, Oskar*: Vom moralischen Dilemma des Golfkrieges - Ein Plädoyer für den absoluten Vorrang der Friedenslogik, in: Vorgänge 30 (1991), Nr. 112, S. 34-56 (zit.: *Negt*, Vorgänge 30 (1991))

*Niewerth, Johannes/Rehr-Zimmermann, Thilo*: Der Einsatz der NATO zur Streitbeilegung nach der UN-Charta, in: Humanitäres Völkerrecht 1994, S. 186-294 (zit.: *Niewerth/Rehr-Zimmermann*, Humanitäres Völkerrecht 1994)

*Oppermann, Thomas*: Das Verbot der Gewaltanwendung, in: Schaumann, Wilfried (Hrsg.): Völkerrechtliches Gewaltverbot und Friedenssicherung, Baden-Baden 1971, S. 119-145 (zit.: *Oppermann*, Das Verbot der Gewaltanwendung, in: Schaumann (Hrsg.), Völkerrechtliches Gewaltverbot) *derselbe*: Intervention, in: Bernhardt, Rudolf (Hrsg.): Encyclopedia of Public International Law (EPIL), Vol. II, Amsterdam, Lausanne, New York, Oxford, Shannon, Tokyo 1995, S. 1436-1439 (zit.: *Oppermann*, Intervention, in: Bernhardt (Hrsg.), EPIL, Vol. II (1995))

*Osmanczyk, Edmund Jan* : The Encyclopedia of the United Nations and International Agreements, 2. Auflage, New York 1990 (zit.: *Osmanczyk*, Encyclopedia of the United Nations)

*Paech, Norman*: Eine kopernikanische Wende des Völkerrechts? oder Welches Recht in welcher neuen Weltordnung? in: Vierteljahresschrift für Sicherheit und Frieden 1991, S. 11-15 (zit.: *Paech*, Vjschrift für Sicherheit und Frieden 1991)

*Paehler, Hans H.*: Golf und Recht, in: Betrifft Justiz 1990, S. 332 (zit.: *Paehler*, Betrifft Justiz 1990)

*Palandt/Bearbeiter*: Bürgerliches Gesetzbuch, Kommentar, 58. Auflage, München 1999 (zit.: *Palandt/Bearbeiter*, Kommentar zum BGB, Vorschrift des BGB)

*Partsch, Karl Josef*: Von der Souveränität zur Solidarität - Wandelt sich das Völkerrecht? in: Europäische Grundrechtezeitschrift 18 (1991), S. 469-475 (zit.: *Partsch*, EuGRZ 18 (1991))

*derselbe*: Armed Conflict, in: Bernhardt, Rudolf (Hrsg.): Encyclopedia of Public International Law (EPIL), Vol. I, Amsterdam, London, New York, Tokyo 1992, S. 249-253 (zit.: *Partsch*, Armed Conflict, in: Bernhardt (Hrsg.), EPIL, Vol. I (1992))

*derselbe*: Armed Conflict, Fundamental Rules, in: Bernhardt, Rudolf (Hrsg.): Encyclopedia of Public International Law (EPIL), Vol. I, Amsterdam, London, New York, Tokyo 1992, S. 253-256 (zit.: *Partsch*, Armed Conflict, Fundamental Rules, in: Bernhardt (Hrsg.), EPIL, Vol. I (1992))

*derselbe*: Humanitarian Law and Armed Conflict, in: Bernhardt, Rudolf (Hrsg.): Encyclopedia of Public International Law (EPIL), Vol. II, Amsterdam, Lausanne, New York, Oxford, Shannon, Tokyo 1995, S. 933-936 (zit.: *Partsch*, Humanitarian Law, in: Bernhardt (Hrsg.), EPIL, Vol. II (1995))

*Pechstein, Matthias*: Der Golfkrieg - Völkerrechtliche und grundgesetzliche Aspekte, in: Juristische Ausbildung 13 (1991), S. 461-467 (zit.: *Pechstein*, JURA 13 (1991))

*Pérez de Cuéllar, Javier*: Neue Herausforderungen für die Vereinten Nationen, in: Europa-Archiv 46 (1991), S. 416-421 (zit.: *Pérez de Cuéllar*, EA 46 (1991))

*Philipp, Christiane E./Plesmann, Wolf*: Conflicts, Yugoslavia, in: Wolfrum/Rüdiger (Hrsg.): United Nations: Law, Policies and Practice, München 1995, Vol. 1, Abschnitt Nr. 35, S. 338-348 (zit.: *Philipp/Plesmann*, Conflicts, Yugoslavia, in: Wolfrum (Hrsg.), United Nations: Law, Policies and Practice, Vol. 1)

*dieselbe/Wolfrum, Rüdiger*: Conflicts, Iraq/Kuwait, in: Wolfrum/Rüdiger (Hrsg.): United Nations: Law, Policies and Practice, München 1995, Vol. 1, Abschnitt Nr. 29, S. 261-277 (zit.: *Philipp/Wolfrum*, Conflicts, Iraq/Kuwait, in: Wolfrum (Hrsg.), United Nations: Law, Policies and Practice, Vol. 1)

*Possony, Stefan T.*: Peace Enforcement, in: Yale Law Journal 55 (1945/46), S. 910-949 (zit.: *Possony*, Yale Law Journal 55 (1945/46))

*Przetacznik, Frank*: The unlawfulness of war under contemporary international law, in: Revue de droit international, de sciences diplomatiques et politiques 67 (1989), S. 183-238 (zit.: *Przetacznik*, Revue de droit international 67 (1989))

*derselbe*: The disapproval of war as a legal institution by philosophers, in: Revue de droit international, de sciences diplomatiques et politiques 69 (1991), S. 197-236 (zit.: *Przetacznik*, Revue de droit international 69 (1991))

*derselbe*: The illegality of the concept of just war under contemporary international law, in: Revue de droit international, de sciences diplomatiques et politiques 70 (1992), S. 245-294 (zit.: *Przetacznik*, Revue de droit international 79 (1992))

*derselbe*: Measures applied toward Iraq for her Aggression against Kuwait, in: Revue de droit international, de sciences diplomatiques et politiques 71 (1993), S. 117-149 (zit.: *Przetacznik*, Revue de droit international 71 (1993))

*Pyrich, Alissa*: Recent Developments - United Nations: Authorizations of the Use of Force, in: Harvard International Law Journal 32 (1991), S. 265-274 (zit.: *Pyrich*, HILJ 32 (1991))

*Ramcharan, B.G.*: The Security Council - Maturing of International Protection of Human Rights, in: The Review. International Commission of Jurists, Nr. 48, Juni 1992, S. 24-37 (zit.: *Ramcharan*, The Review, Nr. 48, Juni 1992)

*Randelzhofer, Albrecht*: Use of Force, in: Encyclopedia of Public International Law (EPIL), Band 4 (Use of Force, Wars and Neutrality, Peace Treaties), Amsterdam, New York, Oxford 1982, S. 265-275 (zit.: *Randelzhofer*, EPIL, Bd. 4)

*derselbe*: Der Falklandkonflikt und seine Bewertung nach geltendem Völkerrecht, in: Europa-Archiv 38 (1983), S. 685-694 (zit.: *Randelzhofer*, EA 38 (1983))

*derselbe*: Die Friedenssicherung in der VN-Charta, in: Außenpolitik 36 (1985), S. 230-238 (zit.: *Randelzhofer*, Außenpolitik 36 (1985))

*Rappard, William E.*: The United Nations from a European Point of View, in: Yale Law Journal 55 (1945/46), S. 1036-1048 (zit.: *Rappard*, Yale Law Journal 55 (1945/46))

*Reisman, Michael W.*: The Emperor Has No Clothes: Article 2 (4) and the Use of Force in Contemporary International Law, in: Saxena, J.N. (Hrsg.), United Nations for a Better World, New Delhi 1986 (zit.: *Reisman*, The Emperor Has No Clothes: Article 2 (4) and the Use of Force in Contemporary International Law, in: Saxena, J.N. (Hrsg.), United Nations for a Better World) *derselbe*: Allocating Competences to Use Coercion in the Post-Cold War World: Practices, Conditions, and Prospects, in: Damrosch, Lori F./Scheffer, David J. (Hrsg.): Law and Force in the New International Order, Boulder, San Francisco, Oxford 1991, S. 26-48 (zit.: *Reisman*, Allocating Competences to Use Coercion, in: Damrosch/Scheffer (Hrsg.), Law and Force in the New International Order)

*derselbe*: The Raid on Baghdad - Some Reflections on its Lawfulness and Implications, in: European Journal of International Law 5 (1994), S. 120-133 (zit.: *Reisman*, EJIL 5 (1994))

*Reschke, Brigitte*: Der aktuelle Fall: Die Aufhebung der Sanktionen gegen Haiti, in: Humanitäres Völkerrecht 1994, S. 134-139 (zit.: *Reschke*, Humanitäres Völkerrecht 1994)

*Riedel, Norbert K.*: Militärische Sanktionen der UNO nach Art. 42 UN-Charta, in: Zeitschrift für Rechtspolitik 24 (1991), S. 5-9 (zit.: *Riedel*, Zeitschrift für Rechtspolitik 24 (1991))

*Rittberger, Volker*: Zwischen Weltregierung und Staatenanarchie - UN und internationale Friedenssicherung, in: Doeker, Günther/Volger, Helmut (Hrsg.): Die Wiederentdeckung der Vereinten Nationen - Kooperative Weltpolitik und Friedensvölkerrecht, Opladen 1990 (zit.: *Rittberger*, Zwischen Weltregierung und Staatenanarchie, in: Doeker/Volger (Hrsg.), Die Wiederentdeckung der Vereinten Nationen)

*Rivkin, David B. Jr.*:Commentary on Aggression and Self-Defense, in: Damrosch, Lori F./Scheffer, David J. (Hrsg.): Law and Force in the New International Order, Boulder, San Francisco, Oxford 1991, S. 54-61 (zit.: *Rivkin*, Commentary on Aggression and Self-Defense, in: Damrosch/Scheffer (Hrsg.), Law and Force in the New International Order)

*Roberts, Adam*: Humanitarian War: Military Intervention and Human Rights, in: Humanitäres Völkerrecht 1993, S. 147-155 (zit.: *Roberts*, Humanitäres Völkerrecht 1993)

*Rostow, Eugene V.*: Until what? Enforcement Action or Collective Self-Defence? in: American Journal of International Law 85 (1991), S. 506-516 (zit.: *Rostow E.V.*, AJIL 85 (1991))

*Rostow, Nicholas*: The International Use of Force after the Cold War, in Harvard International Law Journal 32 (1991), S. 411-421 (zit.: *Rostow, N.*, HILJ 32 (1991))

*Rowe, Peter*: The Gulf and the Laws of War, in: New Law Journal 141 (1991), S. 228-234 (zit.: *Rowe*, New Law Journal 141 (1991))

*Ruiz, Miguel Alfonso*: Pazifismus, gerechter Krieg und Notwehr, in: Krawietz, Werner/Wright, Georg Hendrik von (Hrsg.): Öffentliche oder private Moral? - Vom Geltungsgrunde oder der Legitimität des Rechts, Festschrift für Ernesto Garzon Valdez, Berlin 1992, S. 429-451, (zit.: *Ruiz*, Pazifismus, gerechter Krieg und Notwehr, in: Krawietz/Wright (Hrsg.), Öffentliche oder private Moral?)

*Russell, Ruth B.*: A History of the United Nations Charter - The Role of the United States 1940-1945, Washington 1958 (zit.: *Russell*, History of the United Nations Charter)

*Sakellariou, Jannis/Williams, Gareth*: Jugoslawien - Eine Krise im Herzen Europas, in: Vierteljahresschrift für Sicherheit und Frieden 1991, S. 207-211 (zit.: *Sakellariou/Williams*, Vjschrift für Sicherheit und Frieden 1991)

*Schachter, Oscar*: United Nations Law in the Gulf Conflict, in: American Journal of International Law 85 (1991), S. 452-473 (zit.: *Schachter*, AJIL 85 (1991))

*derselbe*: International Law in Theory and Practice, Dordrecht, Boston, London 1991 (zit.: *Schachter*, International Law in Theory and Practice)

*derselbe*: Authorized Uses of Force by the United Nations and Regional Organizations, in: Damrosch, Lori F./Scheffer, David J. (Hrsg.): Law and Force in the New International Order, Boulder, San Francisco, Oxford 1991, S. 65-93 (zit.: *Schachter*, Authorized Uses of Force by the United Nations, in: Damrosch/Scheffer (Hrsg.), Law and Force in the New International Order)

*derselbe*: United Nations Law, in: American Journal of International Law 88 (1994), S. 1-23 (zit.: *Schachter*, AJIL 88 (1994))

*Schaefer, Michael*: Die Funktionsfähigkeit des Sicherheitsmechanismus der Vereinten Nationen, Berlin, Heidelberg, New York 1981 (zit.: *Schaefer*, Die Funktionsfähigkeit des Sicherheitsmechanismus der Vereinten Nationen)

*derselbe*: Die Rolle der Vereinten Nationen im Rahmen der Friedenssicherung, in: Doeker, Günther/Volger, Helmut (Hrsg.): Die Wiederentdeckung der Vereinten Nationen - Kooperative Weltpolitik und Friedensvölkerrecht, Opladen 1990 (zit.: *Schaefer*, Die Rolle der Vereinten Nationen im Rahmen der Friedenssicherung, in: Doeker/Volger (Hrsg.), Die Wiederentdeckung der Vereinten Nationen)

*Scheffer, David J.*: Commentary on Collective Security, in: derselbe/Damrosch, Lori F. (Hrsg.): Law and Force in the New International Order, Boulder, San Francisco, Oxford 1991, S. 101-110 (zit.: *Scheffer*, Commentary on Collective Security, in: derselbe/Damrosch (Hrsg.), Law and Force in the New International Order)

*Schermers, Henry G.*: International Organizations, Resolutions, in: Bernhardt, Rudolf (Hrsg.): Encyclopedia of Public International Law (EPIL), Vol. II, Amsterdam, Lausanne, New York, Oxford, Shannon, Tokyo 1995, S. 1333-1336 (zit.: *Schermers*, International Organizations, Resolutions, in: Bernhardt (Hrsg.), EPIL, Vol. II (1995))

*Schiermeyer, Horst*: Golfkrieg und Völkerrecht, in: Forum Recht 1991, S. 40-41 (zit.: *Schiermeyer*, Forum Recht 1991)

*Schindler, Dietrich*: Die Grenzen des völkerrechtlichen Gewaltverbots, in: Berichte der Deutschen Gesellschaft für Völkerrecht (DGVR), Band 26 (1986), S. 11-47 (zit.: *Schindler*, Berichte DGVR 26 (1986))

*Schlochauer, Hans-Jürgen*: Dumbarton Oaks Conference (1944), in: Bernhardt, Rudolf (Hrsg.): Encyclopedia of Public International Law (EPIL), Vol. I, Amsterdam, London, New York, Tokyo 1992, S. 1115-1117 (zit.: *Schlochauer*, Dumbarton Oaks Conference, in: Bernhardt (Hrsg.), EPIL, Vol. I (1992))

*Schmidt-Kaler, Theodor*: Die Feindstaatenklauseln der Vereinten Nationen - Möglicher Spätzünder? in: Criticón 132 (1992), S. 171-174 (zit.: *Schmidt-Kaler*, Citicón 132 (1992))

*Scholz, Rupert*: Das deutsche Zögern, in: DIE WELT 1992 vom 23. November 1992, S. 6 (zit.: *Scholz*, DIE WELT v. 23.11.92)

*Schröder, Meinhard*: Grundsatzfragen einer europäischen Verfassungsgebung, in: Ipsen, Jörn/Rengeling, Hans-Werner/Mössner, Jörg Manfred/Weber, Albrecht (Hrsg.): Verfassungsrecht im Wandel - Wiedervereinigung Deutschlands, Deutschland in der Europäischen Union, Verfassungsstaat und Föderalismus, Festschrift zum 180. Bestehen der Carl Heymanns Verlag KG, Köln, Berlin, Bonn, München 1995, S. 509-524 (zit.: *Schröder*, Grundsatzfragen einer europäischen Verfassungsgebung, in: Ipsen/Rengeling/Mössner/Weber (Hrsg.), Verfassungsrecht im Wandel)

*derselbe*: Verantwortlichkeit, Völkerstrafrecht, Streitbeilegung und Sanktionen, in: Wolfgang Graf Vitzthum, Völkerrecht, Berlin 1997, 6. Abschnitt (zit.: *Schröder*, Verantwortlichkeit, Völkerstrafrecht, Streitbeilegung und Sanktionen, in: Graf Vitzthum (Hrsg.), Völkerrecht, 6. Abschnitt)

*Schulz, Eberhard*: Die Doppelkrise am Baltikum und am Golf, in Europa-Archiv B 46 (1991), S. 71-80 (zit.: *Schulz*, EA B 46 (1991))

*Schulze, Eva-Maria*: Selbstverteidigung, in: Wolfrum, Rüdiger (Hrsg.), Handbuch Vereinte Nationen, München 1991, Abschnitt Nr. 102, S. 753-762 (zit.: *Schulze*, Selbstverteidigung, in: Wolfrum (Hrsg.), Handbuch Vereinte Nationen)

*Schwebel, Stephen M.*: Aggression, Intervention and Self-Defence in Modern International Law, in: Recueil des Cours (RdC), Académie de Droit International, Band 136 (1972-II), S. 411-497 (zit.: *Schwebel*, RdC 136 (1972-II))

*Seidel, Gerd*: Völkerrechtliche Verpflichtungen zur Begrenzung und Beendigung internationaler bewaffneter Konflikte, in: Neue Justiz 44 (1990), S. 96-98 (zit.: *Seidel*, Neue Justiz 44 (1990))

*derselbe*: Die Funktion des Völkerrechts bei der Verhütung militärischer Konflikte, in: Wissenschaftliche Zeitschrift der Humboldt Universität zu Berlin (Reihe Gesellschaftswissenschaften) 39 (1990), S. 173-180 (zit.: *Seidel*, Wissenschaftliche Zeitschrift der Humboldt Universität 39 (1990))

*derselbe*: Ist die UN-Charta noch zeitgemäß? in: Archiv des Völkerrechts 33 (1995), S. 21-66 (zit.: *Seidel*, AVR 33 (1995))

*Seidl-Hohenveldern, Ignaz*: Völkerrecht, 9. Auflage, Köln, Berlin, Bonn, München 1997 (zit.: *Seidl-Hohenveldern*, Völkerrecht)

*Seyersted, Finn*: United Nations Forces in the Law of Peace and War, Leyden 1966 (zit.: *Seyersted*, United Nations Forces)

*Singleton, Susan*: "War" in the Gulf, in: New Law Journal 141 (1991), S. 87 (zit.: *Singleton*, New Law Journal 141 (1991))

*Simma, Bruno (Hrsg.)*: Charta der Vereinten Nationen, Kommentar, München 1991 (zit.: *Simma/Bearbeiter*, Charta, Artikel der UN-Charta, Randzahl)

*derselbe (Hrsg.)*: The Charter of the United Nations - A Commentary, München 1994 (zit.: *Simma/Bearbeiter*, Charter, Artikel der UN-Charta, Randzahl)

*derselbe*: NATO, the UN and the Use of Force: Legal Aspects, in: European Journal of International Law 10 (1999), S. 1-22 (zit.: *Simma*, EJIL 10 (1999))

*Sohn, Louis B.*: The International Court of Justice and the Scope of the Right of Self-Defence and the Duty of Non-Intervention, in: Dinstein, Yoram (Hrsg.): International Law at a time of perplexity, Essays in honour of Shabtai Rosenne, Dordrecht, Boston, London 1989, S. 869-878 (zit.: *Sohn*, International Court of Justice, in: Dinstein (Hrsg.), International Law at a time of perplexity)

*Sorel, Jean-Marc*: La Somalia et les Nations Unies, in: Annuaire Français de Droit International 38 (1992), S. 61-68 (zit.: *Sorel*, AFDI 38 (1992))

*Statz, Albert*: Nachkriegszeit - Vereinte Nationen zwischen ziviler und militärischer Weltordnung, in: Vereinte Nationen 39 (1991), S. 129-134 (zit.: *Statz*, VN 39 (1991))

*Steinbach, Udo*: Der Golfkrieg, Hamburg 1988 (zit.: *Steinbach*, Der Golfkrieg)

*Stern, Brigitte (Hrsg.)*: Les aspects juridiques de la crise et de la guerre du Golfe, Paris 1991 (zit.: *Stern (Hrsg.)*, Les aspects juridiques de la crise et de la guerre du Golfe)

*Stettinius, Edward R.*: Charter of the United Nations - Report to the President on the results of the San Francisco Conference by the Chairman of the United States Delegation, The Secretary of State, Washington D.C. 1945, Reprint New York 1969 (zit.: *Stettinius*, Charter of the UN, Report to the President)

*Stoll, Peter-Tobias*: Conflicts, Rhodesia/Zimbabwe, in: Wolfrum, Rüdiger (Hrsg.): United Nations: Law, Policies and Practice, München 1995, Vol. 1, Abschnitt Nr. 32, S. 311-316 (zit.: *Stoll*, Conflicts, Rhodesia/Zimbabwe, in: Wolfrum (Hrsg.), United Nations: Law, Policies and Practice, Vol. 1)

*Stone, Julius*: Legal Controls of International Conflict, New York 1959 (zit.: *Stone*, Legal Controls)

*Stromseth, Jane E.*: Commentary on the Use of Force Against Terrorism and Drug Trafficking, in: Damrosch, Lori F./Scheffer, David J. (Hrsg.): Law and Force in the New International Order, Boulder, San Francisco, Oxford 1991, S. 237-240 (zit.: *Stromseth*, Commentary on the Use of Force Against Terrorism, in: Damrosch/Scheffer (Hrsg.), Law and Force in the New International Order)

*Suy, Erik*: United Nations Peacekeeping System, in: Bernhardt, Rudolf (Hrsg.): Encyclopedia of public international law, Band 4 (Use of Force, War and Neutrality, Peace Treaties), Amsterdam, New York, Oxford 1982, S. 258-265 (zit.: *Suy*, UN Peacekeeping System, in: Bernhardt (Hrsg.), EPIL 4 (1982))

*Tavernier, Paul*: L'année des Nations Unies: 23 décembre 1989 - 21 décembre 1990, Questions Juridiques, in: Annuaire Francais de Droit International 36 (1990), S. 536-XXX (zit.: *Tavernier*, AFDI 36 (1990))

*Terwiesche, Hans*: Völkerrechtliche Zurechnung von Maßnahmen zur Durchsetzung eines Beschlusses des UN-Sicherheitsrates - dargestellt am 2. Golfkrieg und der Operation "Restore Hope" in Somalia, in: Humanitäres Völkerrecht 1993, S. 128-131 (zit.: *Terwiesche*, Humanitäres Völkerrecht 1993)

*Thierry, Hubert*: L'evolution de droit international - Cours général de droit international public, in: Recueil des Cours 222 (1990/III), S. 9-185 (zit.: *Thierry*, RdC 222 (1990/III))

*Thürer, Daniel*: Comment: UN Enforcement Measures and Neutrality - The Case of Switzerland, in: Archiv des Völkerrechts 30 (1992), S. 63-85 (zit.: *Thürer*, AVR 30 (1992))

*Tibi, Bassam*: Nach dem Golfkrieg, in: Die politische Meinung, Ausgabe Nr. 257, April 1991, S. 4-11 (zit.: *Tibi*, Die politische Meinung, Nr. 257, April 1991)

*Tomuschat, Christian*: Neuere Entwicklungen des Völkerrechts - Ein Recht auf Intervention? in Lutz, Dieter S. (Hrsg.): Völkerrecht und Friedensordnung, Hamburger Beiträge zur Friedensforschung und Sicherheitspolitik, Bd. 59, Hamburg 1991, S. 67-68 (zit.: *Tomuschat*, Recht auf Intervention? in: Lutz (Hrsg.), Völkerrecht und Friedensordnung)

*derselbe*. Die Zukunft der Vereinten Nationen, in: Europa-Archiv 47 (1992), S. 42-50 (zit.: *Tomuschat*, EA 47 (1992))

*derselbe*: 50 Jahre Vereinte Nationen, in: Die politische Meinung, Ausgabe Nr. 311, Oktober 1995, S. 15-22 (zit.: *Tomuschat*, Die politische Meinung, Nr. 311, Oktober 1995)

*Tröndle, Herbert/Fischer, Thomas*: Strafgesetzbuch und Nebengesetze, 49. Auflage, München 1999 (zit: *Tröndle/Fischer*, Strafgesetzbuch, Namen des Bearbeiters, Paragraph des StGB, Randnummer der Kommentierung)

*Tuzmukhamedov, B. R.*: The Principle of Non-Use of Force and Security at Sea, in: Butler, William E. (Hrsg.): The Non-Use of Force in International Law, Dordrecht, Boston, London 1989, S. 173-184 (zit.: *Tuzmukhamedov*, The Principle of Non-Use of Force, in: Butler (Hrsg.), The Non-Use of Force in International Law)

*Uerpmann, Robert*: Grenzen zentraler Rechtsdurchsetzung im Rahmen der Vereinten Nationen, in: Archiv des Völkerrechts 33 (1995), S. 107-130 (zit.: *Uerpmann*, AVR 33 (1995))

*United Nations (Hrsg.)*: Yearbook of the United Nations 1946-1947, Lake Success 1947 (zit.: Yearbook of the United Nations 1946-1947)

*Väyrynen, Raimo*: The United Nations and the Resolution of International Conflicts, in: Falk, Richard A./Kim, Samuel S./Mendlovitz, Saul H. (Hrsg.): The United Nations and a Just World Order, Studies on a Just World Order, Bd. 3, Boulder, San Francisco, Oxford 1991, S. 222-239 (zit.: *Väyrynen*, The United Nations and the Resolution of International Conflicts, in: Falk/Kim/Mendlovitz (Hrsg.), The United Nations and a Just World Order)

*Verdross, Alfred/Verosta, Stephan/Zemanek, Karl*: Völkerrecht, 5. Auflage, Wien 1964 (zit.: *Verdross/Verosta/Zemanek*, Völkerrecht)

*Verdross, Alfred/ Simma, Bruno*: Universelles Völkerrecht - Theorie und Praxis, 3. Auflage, Berlin 1984 (zit.: *Verdross/Simma*, Universelles Völkerrecht)

*Vergau, Hans-Joachim*: Globale Anforderungen an Deutschland, in: Souchon, Lennart (Hrsg.): Völkerrecht und Sicherheit, Schriftenreihe zur neuen Sicherheitspolitik der Bundeskademie für Sicherheitspolitik, Berlin, Bonn, Herford 1994, S. 119-132 (zit.: *Vergau*, Globale Anforderungen an Deutschland, in: Souchon (Hrsg.), Völkerrecht und Sicherheit)

*Verhoeven, Joe*: Etats alliés ou Nations Unies? - L'O.N.U. face au conflit entre l'Irak et le Koweit, in Annuaire Francais de Droit International 36 (1990), S. 145-194 (zit.: *Verhoeven*, AFDI 36 (1990))

*Waldock, Claude Humphrey M.*: The Regulation of the Use of Force by Individual States in International Law, in: Recueil des Cours 81 (1952-II), S. 455-515 (zit.: *Waldock*, RdC 81 (1952-II))

*Weber, Hermann*: Der Jugoslawien-Konflikt und die Grenzen des Selbstbestimmungsrechts der Völker, in: Humanitäres Völkerrecht 1993, S. 4-13 (zit.: *Weber*, Humanitäres Völkerrecht 1993)

*Wehberg, Hans*: L'Interdiction du Recours à la Force. Les Principes et les Problèmes qui se posent, in: Recueil des Cours 78 (1951-I), S. 7-121 (zit.: *Wehberg*, RdC 78 (1951/I))

*Weidenfeld, Werner (Hrsg.)*: Europe '96 - Pour une réforme de l' union européenne, Gütersloh 1994 (zit.: *Weidenfeld*, Europe '96 - Pour une réforme de l'union européenne)

*Weller, Marc*: Clearing the fog in Iraq, in: New Law Journal 143 (1993), S. 136-139 (zit.: *Weller*, New Law Journal 143 (1993))

*Wenig, Marcus*: Möglichkeit und Grenzen der Streitbeilegung ethnischer Konflikte durch die OSZE, Berlin 1996 (zit.: *Wenig*, Möglichkeit und Grenzen der Streitbeilegung ethnischer Konflikte durch die OSZE)

*Westerdiek, Claudia*: Humanitäre Intervention und Maßnahmen zum Schutz eigener Staatsangehöriger im Ausland, in: Archiv des Völkerrechts 21 (1983), S. 383-401 (zit.: *Westerdiek*, AVR 21 (1983)))

*Weston, Burns H./Falk, Richard A./D'Amato, Anthony A. (Hrsg.)*: International Law and World Order, St. Paul 1980 (zit.: *Weston/Falk/D'Amato (Hrsg.)*, International Law and World Order)

*derselbe*: Security Council Resolution 678 and Persian Gulf Decision Making: Precarious Legitimacy, in: American Journal of International Law 85 (1991), S. 516-535 (zit.: *Weston*, AJIL 85 (1991))

*Wetgwood, Ruth*: Commentary on Intervention by Invitation, in: Damrosch, Lori F./Scheffer, David J. (Hrsg.): Law and Force in the New International Order, Boulder, San Francisco, Oxford 1991, S. 135-139 (zit.: *Wetgwood*, Commentary on Intervention by Invitation, in: Damrosch/Scheffer (Hrsg.), Law and Force in the New International Order)

*Wildhaber, Luzius*: Gewaltverbot und Selbstverteidigung, in: Schaumann, Wilfried (Hrsg.): Völkerrechtliches Gewaltverbot und Friedenssicherung, Baden-Baden 1971, S. 147-170 (zit.: *Wildhaber*, Gewaltverbot und Selbstverteidigung, in: Schaumann (Hrsg.), Völkerrechtliches Gewaltverbot)

*Winter, Gerd*: Völkerrechtliche Bedenken zum Golfkrieg, in Frankfurter Allgemeine Zeitung vom 4. Februar 1991, S. 8 (zit.: *Winter*, FAZ v. 4.2.91)

*Wittig, Peter*: Der Aggressionsbegriff im internationalen Sprachgebrauch, in: Schaumann, Wilfried (Hrsg.): Völkerrechtliches Gewaltverbot und Friedenssicherung, Baden-Baden 1971, S. 33-73 (zit.: *Wittig*, Der Aggressionsbegriff im internationalen Sprachgebrauch, in: Schaumann (Hrsg.), Völkerrechtliches Gewaltverbot)

*Wolf, Reinhard*: Kollektive Sicherheit und das neue Europa, in: Europa-Archiv B 47 (1992), S. 365-374 (zit.: *Wolf*, EA B 47 (1992))

*Wolfrum, Rüdiger*: Ursprüngliche Aufgabenzuweisung und jetzige Aktivitäten der Vereinten Nationen: Faktischer Wandel und normative Bewertung, in: Doeker, Günther/Volger, Helmut (Hrsg.): Die Wiederentdeckung der Vereinten Nationen - Kooperative Weltpolitik und Friedensvölkerrecht, Opladen 1990 (zit.: *Wolfrum*, Ursprüngliche Aufgabenzuweisung und jetzige Aktivitäten der Vereinten Nationen, in: Doeker/Volger (Hrsg.), Die Wiederentdeckung der Vereinten Nationen)

*derselbe*: Die Aufgaben der Vereinten Nationen im Wandel, in: Aus Politik und Zeitgeschichte 41-II (1991), B 36, S. 3-13 (zit.: *Wolfrum*, Aus Politik und Zeitgeschichte 41-II , B 36 (1991)) *derselbe*: Vereinte Nationen: Agenda für die Weiterentwicklung des Völkerrechts, in: Souchon, Lennart (Hrsg.): Völkerrecht und Sicherheit, Schriftenreihe zur neuen Sicherheitspolitik der Bundeskademie für Sicherheitspolitik, Berlin, Bonn, Herford 1994, S. 59-75 (zit.: *Wolfrum*, Agenda für die Weiterentwicklung des Völkerrechts, in: Souchon (Hrsg.), Völkerrecht und Sicherheit)

*Wright, Quincy*: Accomplishments and Expectations of World Organization, in: Yale Law Journal 55 (1945/46), S. 870-888 (zit.: *Wright*, Yale Law Journal 55 (1945/46))

*Zemanek, Karl*: The Changing International System: A New Look at Collective Security and Permanent Neutrality, in: Austrian Journal of Public and International Law 42 (1991), S. 277-294 (zit.: *Zemanek*, Austrian Journal of Public and International Law 42 (1991))

Peter Lang · Europäischer Verlag der Wissenschaften

Karsten Bremer

# Strafbare Internet-Inhalte in internationaler Hinsicht

**Ist der Nationalstaat wirklich überholt?**

Frankfurt/M., Berlin, Bern, Bruxelles, New York, Oxford, Wien, 2001.
279 S., 1 Abb.
Europäische Hochschulschriften: Reihe 2, Rechtswissenschaft. Bd. 3053
ISBN 3-631-37419-4 · br. DM 89.–*

Die Arbeit beschäftigt sich mit dem Problem, daß Internet-Inhalte weltweit als strafbare Kommunikationsdelikte angesehen werden können. Die Warnungen vor Neonazis, die aus dem Ausland agieren, werden immer eindringlicher; gleichzeitig fürchten sich deutsche Anbieter vor ausländischen Strafverfolgungsbehörden. Ob diesen Entwicklungen aber durch eine internationale Lösung erfolgreich entgegengewirkt werden kann, erscheint fraglich. Der Autor untersucht daher die Strafbarkeit von Internet-Inhalten im weltweiten Kontext. Die bisherigen Bemühungen um eine internationale Lösung werden dargestellt und ihre Erfolgsaussichten überprüft. Dabei zeigt sich, daß nationale Ansätze nicht vorschnell übergangen werden sollten.

*Aus dem Inhalt*: Arbeitsweise des Internet · Anwendbarkeit des nationalen Rechts · Kommunikationsdelikte im Rechtsvergleich · Schließung von Strafbarkeitslücken durch internationale Rechtsangleichung · Nationale Lösungsansätze

Frankfurt/M · Berlin · Bern · Bruxelles · New York · Oxford · Wien
Auslieferung: Verlag Peter Lang AG
Jupiterstr. 15, CH-3000 Bern 15
Telefax (004131) 9402131
*inklusive Mehrwertsteuer
Preisänderungen vorbehalten

FSC
www.fsc.org
MIX
Papier | Fördert gute Waldnutzung
FSC® C083411

Kolibri 360 GmbH
Ferdinand-Jühlke-Straße 7
99095 Erfurt, Deutschland
produktsicherheit@kolibri360.de

Druck:
CPI Druckdienstleistungen GmbH
im Auftrag der
Kolibri 360 GmbH
Ferdinand-Jühlke-Str. 7
99095 Erfurt